… et sites

Les microrégions du gui…

(voir la carte à l'intérieur de la couverture ci-contre)

Picardie

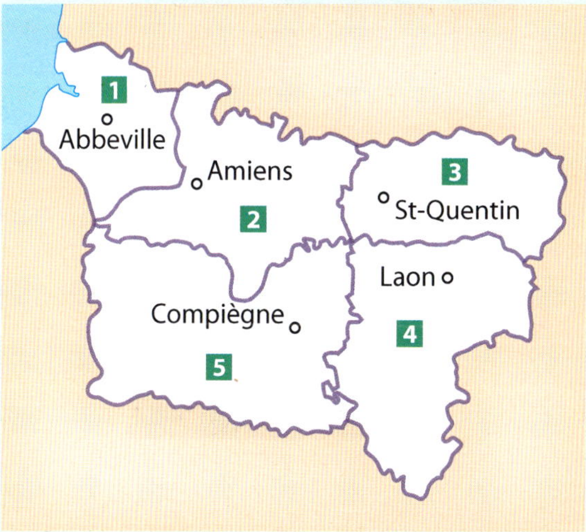

Le Guide Vert, mode d'emploi : un guide en 3 parties

Organiser son voyage :

- Avant de partir.
- À faire sur place de A à Z.
- Des activités pour tous.
- Un agenda des événements.

Comprendre la destination :

- La destination aujourd'hui.
- Histoire.
- Art et culture.
- Gastronomie.
- Nature...

Découvrir la destination :

- Notre sélection de sites.
- Des circuits conseillés.
- Des cartes.
- Notre sélection d'adresses pour tous les budgets.

En fin de guide : l'explication des symboles et la table des cartes et plans

Le Guide Vert : découvrir la destination

Un chapitre = une zone géographique

[1] Une carte de présentation de la région.

[2] Le sommaire de la région traitée.

[3] La description des sites.

Pour chaque chapitre

[4] La description des circuits conseillés.

[5] Nos adresses classées par catégories de prix.

[6] Des pages thématiques pour en savoir plus.

Retrouvez-nous sur : ***Voyage.ViaMichelin.fr***

Sommaire

1/ ORGANISER SON VOYAGE

ALLER EN PICARDIE

AVANT DE PARTIR

SUR PLACE DE A À Z

EN FAMILLE

MÉMO

2/ COMPRENDRE LA PICARDIE

LA PICARDIE AUJOURD'HUI

TRADITIONS ET ART DE VIVRE

ART ET CULTURE

NATURE

HISTOIRE

3/ DÉCOUVRIR LA PICARDIE

1 LA CÔTE PICARDE ET ABBEVILLE

2 L'AMIÉNOIS ET LA HAUTE SOMME

3 DU SAINT-QUENTINOIS À LA THIÉRACHE

4 LE LAONNOIS ET LE SOISSONNAIS

5 L'OISE

1/ ORGANISER SON VOYAGE

M. Barraud/Ojo Images/Photononstop

Applications recommandées

Aller en Picardie

Par la route

La Picardie est très bien desservie par un réseau autoroutier dense qui la met aux portes de Paris.

LES GRANDS AXES

L'**A 16**, qui relie Paris à Dunkerque, passe par Beauvais, Amiens et Abbeville. De Reims, on peut atteindre Laon et Saint-Quentin par l'**A 26**. L'**A 28** relie Rouen à Abbeville ; elle permet aussi de rejoindre l'**A 29** qui file vers Amiens et Saint-Quentin.
Informations autoroutières – www.autoroutes.fr
Sur autoroute : Radio Trafic FM 107.7

LES CARTES MICHELIN

Cartes Départements 301 (Pas-de-Calais, Somme), **305** (Oise, Paris, Val-d'Oise) et **306** (Aisne, Ardennes, Marne).
Carte Région 511 (Nord-Pas-de-Calais, Picardie) avec index des localités et plan d'Amiens.
Carte de France n° 721, qui offre une vue d'ensemble de la région au 1/1 000 000, avec ses grandes voies d'accès d'où que vous veniez.
Calculs d'itinéraires sur : **www.ViaMichelin.fr**

En train

LES GRANDES LIGNES

Au départ de Paris :
TER ou Intercités pour Beauvais (1h20) et Amiens (1 à 2h).
TGV jusqu'à la gare TGV Haute-Picardie - 80200 Estrées-Deniécourt (1h).
Informations et réservation – ✆ 3635 (0,34 €/mn) - www.voyages-sncf.com

LES TRAINS EXPRESS RÉGIONAUX

D'**Amiens** : Rouen, Reims, Saint-Quentin, Compiègne et Paris.
Autres lignes : Hirson-Laon-Paris, Laon-Soissons-Paris, Laon-Liart, Saint-Just-Montdidier, Montdidier-Roisel, Beauvais-Le Tréport.
Cette liste n'est pas exhaustive.
Informations et réservation – Picardie - ✆ 0 800 099 565 (n° Vert) - www.ter-sncf.com

DISTANCES	Bordeaux	Lyon	Marseille	Paris	Rennes	Strasbourg
Abbeville	760	660	954	177	421	566
Amiens	723	617	930	136	438	521
Beauvais	664	544	855	78	392	574
Château-Thierry	669	488	800	95	435	402
Compiègne	670	550	862	85	435	442
Laon	726	554	865	141	491	413
St-Quentin	750	586	897	165	512	446
Senlis	631	513	824	57	397	464
Soissons	682	543	855	108	448	403

En avion

AÉROPORT

Aéroport de Beauvais-Tillé – ✆ 0 892 682 066 (0,337 €/mn) - www.aeroportbeauvais.com. Des navettes relient l'aéroport au centre-ville en environ 30mn. 3 parkings sont à votre disposition. Le transfert en bus de Paris (Porte Maillot) à Beauvais (aéroport) est possible pour toute personne souhaitant relier ces deux villes (durée 1h15 - 15€/trajet/pers.).

COMPAGNIES AÉRIENNES

Low cost

Ryanair – (Beauvais) ✆ 0 892 562 150 (0,34 €/ mn) - www.ryanair.com - Cette compagnie low cost relie plus de 30 destinations.

Wizzair – (Beauvais) ✆ 0 899 190 037 (0,34 €/mn) - www.wizzair.com - 15 destinations reliées.

Avant de partir

Météo

Climat océanique près du littoral, se dégradant à mesure que l'on pénètre dans les terres. Une région au ciel souvent gris et bas, à la pluviométrie élevée et aux hivers qui n'en finissent pas.

Météo France – www.meteo.fr - ✆ **3250** suivi de :

1 – prévisions départementales (7 j.)
2 – météo des villes
3 – météo plages et mer
5 – météo des routes
6 – météo voyages

ou ✆ **0 892 680 2** suivi du n° du département (0,34 €/mn).

LES SAISONS

Hiver

Froid mais festif : fête de la Saint-Nicolas, marché de Noël à Amiens.

Printemps

Souvent agréable malgré quelques giboulées et gelées matinales. Idéal pour l'observation de la flore et de la faune, en particulier des oiseaux migrateurs du littoral.

Été

Évidemment la meilleure période. La côte picarde est très attrayante (plages, dunes, activités nautiques et randonnées, festivals en tout genre), et les grandes villes moins fréquentées.

Automne

Une belle palette de couleurs. Pour les amateurs de chasse et de pêche, c'est la meilleure époque, jusqu'au début de l'hiver.

Adresses utiles

LES INSTITUTIONS

Comité régional du tourisme (CRT)

Picardie – 3 r. Vincent-Auriol - 80011 Amiens Cedex 1 - ✆ 03 22 22 33 66 - http://picardietourisme.com.

Comités départementaux du tourisme (CDT)

Aisne – 26 av. Charles-de-Gaulle - 02007 Laon Cedex - ✆ 03 23 27 76 76 - www.evasion-aisne.com.

Oise – Espace Galilée - r. du Pont-de-Paris - BP 80822 - 60008 Beauvais Cedex - ✆ 03 64 60 60 60 - www.oisetourisme.com.

Somme – 21 r. Ernest-Cauvin - 80000 Amiens - ✆ 03 22 71 22 71 - www.somme-tourisme.com.

Vous trouverez les adresses des offices de tourisme au fil des rubriques « Nos adresses à… » dans la partie « Découvrir la région ».

Renseignements sur Internet

www.picardieweb.com – Sites Internet et magazine d'information sur les 3 départements.

www.terascia.com – Portail de la Grande Thiérache.

lanchron.fr – Journal picard, avec possibilité d'entendre du picard.

www.agendaculturel.fr – La saison culturelle en Picardie.

www.baiedesomme.fr – Site touristique sur la baie de Somme.

TOURISME DES PERSONNES HANDICAPÉES

Le symbole ♿ signale les sites accessibles aux personnes à **mobilité réduite**.

Accessibilité des infrastructures touristiques

Consultez les sites labellisés **Tourisme et Handicap** sur

Internet : fr.franceguide.com/voyageurs/tourisme-et-handicap ou www.tourisme-handicaps.org
Association Tourisme et Handicap – 43 r. Marx-Dormoy - 75018 Paris - ✆ 01 44 11 10 41 - www.tourisme-handicaps.org
Association des paralysés de France (APF) – Direction de la Communication - 17 bd Auguste-Blanqui - 75013 Paris - www.apf.asso.fr. Le blog vacancesaccessibles.blogs.apf.asso.fr constitue un bon guide vacances.
Accessibilité des musées aux personnes atteintes de handicaps moteurs ou sensoriels : museofile.culture.fr.
Le CRT Picardie a dédié un site au tourisme pour personnes à mobilité réduite : www.weekend-picardie-handicap.com.
Association des paralysés de France :
APF de l'Aisne – 9 r. de Crimée - 02100 Saint-Quentin - ✆ 03 23 64 33 81.
APF de l'Oise – 78 r. Madeleine - 60000 Beauvais - ✆ 03 44 15 30 09.
APF de la Somme – 43 r. Sully - 80000 Amiens - ✆ 03 22 45 75 00.

Accessibilité des transports

Train – Guide *Mobilité réduite* disponible gratuitement dans les gares et boutiques SNCF ou sur le site www.accessibilite.sncf.com.
Centre de service **Accès Plus** : ✆ 0 890 640 650, puis tapez 1 (0,11 € TTC/mn depuis un poste fixe hors surcoût éventuel).
Avion – Air France propose aux personnes handicapées le service d'**assistance Saphir** : ✆ 0 820 012 424 (0,12 €/mn) - www.airfrance.fr.

Se loger

Vous trouverez notre sélection d'hébergements au fil des rubriques « Nos adresses à... » de la partie « Découvrir la région ».
Bon à savoir – Les comités départementaux et certains offices de tourisme proposent un service de réservation en ligne, mais aussi parfois des formules thématiques de courts séjours et des offres promotionnelles.
☺ Essayez des hébergements originaux, comme les chambres d'hôtes de l'abbaye de Valloires ou de courts séjours en pénichette sur la Somme.

NOTRE SÉLECTION

Les établissements sont classés par catégories de prix. Les tarifs communiqués, prix minimal et maximal pour une chambre double, sont ceux pratiqués en haute saison.
À consulter aussi : **Le Guide Michelin France** et **Le Guide Camping Michelin France**.

HÉBERGEMENT RURAL

Fédération des stations vertes de vacances – www.stationsvertes.com. **Le Nouvion-en-Thiérache** et **Monampteuil** (Aisne) ; **Mers-les-Bains**, **Poix-de-Picardie** et **Rue** (Somme).
Bienvenue à la ferme – Guide édité par l'Assemblée permanente des chambres d'agriculture : service Agriculture et Tourisme - 9 av. George-V - 75008 Paris - ✆ 01 53 57 11 50. En vente en librairie ou sur www.bienvenue-a-la-ferme.com. Fermes-auberges, campings à la ferme, fermes de séjour et loisirs variés : chasse, équitation, approches pédagogiques pour enfants, découverte de la gastronomie des terroirs en ferme-auberge, dégustation et vente de produits de la ferme.
Gîtes de France – 56 r. St-Lazare - 75439 Paris Cedex 09 - ✆ 01 49 70 75 75 - www.gites-de-france.com. Hébergements en milieu rural (gîtes ruraux, chambres et tables d'hôte, gîtes d'étape, chambres d'hôte de charme, gîtes de neige, gîtes de pêche, gîtes d'enfants, campings à la ferme, gîtes Panda).

POUR LES RANDONNEURS

Pour les amateurs de randonnées, d'escalade, de cyclotourisme et de canoë-kayak, le guide *Gîtes d'étape et Refuges* par A. et S. Mouraret est consultable sur le site www.gites-refuges.com.

AUBERGES DE JEUNESSE

Fédération unie des auberges de jeunesse – 27 r. Pajol - 75018 Paris - ✆ 01 44 89 87 27 - www.fuaj.org. Auberge à **Amiens**. Carte FUAJ délivrée en échange d'une cotisation annuelle de 7 € pour les moins de 26 ans et de 11 € au-delà de cet âge. Pour les familles, la cotisation est de 20 €.

Se restaurer

Vous trouverez notre sélection de restaurants au fil des rubriques « Nos adresses à... » de la partie « Découvrir la région ».
Dans les fermes ou les anciens relais de poste reconvertis, les « hostelleries », les brasseries, on sert une cuisine traditionnelle (*p. 37*).

NOTRE SÉLECTION

Nos adresses sont classées par catégories de prix sur la base d'un repas complet (entrée, plat, dessert). Pour répondre à toutes vos envies, nous proposons des **restaurants** régionaux, classiques ou gastronomiques, mais aussi des adresses où faire une petite pause.
À consulter aussi : **Le Guide Michelin France**.

LES LABELS

Saveurs de Picardie
La Picardie s'est dotée d'une marque collective régionale pour promouvoir ses produits traditionnels : dans l'Aisne (jambon sec, porc d'antan ou confit d'oignons), dans l'Oise (bière, moutarde, boudin noir) et dans la Somme (pâté de canard, agneau de pré-salé, macaron d'Amiens).
www.terroirsdepicardie.com.

BIÈRES ET ALCOOL

Brasseries
En Picardie, elles fabriquent encore de la bière de façon artisanale. Ouverte à la visite, sur réservation : **Brasserie De Clerck** – 42 r. Georges-Clemenceau - 80200 Péronne - ✆ 03 22 84 30 94 - www.brasseriedeclerck.com

NOS CATÉGORIES DE PRIX				
	Hébergement		Restauration	
	Province	Grandes villes	Province	Grandes villes
Premier prix	jusqu'à 45 €	jusqu'à 65 €	jusqu'à 14 €	jusqu'à 16 €
Budget moyen	de 45 € à 65 €	de 65 € à 100 €	de 14 € à 25 €	de 16 € à 30 €
Pour se faire plaisir	de 65 € à 100 €	de 100 € à 160 €	de 25 € à 40 €	de 30 € à 50 €
Une folie	plus de 100 €	plus de 160 €	plus de 40 €	plus de 50 €

Sur place de A à Z

Pour la documentation, s'adresser aux **comités départementaux** et **comités régionaux du tourisme** *(p. 10)*, et consulter les rubriques « Nos adresses à…» dans la partie « Découvrir la région ».

BAIGNADE

Les plages sont en général surveillées durant les mois d'été, il convient cependant de respecter les règles élémentaires de prudence. Les pavillons hissés chaque jour indiquent si la baignade est dangereuse ou non : **vert**, surveillée sans danger; **jaune**, dangereuse mais surveillée; **rouge**, baignade interdite. L'absence de pavillon signifie une absence de surveillance.
Des contrôles de **qualité des eaux** de baignade sont effectués chaque mois à partir de juin pour toutes les plages du littoral. Les eaux sont classées en quatre catégories, suivant leur niveau de pollution.
Site du ministère de la Santé : http://baignades.sante.gouv.fr.
Météo des plages et palmarès du **Pavillon bleu**, qui récompense les plages les plus propres, sur le site www.infosplage.com

CANOË-KAYAK

Kayak de rivière

Le **canoë** (d'origine canadienne) se manie avec une pagaie simple. Idéal pour une promenade en famille à la journée, en rayonnant à partir d'une base ou en randonnée pour découvrir une vallée.
Le **kayak** (d'origine esquimaude) se manœuvre avec une pagaie double. Pour les lacs et les parties basses des cours d'eau.

Kayak de mer

Équipement identique à celui du kayak de rivière, mais avec des embarcations plus longues et plus étroites. Il est interdit de s'éloigner de plus d'un mille (1 852 m) de la côte, et préférable d'avoir de solides notions du milieu marin. Premières sorties accompagnées de navigateurs expérimentés.
Fédération française de canoë-kayak (FFCK) – 87 quai de la Marne - 94344 Joinville-le-Pont - 01 45 11 08 50 - www.ffck.org. La Fédération édite avec le concours de l'IGN une carte, *Rivières de France,* avec tous les cours d'eau praticables.
Comité régional de Picardie de canoë-kayak – www.crck-picardie.org

CERF-VOLANT

Les longues plages de Picardie sont un terrain de prédilection pour la pratique du cerf-volant, à la fois loisir familial, expression artistique et compétition sportive.
Manipulé par deux poignées et constitué de fibre de verre ou, plus léger mais plus cher, de fibre de carbone, le cerf-volant moderne est « pilotable », et même parfois doté d'amortisseurs de chute ! Une longue pratique des manipulations de base et des connaissances en aérologie ne peuvent s'acquérir que par le passage dans un club ou une association ; voir les OT des plages.
Gardez à l'esprit qu'un cerf-volant peut atteindre 100 km/h lors d'une chute en piqué ; aussi,

prenez soin de vous placer derrière le manipulateur.

Fédération française de vol libre (Deltaplane, parapente et cerf-volant) – 4 r. de Suisse - 06000 Nice - ✆ 04 97 03 82 82 - federation.ffvl.fr

Ligue de vol libre du Nord-Picardie – M. Michel Duquesne - ✆ 03 21 04 64 76 - vol.libre.free.fr

CHAR À VOILE

Curieux engin que cet hybride du kart (à trois roues) et du voilier qui, mû par la seule force du vent, peut atteindre plus de 100 km/h sur les vastes plages de Picardie, à marée basse. À côté du char à voile est apparu le speedsail, planche à voile sur roulettes.

Fédération française de char à voile – 17 r. Henri-Bocquillon - 75015 Paris - ✆ 01 45 58 75 75 - www.ffcv.org

Comité départemental de char à voile de la Somme – 208 rte de Quend - 80120 Fort-Mahon-Plage - ✆ 06 61 49 79 91 - www.charavoile80.org

GOLF

En Picardie, golfs à Fort-Mahon, Quend-Plage, Grand-Laviers, Nampont-Saint-Martin, Salouël (3 km d'Amiens) et Querrieu (7 km d'Amiens).

Fédération française de golf – 68 r. Anatole-France - 92300 Levallois-Perret - ✆ 01 41 49 77 00 - www.ffgolf.org

Ligue de golf de Picardie – Rd-pt du Grand-Cerf - 60260 Lamorlaye - ✆ 03 44 21 26 28 - www.golfliguedepicardie.com

NAVIGATION DE PLAISANCE

Autrefois réservés au transport et à la batellerie, les rivières et canaux offrent aujourd'hui 1 220 km de voies navigables aux plaisanciers désireux de parcourir la région. Les **ports de plaisance** sont répertoriés sur le site du CRT de la région. La plupart des stations balnéaires et des ports disposent d'emplacements réservés à la plaisance.

Pour le tourisme fluvial, privilégiez la **Somme**. Le guide fluvial *La Somme*, Éd. du Breil *(à commander en librairie ou sur www.france-waterways.com)*, indique les haltes fluviales, les écluses, les adresses de location d'embarcations et les conditions de navigation.

Location de bateaux habitables

House-boats, aménagés en général pour 6 à 8 personnes, pour une approche insolite des sites parcourus par les canaux. Formules à la journée, au week-end ou à la semaine. Possibilité de louer avec ou sans équipage, en saison. Voir à la capitainerie des ports.

Cappy Canoë – Base nautique - 80340 Cappy - ✆ 06 12 86 27 46 - www.canoesurlasomme.com. Location de bateaux à la journée ou à la demi-journée pour 10 à 12 personnes.

Locaboat Holidays – Port-au-Bois - BP 150 - 89303 Joigny Cedex - ✆ 03 86 91 72 72 - www.locaboat.com. Location de pénichettes sans permis au départ de Cappy et de St-Valery-sur-Somme pour naviguer sur la Somme.

Cartes nautiques

Interval Éditions - Navicarte – 175 r. Jean-Jacques-Rousseau - 92138 Issy-les-Moulineaux Cedex 20 - www.navicarte.fr

PÊCHE EN EAU DOUCE

Ce pays traversé de rivières s'épandant en étangs est le royaume des pêcheurs, surtout le long de la Somme, l'Aisne et l'Oise.

Réglementation

Généralement, le cours supérieur des rivières est classé

en 1re catégorie tandis que les cours moyen et inférieur le sont en 2e. Quel que soit l'endroit choisi, il convient d'observer la réglementation nationale ou locale (affiliation, taxes, etc.). Pour certains étangs ou lacs, des cartes journalières sont délivrées.
Voir les comités départementaux du tourisme et les Fédérations pour la pêche et la protection du milieu aquatique de chaque département.
Aisne – 1 chemin du Pont-de-la-Planche - BP 21 - Barenton-Bugny - 02930 Laon Cedex 9 - ✆ 03 23 23 13 16 - www.unpf.fr/02
Oise – 28 r. Jules - Méline - 60200 Compiègne - ✆ 03 44 40 46 41 - www.unpf.fr/60
Somme – 6 r. René-Gambier - BP 20 - 80450 Camon - ✆ 03 22 70 28 10 - www.unpf.fr/80

PÊCHE EN MER

À pied ou en bateau sur les côtes. Possibilité de pêche au gros, pour une demi-journée ou une journée entière, durant lesquelles on peut apprendre les techniques de pêche à la traîne et participer à des compétitions. Le matériel est fourni. Il est conseillé de s'inscrire à l'avance.
Fédération française des pêcheurs en mer – Résidence Alliance - centre Jorlis - 64600 Anglet - ✆ 05 59 31 00 73 - www.ffpm-national.com

RANDONNÉE CYCLISTE

Le réseau des petites routes de campagne se prête aux promenades à bicyclette. Possibilité d'embarquer gratuitement son vélo dans de nombreux trains régionaux.

Cyclotourisme

Itinéraires balisés et pistes cyclables référencés auprès du CDT de la Somme.
Fédération française de cyclotourisme – 12 r. Louis-Bertrand - 94207 Ivry-sur-Seine Cedex - ✆ 01 56 20 88 88 - www.ffct.org
Ligue régionale de Picardie – 2 r. des Vieilles-Écoles - 60290 Cauffry - ✆ 03 44 73 28 28 - ligue.picardie.ffct.free.fr

VTT

Circuits balisés permettant aux débutants de s'entraîner et aux cyclistes confirmés de foncer !
Fédération française de cyclisme – 5 r. de Rome - bât. Jean-Monnet - 93561 Rosny-sous-Bois Cedex - ✆ 01 49 35 69 00 - www.ffc.fr. Guide annuel gratuit de 46 000 km de sentiers balisés pour la pratique du VTT (envoyer sa demande en joignant une enveloppe affranchie à 2,22 €).
Comité régional de Picardie – Sq. Darlington - BP 60720 - 80000 Amiens Cedex 1 - ✆ 03 22 22 25 20 - www.ffc-picardie.com

RANDONNÉE ÉQUESTRE

Des centaines de kilomètres d'itinéraires équestres à travers les forêts ou le long des côtes.
Adresses des centres, informations :
Comité régional de tourisme équestre de Picardie – 9 av. Henri-Adnot - ZAC Mercières - 60200 Compiègne - ✆ 03 44 86 72 11 - www.equi-picardie.com
Comité national de tourisme équestre – Parc équestre - 41600 Lamotte - ✆ 02 54 94 46 80 - www.ffe.com/tourisme - Sa brochure annuelle, *Cheval nature, l'officiel du tourisme équestre*, donne des adresses d'équitation de loisir et d'hébergements accueillant cavaliers et chevaux.

RANDONNÉE PÉDESTRE

Des sentiers de grande randonnée parcourent la Picardie. Les **GR 123**, **124** et **225** permettent de découvrir les abbayes, vallées et forêts de Picardie. Le **GR 125** relie le Vexin à la baie de Somme à travers le pays de Bray et le Vimeu.

Le **GR 12A** traverse les forêts de Compiègne, de Laigue, puis, passant par Blérancourt, gagne la forêt de Saint-Gobain et la région du Laonnois.

Fédération française de la randonnée pédestre – 64 r. du Dessous-des-Berges - 75013 Paris - ✆ 01 44 89 93 93 - www.ffrandonnee.fr

France Randonnée – 9 r. des Portes - Mordelaises - 35000 Rennes - ✆ 02 99 67 42 21 - www.france-randonnee.fr - Agenda de randonnées accompagnées sur toute la France.

Comité régional de Picardie – Pl. François-Mitterrand - BP 30024 - 80250 Ailly-sur-Noye - ✆ 03 22 41 08 27 - picardie.ffrandonnee.fr.

Les guides Chamina proposent des balades à pied et à VTT dans l'**Aisne** (randonnées et itinéraires de week-end). *CDT de l'Aisne (p. 10) ou sur le site www.randonner.fr*

Sorties nature dans la Somme – www.somme-nature.com. Sorties guidées à la découverte de la faune, de la flore et de l'histoire locale en baies de Somme et de l'Authie.

Les **Conservatoires régionaux d'espaces naturels** ont pour but de préserver et gérer les sites naturels, et de maintenir la biodiversité. Sorties et chantiers « nature » proposés toute l'année.

Conservatoire des sites naturels de Picardie – 1 pl. Ginkgo - village Oasis - 80044 Amiens Cedex 1 - ✆ 03 22 89 63 96 - www.conservatoirepicardie.org

ROUTES THÉMATIQUES

Chemin des Dames – Pour saisir les enjeux de cet épisode de la Première Guerre mondiale. *Chemin des Dames (p. 200).*

Circuit du Souvenir – Dans la Somme, entre Albert et Péronne, un parcours fléché mène vers de nombreux vestiges, mémoriaux et musées, issus des combats de la bataille de la Somme (1916). *CDT de la Somme p. 10 ou www.somme14-18.com*

SOUVENIRS

Vous trouverez notre sélection d'achats au fil des rubriques « Nos adresses à... » de la partie « Découvrir la région ».

Il est parfois possible de visiter les ateliers de fabrication.

À déguster

Bières « spéciales » ou de garde – Faites halte chez les brasseurs pour une excellente idée cadeau.

Bonbons, sucreries – À Ham, les **croquants** sont à l'effigie du général Foy. Le **soissoulet**, bien que semblable au fameux haricot de Soissons, sec et blanc, est bien un bonbon. Enfin, n'oublions pas que la Picardie est productrice de betterave offrant **cassonade** blonde ou brune et **sucres candis**, véritables pierres précieuses à sucer comme des bonbons.

Gâteaux – Autour d'Abbeville, on ne se lasse pas du **gâteau battu**, sorte de brioche.

Pour la maison

Vannerie – En Thiérache, **Origny** reste fidèle à cet artisanat : panier d'osier pour faire son marché… ou sac à main décontracté ?

Pour les enfants sages

Marionnettes picardes – Une boutique spécialisée dans le quartier Saint-Leu, à **Amiens**, où l'on retrouve les figures locales.

La confection soignée et le choix des vêtements font de chaque personnage une pièce unique…

TRAIN TOURISTIQUE

Grâce à l'enthousiasme de quelques passionnés, les trains à vapeur et autres tramways continuent de rouler pour le plaisir de tous.

Le p'tit train de la haute Somme – Au sud d'Albert, à 3 km de Bray-sur-Somme, 14 km (1h30 AR) de Froissy à Dompierre en passant au retour par le tunnel de Cappy (300 m). Avant le départ, visite du musée des Chemins de fer à voie étroite.
Froissy, près d'Amiens (p. 130).

Le chemin de fer de la baie de Somme – Vieilles voitures à plate-forme circulant de Noyelles à Cayeux sur les voies de l'ancien réseau des bains de mer, qui desservait Le Crotoy, Saint-Valery-sur-Somme et Cayeux-sur-Mer à partir de Noyelles-sur-Mer. Baie de Somme et ses mollières.
Baie de Somme (p. 76).

Le chemin de fer touristique du Vermandois – Au départ de la gare de Saint-Quentin, diverses sorties en train spécial à vapeur, sur les voies principales de la SNCF.
Saint-Quentin (p. 169).

VISITES GUIDÉES

Pensez à vous inscrire à l'OT, les visites ne sont pas assurées en deçà de 4 personnes et, en été, les listes sont vite complètes.

Villes et Pays d'art et d'histoire

Ce label décerné par le ministère de la Culture et de la Communication regroupe plus de 135 villes et pays qui œuvrent activement à la mise en valeur et à l'animation de leur architecture et de leur patrimoine : visites générales ou insolites (1h30 ou plus), conduites par des guides-conférenciers et des animateurs du patrimoine agréés par le ministère.

Ministère de la Culture et de la Communication

Renseignements auprès des OT ou sur le site www.vpah.culture.fr
En famille (p. 22).

Villes d'art et d'histoire citées dans ce guide : Amiens, Beauvais, Laon, Noyon, Saint-Quentin et Soissons.

VOILE

École française de voile dans la plupart des stations balnéaires. Plan d'eau à l'intérieur des terres : lac de Monampteuil (Soissons).

Fédération française de voile – 17 r. Henri-Bocquillon - 75015 Paris - 01 40 60 37 00 - www.ffvoile.org

Ligue régionale de Picardie – 8 r. Hoche - 60400 Noyon - 06 70 31 65 13 - www.liguevoilepicardie.fr

VUE DU CIEL

L'Oise vue du ciel – Survol de l'Oise en montgolfière (1h). Service Loisirs-Accueil du comité départemental du tourisme de l'Oise : 03 64 60 60 06 - www.oisetourisme.com

Aéroclub de Beauvais-Tillé – 1 av. de l'Aéroport - 60000 Tillé - 03 44 48 28 52 - pagesperso-orange.fr/acbt60
Survol de l'Oise en avion de tourisme (30mn).

Ludair – Aérodrome d'Abbeville - 80132 Buigny-Saint-Maclou - 03 22 24 36 59 ou 06 03 28 66 96 - www.ludair.com
La baie de Somme en ULM.

Aéroclub Picardie Amiens Métropole – Aéroport Amiens-Glisy - BP 202 - 80002 Amiens Cedex 2 - ✆ 03 22 38 10 70 - www.aeroclub-picardie-amiens.com.
Découverte des grands champs de bataille (circuit du Souvenir) en vol à moteur, en vol à voile ou en ULM.

Aéroclub Amiens-Glisy – Aérodrome Amiens-Glisy - BP 01 - 80001 Amiens - ✆ 03 22 38 01 01 - www.aeroclub-amiensglisy.com
Survol de la ville d'Amiens et de ses environs de nuit, de la baie de Somme, du Marquenterre ou de la côte picarde.

Club Montgolfière Passion – Airflash ULM – Aérodrome Amiens-Glisy - BP 01 - 80001 Amiens - ✆ 03 22 38 93 53 - www.ulm-airflash.com
Vols en ULM pendulaires et ULM 3 axes au-dessus d'Amiens.

Montgolfières de Picardie – 139 r. des Cerisiers - 60290 Laigneville - ✆ 03 44 71 70 95.
Survol de la Somme en ballon.

En famille

Pictogramme signalant parcs, musées et attractions pour les enfants (*tableau ci-dessous*).

LES LABELS

Villes et Pays d'art et d'histoire
Visites-découvertes et ateliers du patrimoine pour enfants, les mercredis, samedis et pendant les vacances scolaires : livrets-jeux et outils pédagogiques visant une initiation à l'histoire et à l'architecture, participation active à la découverte de la ville. En atelier, utilisation de multiples supports (maquettes, gravures, vidéos) et contacts avec des intervenants divers : architectes, tailleurs de pierre, conteurs, comédiens, etc. Activités également proposées pendant la visite des adultes en juillet-août : « L'été des 6-12 ans ».

SITES OU ACTIVITÉS À FAIRE EN FAMILLE

Chapitre du guide	Nature	Musées et visites animées	Loisirs
Abbeville	Parc de la Bouvaque	« Le temps des bâtisseurs » (Eaucourt)	
Amiens	Hortillonnages, île aux Fagots et parc zoologique	Maison de Jules Verne	Théâtre de marionnettes « Chés cabotans »
Vallée de l'Authie	Jardins de Maizicourt		Aquaclub de Belle Dune
Beauvais		L'horloge astronomique de la cathédrale	Parc Saint-Paul
Compiègne	Grimp'à l'arb (parcours accrobranche)		
Hirson	Thiérache Sport Nature		
Laon		Souterrains ; chasse au trésor	
Marle		Parc archéologique	
Parc du Marquenterre	Parcours pédagogiques	Asinerie du Marquenterre	
Cité souterraine de Naours		Visite du site	
Saint-Quentin		Musée des Papillons ; Maison du textile (Fresnoy-le-Grand)	Chemin de fer touristique du Vermandois
Saint-Riquier		Muches (Domqueur)	
Saint-Valery		Écomusée Picarvie	
Parc Samara		Visite du site	
Soissons			Cynodrome
Baie de Somme		Maison de la baie de Somme et de l'oiseau	
Abbaye de Valloires	Jardin des Cinq Sens		

Mémo

Agenda

Pour préparer votre voyage, les sites institutionnels, ceux du Comité régional de tourisme de Picardie et du Conseil régional de Picardie, offrent un premier aperçu. Sur place, consultez les quotidiens locaux pour les événements du jour. Le *Courrier picard* est diffusé dans les trois départements, *Le Parisien* dans l'Oise et *L'Aisne nouvelle* et *L'Union* dans l'Aisne.

Associations affiliées à la Fédération française des fêtes et spectacles historiques : www.fffsh.eu

MARS

Beauvais – Festival Blues autour du zinc, têtes d'affiche internationales (1 sem. en mars) - ✆ 03 44 45 43 76 - www.zincblues.com

Albert – Festival international du film animalier - www.fifa.com.fr

Amiens – Festival d'Amiens : musiques de jazz et d'ailleurs (dernière sem.) - ✆ 03 22 91 04 86 - www.amiensjazzfestival.com

AVRIL

Abbeville et baie de Somme – Festival de l'oiseau : projections, expos, balades-découvertes, conférences, expositions - ✆ 03 22 24 02 02 - www.festival-oiseau-nature.com

MAI

Laon – Les Euromédiévales de Laon : banquet, animations, marchés médiévaux (fin mai-déb. juin) - ✆ 03 23 22 30 34 - www.ville-laon.fr

Ascension

Maubeuge – Fête de Jean Mabuse : défilés de chars et de géants.

Week-end de Pentecôte

Saint-Quentin – Fêtes du bouffon.

Liesse-Notre-Dame – Pèlerinage (lun. de Pentecôte) - ✆ 03 23 22 20 21.

JUIN

Beauvais – Festival de violoncelle : il accueille chaque année des artistes de renommée internationale (déb. juin) - ✆ 03 44 15 30 30 - www.festivaldevioloncelledebeauvais.com

Saint-Riquier – Jazz sur l'herbe (dernier dim.) - ✆ 03 22 71 82 20.

Gerberoy – Fête des roses (3e dim.) - ✆ 03 44 82 33 63 - www.gerberoy.fr

Amiens – Marché sur l'eau (3e dim.)

Long – Feux de la Saint-Jean (23 juin) - ✆ 03 22 31 80 21.

Beauvais – Fête Jeanne Hachette : fête médiévale, reconstitution du siège de 1472 (dernier w.-end).

Abbaye et jardins de Valloires – Balades musicales (dernier dim.) - ✆ 03 22 29 62 33.

JUIN-JUILLET

Saint-Michel-en-Thiérache – Festival de l'abbaye : musiques ancienne et baroque - ✆ 03 23 58 23 74.

JUILLET

Saint-Valery-sur-Somme – Fêtes Guillaume : commémoration du départ de Guillaume le Conquérant pour la conquête de l'Angleterre ; fête médiévale, marché (1er w.-end).

Noyon – Marché aux fruits rouges (1er dim.).
Longueil-Annel – Pardon des bateliers : spectacle de rue, bateaux pavoisés, orchestres, joutes, messe sur le bateau-chapelle, etc. (1er dim.) - ✆ 03 44 96 33 00.
Saint-Riquier – Festival de musique classique (1re quinz.) - ✆ 03 22 71 82 10 - www.festival-de-saint-riquier.fr

SEPTEMBRE

Albert – Pèlerinage de N.-D.-de-Brébières (1re quinz.).

SEPTEMBRE-OCTOBRE

Laon – Festival de Laon - ✆ 03 23 20 28 62 - www.aisne.com.
Picardie – Festival des cathédrales : un thème musical décliné chaque année pour ce festival itinérant (Senlis, Soissons, Amiens…) - ✆ 03 22 22 44 94 - www.picardie-cathedrales.com

OCTOBRE

Beauvais – Festival international du film de Beauvais - ✆ 03 44 45 90 00 - www.beauvaisfilmfest.com

NOVEMBRE

Amiens – Festival international du film d'Amiens (2e sem.) - ✆ 03 22 71 35 70 - www.filmfestamiens.org

Conseils de lecture

PRESSE

Quotidiens
Le Courrier picard

Magazines
Esprit de Picardie - Un magazine gratuit de qualité, qui promeut la région autour d'idées de week-end.

OUVRAGES GÉNÉRAUX

Picardie, Encyclopédie Bonneton, Bonneton, 2003.
La Picardie, verdeur dans l'âme, coll. « France », Autrement.
Picardie Corps et Âme, Pharos, 2006.

GUIDES DE VOYAGE

Saint-Quentin, ville d'art et d'histoire, coll. Villes et Pays d'art et d'histoire, Éd. Du Patrimoine, 2009.

ARCHITECTURE

Nord roman : Flandre, Artois, Picardie, Laonnois, Zodiaque,
Des beffrois et des hommes : Nord-Pas-de-Calais - Picardie - Flandre - Wallonie - Zélande, M.-L. Laidebeur, Geai bleu, 2005.
Jardins de Picardie et du Nord-Pas-de Calais, Ouest France, 2006.

GASTRONOMIE

Mes recettes picardes, cahier n° 12, Bonneton, 2005.
Fromages des pays du Nord, P. Olivier, Jean-Pierre Taillandier, 1998.

LITTÉRATURE

Les Croix de bois (guerre 1914-1918), R. Dorgelès, Albin Michel, 1996.

BANDES DESSINÉES

Histoire
1914-1918. C'était la guerre des tranchées, Tardi, Casterman, 1993. Évocation magistrale de la Grande Guerre par un très grand de la BD.

2/ COMPRENDRE LA PICARDIE

La nature en version panoramique dans l'Aisne.
Ombre mortelle / Fotolia.com

Bonus

La Picardie aujourd'hui

Connaissez-vous vraiment la Picardie ? Pour vous tester, voici quelques sites identifiant fortement cette région : pour les milieux naturels, la baie de Somme et la forêt de Compiègne ; pour l'architecture, la cathédrale et la tour Perret d'Amiens, le château de Chantilly et le familistère de Guise ; pour la culture, le théâtre de marionnettes des Cabotans à Amiens ; pour la mémoire des guerres, l'Historial de Péronne et la Caverne du Dragon sur le Chemin des Dames.

Une région en mutation

UNE RÉGION NÉE D'UN DÉCRET

La Picardie a été créée par décret le 2 juin 1960. Bel acte de foi si l'on considère les origines de ce territoire, car la Picardie n'est pas une féodalité unitaire comme la Flandre ou la Bretagne, mais un assemblage de comtés. Leur première reconnaissance administrative, au 14e s., les désigne comme les « **Pays de Picardie** ». Le Vermandois, le Santerre et le pays d'Amiens forment la Picardie historique. Plus qu'aucun autre endroit au monde, la Picardie a été le théâtre de guerres. Le « **Domaine picard** » a rayonné à son apogée, celle du beau Moyen Âge des cathédrales, dans le nord de la France jusqu'à la Flandre. Le dialecte demeure incarné par le personnage de **Lafleur** et ses bouffonneries dans le théâtre de marionnettes des **Cabotans** d'Amiens. Picards de souche ou d'adoption, ils sont presque deux millions recensés en 2012 dans la Somme, l'Aisne et l'Oise.

PUISSANTS VOISINAGES

La Picardie est enserrée entre deux puissantes régions, le Nord-Pas-de-Calais et l'Île-de-France. Des forces centrifuges s'exercent aussi vers l'est, la Champagne rémoise, mais sur un mode mineur. Le phénomène majeur, c'est la **proximité de Paris**. Le sud de l'Oise et l'arrondissement de Château-Thierry, dans l'Aisne, se situent à une distance de 40 à 90 km de Notre-Dame de Paris. Deux pôles, Cergy-Pontoise et surtout Roissy (40 000 emplois, 60 000 à l'horizon 2020), créent d'intenses **migrations alternantes** avec le sud picard. Le trafic des gares de Creil et Chantilly devance celui d'Amiens, la fréquentation des gares de Beauvais et Compiègne celle de Saint-Quentin. Les Picards sont les **premiers utilisateurs** régionaux de la SNCF. Ils disposent d'une panoplie d'aides tarifaires du conseil régional qui investit dans ce mode de transport. L'arrivée de populations franciliennes jeunes, attirées par un **foncier abordable** en sud Picardie, se poursuit. Le nord

Laon, vue sur la ville depuis le haut de la cathédrale.
Richard Soberka / hemis.fr

picard, longtemps moteur de la croissance démographique, a cédé le pas. Depuis les années 1960, la région puise l'essentiel de sa croissance dans l'Oise.

DES URBAINS À LA CAMPAGNE

Les Picards sont des urbains qui aiment la campagne. Un tiers d'entre eux est installé dans des communes de moins de 1 000 habitants, qui constituent 85 % des **2 291 communes** de la région. Le taux d'urbanisation des Picards (61 %) demeure modéré, mais la périurbanisation s'étend. Les nouveaux lotissements s'établissent jusqu'à 15 km des villes principales, Beauvais, Compiègne, le bassin creillois, Laon, Saint-Quentin, Soissons, et jusqu'à 25 km pour Amiens. L'organisation syndicale des Jeunes Agriculteurs proteste contre cet **étalement urbain** qui gèle d'excellentes terres agricoles. Mais l'attrait du foncier relativement bon marché demeure puissant face au pouvoir de régulation des collectivités publiques.

LES GRANDES VILLES

Amiens, **capitale régionale** de 175 000 habitants, regroupe 9 % de la population picarde. Ses **« fonctions tertiaires supérieures »** (université, recherche, administration) et son bassin d'emploi étendu n'en font pas une ville aussi capitale que ses élites l'auraient souhaité. Pour elles, Amiens fait partie de ces villes situées entre 100 et 150 km de Notre-Dame de Paris (comme Saint-Quentin, Reims, Meaux, Auxerre, Orléans, Rambouillet, Rouen), que la **déconcentration** de Paris a négligées.

Les banlieues sont donc faiblement représentées en Picardie, à part dans le bassin creillois et à Amiens nord. L'expansion des périphéries sud et est d'Amiens se poursuit à un rythme soutenu.

Les faibles densités de population du riche Santerre et l'enclavement de la Thiérache rurale ralentissent leur urbanisation.

Saint-Quentin, la deuxième ville picarde (60 000 habitants) est

confrontée à la désindustrialisation de son bassin d'emploi.
Sa population décroît depuis 1990.
À Beauvais, troisième ville picarde (55 000 habitants), plus de la moitié du parc de logements est constituée par de l'habitat vertical, en partie privé, et cette ville concentre 43 % de logements sociaux.
Compiègne, le bassin creillois, Soissons, Château-Thierry sont devenues des « moyennes banlieues » de Paris. Le long de l'Oise et entre Creil et Clermont, des zones péri-urbaines continues se dessinent aux **portes de l'Île-de-France**.

L'économie en Picardie

QUELQUES CHIFFRES

Les **écarts de revenus** sont très larges en Picardie. Beauvais reçoit des aides exceptionnelles de l'État pour compenser les faibles revenus de ses habitants. Paradoxalement, en même temps, ses habitants assujettis à l'impôt sur la fortune acquittent la plus forte contribution par tête en Picardie. Le revenus médian des **Isariens** (de l'Oise) est supérieur à celui des **Samariens** (de la Somme) et des **Axonais** (de l'Aisne).
Le **niveau de formation** des Picards a une incidence directe sur leurs revenus. Moins de 20 % d'entre eux ont un diplôme de l'enseignement supérieur.
« Le rattrapage en matière de formation est l'enjeu le plus important des prochaines décennies pour le développement régional et pour résoudre le problème du chômage, structurellement très important », selon la préfecture de région.
Le **chômage** en Picardie est la conséquence directe de la désindustrialisation de la région et du faible niveau de formation de ses habitants, son taux est supérieur à celui de la moyenne nationale.

LE RECUL DE L'INDUSTRIE

La part de l'industrie dans la valeur ajoutée régionale, longtemps supérieure à 20 %, est passée sous cette barre en 2007. La crise de septembre 2008 a amplifié la **désindustrialisation**. La plus grosse fermeture d'usine en France, après la crise des *subprimes*, a touché l'usine Continental à Clairoix (1 150 salariés) dans l'Oise, en 2009. La région est très ouverte aux **échanges internationaux** en raison de sa situation entre Londres, la Rhur et Paris. L'Allemagne est le premier client de la Picardie.
Les groupes étrangers représentent 7 % des établissements industriels picards en 2010. Ils emploient 40 000 salariés, plus du quart de ces effectifs travaillant dans l'industrie.
Les principales filières sont l'**agro-alimentaire**, qui représente 14 % de l'emploi industriel régional.
La **chimie** est très présente dans la vallée de l'Oise. La **plasturgie** a supplanté le travail des métaux.
La **mécanique** est fortement représentée dans le Vimeu, siège national de la serrurerie, et dans la sous-traitance automobile.
L'**aéronautique** se concentre à Albert, où les entreprises participent aux programmes d'Airbus. Les plus grandes marques de **parfums** et de **cosmétiques** sont présentes en Picardie : Givenchy est installé à Beauvais, Yves-Saint-Laurent à Lassigny, Chanel et Bourjois à Compiègne et d'autres noms prestigieux à Rantigny et Bray-sur-Somme.
L'**industrie verrière** de la vallée de la Bresle s'est spécialisée dans le flaconnage. La Picardie est le premier fabricant de parfums en France, du jus au flacon.

L'**agriculture de contrats** pratiquée par les betteraviers s'est étendue à l'industrie de la conserve. Ce lien entre le champ et l'atelier est à l'origine du développement en Picardie de sociétés comme Bonduelle, Nestlé, William Saurin. Les volumes réguliers et homogènes fournis par des producteurs alimentent les amidonneries du groupe Roquette à Vecquemont et Vic-sur-Aisne. L'usine Sitpa de Nestlé fabrique des flocons de pommes de terre à Rosière-en-Santerre. Lunor produit des pommes de terre sous vide à Chaulnes.
Le **machinisme agricole** est fortement représenté à Beauvais par le fabricant de tracteurs Massey Ferguson et GIMA (ponts et boîtes de vitesse). Il est le premier employeur privé de la région Picardie.

LES ATOUTS DE L'AGRICULTURE

Les agriculteurs représentent 1,5 % de l'emploi salarié régional, sans commune mesure avec leur impact sur les paysages. La Picardie consacre 75 % de sa surface agricole utile aux cultures. Dans le Santerre, l'Amiénois, le Valois, le Vexin et le Soissonnais, les terres planes recouvertes de **limons** parfois très profonds favorisent les productions végétales de grandes exploitations fortement mécanisées. La région occupe le **premier rang** en France pour la production de betteraves, de pommes de terre féculière, de protéagineux, de salsifis ; le **second rang** pour le blé tendre, la pomme de terre, l'épinard, le chicon ; le **troisième rang** pour l'orge et l'escourgeon de printemps, le lin textile, les haricots verts, les petits pois. La Thiérache, le pays de Bray et le Vimeu sont tournés vers une **agriculture mixte** où la prairie et l'élevage dominent. Le développement d'industries de transformation anciennes (les sucreries) ou plus récentes (les conserveries) offre de puissants relais de croissance à cette agriculture.

INFRASTRUCTURES ET GRANDS PROJETS

La Picardie dispose d'un réseau dense d'autoroutes (A 16, A 29, A 1) et de voies ferrées. L'aéroport de Beauvais est classé parmi les dix premiers français (3,6 millions de passagers en 2012). Deux projets d'infrastructure pourraient renforcer la fonction de « plateforme » de la région. Le premier est le **canal Seine-Nord-Europe** qui, s'il se réalisait, augmenterait le trafic par conteneurs et le statut logistique de la Picardie. Le deuxième projet, la **liaison Roissy-Picardie**, reliera la ligne Paris-Amiens et la ligne TGV Nord par un « barreau ». Les gares d'Amiens et de Creil accéderont ainsi au réseau « grande vitesse ». La Picardie est associée

LA CHICORÉE

Originaire d'Orient, la chicorée s'est développée dans le Nord il y a deux cents ans. Sa zone de production s'étend sur toute la Flandre maritime. Plante rustique semblable à la betterave mais sensible aux traitements phytosanitaires, elle a de nombreuses vertus médicinales (notamment purgatives) et gustatives. Elle se sème en avril pour se récolter en octobre. Sa racine est d'abord séchée, avant d'être torréfiée.
Longtemps liée au café, la chicorée a aujourd'hui pris son indépendance et intègre de nombreuses recettes, sucrées ou salées. Depuis une quinzaine d'années, on en extrait l'inuline, un complément alimentaire.

à deux **pôles de compétitivité** mondiaux. « Industries et agro-ressources » s'implique sur les applications non alimentaires de la plante. « I-Trans » fait appel au savoir-faire picard dans les industries ferroviaires.

Un passé industrieux

Les « **musées de société** », à la fois mémoire sociale et conservatoires d'un savoir-faire, se multiplient en Picardie. Ils témoignent d'un passé industrieux très divers dans la région. Le musée de la Nacre et de la Tabletterie, à **Méru**, se consacre aux objets de luxe dits « articles de Paris », tels que des dominos, des éventails, des coupe-papiers, des porte-cigare, etc. Cette spécialité employa 10 000 personnes en 1900 dans le Thelle, autant que la brosserie dont le musée-moulin de **Saint-Félix**, dans la vallée du Thérain, rappelle l'essor dans l'Oise, premier département producteur en France.

La Maison du textile, à **Fresnoy-le-Grand**, succède à l'ancienne usine La Filandière dont elle conserve 28 métiers à bras pour tapisseries. On visite aussi à **Beauvais** la Manufacture de tapisserie de basse lisse et à **Hardivillers**, et dans le Plateau picard la maison musée du tisserand. Elle montre les modestes conditions de vie et de travail à domicile de milliers d'ouvriers à façon au début du 19e s.

La serrurerie, dont le siège français se trouve dans le Vimeu, présente un musée Carrefour des industries à **Friville-Escarbotin**. La vallée verrière de la Bresles consacre deux musées, à **Blangy-sur-Bresles** et à **Eu**, à l'industrie du flaconnage des parfums.

Le **familistère Godin**, « cité idéale » à Guise, poursuit son ouverture au public, le musée du sucre à **Francières** l'entame. La clouterie Rivière à **Creil**, unique en France, fait tourner un parc de 325 machines parfaitement entretenues. La briqueterie d'**Allonne** fonctionne avec un four Hoffmann de 1900 que l'on visite lors de la biennale De grès et de pots qu'elle organise avec les potiers de la région.

LE CANAL À GRAND GABARIT SEINE-NORD-EUROPE

Pour faire face à l'augmentation des trafics en Europe et pour désengorger les voies routières et maritimes, les pouvoirs publics comptent s'appuyer sur le développement du **trafic fluvial**. Ainsi est programmé le creusement du canal à grand gabarit Seine-Nord Europe, long d'une centaine de kilomètres, entre Compiègne et Aubencheul-au-Bac (seine-nord-europe.com). Ce dernier tronçon relierait Amsterdam à Paris, c'est-à-dire l'Île-de-France aux grands ports d'Europe du Nord.

54 m de largeur, 4,5 m de tirant d'eau, des convois de 4 400 t (au lieu de 700 aujourd'hui sur le canal du Nord), les chiffres sont impressionnants. Le tracé de cette autoroute fluviale est établi, il reste à confirmer le calendrier du projet dans un contexte économique difficile. Beaucoup d'interrogations restent d'ailleurs en suspens : place centrale de l'agroalimentaire et des grandes cultures sur le tracé, problème de gestion de la demande en eau, tout simplement gigantesque…

Traditions et art de vivre

La chasse et la pêche sont fortement ancrées dans le terroir picard. La chasse au gibier d'eau se pratique « à la hutte » à l'intérieur des terres et dans la baie de Somme. Dans de nombreux villages, des terrains sont affectés aux jeux de paume. D'autres villages consacrent une aire de jeu au tir à l'arc dont la tradition a été sauvegardée en Picardie. La gastronomie régionale s'exprime dans des produits locaux naturels tels que le cresson, les haricots blancs, la salicorne. Des produits élaborés comme le rollot, le maroilles, ou d'élevage comme le mouton des prés salés, identifient la table picarde. Le reste est affaire de recettes et elles sont nombreuses.

Fêtes

FÊTES HISTORIQUES

Le Moyen Âge constitue la toile de fond de nombreuses fêtes historiques. Les plus anciennes, les **fêtes Jeanne Hachette**, se prévalent d'exister depuis le 15e s. à Beauvais ! Beaucoup se réfèrent à des épisodes de la guerre de Cent Ans, dont la Picardie a été le principal théâtre. D'autres célébrations ne s'interdisent pas d'explorer le « grand » Moyen Âge depuis les Mérovingiens et au-delà, de la Renaissance à l'âge classique.
Dans l'Aisne, les Seigneuriales de Coucy-le-Château proposent des animations et des spectacles autour d'un marché et d'un banquet médiéval en mai. Les fêtes Rabelais de Chauny se clôturent le week-end de l'Ascension par un défilé carnavalesque. Le parc archéologique de Marle ouvre d'avril à octobre les sites et collections de son musée des Temps Barbares. Il organise une journée mérovingienne le 15 août. Les Ducales transforment Guise, le temps d'un week-end en août, en cité du 10e s. Jean de la Fontaine est célébré par sa ville natale, Château-Thierry, au mois de juin, période où se déroulent les Médiévales de Laon.
Dans l'Oise, les fêtes Jeanne d'Arc à Compiègne en mai, et Jeanne-Hachette à Beauvais fin juin, déroulent de grandes processions costumées. Des marchés, des spectacles et des animations d'inspiration médiévale, des fanfares animent les rues pendant deux jours. L'association organisatrice des fêtes Jeanne Hachette entretient un vestiaire dépassant 2 000 costumes créés au fil des années. D'autres fêtes médiévales de moindre ampleur ont lieu dans l'Oise, comme la Gerboréenne en mai à Gerberoy, la Fête au fil de l'eau à Troissereux le premier week-end de juillet, la Fête du cochon à Crépy-en-Valois, la Fête médiévale de Pierrefonds en août et les fêtes

François Ier à Crèvecoeur-le-Grand en septembre.
Dans la Somme, Saint-Valéry renoue, fin juin, avec son histoire dans la ville médiévale d'où partirent Guillaume et ses compagnons pour la conquête du trône d'Angleterre. Le Son et lumière d'Ailly-sur-Noye renouvelle depuis bientôt trente ans, avec l'appui de plus de 500 bénévoles fédérés par Dominique Martens, des spectacles au très large spectre historique, des Celtes aux Poilus de la Grande Guerre. La fête d'Eaucourt-sur-Somme se déroule au pied de vestiges du château en août, les Médiévales de Folleville dans l'enceinte et autour du château en septembre, la fête d'Ault célèbre le plus vieux beffroi ecclésiastique de France en octobre.

Traditions

MARIONNETTES

Le **Théâtre des Cabotans** est l'expression, dans le dialecte picard, de personnages à tringles et à fils. Ce théâtre d'amateurs, très répandu au 19e s., utilise des moyens rudimentaires. Il est joué dans des arrière-cours, spécialement dans le **quartier Saint-Leu** au centre d'Amiens. Le personnage de Lafleur y apparaît vers 1810. Lafleur, valet habillé de rouge, est une force de la nature qui aime rosser les sergents de ville **Papa Cucu** et **Chés Cadoreux**. Sa philosophie est « bien boère, bien matcher et ne rien fouère » (bien boire, bien manger et ne rien faire). Sa femme **Sandrine**, et **T'Chot Blaise**, son meilleur compagnon, sont de toutes ses bouffonneries. Ce théâtre singulier s'est brutalement éteint avec la Grande Guerre. La tradition a été relancée par Maurice Domont, fondateur en 1933 de la compagnie **Chés Cabotans** d'Amiens. La compagnie du Théâtre d'animation picard lui a succédé. Elle reprend son registre et le nourrit de nouvelles contributions, dans sa propre salle à Amiens.

JEUX TRADITIONNELS

Le tir à l'arc – Les compagnies d'arcs, dissoutes à la Révolution, se sont reformées à titre civil, en premier lieu en Picardie. Regroupées localement en rondes, elles organisent chaque année un **Bouquet Provincial**, la plus grande fête de l'archerie traditionnelle. Ces associations d'archers sont parfois centenaires, comme la Compagnie Jeanne Hachette à Beauvais. L'entraînement s'effectue sur le **beursault**, le terrain de tir. Il est borné par deux buttes distantes de 54 m sur lesquelles sont disposées les cibles. D'une largeur de poitrine d'homme, ces cibles sont fixées à environ 1,3 m du sol. Le tir s'effectue par l'allée du roi. Elle est encadrée dans une double rangée de « gardes », des panneaux de bois capables d'arrêter des projectiles mal dirigés. La partie se déroule en 40 flèches. Elles sont tirées alternativement d'un côté puis de l'autre de l'allée du roi. L'archer emprunte une voie parallèle, l'allée des chevaliers, pour effectuer ces va-et-vient. Ils visent à reproduire des conditions de tir variées avec le soleil et le vent de face, de dos ou de côté. L'épreuve du **tir à l'abat l'oiseau** désigne chaque année le roi de la compagnie, c'est-à-dire son archer réputé le plus habile.
Les jeux de paume – Parmi les nombreuses variétés de jeux de paume, la balle au poing compte le plus d'amateurs en Picardie. À Amiens, chaque 15 août sur l'esplanade de **La Hotoie**, se déroule le championnat de France qui clôt quatre mois de rencontres préparatoires. Près de 200 joueurs s'affrontent par équipes de six dans

La fête médiévale du 15 août à Pierrefonds.
Gil Giuglio / hemis.fr

un terrain rectangulaire. Le ballon, semblable à celui utilisé pour le handball, est frappé de volée ou après un seul rebond autorisé, avec le poignet et la main entourés d'une bande de toile ou de cuir. Les passes sont interdites.

La longue paume utilise une boule de liège d'un diamètre de 5,5 cm, d'un poids de 16 et 20 g, recouverte d'un tissu. La raquette mesure 72 cm de long, un tiers est consacré au tamis cordé. L'engagement projette la balle au-delà de la « **corde** », c'est-à-dire de la ligne médiane du terrain. Le service s'effectue toujours du même côté du terrain. Les échanges se poursuivent soit de volée, soit du premier rebond. Les parties terrées se disputent entre deux équipes de six joueurs et les parties enlevées entre deux équipes de quatre joueurs.

La balle au tamis se pratique dans le Vimeu, le Ponthieu et le Marquenterre. Le tamis tendu de toile est utilisé uniquement pour l'engagement. La balle porte le nom de « **pelote** » ou « **d'éteuf** » dans le Vimeu. Elle est renvoyée à l'aide d'un tambour, gant de forme ovale tendu de peau. Le terrain mesure, en extérieur, 94 m de long, en rapport avec la force de propulsion du tamis. Le joueur pivot s'appelle le « fort du jeu ». Il est l'organisateur de l'équipe de neuf joueurs.

La chasse au gibier d'eau – La **chasse à la hutte** est la seule autorisée la nuit en France. Les canards et les limicoles peuvent être chassés sur 3000 des 7000 ha que compte la baie de Somme. On y recense environ 150 gabions, huttes de chasse fixes ou flottantes en mer. Et quelque 2000 huttes sont disséminées à l'intérieur des terres. Certaines sont aménagées et chauffées. La hutte appelée « **Les 400 coups** » se loue dans le marais de Sailly-Bray à Noyelles-sur-Mer. Elle a été construite en 1904 et conçue, disait-on, comme un appartement parisien. Une hutte flottante « pédagogique », équipée de couchettes et d'un chauffage, est également louée par l'association de Chasse du domaine public maritime de la baie de Somme.

La chasse à la hutte, fixe dans l'intérieur des terres, devient par nécessité flottante sur le littoral. L'emplacement d'une hutte est un compromis entre l'orientation de la mare, la protection vis-à-vis des vents froids et la recherche de la meilleure visibilité nocturne. À l'intérieur, un endroit de repos est généralement aménagé, équipé d'un chauffage d'appoint en hiver. Les ustensiles de chasse (jumelles, fusils, cartouches) sont rangés à portée de main. Ils doivent pouvoir être manipulés en silence, sans danger, dans le noir des « visées ». Ce sont des espaces destinés au tir, cachés sous un auvent à la vue des canards.

La pratique du **hutteau**, concentrée dans l'espace maritime, est une forme de chasse au gibier d'eau très sportive. Elle se pratique lors des « passées » (de gibier) le matin et à marée montante. Les sauvaginiers utilisent plusieurs méthodes. Une simple toile munie d'arceaux peut recouvrir la fosse qui abrite et cache le chasseur. Une couverture de roseaux masque parfois son hutteau. Certains emploient une longue boîte montée sur des roues, un « **cercueil** » dans lequel ils s'allongent. Ces postes d'observation et de tir précaires peuvent être entourés de canards appelants vivants ou des blettes, oiseaux en bois ou en plastique. Ils jouent le rôle d'appâts pour attirer les oiseaux migrateurs. Cette chasse sportive peut être dangereuse. Le sauvaginier qui s'aventure loin, et seul, doit connaître intimement l'immensité de l'estuaire et ses marées.

Gastronomie

LES PRODUITS

Tous les légumes poussent en abondance dans îles maraîchères des bords de la Somme. On les appelles des hortillonnages à Amiens et leur équivalent à Péronne sont des hardines. Le **cresson** s'étoffe dans des fosses aménagées dans les vallées de la Somme, du Thérain et de la région de Chantilly. Le gros **haricot blanc** est une spécialité de Soissons. Des **champignons de Paris** poussent dans les carrières du sud de l'Oise, la **salicorne** en baie de Somme. Parmi les **pommes de terre**, la vitelotte à chair bleue au goût de châtaigne, la juliette des sables en baie de Somme, la pompadour, si délicate cuite à la vapeur, se démarquent du tout-venant. Fraises, cerises, framboises et groseilles sont la spécialité des régions à **fruits rouges** de Laon et de Noyon. La **pomme** en pays de Bray et en Thiérache s'utilise « au couteau » et pour le cidre. La Thiérache proche de Chimay est amatrice de **bière**, Péronne en produit aussi. La table picarde fait une place particulière aux **canards** et aux **moutons** des prés-salés (AOC) de la baie de Somme. La Picardie maritime fournit des **moules**, des **coques**, des coquilles **saint-jacques**, **soles**, **harengs** et **crevettes grises**. **Carpes**, **brochets** et **sandres** sont pêchés dans les étangs de la Somme, de l'Oise et du Thérain. Les **anguilles** sont piégées dans des caissons de plusieurs mètres de long immergés dans la Somme, entre septembre et janvier. Les fromages sont représentés par le **rollot**, à pâte molle et croûte lavée,

Le gâteau battu, délicieuse spécialité picarde.
Yvon-Lemanour / Photononstop

le **maroilles** de la Thiérache, une recette voisine de celle du **munster**. La recette oubliée d'un fromage affiné dans du foin de seconde coupe, la **tomme au foin** du pays de Bray, a été remise au goût du jour. La viande de porc, de bœuf, de veau, de lapin et de volaille est à la base de nombreux plats picards.

LES PLATS

La **soupe des hortillons** mélange chou, laitue, poireaux, pommes de terre, petits pois, cerfeuil et oseille. La **flamiche aux poireaux** du Santerre, la **tarte au maroilles** de la Thiérache et le **pâté de canard** d'Amiens réalisé avec un canard entier farci et cuit dans une pâte, sont des entrées traditionnelles. La **ficelle picarde**, crêpe au jambon et champignons gratinée avec une sauce crémeuse, est plus récente. Les plats sont inventifs, comme la **caghuse**, rouelle de porc cuite aux oignons, le **porc au lait** de Thiérache, le **lapin aux « grenouilles »** qui désignent une sorte de pâtes fraîches. Toute une série de **plats au cidre** accommodent maquereaux, anguilles, moules, pintades et joues de bœuf. Pour les desserts, les **macarons** d'Amiens, le **gâteau battu** et la **rabote** picarde reviennent fréquemment sur les tables de fête. Le gâteau à la courgette, les tartelettes au potiron ou les beignets de citrouille y tiennent aussi une place originale.

Art et culture

La Picardie est une région très bien documentée sur son histoire. Elle dispose d'un témoin exceptionnel, César, dont les *Commentaires sur la guerre des Gaules* permet de suivre l'avancée des troupes dans la région. Plus tard, l'essor de l'architecture gothique durant le siècle d'or (13e s.) de la province correspond à son annexion au royaume de France. Par la suite, d'autres mouvements d'architecture remarquables apparaissent : les églises fortifiées de la Thiérache, le style balnéaire de la Belle Époque à Mers-les-Bains, la reconstruction Art Déco à Saint-Quentin.

La Picardie archéologique

Jacques Boucher de Perthes (1788-1868) et **Roger Agache** (1926-2011) ont, à leur manière, contribué à faire de la Picardie un haut-lieu européen de l'archéologie. Le premier a puisé son intuition d'un « homme antédiluvien » dans les terrasses alluviales de la Somme, riches en silex bifaces. Le second a inventé l'archéologie aérienne en multipliant les découvertes de sites méconnus avec ses vues du ciel. La région est très bien représentée dans le premier musée archéologique français, fondé en 1867 par **Napoléon III** au château de Saint-Germain-en-Laye (Yvelines). Son fonds primitif recèle une part des importantes fouilles que l'empereur, féru d'antiquités et grand admirateur de **César**, a ordonnées à Champlieu, Saint-Pierre-en-Chastres, Mont-Berny, dans la **forêt de Compiègne**, ville où il séjournait régulièrement, ainsi que dans des nécropoles du Moyen Âge (à Chelles, Gury, Jaulzy). La Picardie ne conserve pas de sites spectaculaires ou grandioses,

DES MUSÉES RICHES EN DÉCOUVERTES

Le grand musée de la préhistoire, **Samara**, s'élève sur un camp fortifié par les armées de César, à **La Chaussée-Tirancourt** près d'Amiens, dans la vallée de la Somme. Il a été aménagé en « Grand parc naturel de la préhistoire » et présente des collections permanentes dans un dôme composé de 25 coupoles (architecte : Bruno Lebel). Bien d'autres portes méritent d'être poussées pour celui qui s'intéresse à l'archéologie. Le musée Boucher-de-Perthes, dans le beffroi d'Abbeville, recueille les riches découvertes de la vallée de la Somme. La Patère (coupe) d'Amiens est conservée au musée de Picardie dans la capitale régionale, le petit guerrier gaulois de Saint-Maur au musée départemental de l'Oise, à Beauvais. Senlis, dont le musée a été rénové en 2012, et ceux de Compiègne, Laon et Soissons abritent d'importantes collections locales. Le Musée des graffiti de Verneuil-en-Halatte expose sous forme de moulages de plâtre plus de 3 000 inscriptions du néolithique à nos jours.

mais cette région tant de fois retournée par les guerres y a trouvé quelques profits, annexes, dans la **quête de ses origines**. Après la Seconde Guerre mondiale, des villes saccagées comme Amiens et Beauvais donnent accès, sous leurs ruines, aux strates profondes d'urbanisation fouillées par des amateurs éclairés. Des chantiers de grandes infrastructures comme le TGV nord et le canal Seine-Nord-Europe ont mis au jour un atelier de poterie antique pour l'un, des tunnels, tranchées, et même des soldats ensevelis pour l'autre.

CELTES ET GALLO-ROMAINS

La Chaussée-Tirancourt et Ribemont-sur-Ancre appartiennent à la « chaîne » des *oppida* de la vallée de la Somme, avec l'Étoile, Liercourt et Monts-de-Caubert, tous occupés par les **Celtes** vers 200 av. J.-C. De telles éminences fortifiées par des palissades de bois, entourées de fossés, défendues par des armes en fer, jalonnent aussi les vallées de l'Oise et de l'Aisne. On en trouve ailleurs, au « Mont César » à Bailleul-sur-Thérain, sur l'éperon de Nointel dans le Clermontois. Jules César, dans les livres II et VIII des *Commentaires de la guerre des Gaules*, cite une quinzaine d'*oppida* depuis lesquelles ses légions ont imposé la *pax romana* aux **Bellovaques** (Beauvais), **Sylvanectes** (Senlis), **Suessions** (Soissons), **Ambiens** (Amiens), etc. Les camps romains s'installeront dans la plaine pacifiée un siècle plus tard, vers 60 ap. J.-C. La Picardie gallo-romaine a conservé les **arènes** de Senlis, le **sanctuaire** de Champlieu, le **théâtre** de Vendeuil-Caply, les **murs** du 3e s. des *castrums* de Senlis et de Beauvais. De grandes **villas**, à Verneuil-en-Halatte dans l'Oise, à Famechon (peintures romaines) dans la Somme, des portions de **voies romaines** qui toutes convergeaient vers Amiens ont été découvertes par l'archéologie aérienne et recensées en atlas par des équipes conduites par Roger Agache.

L'architecture

LE GOTHIQUE

De multiples petits clochers, la très pure abbaye de **Morienval** dans l'Oise et à Noyon, le triple étagement du chevet de la première cathédrale gothique, témoignent d'une architecture romane répandue dans la région. Mais le « **beau Moyen Âge** » picard, entre les règnes de Philippe Auguste et de Saint Louis, est principalement gothique. Partout l'on construit entre 1140 et 1260. Six cathédrales, toujours plus hautes, se dressent en Picardie, avec quantité d'autres édifices civils et militaires. Les bases de ce style architectural sont posées, après Saint-Denis en Île-de-France, à la cathédrale de **Noyon**. Elle est élevée sur quatre étages (arcades, tribunes, triforium, fenêtres) comme le sont les cathédrales de **Laon**, avec ses seize bœufs sculptés, et de **Soissons**. Puis c'est l'élévation en trois niveaux (arcades, triforium puis triforium ajouré et clair-étage) qui requiert des arcs-boutants. Leur emploi caractérise plus encore l'art gothique que l'arc brisé et la voûte sur croisée d'ogives. L'élévation de la collégiale de **Saint-Quentin** s'équilibre dans la maçonnerie de triples volées d'arcs-boutants ! Les architectes Villard de Honnecourt, Robert de Luzarches, les Cormont, Martin Chambiges font preuve de plus d'audace et d'assurance. La plus petite des cathédrales, **Senlis** (70 m), serait presque contenue dans la plus

vaste, **Amiens** la rayonnante.
La nef de **Beauvais** n'a jamais été construite, une tour manque à la façade inachevée de Soissons malgré 35 ans de labeur.
Les chantiers durent de deux à cinq décennies. Leurs plans évoluent et sont parfois repris en catastrophe. En 1284, une partie du chœur de Beauvais chancelle puis en 1573, la tour lanterne de 150 m de haut s'effondre. En 1504 débute à Senlis la restauration des parties hautes touchées par la foudre. Ces énormes constructions mobilisent les **corporations itinérantes** de la pierre, du bois, du métal, du verre (les vitraux d'Engrand-le-Prince à Beauvais), du textile (les tapisseries). Ces édifices parés de sculptures (portail à la Vierge de Senlis, du Sauveur à Amiens, etc.) et d'un riche mobilier (stalles d'Amiens) s'entourent des maisons canoniales. Le meilleur ensemble conservé au nord de la France se trouve au pied de la cathédrale de **Noyon**.
Ces édifices majeurs n'éclipsent pas une série d'autres magnifiques créations, la sainte chapelle lumineuse de Saint-Germer-de-Fly, l'infirmerie de l'abbaye d'Ourscamp, la salle du réfectoire de Saint-Jean-des-Vignes à Soissons, la grange de la maladrerie Saint-Lazare de Beauvais et la concentration de chefs-d'œuvre du Ponthieu, chapelle du Saint-Esprit à Rue, abbatiales de Saint-Riquier et de Valloires, collégiale Saint-Vulfran d'Abbeville…

LA SCULPTURE PICARDE

Servis par une pierre calcaire au grain très fin et facile à tailler, les sculpteurs de Picardie rivalisent d'habileté et d'imagination tant dans la sculpture d'ornements que dans les **« images »** (figures en ronde bosse).
Au 13ᵉ s., les « **tailleurs d'ymaiges** » d'Amiens et d'Arras manifestent déjà des spécificités picardes : leurs figures, d'une exécution poussée, sont empreintes d'un charme et d'une bonhomie que relève un accent de vie familière.
À la fin du 15ᵉ s. et au début du 16ᵉ s., la sculpture picarde s'enorgueillit de **« huchiers »** (sculpteurs sur bois) renommés, auteurs des remarquables stalles de la cathédrale d'Amiens, des vantaux des portes de la collégiale Saint-Vulfran d'Abbeville et des cadres de bois délicats qui rehaussent les peintures du « Puy-Notre-Dame » (musée de Picardie à Amiens).

L'ARCHITECTURE TRADITIONNELLE

Habitat rural

Dans le sud de la Picardie, comme en forêt de Compiègne ou dans le Laonnois, plus au nord, la pierre fait progressivement place à la **brique**, bientôt omniprésente. Quelques briqueteries émaillent encore le paysage, leur haute cheminée pointée vers le ciel. Une tradition perdure, en Picardie comme dans le Nord, celle de juxtaposer des briques de différentes couleurs, du rose pâle au rouge vif, pour créer des camaïeux extraordinaires qui rompent les lignes.
Ravagés en 1914-1918, les villages du **Santerre** et du **Vermandois** ont été rebâtis en briques dans les années 1920. Les fermes ont pris de l'ampleur et des airs de forteresses, s'animant de frises et de pilastres.
Plus à l'ouest, dans l'**Amiénois**, les « villages-tas » centrés sur l'église sont bordés d'arbres jalonnant un « chemin de ronde ». Les fermes se lotissent derrière leurs « **courtils** » (jardins potagers). La **« carterie »**, portail et abri sous toit, ouvre sur la cour fermée qui précède la maison d'habitation. Dans le portail,

Gros plan sur la rose flamboyante (16e s.) de la cathédrale d'Amiens.
Porschelegend / Fotolia.com

la porte pour piétons est ajourée en sa partie supérieure par des motifs aux vertus protectrices : arbres de vie, croix de Saint-André, soleils. Les bâtiments (pigeonnier, écurie, étable), en torchis jaune beige, comportent un soubassement en dur laissé apparent, le « **seulin** ».

Admirez les **girouettes** en fer forgé qui coiffent les toits des maisons : motifs classiques (coq) ou plus originaux (chien, chat, bœuf, signes astrologiques).

Sur le littoral picard, **Marquenterre** et **Ponthieu** ont un habitat ouvert. Plus on se rapproche de la côte, plus il se disperse. Les fermes sont isolées par une haie percée d'un portillon en bois ; la maison, longue et ample, reste de profil par rapport aux vents dominants. Aux murs de torchis, badigeonnés de chaux, s'ajoute le rognon de silex noir, en soubassement pour ses qualités d'étanchéité, ou en damier avec de la brique ou de la craie, créant de splendides **murs-pignons**, voire des églises entières. Au 20e s., la tuile classique a remplacé la « **panne** », un carreau allongé de glaise moulée, séchée, puis cuite. Les dernières panneteries disparaissent dans les années 1930.

Quelques maisons au toit de pannes, à dénicher dans le Ponthieu et autour de Bernaville.

Le mobilier picard

Né au 18e s., l'art mobilier picard s'est fortement développé au cours de la seconde moitié du 19e s. Il se caractérise par des meubles rustiques, en bois noble (en général du merisier, du cerisier ou du chêne), décorés de motifs floraux ou de formes géométriques. L'**Amiénois** est une des régions reines de l'ébénisterie. De nombreux artisans y œuvraient et il reste encore quelques ateliers aujourd'hui, notamment à **Vignacourt**. Ce petit village a d'ailleurs donné son nom au fleuron de l'ébénisterie picarde, la **traite de Vignacourt**. La traite en Picardie est aussi représentative de la région que l'armoire en Normandie. Sa forme découle de la disposition des maisons, traditionnellement allongées et basses de plafond.

ABC d'architecture

Les dessins présentés dans les planches qui suivent offrent un aperçu visuel de l'histoire de l'architecture dans la région et de ses particularités. Les définitions des termes d'art permettent de se familiariser avec un vocabulaire spécifique et de profiter au mieux des visites des monuments religieux, militaires ou civils.

AMIENS
Façade de la cathédrale (13e s.)

La vaste cathédrale demeure l'édifice où l'architecture du gothique rayonnant est parvenue à son plein épanouissement.

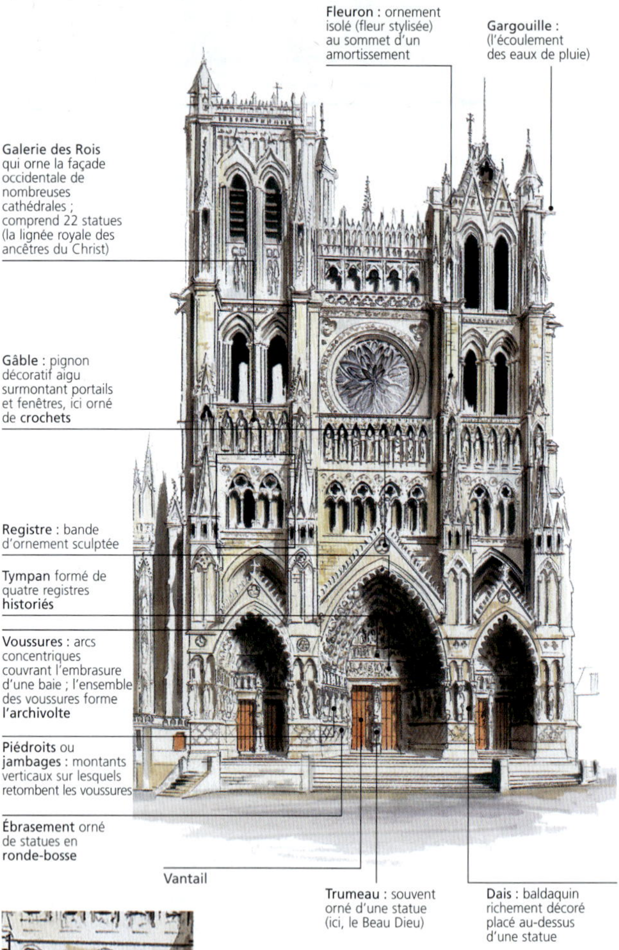

Galerie ajourée aux **arcs tréflés** surmontés de baies en quadrilobes

R. Corbel / Michelin

BEAUVAIS
Chevet de la cathédrale (13e s.)

Malgré l'absence de flèche effondrée en 1573 et de nef (jamais construite faute d'argent), la cathédrale possède un magnifique chœur où la technique gothique atteint son apogée avec une hauteur sous voûte de 48 m.

LAON – Intérieur de la cathédrale (1155-1220)
L'architecture intérieure de la cathédrale frappe par son équilibre et sa clarté.

R. Corbel / Michelin

LONG
Château (18e s.)

Ce château, construit en appareil de brique et bossage de pierre, fut surnommé la folie Bussy du nom de son premier propriétaire qui y dépensa sa fortune.

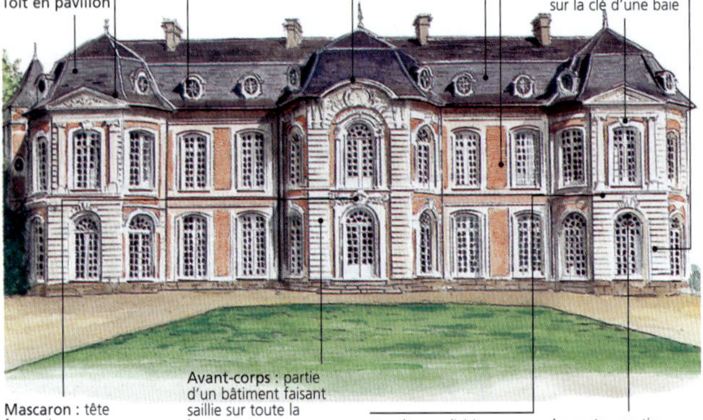

RUE – Beffroi (15e s.)
Symbole de la puissance communale, le beffroi, tour de guet, servait également de lieu de réunion des échevins.

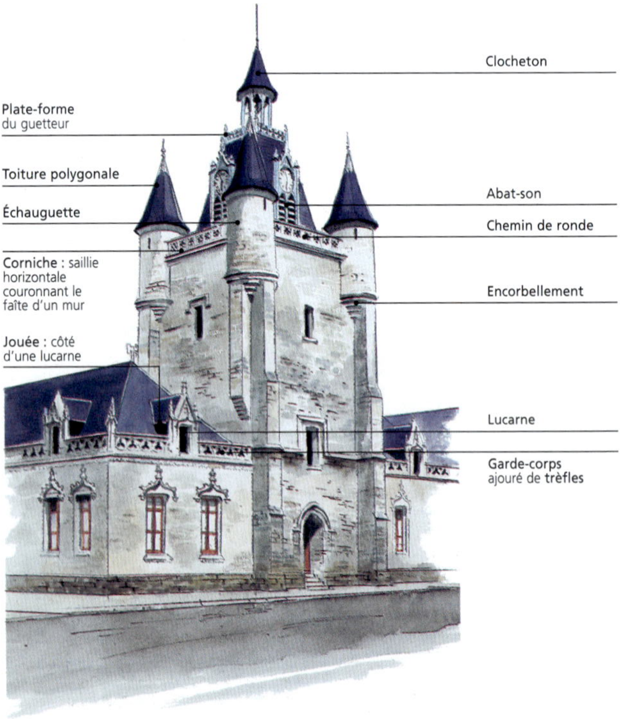

R. Corbel/Michelin

Ce long meuble, flanqué de deux à huit portes et orné de roses ou d'églantine, faisait naguère partie de la dot des jeunes mariées picardes. Parfois, un cœur finement ciselé ornait la porte principale. D'autres meubles caractéristiques : l'**égouttoir** à vaisselle, l'**étimier**, qui servait à ranger les étains, ou la **table à pain**, plateau (pliant!) de 50 cm à 1 m de large qui servait d'appoint lors des repas. Et, dans la salle commune, l'**horloge**, très haute, au coffre de bois décoré. L'horloge picarde est élancée, jamais ventrue comme la comtoise. À ses côtés s'asseyait le chef de famille, dans son fauteuil picard, ou « **cadot** », chaise paillée à accoudoir en crosse et grand dossier.

Le patrimoine vernaculaire

La campagne de la Picardie est jalonnée de petits joyaux, témoins de la richesse historique et humaine de ces contrées : **calvaires** en fer forgé, petites **stèles** funéraires, **chapelles** dédiées aux saints locaux, Omer ou Adhélard, monolithes dressés ou mystérieux **menhirs**, **oratoires**, grandioses monuments aux morts en souvenir de la Grande Guerre… Grâce à eux, on comprend la région et on en apprécie le charme.

Un seul exemple, celui des **chapelles bleues**, de la couleur de la pierre de la Thiérache et de l'Avesnois. On en compte environ un millier, toujours construites à la campagne. Une invitation, par leur simplicité et leur singularité, au recueillement. Pour un tiers consacrées à la Vierge, elles ont été édifiées au 18e et au 19e s.

LES AUTRES ARCHITECTURES SINGULIÈRES

L'architecture militaire doit beaucoup au 19e s. **Pierrefonds**, démantelé sur ordre de Louis XIII est remis en état sur celui de Napoléon III par **Viollet-le-Duc**, selon une doctrine qui laisse de grandes libertés à l'architecte : « Restaurer un édifice, ce n'est pas l'entretenir, le réparer ou le refaire, c'est le rétablir dans un état complet qui peut n'avoir jamais existé auparavant. » Aucun autre édifice militaire n'a profité, comme Pierrefonds devenu un modèle, d'un tel second destin. Si le château de **Rambures** (15e s.) nous est parvenu dans un parfait état de conservation, en dépit de divers remaniements, c'est qu'il n'a jamais été démantelé. Toutes les autres forteresses seigneuriales n'ont pu livrer que des fragments : donjons extraordinaires sur un éperon à **Vez** dans l'Oise, dans l'Aisne à **Septmonts** et à **Guise**, le long de l'Epte à **Gisors**. L'énorme façade esseulée de la forteresse de **La Ferté-Milon**, les ruines des châteaux de **Coucy** et de **Ham** dynamités en 1917 par les Allemands, les quatre tours de **Péronne** témoignent encore de l'ampleur de ces constructions.

Les églises fortifiées – On trouve en Thiérache près de 70 églises fortifiées aux 16e et 17e s. La période est marquée par d'incessantes guerres étrangères et religieuses. Certaines églises ont reçu un donjon plaqué sur leur porche (à **Jeantes**, **Burelles**), d'autres ont été conçues comme des forteresses (à **La Bouteille**, à **Plomion**). Toutes sont destinées à abriter, dans des salles de sauvegarde, la population. Il n'existe le plus souvent pas d'autre abri en dur dans le village. Dans la Somme, des grottes souterraines, les muches de **Naours**, ont pu abriter 3 000 personnes, avec leur bétail et leurs biens, jusqu'à la Révolution.

Le balnéaire Belle Époque – **Mers-les-Bains**, à l'embouchure de la Bresle, conserve un quartier balnéaire composé d'environ 300 façades Belle Époque.

Cet ensemble remarquable, quoique menacé par l'air corrosif, se compose de façades hautes

et colorées de briques émaillées, de décors de céramique et de bois peints. Des balcons et des bow-windows, des ouvertures aux surfaces disparates animent ces façade jusqu'aux hautes toitures d'ardoises en auvent ornées de clochetons. Le spectacle est sans cesse renouvelé.
La Reconstruction Art Déco – Saint-Quentin, occupée pendant quatre ans et détruite à 80 % pendant la Grande Guerre, s'est reconstruite dans les années 1920 et 1930 avec l'esprit du temps. La salle de la gare recouverte de mosaïques et son buffet, les extraordinaires bow-windows de l'école de musique, le décor coloré du cinéma Le Carillon et quantité de façades ouvragées avec une grande liberté constituent un vaste ensemble Art Déco. Il réunit plus de 3 000 édifices dont 237 classés remarquables et 40 exceptionnels.

Personnalités

DU MONDE POLITIQUE

Clovis (vers 466-511), premier roi des Francs et premier roi chrétien dont le biographe Grégoire de Tours a rapporté l'anecdote du « vase de Soissons » ; **Louis XI** (1423-1483), qui signe le traité de Picquigny (Somme) et met fin à la guerre de Cent Ans en 1475 ; **François Ier** (1494-1547) dont les ordonnances de Villers-Côterets (Aisne) instituent l'exclusivité du français dans les actes publics ; **Le Grand Condé** (1621-1686) et son château de Chantilly entièrement rebâti par **Henri d'Orléans**, duc d'Aumale (1822-1897) pour y abriter sa collection exceptionnelle de peintures et de livres léguée à l'Institut de France ; **Gracchus Babeuf**, né à Saint-Quentin (1760), mort sur l'échafaud (1797) précurseur du communisme ; le maréchal **Leclerc** de Hautecloque (1902-1947), un des principaux chefs de la France libre.

DU MONDE RELIGIEUX

Saint Martin de Tours (4e s.), qui partage son manteau, près d'Amiens, avec un déshérité transi de froid ; **saint Médard**, évêque de Noyon (6e s.) comme **saint Éloi** (7e s.) ; **Norbert de Xanten**, fondateur de l'abbaye de Prémontré (Aisne) au 12e s. ; **Vincent de Beauvais**, encyclopédiste (13e s.) ; **Calvin**, natif de Noyon, réformateur protestant.

DU MONDE DES LETTRES

Point de salut hors de Paris pour les auteurs d'origine picarde comme **Jean Racine** né à la Ferté-Milon (Aisne) puis élève du collège de Beauvais ; Gérard Labrunie (1808-1855), dont le pseudonyme **Gérard de Nerval** évoque le clos de Nerval, dans l'Oise où il a été élevé ; **Jean-Jacques Rousseau** (1712-1778), écrivain persécuté qui trouva par deux fois refuge à Trie-Château et Ermenonville où il est enterré, dans l'Oise ; **Jean de la Fontaine**, né à Château-Thierry (1621-1695) ; **Choderlos de Laclos** d'origine amiénoise (1741-1803), auteur des *Liaisons dangereuses* ; **Alexandre Dumas** né à Villers-Cotterêts (Aisne) en 1802 (mort en 1870) ; **Jules Verne** installé en 1872 à Amiens jusqu'à sa mort (1905) ; l'écrivain **Paul Claudel** et sa sœur sculptrice **Camille Claudel**, originaires du Tardenois ; **Pierre Mac Orlan** né en 1882 à Péronne où il sera blessé en 1914 ; l'Amiénois **Roland Dorgeles** (1885-1973) ; le Compiégnois **Daniel Boulanger** (né en 1922).

DU MONDE DES ARTS ET DES SCIENCES

Les **Cassini**, installés à Thury-sous-Clermont, ont établi le méridien et la carte de France du règne de Louis XIV ; **Antoine Parmentier** a introduit la pomme de terre sur les tables ; **Maurice Bellonte** et les **frères Caudron** dans le domaine de l'aviation ; le naturaliste **Jean-Baptiste de Lamarck** ; dans la peinture, les **frères Le Nain**, **Maurice-Quentin de La Tour** (1704-1788), pastelliste originaire de Saint-Quentin, **Thomas Couture** (1815-1879), peintre originaire de Senlis, **André Masson** ; l'abbé **Henri Breuil** (1877-1961) à Clermont, célébré comme « le pape » de l'archéologie ; **Édouard Branly**, l'un des précurseurs de la radio.

ET AUSSI

Jean-Baptiste André Godin (1817-1888) industriel à Guise, créateur du Familistère, la cité idéale ; **Yves Bienaimé**, créateur de spectacles de chevaux à Chantilly ; les parfumeurs **Hubert de Givenchy** et **Pierre Guerlain** ; **Joseph Pinchon**, auteur de bandes dessinées et père de Bécassine.

La langue picarde

La diffusion du picard dans le nord de la France atteint son apogée au 13e s. Une « **nation picarde** » est instituée à l'Université de Paris vers 1225. Sous l'Ancien Régime, le picard subsiste comme langue orale, populaire et rurale. Au cours de sa renaissance au 19e s., le picard s'imprime dans la presse comme une langue de tribune et de pamphlets. Dans l'édition, **Hector Crinon** publie *Les Satires picardes* en 1863. **Édouard Paris** crée une orthographe picarde. Un théâtre populaire de marionnettes à tringles et à fil se développe à Amiens jusqu'à la Première Guerre mondiale. Après une longue éclipse, la recherche lexicographique se relance dans les années 1960. Le dialecte dispose aujourd'hui de relais à l'université ainsi que dans l'édition. Des conteurs sont régulièrement accueillis dans les collèges. Les grands de la bande dessinée, Tintin et Astérix, ont été traduits en picard. Le trimestriel culturel *Ch'Lancron* est édité depuis 1980, une rubrique picarde dominicale est accueillie dans le quotidien *Courrier picard*. La région Picardie finance plusieurs festivals culturels à forte consonance picarde comme Chés Wèpes.

LE PICARD EN QUELQUES MOTS

Achteure : maintenant
Afutiau : objet
Briket : casse-croûte
Busier : réfléchir
Cayelle : chaise
Cauches : chaussettes
Chuque : bonbon
Chlaguer : aller vite
Dringuèle : pourboire
Fuche : bah !
Funquer : fumer
Harnaker : mal habiller, accoutrer
Imberdouiller : salir
Macaron : tache
Mademoiselle : libellule
Niouque : zut !
Ouvrache : travail
Trifouïer : chercher
Vindjou : bon sang !

Nature

Quantité de paysages se juxtaposent dans l'espace picard. Le relief général est de faible amplitude mais cela ne signifie pas qu'il soit uniforme. L'héritage géologique dominant se compose de craies recouvertes de limon en épaisseur plus ou moins importante. Trois régions, la Picardie maritime, le pays de Bray et la Thiérache, présentent des physionomies originales.

Les paysages

LES PLATEAUX

La Picardie historique, entre Amiens et Saint-Quentin, associe le Santerre et le Vermandois (ou Saint-Quentinois) sur une même entité naturelle, le **plateau picard**. Le nord du Beauvaisis et du Clermontois y est rattaché. La forte épaisseur des limons atténue toute aspérité de relief dans le Santerre, pays de labour devenant plus vallonné dans le Vermandois. Les horizons sans bornes, la succession de villages constitués de grandes fermes centrées sur leurs cours, telles sont les images que retient le voyageur.
L'autre partie de la région caractérisée par des plateaux est rattachée culturellement à l'Île-de-France. Le Soissonnais, coupé en deux par la vallée de l'Aisne comme l'est le Plateau Picard par la Somme, présente les mêmes paysages de grandes cultures, brisés au sud par les vallées de la Vesle et de la Crise. Les constructions sont de pierre, les massifs forestiers, tels ceux entourant le Valois, sont plus présents.
Ces plateaux picards et franciliens recouvrent près de 70 % du territoire régional, si l'on y adjoint le Thelle au sud de l'arrondissement de Beauvais, et le Vexin français dans l'extrême sud-ouest de l'Oise.

LES COLLINES ET LES HERBAGES

Trois pays de collines sont intercalés entre les plateaux picards et les plateaux franciliens. **Laon**, la « montagne couronnée » dressée sur un promontoire en forme de croissant, domine la plaine à 100 m de hauteur. Les collines du **Noyonnais** occupent la vallée moyenne de l'Oise et le **Clermontois**, traversé par la vallée du Thérain, présente une topographie imprévisible et attrayante.
La Picardie « herbeuse » se développe sur des sols de sables et d'argiles peu perméables aux frontières de la Picardie. À l'ouest, le **pays de Bray**, enclave normande dans l'Oise, est un terroir de petites exploitations mixtes, fournisseur de produits laitiers (les Petits Suisses) pour le marché parisien à partir du 19e s. Au nord-est, la **Thiérache**, pays de forêts tardivement défrichées sur le socle ardennais, développe l'élevage depuis la seconde moitié du 19e s. Ce pays parsemé de haies bocagères est profondément rural, ses trois villes,

Les dunes du Marquenterre, en baie de Somme.
Pierre Cheuva / Photononstop

Hirson, Vervins et Guise, sont rejetées à sa périphérie. Le **Vimeu** vert, au sud de l'embouchure de la Somme, est traversé par des routes sinueuses multipliant les points de vue sur des prairies bocagères.

LES FORÊTS

Le chêne et le hêtre sont les essences dominantes dans la plupart des massifs de haute futaie en Picardie. Les forêts y recouvrent 320 000 ha (17 % du territoire). Au sud de l'Oise, les forêts sont très fréquentées par les Franciliens.
L'Aisne fait la part belle au chêne et au hêtre dans sa **forêt de Retz** (13 000 ha). La **forêt de Saint-Michel** (5 000 ha), dans la Thiérache ardennaise, se diversifie avec des érables et des frênes, des mares et des étangs qui abondent. Les massifs de **Saint-Gobain** et **Coucy** (12 000 ha), dans le centre du département, présentent des espèces plus variées. L'Aisne est le premier département picard producteur de bois. La populiculture (culture des peupliers) y est très répandue.
L'Oise concentre les plus grands massifs, celui de Compiègne en tête (14 400 ha). Des villages de caractère comme **Saint-Jean-aux-Bois** et des étangs bucoliques trouent ces étendues forestières. De grandes allées rectilignes les traversent. On y croise parfois un équipage de chasse à courre ; en période de rut, on entend le brame du cerf. Au sud, le massif des Trois-Forêts de **Chantilly**, **Ermenonville** et **Halatte** couvre 18 000 ha.
La forêt de Chantilly est la propriété de l'Institut de France, ainsi que le château. La forêt d'Ermenonville, plantée en pins au 19e s., conserve une part de sa lande de pacage sur sol sableux. Le parc d'attraction de la **Mer de sable** s'y est installé dans les années 1960. L'Office national des forêts gère un peu plus de 50 000 ha de forêt, majoritairement d'origine royale ou princière. Plus de 70 % de l'espace sylvicole départemental appartient cependant à une nuée de petits propriétaires privés.
La Somme a pour unique grand massif la forêt d'origine royale

de **Crécy** (4 300 ha), reconvertie en futaie de hêtres et de chênes. Dans le **Marquenterre**, des dunes arbustives sont colonisées par des argousiers et des pinèdes plus récentes. Le petit massif de Creuse se trouve au sud d'Amiens.

L'eau

LA PICARDIE MARITIME

Le littoral picard borde la Manche sur 60 km en quatre séquences : falaises, galets, estuaire et dunes. Au sud entre **Mers-les-Bains** et **Ault-Ornival**, la couche de craie tombe à pic dans la mer sur une longueur de 6 km. Ces falaises puissamment érodées accueillent quantité d'oiseaux. Passé **Ault**, un cordon de galets poussé vers le nord s'étend jusqu'à la pointe du **Hourdel** sur 16 km. Ce cordon protège des renclôtures ou bas-champs, c'est-à-dire des terres conquises sur la mer. Puis voilà l'estuaire de la **baie de Somme**, entre les pointes du Hourdel et de Saint-Quentin, qui recouvre 7 200 ha. Entre le fond de baie occupé par les mollières (ou prés-salés) inondées lors des grandes marées et la partie basse de l'estuaire découverte lors des marées, s'étend une immense zone de sable et de vase. Elle regorge de vers et de petits crustacés, proies des oiseaux limicoles. Cette baie classée parmi les plus belles du monde est menacée d'ensablement *(voir p. 52)*. La Picardie maritime s'achève au nord, entre les **baies de Somme** et d'**Authie**, par les dunes du **Marquenterre**. Elles recouvrent 4 000 ha de prairies et de dunes protégées de toute urbanisation. L'entreprise Marcanterra gère un parc ornithologique exceptionnel que l'on visite (350 espèces d'oiseaux), un élevage de chevaux Henson et des activités agricoles et sylvicoles sur 1 000 ha.

LES TROIS RIVIÈRES

L'Aisne est l'unique voie d'eau reliant les Ardennes à la région parisienne. Son cours parallèle à celui de la Somme en Picardie est navigable sur près de 300 km. Le canal de Saint-Quentin,

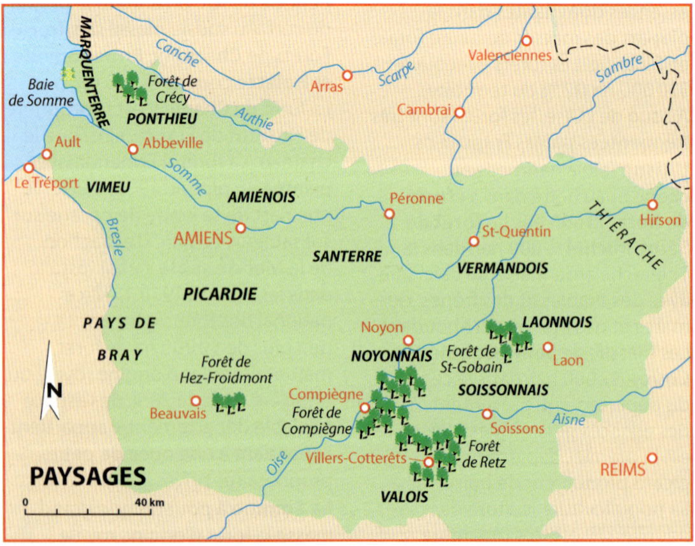

ESTRAN ET « MOLLIÈRES »

Quelques termes relatifs au littoral picard paraissent parfois abstraits. Ils répondent pourtant à des réalités spécifiques. Rappel lexical :

La Somme (tout comme l'Authie et la Canche) se jette dans la Manche à travers une baie, c'est-à-dire une échancrure du littoral (une incursion de la mer dans les terres).

L'**estran** désigne la portion de baie découverte à marée basse et recouverte à marée haute. Il comprend des **vasières**, autrement dit des espaces littoraux envasés. Au fond de la baie, les « **mollières** », nom picard pour les **prés salés**, sont des prairies permanentes à forte salinité ; elles ne sont couvertes que lors des grandes marées.

construit entre 1801 et 1810, sous le Premier Empire, a été conçu pour relier Anvers à Paris. Ce fut une importante voie d'acheminement du charbon jusqu'à l'ouverture du canal du Nord en 1966.

L'Oise prend sa source en Belgique près de Chimay. Elle se jette dans la Seine à Conflans-Sainte-Honorine (Yvelines), après avoir traversé la Picardie, de la Thiérache à Creil, sur 105 km. La rivière constitue un couloir historique d'invasions et d'échanges commerciaux. Elle s'est industrialisée après la vallée du Thérain. Elle est insuffisamment aménagée au nord de Compiègne. Le projet de canal Seine-Nord-Europe, s'il se réalise, prolongera la navigation des péniches à grand gabarit en amont de la ville.

La Somme est la seule des trois grandes rivières de la région qui reste picarde de sa source à la baie (245 km). Le fleuve au cours lent, de débit stable, de profondeur modérée, s'épand dans son cours moyen en étangs et en marais riches en tourbe. Cet « or noir » de la vallée était exploité par 2 600 tourbiers en 1900. Le canal de la Somme (1835), prolongé par le canal maritime (entre Abbeville et la mer), a été bridé par l'ensablement de la baie puis doublé par le chemin de fer. La production maraîchère, typique mais en très fort recul dans les hortillonnages d'Amiens, Camon et Rivery et les hardines de Péronne, utilise des barques à fonds plats et à proue relevée.

Faune, flore et environnement

UNE MULTITUDE D'OISEAUX

Plus de **300 espèces d'oiseaux** sont répertoriées dans la baie de Somme. Les falaises picardes abritent dans leurs anfractuosités le fulmar boréal, le goéland argenté, le faucon crécerelle, les macreuses. Dans les dunes du Marquenterre, les alouettes des champs, les pipits farlouses, les hiboux des marais. Parmi les migrateurs, le canard

LES CHEMINS DE HALAGE

Les pouvoirs publics ont mis l'accent sur l'aménagement et la mise en valeur des berges de rivières et de canaux. Autrefois utilisés pour remorquer les péniches et autres embarcations, à l'aide de chevaux ou à dos d'hommes, ces sentiers sont aujourd'hui des aires de promenade propices à la découverte. Profitez des dizaines de kilomètres de chemins réaménagés au bord de la Somme, de la Scarpe et de la Deûle.

siffleur, l'oie cendrée, la grande aigrette, le tadorne de Bellon, le courlis cendré, l'huîtrier pie. Chaque année au mois d'avril se tient un Festival de l'oiseau et de la nature (expositions, films, sorties nature) à Abbeville. La Maison de la baie de Somme et de l'oiseau, à Lanchères, est ouverte toute l'année.

REPTILES, AMPHIBIENS ET CHAUVES-SOURIS

La Picardie héberge une dizaine de reptiles, **couleuvre à collier**, **vipère péliade**, **lézard vert** et la **tortue de Floride**, une espèce invasive. Quinze amphibiens sont recensés, grenouilles, rainettes et crapauds mais aussi la **salamandre tachetée** et le **triton crêté**. Les chauves-souris font l'objet d'un plan de sauvegarde régional. Elles sont représentées par 21 espèces dont huit de **murins** et quatre de **pipistrelles**.

LA PROTECTION DES MILIEUX

Le Conservatoire d'espaces naturels de Picardie veillait, en 2011, sur 10 000 ha.
Cette association fédérée dans un réseau national est propriétaire de 409 ha, gère 4 174 ha et fournit une assistance à la gestion pour 5 810 ha (chiffres de 2011).
Les quatre cinquièmes de l'espace protégé sont composés de marais tourbeux, d'étangs, de prairies humides et alluviales.
La conservation des zones humides, et secondairement, des pelouses sèches accueillant des espèces comme la **cigale de montagne** et de nombreuses variétés d'**orchidées**, est prioritaire.
La protection des milieux s'étend aux cavités et grottes et même des combles de bâtiments privés accueillant des chauves-souris.

L'ENSABLEMENT DE LA BAIE DE SOMME

Ce phénomène semble inexorable et ne cesse d'inquiéter populations locales et pouvoirs publics. Au fil du temps, la **sédimentation** des estuaires de l'Authie et de la Canche a modifié leur paysage.
L'ensablement est dû à des **facteurs naturels**, comme la marée, les faibles courants quand la mer se retire, le petit tirant d'eau des fleuves et la végétation pionnière qui conquiert les vasières. Il est aussi lié aux **interventions des hommes** : aménagement intensif depuis les années 1960 (routes, canaux en amont, drainage…), ouvrages de défense contre la mer (digues), création de polders et extension des cultures. Résultats ? Le manque d'eau dans certaines zones entraîne le développement des spartines et des salicornes, puis d'une végétation plus arbustive. Ces végétaux envahissent la terre, piègent les sédiments et favorisent le comblement des estuaires. Les vasières deviennent des « mollières », prés-salés sur lesquels l'activité humaine prend pied (élevage).
À terme, cette situation peut faire fortement régresser les populations d'oiseaux, échassiers, limicoles et canards, qui se nourrissent dans les vasières et les hauts fonds de la baie. La zone est aussi un espace de reproduction pour de nombreux animaux : crabes, crevettes, coques, plies… Dès lors, la chaîne alimentaire en pâtit.

Envol d'aigrettes blanches au parc du Marquenterre.

Louis-Marie Preau / hemis.fr

Histoire

La Picardie pré-celtique puis gallo-romaine devient française à la fin du 12ᵉ s. Ce rattachement institutionnel à la couronne en fait une province frontière durant quatre siècles, entre la guerre de Cent Ans et la paix des Pyrénées (1659) qui stabilise la frontière aux Flandres. La Picardie est de nouveau un théâtre de guerre lors des trois conflits franco-allemands contemporains (1870, 1914-1918, 1939-1945). La bataille de la Somme, en 1916, a été plus meurtrière encore que celle de Verdun. Malgré ses plaies et ses cicatrices, la Picardie se relève et se reconstruit.

Chronologie

PRÉHISTOIRE

- **500000 av. J.-C.** – Première industrie humaine reconnue, le silex biface (Abbevillien).
- **2200-1500 av. J.-C.** – Outillages de cuivre, puis de bronze.
- **1100 av. J.-C.** – Arrivée des Protoceltes.

CELTES ET ROMAINS

- **Vers 200 av. J.-C.** – Installation des Belges, occupation des *oppida* de la Somme, de l'Oise et de l'Aisne par cette civilisation guerrière.
- **57-51 av. J.-C.** – Campagne de Belgique de **Jules César**, élimination des Rèmes et des Bellovaques, campement de César à Amiens (55 av. J.-C.), révolte générale des Belges (52 av. J.-C.) qui échoue à Alésia.
- **20** – Organisation des nouvelles cités et du premier réseau routier ; les troupes romaines s'installent dans des camps de plaine (65) ; création de *Caesaromagus* (Beauvais), d'*Augustamagus* (Senlis) et de *Noviomagus* (Noyon), capitales de l'administration gallo-romaine et futurs évêchés.
- **275** – Grande invasion des **Francs** et des **Alamans**, abandon progressif des villae et retrait des villes derrière leurs castrums ; début de la christianisation : un évêque à Amiens (346), succession régulière des évêques à Noyon (saints Médard et Éloi) et à Laon.

MÉROVINGIENS ET CAROLINGIENS

- **486** – **Clovis** disperse les dernières forces « romaines » à Soissons.
- **768** – Couronnement de **Charlemagne** à Noyon, expansion du monarchisme.
- **800** – Charlemagne empereur d'Occident.
- **9ᵉ et 10ᵉ s.** – Invasions normandes.
- **987** – Le duc de France **Hugues Capet**, élu roi à Senlis, succède au dernier des carolingiens. En se faisant couronner à Noyon, il assure la postérité des capétiens jusqu'en 1789.
- **1066** – **Guillaume le Conquérant** part de Saint-Valéry conquérir l'Angleterre.

MOYEN ÂGE

- **1110** – Première mention de la culture de la **guède** (colorant

Le wagon de Rethondes.
Patrice Thomas / hemis.fr

bleu exporté en Angleterre et en Germanie).

- **1140-1150** – Débuts de la construction des cathédrales de Senlis, Noyon et Laon.
- **1191** – Annexion par le roi de France de la Picardie après la mort du comte de Flandre, **Philippe d'Alsace**.
- **Vers 1225** – Une « nation » picarde à l'Université de Paris ; ouverture des chantiers des cathédrales d'**Amiens** (1220) et de **Beauvais** (1247).
- **1337** – Début de la **guerre de Cent Ans** ; désastre de **Crécy-en-Ponthieu** (1346) ; la **Jacquerie** (1358) ; **traité d'Arras** (1435) cédant au duc de Bourgogne le Ponthieu, Amiens, Doullens, Roye, Montdidier et les villes du Boulonnais.
- **1475** – **Traité de Picquigny**, Édouard IV renonce à la couronne de France.
- **1477** – Mort de **Charles le Téméraire** et campagne de **Louis XI** en Picardie.

DES BOURBONS À LA REVOLUTION

- **1529** – Fuite de **Jean Calvin**, né à Noyon, soupçonné d'hérésie.
- **1539** – Les **ordonnances de Villers-Cotterêts** instituent le français comme langue juridique et administrative.
- **1557** – Prise de Saint-Quentin par les Espagnols.
- **1567** – Début des guerres de religion en Picardie, sac de Saint-Valéry.
- **1618-1648** – Guerre de **Trente Ans**.
- **1659** – Annexion de l'Artois par le **traité des Pyrénées**, la Picardie n'est plus une région frontière.
- **1665** – Installation des Van Robais (draps fins) à Abbeville.
- **1759** – Introduction des indiennes en Picardie.

DE LA RÉVOLUTION À NOS JOURS

- **1790** – Création des **départements** de la Somme, de l'Aisne, et de l'Oise.

- **1804-1810** – Introduction de la **betterave** en Picardie.
- **1824-1835** – Creusement du canal de la Somme, début du chantier des canaux de Saint-Quentin et du Nord.
- **1831** – Mise en chantier de la ligne de chemin de fer Amiens-Paris.
- **1840** – Louis Napoléon enfermé au **fort de Ham** après son échec de coup d'État ; devenu Napoléon III (1850), il relance la vie de cour au château de **Compiègne** jusqu'à sa chute, à la défaite de Sedan (1870).
- **1872** – Premier emploi des engrais chimiques, première moissonneuse-lieuse (1878), éclairage électrique à Amiens (1889).

GUERRE DE 1914-1918

- **1914** – Occupation d'Amiens par les Allemands (31 août) puis de Senlis, villes reprises en septembre. Stabilisation du front.
- **1916** – Bataille de la Somme.
- **1917** – Échec de l'offensive de Nivelle au **Chemin des Dames**.
- **1918** – Commandement des armées alliées confié à **Foch** à Doullens (mars) ; offensive des Alliés en Picardie ; victoire de la seconde bataille de la Marne (juillet à novembre) ; signature de l'armistice le 11 novembre à **Rethondes** en forêt de Compiègne.

GUERRE DE 1939-1945

- **1939** – La « Drôle de guerre ».
- **1940** – Les Allemands occupent Saint-Quentin (10 mai), batailles de Montcornet en Thiérache et d'Abbeville (19-21 mai), bombardements destructeurs (Amiens, Abbeville, Beauvais) puis armistice le 22 juin à Rethondes. La Picardie occupée devient zone interdite au nord de la Somme.
- **1941** – Création du camp de Royallieu à Compiègne par les Allemands, d'où les déportés rejoignent les camps de la mort.
- **1943** – Parution clandestine de ***La Voix du Nord*** et de ***La Picardie libre***.
- **1944** – Opération Jéricho sur la prison d'Amiens libérant 60 résistants ; bombardements alliés dans le sud de l'Oise (Creil, Crépy-en-Valois) contre les rampes V1 (Saint-Maximin). **Libération** de la Picardie de fin août à fin septembre.

JUSQU'À AUJOURD'HUI

- **Années 1950** – La reconstruction s'achève à la fin de la décennie.
- **Années 1960** – Création de la région Picardie par décret le 2 juin 1960 ; ouverture de l'autoroute du Nord Paris-Lille (1967) ; création de l'université de Picardie (1968).
- **Années 1970** – Ouverture de la Galerie nationale de tapisserie à Beauvais (1976).
- **Années 1980** –Élection au suffrage universel des élus régionaux ; le TGV Nord contournera Amiens (1988).
- **Années 1990** – Ouverture de l'autoroute A 16 (1994) ; rénovation du centre ville d'Amiens ; le secteur tertiaire devient dominant en Picardie.
- **Années 2000** – Développement de l'aéroport international de Beauvais.

Poilus et tranchées

Tout commence le 1er août 1914, un mois après l'**attentat de Sarajevo**. Autriche, Serbie et Russie se mobilisent ; l'Allemagne et la France leur emboîtent le pas. À Berlin comme à Paris, le moral est au beau fixe : la guerre sera courte, on défile dans l'allégresse.

Les Allemands, entrés en Belgique et au Luxembourg, remportent la bataille des frontières sur l'axe Metz-Mons et poussent vers Paris, traversant le Nord-Pas-de-Calais. Le front se fige en un arc de

Blockhaus de la Seconde Guerre mondiale en perdition dans la baie de Somme, Picardie.
Arenysam / Fotolia.com

cercle, de Dunkerque à la Meuse, qui mord l'Artois, la Picardie et la Marne. **Joffre** lance sa contre-offensive, et Moltke bat en retraite : c'est la victoire de la Marne. Mais l'adversaire, replié sur les rives de l'Aisne, revient à la charge. Les mois passent, et l'enthousiasme d'hier fléchit : à la guerre de mouvement succède la guerre d'usure.

Les Alliés perdent une belle occasion de victoire en 1915 : **Foch** déclenche l'offensive d'Artois, et le 33e corps, que conduit **Pétain**, perce les lignes allemandes près de Souchez, puis prend la crête

LE CARNAGE DE LA SOMME

Le 1er juillet 1916, après des bombardements massifs d'une dizaine de jours, les Alliés, en particulier des Britanniques et des Français, lancent l'offensive dans la Somme. Ouvrant un large front de Bapaume (Pas-de-Calais) à Chilly, au sud de Chaulnes (Somme), ils y amènent aussi leur empire colonial, parfois de force. Ainsi, Indochinois, Sud-Africains, Australiens et même Kanaks participent aux combats.

Dès le premier jour, c'est un carnage, des deux côtés des barbelés. Plus de 20 000 soldats alliés trouvent la mort, près de 40 000 sont blessés. Après des mois de combats acharnés, le front n'a bougé que de quelques kilomètres et plus d'un million de soldats y ont laissé leur vie. Les villes d'Arras, Lens, Cambrai, Bailleul et Armentières sont détruites, le paysage ravagé est méconnaissable.

Cette bataille, considérée comme la plus sanglante de la Grande Guerre, fut aussi la première bataille mondialisée de l'époque moderne, avec plus de trente nationalités représentées.

Le circuit des champs de bataille de la Somme (*Albert p. 140*) et l'Historial de la Grande Guerre (*Péronne p. 145*) vous permettront de mieux comprendre le contexte de cette terrible bataille.

stratégique de Vimy. Averti par Pétain, Foch refuse d'y croire et n'envoie aucune troupe exploiter la brèche allemande, bientôt reconquise.

Pendant qu'on s'enlise à **Verdun**, l'offensive de la Somme est lancée, de juillet à octobre 1916 *(voir l'encadré ci-contre)*.

1917 voit la prise de Vimy par les Anglo-Canadiens, tandis que **Nivelle**, remplaçant Joffre, essuie une sévère défaite au Chemin des Dames : 150 000 Alliés tombent en quinze jours. Mi-avril, deux attaques sont lancées sur le front de l'Aisne, alors que les mutineries et cas de sédition se multiplient. Pétain, qui succède à Nivelle, met fin aux assauts inconsidérés. En juillet et septembre, les Canadiens livrent deux batailles à **Vimy**. Fin octobre, la 10e armée française remporte la victoire de la Malmaison (Chemin des Dames). L'opération minutieuse avait été décidée par Pétain pour donner confiance à l'armée, démoralisée par l'échec subi en avril dans ce secteur.

Le 21 mars 1918, l'adversaire attaque entre Arras et La Fère, à la charnière des forces franco-britanniques, et d'emblée perce à Saint-Quentin, puis se dirige vers Amiens ; la bataille de Picardie fait rage. Pétain, soucieux de couvrir Paris, s'oppose à son homologue britannique Haig, qui protège sa ligne de communication vers les ports du Nord-Pas-de-Calais.

Ce type de divergences pousse les Alliés à confier le commandement unique à Foch, le 26 mars, lors de la **conférence de Doullens**.

Fin mai, la progression allemande est fulgurante. La France essuie une nouvelle défaite au Chemin des Dames et cède Château-Thierry, mais l'avancée est stoppée au terme de la seconde bataille de la Marne. La contre-attaque française en Champagne, le 18 juillet, puis l'offensive généralisée des forces alliées, dont celle du 8 août, sur Montdidier, contraignent l'Allemagne à demander l'armistice, signé le **11 novembre** à **Rethondes**, en forêt de Compiègne.

Quelques chiffres – Plus de 65 millions de soldats se sont affrontés au cours de la Première Guerre mondiale. 8,5 millions d'entre eux ont péri lors des combats. Quant aux civils, on estime à 10 millions le nombre de morts directement ou indirectement liées au conflit. Au cœur des offensives, les habitants du nord de la France figurent parmi les plus touchés.

Occupation et Résistance

Après neuf mois de passivité (période appelée la « drôle de guerre »), **Hitler** déclenche l'offensive des Ardennes, le 10 mai 1940. Le maréchal **Rommel** entre dans Avesnes-sur-Helpe le 15 mai. Les Panzers (chars), emmenés par Guderian, percent les défenses françaises à Sedan et traversent la Meuse, poursuivant leur route vers la Manche. Ils atteignent l'Oise le 16 mai. L'infanterie allemande déploie alors son bouclier le long de l'Aisne.

Hitler se rend bientôt maître de l'ensemble du Nord-Pas-de-Calais et de la haute Picardie. Abbeville se rend le 20 ; le lendemain, la contre-offensive britannique dans le secteur d'Arras se solde par un échec. Boulogne tombe le 22 mai, Calais le lendemain, puis Gravelines. Un à un, les ouvrages fortifiés qui courent le long de la frontière sont pris par l'ennemi. Les Britanniques décident alors d'un plan d'évacuation de leurs troupes à partir de Dunkerque, sans en avertir les Français. Un mince corridor allié est maintenu entre le grand port et Lille, sur une quarantaine de kilomètres. Dans les mêmes jours, l'état-major français ordonne le repli sur Dunkerque, lui aussi. Durant une dizaine de jours, la cohue est impressionnante dans la région, entre troupes en déroute et civils en marche vers l'exode. Finalement, la **bataille de Dunkerque**, du 25 mai au 4 juin 1940, permet l'évacuation, par la mer, de 338 000 Alliés.

De Gaulle retarde l'avancée allemande près de Montcornet, mais les fronts de la Somme et de l'Aisne cèdent le 6 juin, et les Panzers gagnent encore du terrain. Le 25 juin, ils ont atteint une ligne ondulant d'Angoulême à Grenoble.

Pétain demande l'armistice à l'Allemagne, signé le 22 juin 1940, le lendemain de l'entrevue de Rethondes – parodie cynique de celle du 11 novembre 1918.

Deux particularités symbolisent d'emblée l'occupation allemande dans le Nord : d'une part, la frontière nord disparaît et les Flandres sont réunies ; d'autre part, le Nord étant très riche, la région est immédiatement pillée de ses richesses, et toute l'infrastructure industrielle mise au service des nazis.

« La France a perdu une bataille, mais la France n'a pas perdu la guerre » : tel est le message que de Gaulle adresse le **18 juin 1940** aux Français depuis Londres. Son objectif est de rendre confiance aux troupes françaises, dont le moral est au plus bas.

La **Résistance** s'organise bientôt, alors que l'Organisation Todt poursuit son travail, notamment le long de la Côte d'Opale, en consolidant le « **mur de l'Atlantique** », ligne défensive jalonnée de blockhaus, de radars et d'importantes pièces d'artillerie.

En 1944, l'armée allemande est menacée sur tous les fronts. Hitler décide alors d'abattre ses dernières cartes : les bombes volantes V1 et les fusées supersoniques V2. Quelque 18 000 V1 et 3 000 V2 seront larguées sur l'Angleterre et la Belgique, notamment depuis les bases de lancement du Nord-Pas-de-Calais.

L'attaque aérienne anglaise du 18 janvier 1944 sur la prison d'Amiens permet l'évasion de résistants condamnés à mort, et 60 agents de la Gestapo sont démasqués. Le 2 avril, les SS assassinent 86 civils à Ascq.

La libération de la région, par les Anglais et les Canadiens, débute à la fin de l'été 1944 d'Amiens (1er septembre) à Calais (2 octobre). Seule une petite zone autour de Dunkerque (20 km sur 10) résiste face aux Alliés, grâce à quelque 17 000 soldats allemands, de septembre 1944 à mai 1945.

En février 1945, la **conférence de Yalta** jette les bases d'une nouvelle organisation mondiale, précisée en juillet par la conférence de Potsdam : occupation du territoire allemand par les Alliés, jugement des criminels de guerre…

Hitler se suicide le 30 avril 1945. Doenitz, qui succède au Führer à la tête de l'armée allemande, capitule à Reims le 7 mai, puis à Berlin le 8. Le 9 mai, la « poche de Dunkerque » est reprise par les Alliés. Puis les frontières du Nord sont rétablies.

Quelques chiffres – Plus de 90 millions de soldats mobilisés. L'estimation des pertes est très variable (30 à 60 millions, civils et militaires).

Musée de la Résistance et de la Déportation à Tergnier (*Forêt de Saint-Gobain, p. 208*).

3/ DÉCOUVRIR LA PICARDIE

La plage de Mers-les-Bains au crépuscule.
Christophe Boisvieux / hemis.fr

+ d'adresses

La côte picarde et Abbeville 1

Carte Michelin Départements 301 – Somme (80) et Pas-de-Calais (62)

Le beffroi de Rue.
ARCO / Lenz G / Arco Images / age fotostock

LA CÔTE PICARDE ET ABBEVILLE
ARRAS
DOULLENS
BOULOGNE-SUR-MER
LE TOUQUET-PARIS-PLAGE
MANCHE
PAS-DE-CALAIS
Canche
Authie
0
10 km
N
Abbaye et jardins de Valloires
Abbé de Dommartin
Argoules
Vallée de l'Authie
Dompierre-sur-Authie
Le Boisle
Auxi-le-Château
Maizicourt
Nempont St-Martin
Bernay-en-Ponthieu
Vallée de la Maye
Hutte-des-Gds-Hêtres
Forêt de Crécy
Crécy-en-Ponthieu
Édouard-III
Croix de Bohême
Forest-Montiers
Le Hamelet
Arry
Rue
Cimetière chinois
Noyelles-s-Mer
Canal de la Somme
Baie d'Authie
Fort-Mahon-Plage
Aquaclub de Belle Dune
L'Asinerie du Marquenterre
Parc du Marquenterre
Baie de Somme
Le Crotoy
Chapelle des Marins
St-Valery-s-Somme
Le Hourdel
Maison de la baie de Somme et de l'oiseau
Cayeux-sur-Mer
Hâble d'Ault
A 16
D 901
D 939
D 303
D 940
D 532
D 32
D 192
D 119
D 224
D 12
D 1001
D 928
D 938
D 933
D 925
D 941
D 111
D 140
D 40
D 204
D 4
D 3
D 102

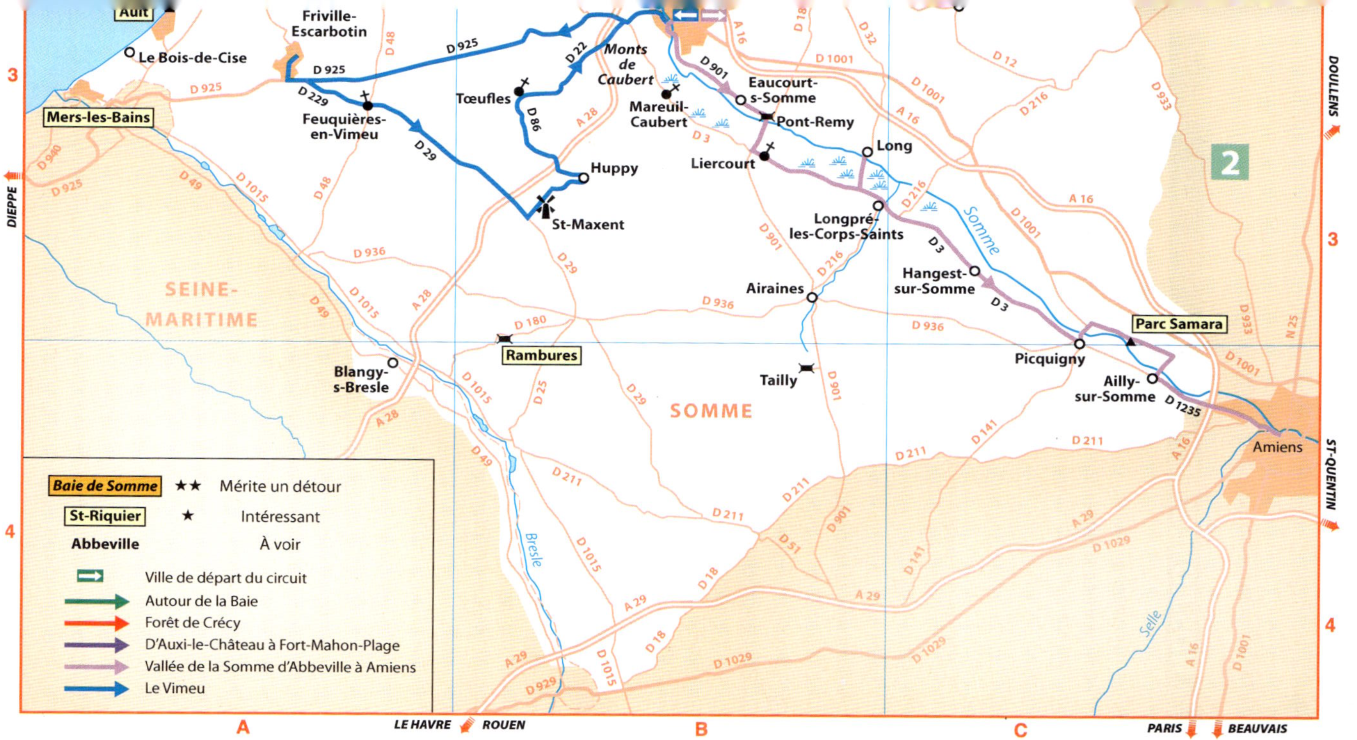

DOULLENS
DIEPPE
ST-QUENTIN
LE HAVRE
ROUEN
PARIS
BEAUVAIS
A
B
C
3
4
2
Ault
Le Bois-de-Cise
Mers-les-Bains
Friville-Escarbotin
Feuquières-en-Vimeu
Tœufles
Monts de Caubert
Mareuil-Caubert
Eaucourt-s-Somme
Pont-Remy
Liercourt
Long
Huppy
St-Maxent
Longpré-les-Corps-Saints
Hangest-sur-Somme
Airaines
Tailly
Rambures
Blangy-s-Bresle
Picquigny
Parc Samara
Ailly-sur-Somme
Amiens
SEINE-MARITIME
SOMME
Somme
Bresle
Selle
D 925
D 229
D 29
D 22
D 86
D 901
D 3
D 1235
D 1001
D 936
Baie de Somme
★★ Mérite un détour
St-Riquier
★ Intéressant
Abbeville
À voir
Ville de départ du circuit
Autour de la Baie
Forêt de Crécy
D'Auxi-le-Château à Fort-Mahon-Plage
Vallée de la Somme d'Abbeville à Amiens
Le Vimeu

Saint-Valery-sur-Somme

★

2 873 Valéricains – Somme (80)

NOS ADRESSES PAGE 68

S'INFORMER
Office de tourisme – *2 pl. Guillaume-le-Conquérant - 80230 St-Valery-sur-Somme - ✆ 03 22 60 93 50 - www.saint-valery-sur-somme.fr - avr.-sept. : 9h30-12h30, 14h30-18h ; reste de l'année : tlj sf lun. 10h-12h30, 14h30-18h - fermé 1er janv., 25 déc.*

SE REPÉRER
Carte de microrégion A2 (p. 64) – *Carte Michelin Départements 301 C6.* La capitale du Vimeu, nichée dans la verdure, comprend une ville haute et une ville basse plus commerçante, près du port. Entre Dunkerque et Le Tréport, accès par la D 940 ; d'Abbeville, D 3 ou D 40 puis D 940.

À NE PAS MANQUER
La vue sur la baie depuis la digue ; rues et fortifications de la ville haute.

ORGANISER SON TEMPS
Pour apprécier Saint-Valery, sa lumière et ses couleurs, il est impensable de traverser la ville au pas de course ! Prenez ici le temps de flâner avant de profiter des activités offertes en baie de Somme.

AVEC LES ENFANTS
L'écomusée Picarvie.

Saint-Valery, c'est le charme d'un petit port de plaisance et de pêche, d'une plage et d'une ville haute, avec ses demeures à colombages et ses remparts. Près du cap Hornu, la chapelle des Marins domine l'harmonieux paysage de la baie de Somme. Ses « rives incertaines » décrites par Robert Mallet ont inspiré les artistes comme Boudin, Degas ou Seurat.

Se promener

VILLE BASSE

Elle s'étend sur près de 2 km jusqu'au débouché de la Somme où se trouve le port. Celui-ci abrite des bateaux de pêche côtière, dits « sauterelliers », qui traquent la « sauterelle », à savoir la crevette grise.

★ Digue-promenade

Elle mène, sous les ombrages, à une plage abritée. De la digue, **vue** sur la baie de Somme, Le Crotoy et la pointe du Hourdel. Côté terre, on longe les villas

L'OR BLANC
Le commerce du sel fit la fortune de la ville. Au 18e s., son entrepôt à sel, aujourd'hui abandonné, était réputé être « le plus grand et le plus solide du royaume ».

Le port de Saint-Valery-sur-Somme.
Philippe Renault / hemis.fr

entourées de jardins. Au-delà du Relais Guillaume de Normandie apparaissent les remparts de la ville haute, où se perche l'église Saint-Martin.

Calvaire des marins

Par la rue Violette et le sentier du Calvaire, on chemine à travers le « Courtgain », quartier des marins dont les charmantes maisons peintes se serrent les unes contre les autres. Depuis le calvaire, **vue** sur la ville basse et l'estuaire.

★ Écomusée Picarvie

03 22 26 94 90 - www.baiedesomme.fr - avr.-sept. : 10h-12h30, 13h30-18h - fermé lun. et mar. - 5,90 € (-16 ans 4,70 €).

Évocation de la vie picarde avant l'ère industrielle par des reconstitutions d'ateliers et d'échoppes (vannier, cordonnier, serrurier, tonnelier, etc.) ainsi que de la place du village avec l'école, le café et le barbier.

À l'étage, c'est la vraie ferme d'antan avec cuisine, étable, écurie, cidrerie, « écoucherie », où l'on battait le lin cultivé alentour.

VILLE HAUTE

Elle conserve une partie de ses fortifications.

Porte de Nevers

Construite au 14e s., surélevée au 16e s., elle doit son nom aux ducs de Nevers, qui possédaient Saint-Valery au 17e s.

Église Saint-Martin

Au bord des remparts, cet édifice gothique comporte un appareil de grès et de silex en damier. Voyez le triptyque peint Renaissance *(nef gauche)*.

Porte Guillaume

Érigée au 12e s., elle est située entre deux tours majestueuses ; large **vue** sur la baie de Somme.

Herbarium des remparts

Mai-sept. : 10h-18h, w.-end et j. fériés 10h-12h30, 15h-18h ; oct. : tlj sf w.-end, j. fériés et lun. 10h-18h - 5 € (-12 ans gratuit).

C'est à l'initiative d'une association d'habitants qu'a été créé ce coin de nature regroupant environ 1 000 espèces végétales étiquetées. Selon les saisons, coquelicots, valérianes ou jonquilles fleurissent dans ce lieu qui était autrefois le jardin des religieuses de l'hôpital.

Château abbatial et chapelle des Marins

Au-delà de la porte Guillaume, empruntez la rue de l'Abbaye : le vallon abritait autrefois l'**abbaye Saint-Valery**, dont subsiste le château abbatial en brique et pierre, à fronton sculpté (18e s.).

Pl. de l'Ermitage, prenez le chemin qui monte à la chapelle (1/2h à pied AR).

Recouverte d'un damier de grès et de silex, la **chapelle des Marins** abrite le tombeau de saint Valery. Dominant la baie de Somme, elle offre une **vue**★ sur les mollières, l'estuaire et le Marquenterre.

NOS ADRESSES À SAINT-VALERY-SUR-SOMME

HÉBERGEMENT

PREMIER PRIX

Le Walric – *Rte d'Eu - ✆ 03 22 26 81 97 - www.campinglewalric.com - de déb. avr. à déb. nov. - ♿ - 263 empl. 29 €.* Rénové en détail depuis qu'il a été repris en 2004, ce camping ressemble maintenant à une hôtellerie de plein air. La réception, flanquée d'un snack-bar et d'une salle de jeux, a été agrandie et modernisée. Un secteur locatif neuf et de bon standing, et des emplacements spacieux. Piscine, laverie et nursery.

BUDGET MOYEN

Hôtel Le Relais Guillaume de Normandy – *46 quai Romerel - ✆ 03 22 60 82 36 - www.relais-guillaume-de-normandy.com - fermé 19 déc.-8 janv., mar. (sf 14 juil.-24 août) - P - Wifi - 14 ch. 68/82 € - ☕ 10 €, demi-pension possible - ✕ 19,50/45 €.* Guillaume partit du port valéricain conquérir l'Angleterre. Ce joli manoir en briques face à la baie de Somme abrite des chambres pratiques et rajeunies. Au restaurant, carte classique et salle à manger panoramique dominant les flots ; agréable terrasse couverte.

POUR SE FAIRE PLAISIR

Chambre d'hôte La Gribane – *297 quai Jeanne-d'Arc - ✆ 03 22 60 97 55 - www.gites-de-france-charme.com - fermé de mi-déc. à mi-fév. - P - 3 ch. 94/115 € ☕.* Cette maison de 1930 a emprunté son nom au bateau de marchandises utilisé, au 18e s., pour naviguer sur la Seine. Les chambres du bâtiment principal, habillées de bleu, beige et blanc, donnent sur la baie ; les autres sont logées dans un pavillon au milieu du jardin.

RESTAURATION

PREMIER PRIX

La Terrasse – *Pl. des Pilotes - ✆ 03 22 60 82 69 - www.laterrasse-saintvalery.fr - ouv. tlj en sais., 5 j/7 hors sais. - 10/15 €.* Très bon emplacement, avec une vue magnifique sur la baie. Cuisine ordinaire pour un prix plus que raisonnable.

ACTIVITÉS

Club de kayak de mer et de va'a de la baie des Phoques – *Quai Jeanne-d'Arc - ✆ 03 22 60 08 44 - www.kayak-somme.com - fermé déc.-fév. - 40 € (-12 ans 20 €) randonnée en kayak (2h15) à la rencontre des phoques.* Accessibles à tous, randonnées en kayak ou en pirogue, accompagnées par un moniteur. Découverte de la baie de Somme et des phoques.

AGENDA

Fêtes Guillaume – 1er w.-end de juil. Commémoration du départ de Guillaume le Conquérant de Saint-Valery vers l'Angleterre : fête et camps médiévaux, marché, procession des reliques de saint Valery.

Ault

★

1 718 Aultois – Somme (80)

NOS ADRESSES PAGE 71

S'INFORMER

Office de tourisme – *4 pl. de l'Église - 80460 Ault - ✆ 03 22 60 57 15 - www.ot-ault.fr - juil.-août : 9h30-12h, 14h-17h30 ; reste de l'année : tlj sf dim. et lun. 9h-12h, 14h-17h30, merc. 9h-12h - fermé 22 déc.-2 janv. - 2e bureau 4 pl. du Mar.-Foch.*

SE REPÉRER

Carte de microrégion A3 (p. 65) – *Carte Michelin Départements 301 B7.* Ault s'étire au creux d'une valleuse (sorte de vallée sèche « suspendue » au-dessus du rivage) au bout de laquelle une terrasse dévoile une belle perspective vers Le Tréport, au sud-sud ouest. Accès par la D 940.

À NE PAS MANQUER

La vue plongeante sur la mer depuis le haut du village ; les plages ; la réserve du Hâble d'Ault ; les villas Belle Époque de Mers-les-Bains.

Un « balcon sur la mer » porté par d'impressionnantes falaises de craie balayées par le vent et tapissées de prairies qui dominent des plages tentatrices. Ne cherchez pas plus loin : la petite station balnéaire d'Ault possède tous ces petits riens qui font que l'on s'y sent vraiment « en vacances ».

Séjourner

Les plages

Au pied des hautes falaises apparaît la petite plage d'Ault. À marée haute, seul un mince cordon de galets subsiste. À l'inverse, la mer se retirant laisse affleurer d'imposantes masses rocheuses. C'est l'endroit et le moment idéal pour une petite expédition afin d'admirer crustacés et mollusques de toute nature. En remontant vers le nord, deux autres plages, dont une de sable fin, se situent en face du quartier Onival.

Se promener

Église Saint-Pierre

Visite sur demande préalable à l'office de tourisme.
Sur la place, l'église gothique (14ᵉ-15ᵉ s.), à clocher plat, présente un appareil en damier de pierre et de silex.

Les villas

Ault et son ancien quartier **Onival** doivent leur renommée à la naissance du tourisme balnéaire à la fin du 19ᵉ s. De ce faste passé, Ault a conservé quelques villas de maître, à dénicher ça et là dans la station. Beaucoup de façades sont ornées de **céramiques**, qu'un circuit propose de découvrir *(se renseigner à l'office de tourisme).*

Phare d'Ault

Sur l'ultime escarpement de la falaise morte se dresse un très beau phare en céramique blanche et rouge. À ses abords *(rue Degauchy, boulevard du Phare)*, vues imprenables sur les bancs sableux de la baie de Somme, la côte picarde et la Manche.

Hâble d'Ault

Au nord d'Onival.
Jusqu'au 18ᵉ s., le Hâble d'Ault était une baie servant de port de refuge lors des grandes tempêtes. Progressivement fermé par un cordon de galets issus des falaises d'Ault et du pays de Caux, le site s'est transformé en lagune et en marais. Quelque 200 espèces d'oiseaux peuvent y être observés – canards, oies, limicoles… Tandis qu'une partie du site, protégée, appartient au Conservatoire du littoral, 62 ha constituent une réserve de chasse. En juin et juillet, lors de la floraison du chou marin, des lotiers et du serpolet, tout le Hâble se pare de couleurs vives, mauves et jaunes.

À proximité Carte de microrégion

Le Bois-de-Cise A3

4 km au sud-ouest. De la D 940 se détache la route d'accès au Bois-de-Cise.
Prisée à la Belle Époque, cette station est installée dans un site boisé, entre Ault et Mers-les-Bains. Après 500 m, prenez à droite la « route panoramique » qui suit le versant nord d'une valleuse aux pentes boisées. Passé une chapelle, on descend au fond de l'échancrure où se disséminent quelques villas Art nouveau. En contrebas, la plage de galets se prolonge par un « platin » (récif) rocheux.

★ Mers-les-Bains A3

9 km au sud-ouest.
3 av. du 18-Juin-1940 - 80350 Mers-les-Bains - 02 27 28 06 46 - www.villemerslesbains.fr - de Pâques à la Toussaint : 10h-12h, 14h30-17h30, dim. et j. fériés 10h-12h, 15h-17h ; reste de l'année : tlj sf dim. et j. fériés 10h-12h, 14h30-17h30 - fermé mar. (hors vac. scol.), 1ᵉʳ janv., 1ᵉʳ Mai, 1ᵉʳ et 11 Nov., 25 déc. - 2ᵉ bureau sur l'esplanade mai-août : h, se rens.

AULT

Face au Tréport, cette station balnéaire devint à la mode avec l'arrivée du chemin de fer en 1872. Les **villas★** cossues du front de mer, construites à la Belle Époque, forment un bel ensemble architectural, déclaré « secteur sauvegardé ». L'éclectisme y règne, avec une prédominance de l'Art nouveau. Une grande fantaisie s'observe sur les façades : toits en auvents, tourelles et clochetons, oriels, loggias, balcons en fer forgé ou en bois, motifs en céramique…

NOS ADRESSES À AULT

Voir aussi nos adresses à Saint-Valery-sur-Somme.

HÉBERGEMENT ET RESTAURATION

BUDGET MOYEN

Le Paris – *31 Grande-Rue - à 200 m de la mer - 03 22 60 40 25 - fermé dim. soir et merc. (sf j. fériés et vac. scol.) - 16/23 € - 17 ch. 32/65 € - 7 €.* Repris il y a peu par un jeune couple sympathique, cet hôtel compte 17 chambres, simples à tout point de vue (commodités sur le palier) mais propres et bien tenues. Côté restaurant, une décoration contemporaine, et une cuisine « terre et mer » tout à fait convenable, à des prix très sages.

UNE FOLIE

Le Cise – *Rte de la Plage - Bois de Cise - 03 22 26 46 46 - www.lecise.fr - - Wifi - 11 ch. 150/240 € - 16 € - rest. : formule du j. 22/27 € - 24/41 €.* Restaurant entre ciel et mer, telle est la devise du Cise. Suspendue à la falaise, la bâtisse en bois, de facture moderne, surplombe la mer. En terrasse, vous serez abrité par une haie d'arbustes ; en salle, une succession de fenêtres ouvrent sur la ligne d'horizon où se confondent ciel et mer. La cuisine est à la hauteur de l'environnement, légère et iodée, à base de poissons subtilement travaillés.

ACTIVITÉS

Sports et loisirs – *03 22 60 57 15.* Possibilité de pêche à Ault et Onival. Base nautique Éric-Tabarly à la plage d'Onival. Promenades pédestres au Bois-de-Cise et dans les Bas-Champs.

À proximité

Base nautique – *Espl. du Gén.-Leclerc - 80350 Mers-les-Bains - 02 35 50 17 89 - www.windsurf-mers.com - en sais. : 9h-12h30, 14h-18h ; reste de l'année : tlj sf dim. et lun. 9h30-12h, 14h-16h30 - 99 € stage d'initiation 3 demi-j. de funboard - à partir de 11 ans.* Stages de planche à voile et de funboard.

1

Baie de Somme

★★

Somme (80)

NOS ADRESSES PAGE 76

S'INFORMER

Office de tourisme – *1 r. Carnot - 80550 Le Crotoy - 03 22 27 05 25 - www.crotoybaiedesomme.com - juil.-août : 9h30-13h, 14h-19h, dim. et j. fériés 10h-12h30, 14h-17h ; reste de l'année : tlj sf mar. 9h30-12h30, 14h-18h, dim. et j. fériés 10h-12h30, 14h-17h30 - fermé 1er janv., 25 déc.*

Visites – La Maison de la baie de Somme (*p. 74*) et le parc du Marquenterre (*p. 78*) organisent toute l'année des sorties nature.

SE REPÉRER

Carte de microrégion A2 (p. 64) – *Carte Michelin Départements 301 C6.*
L'estuaire de la Somme (72 km^2), improprement appelé « baie », atteint 5 km de large entre la pointe du Hourdel et celle de Saint-Quentin. Au nord-ouest d'Abbeville ; accès par la D 940.

À NE PAS MANQUER

Le chemin de fer de la baie de Somme ; la vue depuis Le Crotoy ; une randonnée accompagnée dans la baie, à pied ou à cheval.

ORGANISER SON TEMPS

La découverte de la baie et de son pourtour mérite au moins une journée.

AVEC LES ENFANTS

La Maison de la baie de Somme et de l'oiseau, avec notamment une sortie nature à la rencontre des phoques ; une excursion en train à vapeur ou en bateau.

La Somme hésite avant de rejoindre la Manche, elle se prélasse d'abord et c'est finalement comme si la mer venait la chercher dans les terres. Entre le Marquenterre et la pointe du Hourdel, d'immenses espaces se succèdent, offrant des vues parfois baignées d'une luminosité irréelle, teintée de rose, d'opale, de gris ou d'or. À marée basse, la mer découvre des étendues infinies de sable et d'herbe. La baie redouble alors de charme, tandis qu'on ne distingue plus l'eau du ciel.

Découvrir

La baie à pied ou à cheval

Sans connaître le site, ni l'heure des marées, il est dangereux de s'y aventurer seul : la marée montante avance plus vite qu'un piéton et peut encercler les imprudents ; en descendant, elle peut aussi les emporter vers le large. D'autre part, il ne faut jamais traverser les chenaux, dont les cours varient au fil des marées.

Il existe cependant plusieurs propositions de promenade accompagnée en baie en toute sécurité, avec des guides expérimentés, à pied ou à cheval.

Le Hourdel, ramassage des coques de la baie de Somme.
Jean-Daniel Sudres / hemis.fr

1

UNE CULTURE DE LA MER

La conquête du sable – Comme au Mont-Saint-Michel, la mer entre plus rapidement dans la baie qu'elle n'en sort et dépose donc plus de sédiments qu'elle n'en reprend (700 000 m^3 par an). La Somme, dont le cours paresseux tarde à rejoindre la mer, participe à cet ensablement… ainsi que l'homme : création du canal de la Somme de 1786 à 1835, d'une digue en 1911, et drainage des marais et extension des cultures. Au final, le fond de la baie s'élève de 1,8 cm par an. Partout, le sable gagne du terrain. Et la navigation, encore active voici 150 ans, est en déclin.
Salicorne et prés-salés – De Saint-Valery au Crotoy s'étendent les **vasières** composées de plages et bancs sableux qui émergent au gré des marées : c'est le domaine de la salicorne, ou « cornichon de mer », qui nourrit la sarcelle d'hiver et le canard siffleur… et que l'on déguste en salade, ou comme condiment. Au fond de l'estuaire, les alluvions épaississent les bancs de sable, formant des **mollières** où paissent les moutons. Leur viande savoureuse bénéficie du label « Pré-salé de l'estran de la Somme ».
Les traditions – À Saint-Valery, au Crotoy et au Hourdel, on pêche la « sauterelle », une crevette grise savoureuse, mais aussi la coquille Saint-Jacques, l'encornet et de nombreux poissons plats : sole, carrelet, raie, lotte… La pêche au lancer permet de ramener les anguilles. Celle des coques se pratique à pied le long des chenaux (certains habitants en vivent encore). Les moules de bouchot sont également élevées sur place. La baie a toujours constitué une halte de prédilection pour les oiseaux migrateurs, favorisant ainsi la chasse au gibier d'eau : à la « botte » (à pied) ou à la « hutte » (à l'affût) ; des canards domestiques (les appelants), auxquels s'ajoutent des leurres en bois ou en plastique (les blettes), attirent par leurs cris leurs congénères sauvages.

Circuit conseillé Carte de microrégion

★★ AUTOUR DE LA BAIE

Circuit de 42 km tracé en vert sur la carte (p. 64) – Comptez 1h. Du parc ornithologique du Marquenterre à Cayeux-sur-Mer.

★★ Parc ornithologique du Marquenterre A2 (p. 78)

Traversez le Bout-des-Crocs puis empruntez la D 204 vers Saint-Firmin et la D 4 jusqu'au Crotoy.

Le Crotoy A2

Cette agréable station balnéaire, aux petites maisons blanches et aux bleues et villas de style anglo-normand, offre une **vue★** étendue sur la baie, Saint-Valery, Le Hourdel et vers le large ; en particulier depuis la terrasse de la **butte du Moulin**, près de l'hôtel Les Tourelles, manoir ayant appartenu à Pierre Guerlain, dont les tours à échauguettes rouges se voient de loin. De l'**église Saint-Pierre**, on y accède par la rue de la Mer.

La **plage** est le domaine du speedsail, du cerf-volant et du char à voile, qui entraînent les plus sportifs jusqu'à Fort-Mahon-Plage. Jadis se dressait là une place forte où Jeanne d'Arc fut enfermée le 21 novembre 1430, avant d'être conduite à Rouen. De 1865 à 1870, Jules Verne séjourna au n° 9 de la rue qui porte son nom, puis Toulouse-Lautrec et Seurat y vinrent. À la fin du 19e s., le parfumeur Pierre Guerlain entreprit de faire du Crotoy « la seule plage du Nord exposée au sud ». L'arrivée du train, dans les années 1880, avait déjà renforcé la réputation de la station.

Prenez la D 940 vers Saint-Valery puis à gauche la D 111.

Le cimetière chinois de Noyelles-sur-Mer B2

C'est la plus grande nécropole chinoise de France. Au hameau de Nolette, sur la route de Sailly-Flibeaucourt, se dressent plus de 825 stèles blanches gravées d'idéogrammes. À la suite d'un accord signé le 30 décembre 1916, des milliers de Chinois – pour la plupart des paysans venant du nord de la Chine – s'engagèrent à servir l'armée anglaise en échange d'un salaire. Les premiers débarquèrent en avril 1917 ; le camp en accueillit 12 000 entre 1917 et 1919. Travaillant dans des conditions éprouvantes, aussi bien à la construction des dépôts de munitions, des voies ferrées et des hôpitaux qu'au nettoyage des champs de bataille et à l'enfouissement des corps, ils étaient maintenus à l'écart de la population et ne pouvaient circuler librement. Beaucoup furent fauchés par la guerre, et surtout par l'épidémie de grippe espagnole de l'automne 1918. À la fin de l'année 1919, si quelques-uns restèrent en France, la plupart d'entre eux retournèrent dans leur pays.

Revenez sur la D 940 en direction de Saint-Valery.

Saint-Valery-sur-Somme A2 (p. 66)

Quittez Saint-Valery à l'ouest par la D 3. Environ 3 km après le rond-point, tournez à gauche.

★ Maison de la baie de Somme et de l'oiseau A2

Carrefour du Hourdel - D 204 - 80230 Lanchères - ✆ 03 22 26 93 93 - www.baiedesomme.fr - ♿ - 25 juin-31 août : 9h30-19h ; 26 mars-24 juin et 1er sept.-10 oct. : 9h30-18h ; reste de l'année : 10h-17h - fermé 1er janv., 25 déc. - 6,90 € (-15 ans 4,90 €) - gratuit Fête de la nature, 12 € (-16 ans 9 €) sorties nature ; 19,90 € billet

PRUDENCE…
La baie de Somme est le refuge de la plus importante colonie de phoques veaux marins en France. Leur présence remonterait au début du 19e s. Ne les approchez jamais à moins de 300 m, leur survie en dépend.

famille (2 adultes + 2 enf.) - possibilité de visite guidée sur demande préalable. Présentation de rapaces en vol libre : 3 présentations (45mn), à 11h30, 14h30 et 16h30 d'avr. à août (11h30 et 15h30 en sept.-oct.) - 6,30 € (enf. 4,60 €).

La volonté de préserver une collection d'oiseaux naturalisés (300), rassemblée par un habitant de Cayeux, Gilles Becquet, taxidermiste, est à l'origine de la Maison de la baie de Somme et de l'oiseau. L'édifice imite le plan des fermes traditionnelles autour d'une cour.

Des dioramas mettent en scène les oiseaux de la région dans leur cadre naturel. Dans une salle consacrée aux canards, une hutte de chasse a été reconstituée : le poste de guet donne sur une mare, à l'arrière de la maison, où vivent canards sauvages et oies.

Autour de l'étang, un parcours pédagogique, tracé le long des pelouses et des roselières, amène à découvrir la flore et les oiseaux des marais. Films, expositions, stages d'initiation à l'ornithologie et **sorties nature à la rencontre des phoques**.

Revenez sur la D 3 que vous prenez à gauche sur 1 km avant de tourner à droite vers Le Hourdel (D 102).

1

Le Hourdel A2

Ce petit port de pêche aligne ses maisons de style picard à la pointe du cordon littoral qui part d'Onival. Sur le quai, on vient acheter les « sauterelles » toutes fraîches.

Avec des jumelles, on peut observer les **phoques veaux marins**, une colonie protégée constituée de 290 phoques veaux marins et de 70 phoques gris. Ils se vautrent à marée basse sur les « reposoirs » et les « microfalaises » de sable qui bordent l'estuaire. C'est au printemps, après une gestation de sept mois, que naissent les jeunes phoques veaux marins : deux bébés par an. L'animal, qui atteint 2 m au maximum pour un poids de 150 kg, possède un museau très court et un pelage gris clair semé de taches sombres.

Revenez sur la D 3.

Cayeux-sur-Mer A2

2 pl. Aristide-Briand - 80410 Cayeux-sur-Mer - 03 22 26 61 15 - www.ot-cayeuxsurmer.fr - juil.-août : 9h30-12h30, 14h-18h ; avr.-juin et sept. : 9h30-12h30, 14h-18h ; reste de l'année : tlj sf mar. 10h-12h30, 14h30-18h - fermé 1er janv., 25 déc.

Cayeux tient son nom des galets (« cailloux » en picard). Leur ramassage est une activité ancienne. Ils sont principalement utilisés dans l'industrie, où ils sont broyés pour des usages divers : émeri, filtrants… Le galet bleu, le plus rare, est utilisé pour la fabrication de la porcelaine.

La **digue-promenade** de cette station climatique est doublée d'un des plus longs chemins de planches d'Europe (2 km), où s'alignent les cabines en bois. Les **plages de la Mollière** s'étendent du Hâble d'Ault au Hourdel. Des sentiers ont été aménagés dans le bois de Brighton.

Les cotisations des marins pêcheurs de Cayeux permirent la construction de la **chapelle des Marins**, dédiée à la Vierge, dans les années 1860. À voir : le tympan sculpté en plein bois, d'origine.

NOS ADRESSES DANS LA BAIE DE SOMME

Voir aussi nos adresses à Saint-Valery-sur-Somme.

RESTAURATION

PREMIER PRIX

À Cayeux-sur-Mer

Le Parc aux Huîtres – *Le Hourdel - 80410 Cayeux-sur-Mer - ✆ 03 22 26 61 20 - www.leparcauxhuitres.com - fermé 2 sem. en janv., mar. et merc. (oct.-déc.) - ♿ - 12/34 € - 7 ch. 74 € - ☕ 8 €, demi-pension possible.* Rien de tel que cette petite adresse pour vous régaler de fruits de mer et de poissons. Toutes les tables bénéficient de la vue sur le port de pêche du Hourdel et le va-et-vient des petits chalutiers. Les chambres, entièrement rénovées, donnent également sur la baie.

BUDGET MOYEN

Au Crotoy

Au Relais de la Maye – *786 r. Principale - 80550 St-Firmin-Le-Crotoy - 6,5 km du Crotoy par D 4 - ✆ 03 22 27 10 84 - www.elliochris.fr/aurelaisdelamaye.com - fermé déc. - P - menu du jour 14 €, 23/25,50 € - 7 ch. 60 € - ☕ 6 €, demi-pension possible.* La façade de ce restaurant ne paie pas de mine, mais une fois attablé on se laisse séduire par l'appétissante cuisine proposée ici : bon choix de produits de la mer et de viandes grillées au feu de bois devant les convives. Cadre gentiment rustique et atmosphère empreinte de simplicité.

Aux Trois Jean – *Digue Jules-Noiret - 80550 Le Crotoy - ✆ 03 22 27 16 17 - www.aux3jean.fr - fermé vac. de Noël, mar. et merc. (sf juil.-août) - ♿ P - formule du j. 15 € - 25/35 € - 14 ch. 67/81 € - ☕ 8 €, demi-pension possible.* Très belle situation pour cet établissement récent dominant la seule plage de la région exposée au sud. La terrasse est d'ailleurs prise d'assaut dès les premiers rayons de soleil. Cuisine faisant la part belle aux produits de la mer et une spécialité, les moules de bouchot de la côte picarde.

Chez Mado – *6 quai Léonard - 80550 Le Crotoy - ✆ 03 22 27 81 22 - www.chezmado.com - 25/41 € - 3 ch. 70 € - ☕ 7 €.* Cette institution locale dispose de plusieurs salles à manger, décorées de lithographies à thème marin ou ornithologique. Chambres agrémentées de meubles de style. Pour profiter d'une vue imprenable sur la baie de Somme, choisissez une de celles situées à l'étage.

À Favières

La Clé des Champs – *Pl. des Frères-Caudron - 80120 Favières - ✆ 03 22 27 88 00 - www.restaurant-lacledeschamps.fr - fermé 2 sem. en janv., 4 août-3 sept., lun. et mar. (sf j. fériés) - P - formule du j. 16/22 €, 27/42 €.* Cette ancienne ferme picarde s'est relookée en douceur. Le décor reste classique et sobre, agrémenté de toiles d'artistes locaux. Carte respectant les saisons et le marché.

ACTIVITÉS

Chemin de fer de la baie de Somme – *Train à vapeur : dép. de St-Valery et du Crotoy juil.-août : tlj ; vac. de Pâques, 2e quinz. de juin et 1re quinz. de sept. : tlj sf lun. et vend. ; avr.-1e quinz. juin et 2e quinz. sept. : merc., w.-end et j. fériés ; oct. et 1er nov. : dim. et j. fériés. Train Diesel : dép. de Cayeux de mi-juil. à fin août : tlj sf lun. et vend. Transport des vélos gratuit - horaires en fonction de la sais. (se rens. au 03 22 26 96 96 ou aux offices de tourisme -*

www.cfbs.eu) - 8,10 €/A-21,50 €/j. (4-18 ans 6,20/A-13 €/j.). Un train de voitures à plates-formes tractées par des locomotives à vapeur ou Diesel circule à 20 km/h entre Le Crotoy, Noyelles-sur-Mer, Saint-Valery-sur-Somme et Cayeux-sur-Mer, permettant de découvrir la baie.

À certaines dates de l'année, possibilité de parcourir la baie de Somme en train, puis de faire une traversée en bateau *(rens. au 03 22 26 96 96 ou au wagon-billetterie sur le port de St-Valery).*

Promenade en bateau en baie de Somme – *Mêmes conditions de visite que ci-dessus.* Plusieurs circuits pour découvrir la baie : cap Hornu (40mn), Le Hourdel (1h15), Le Crotoy (1h15) ou le tour complet (2h).

À vélo en baie de Somme – *Mêmes conditions de visite que ci-dessus.* Téléchargement gratuit d'un fascicule de randonnée à vélo très pratique, qui propose 8 itinéraires sur pistes cyclables autour de la baie.

Au Crotoy

Centre équestre La Cavalcade – *Écurie Berger-Pavy - 5 r. des Jardins - 80550 Le Crotoy - 03 22 27 79 15 - www.la-cavalcade.net.* Balades à cheval en bord de mer (1h-2h), randonnées équestres accompagnées (1-3 j.) et promenades d'attelage (1h). Centre agréé handisport.

ACHATS

Aux Spécialités de la baie de Somme – *Rte Nationale, imp. du Hamel - 80220 Brutelles - 03 22 26 76 88 - juil.-août : 10h-12h, 15h-18h ; reste de l'année : vend. et w.-end - fermé dim. fériés.* Exposition-vente de produits du terroir : terrines à l'ancienne, confitures, gâteau battu, cidre, bière, salicornes, etc. Possibilité de composer des paniers gourmands.

AGENDA

Festival de l'oiseau et de la nature en baie de Somme – *03 22 24 02 02 - www.festival-oiseau-nature.com.* En période de remontée de certains oiseaux migrateurs vers le nord, au printemps, une association propose des sorties nature, des ateliers pédagogiques et des promenades à la rencontre des oiseaux. Tous les ans, en avril.

1

Parc du Marquenterre

★★

Somme (80)

NOS ADRESSES PAGE 81

S'INFORMER

Parc du Marquenterre – *25 bis chemin des Garennes - 80120 Saint-Quentin-en-Tourmont - ✆ 03 22 25 68 99 - www.baiedesomme.fr - avr.-sept. : 10h-19h ; oct.-janv. : 10h-18h ; reste de l'année : 10h-17h - fermé 1er janv., 25 déc. - 7,90 € (-6 ans gratuit) - possibilité de visite guidée sur demande préalable.*

SE REPÉRER

Carte de microrégion A2 (p. 64) – *Carte Michelin Départements 301 C6.* Le parc ornithologique (250 ha) borde une réserve naturelle de 3 000 ha, entre les estuaires de l'Authie et de la Somme, formée de dunes, de marécages d'eau saumâtre, de prés salés… D'Abbeville, prendre la D 40 puis la D 940 vers Le Crotoy et Rue *:* suivre ensuite les panneaux « Marquenterre ».

À NE PAS MANQUER

Les postes de guet du parcours d'observation ; les volières dans lesquelles les oiseaux blessés sont soignés (on peut alors les observer de près).

ORGANISER SON TEMPS

Trois parcours *(45mn, 1h30 ou 2h).* Chaque saison est intéressante et permet d'observer des espèces différentes. Munissez-vous d'une paire de jumelles (ou louez-en sur place) si vous voulez vraiment voir les oiseaux.

AVEC LES ENFANTS

Le parcours rouge ou bleu du parc ; l'Asinerie du Marquenterre.

Sous un ciel brouillé, voici un paradis concédé aux oiseaux et aux admirateurs de la nature. Sans cesse redessiné au gré des marées, le Marquenterre est le fruit d'un combat entre l'homme, la mer, le sable et le vent. Toute la vie privée de la gent ailée s'y dévoile. D'un poste de guet à l'autre, on assiste aux ballets des oiseaux, à d'étranges parades nuptiales, ou à une éclosion inattendue…

Se promener Carte de microrégion

Trois parcours pédestres, balisés de panneaux pédagogiques, sillonnent le parc. Au détour de ces 6 km de sentiers, dans les postes d'observation, vous rencontrez des guides naturalistes passionnés, qui vous aident à mieux découvrir les richesses naturelles du site.

Une fois passé l'accueil, il n'existe qu'un seul W.-C. dans tout le parc du Marquenterre : il est situé au poste 4 (parcours bleu).

Une proximité naturelle – *45mn, fléché en rouge.* Ce parcours de 1,5 km, d'accès facile, serpente autour de nombreux plans d'eau. En mars et juin, le passage par la héronnière permet d'assister à la nidification, puis aux naissances et à la becquée donnée aux oisillons (spatules blanches, aigrettes garzettes, cigognes blanches, hérons cendrés, hérons garde-bœufs).

Le parc du Marquenterre, zone naturelle protégée.
Gilles Rigoulet / hemis.fr

Une approche discrète – *1h30, fléché en bleu*. Un circuit de 4 km, dans les dunes, mène aux divers postes de guet. On surprend les vols groupés d'huîtriers pie, de bécasseaux, d'avocettes, ainsi que les **grands migrateurs** : bécasseaux venus de Sibérie, spatules blanches d'Afrique, bernaches des terres arctiques… Chaque espèce a son habitat privilégié : prés salés, broussailles, haies, clairières, marécages, étangs parsemés d'îlots ou bosquets de résineux…
Un espace préservé – *2h, fléché en vert*. Une boucle supplémentaire *(1 km)* dévoile un autre aspect du site. De vastes prairies inondées en eau douce servent de reposoir à des milliers de canards (pilets, sarcelles, souchets…) et vanneaux huppés, en hiver. Au printemps, d'importantes troupes de spatules

VISITES DE SAISON

Le printemps correspond à la période de nidification des cigognes blondes, des petits échassiers (avocettes, huîtriers, vanneaux), des oies cendrées et des tadornes de Belon. La héronnière est particulièrement spectaculaire avec la nidification en haut des pins de 5 espèces de grands échassiers, dont la rare spatule blanche. L'été est surtout favorable à la migration et aux rassemblements des limicoles (petits échassiers) à marée haute et à la migration des cigognes noires, des regroupements de spatules, grands cormorans, aigrettes, garzettes, grandes aigrettes. À l'automne, de nombreuses espèces de canards arrivent pour hiverner (jusqu'à 6 000 individus dont de nombreux canards pilets venus de Russie et de Finlande). Le parc est le plus important centre français de baguage d'oiseaux d'eau et permet d'étudier leurs migrations avec le Muséum national d'histoire naturelle de Paris. Au départ du pavillon d'accueil, des sorties naturalistes en voitures tirées par des chevaux boulonnais donnent l'occasion de découvrir la faune et la flore du littoral, les activités et l'évolution de la baie.

L'aventure du Marquenterre

LA CONQUÊTE DES TERRES

Au 12e s., les moines de Saint-Riquier et de Valloires érigent les premières digues et tentent de canaliser les rivières. Les canaux d'écoulement se multiplient. La colline de Rue, future capitale du Marquenterre, cesse d'être une île au 18e s. Mais qu'une marée capricieuse ou qu'une pluie torrentielle survienne, et voici les frêles endiguements balayés et les cultures ensablées. Au cours du 19e s., digues et grèves sont stabilisées, ce qui permet le développement de cultures maraîchères et céréalières.

Assèchement à la hollandaise

En 1923, l'industriel H. Jeanson acquiert une garenne marécageuse le long de la côte. Endiguée et asséchée par ses successeurs, la zone accueille la bulbiculture dans les années 1950. La conversion s'accompagne d'un reboisement. Mais l'entreprise ne survit pas à la crise qui frappe le secteur horticole. L'idée vient alors d'offrir cette étendue aux oiseaux et à leurs admirateurs.

NAISSANCE DU PARC

Le Marquenterre, et plus largement la baie de Somme, a toujours été une étape d'hivernage pour les oiseaux migrateurs. De leurs huttes, les chasseurs s'en donnaient à cœur joie… ce qui fit disparaître nombre d'espèces. En 1968, l'Office national de la chasse créé sur le site maritime une réserve de 5 km. En 1973, Henri Jeanson décide, lui aussi, d'aménager un parc ornithologique sur le domaine bordant la réserve, afin de permettre au public d'observer les oiseaux dans ce cadre naturel. En 1986, le site devient la propriété du Conservatoire du littoral et acquiert, huit ans plus tard, le statut de réserve naturelle nationale, gérée par le Syndicat mixte pour l'aménagement de la côte picarde (Smacopi).

Les habitants

Depuis 1973, 344 espèces d'oiseaux – sur les 650 existant en Europe – ont été observées : hérons, cigognes, bécasseaux, aigrettes, balbuzards, oies, sarcelles, pinsons, rossignols, martinets et tant d'autres… On dénombre aussi une quarantaine d'espèces de mammifères, dont la plus importante colonie de phoques veaux marins en France (150 individus) ; à marée haute, les plus curieux se manifestent parfois près des quais de Saint-Valery-sur-Somme et du Crotoy. En outre, quelque 350 espèces de plantes apprécient les sols de cette partie du littoral.

Le cheval Henson – Ce petit cheval robuste (1,50 m à 1,60 m au garrot) est né en 1978 dans un village de la baie de Somme, grâce au Dr Berquin. Il est issu du croisement de chevaux de selle français avec des chevaux des fjords norvégiens. Sa robe de couleur isabelle varie du jaune très clair au marron, avec une crinière noir et or. La raie de mulet, qui s'étend du garrot à la naissance de la queue, est caractéristique. D'une remarquable endurance, ce cheval vit toute l'année dans les pâturages et peut parcourir sans fatigue de grandes distances. Il excelle régulièrement dans les épreuves d'attelage, horse-ball et concours complet. Sa docilité et son attachement en font un compagnon idéal pour les enfants amateurs de randonnée ou d'attelage.

y font halte avant de gagner les Pays-Bas. La fin de l'été est un moment apprécié pour l'observation des limicoles en migration.

À proximité Carte de microrégion

L'Asinerie du Marquenterre A1-2

06 21 26 02 94 - - de déb. avr. à mi-sept. : 10h-18h - fermé sam. - 5 € (-3 ans gratuit) - visite de la Ferme - randonnée en demi-journée, se rens.

Cette ferme réjouira les enfants, auxquels rien (ou presque) n'est interdit. Poules, coqs, canards, oies, chèvres, lapins, cochons et ânes circulent en toute liberté. Dans le poulailler, on peut assister à l'éclosion des poussins et prendre les canetons dans ses mains. Plus loin, la « niche » aux cochons d'Inde n'est accessible qu'aux petits, qui se font une joie d'aller caresser les animaux. Et il y aura toujours un chevreau, un ânon ou des lapereaux que l'on pourra chouchouter. Animations, aire de pique nique, sanitaires.

NOS ADRESSES DANS LE MARQUENTERRE

SORTIES NATURE

Visite guidée en voiture à cheval – *- de 1h à 4h - 19,50 € (2h) sur réserv.* Accompagnée d'un biologiste.

Accueil d'initiation – *10h30-14h - 1h.* Avec l'aide d'un guide, une initiation à l'ornithologie.

À l'éveil des sens – *1er avr.-24 juin : dim. à 9h - 15 € (2h30) sur réserv.* Pour les aveugles et malvoyants, une visite tournée autour de l'écoute de la nature.

Les coulisses du parc – *Avr.-juil. : sam. 9h ; août-sept. : w.-end 9h et 10h - 15 € (2h30) sur réserv.* Visite du site avant l'ouverture au public.

ACTIVITÉS

À St-Quentin-en-Tourmont

Espace Équestre Henson-Marquenterre – *32 chemin des Garennes - 03 22 25 03 06 - www.henson.fr - 38 € 3h dont 1h30 de promenade à cheval.* L'Espace équestre Henson organise des balades en compagnie d'un guide pour découvrir le domaine du Marquenterre (à côté du parc qui, lui, ne se visite qu'à pied) et la baie de Somme, sur des chevaux doux et endurants que peuvent monter des cavaliers de tous niveaux, y compris les débutants et les enfants. Il propose aussi des promenades en attelage.

AGENDA

Festival de l'oiseau et de la nature en baie de Somme – *Baie de Somme (p. 77).*

Rue

★

3 095 Ruéens – Somme (80)

NOS ADRESSES PAGE 84

S'INFORMER

Office de tourisme – *10 pl. Anatole-Gossellin - 80120 Rue - 03 22 25 69 94 - www.rue-baiedesomme.com - juil.-août : 9h30-12h30, 14h-19h, dim. et j. fériés 9h30-12h30 ; reste de l'année : tlj sf dim. 9h30-12h30, 14h-18h, lun. 14h-18h - fermé 1er janv., 1er Mai.*

SE REPÉRER

Carte de microrégion B2 (p. 64) – *Carte Michelin Départements 301 D6.* Entre les baies d'Authie et de Somme, Rue occupe une éminence du Marquenterre. La ville est cernée de mollières, de prés salés, de dunes, d'étangs et de vasières. Accès par l'A 16 ; à la sortie 24, prendre la D 32.

À NE PAS MANQUER

Les chapelles du Saint-Esprit (voûtes) et de l'Hospice.

Port de mer au début du Moyen Âge, Rue fut une place forte du comté de Ponthieu jusqu'au 17e s. Une de ses chapelles abrite une relique liée à une mystérieuse légende. Son puissant beffroi symbolise les libertés communales. Capitale du Marquenterre, c'est le paradis des chasseurs et des pêcheurs, et le point de départ de nombreuses randonnées.

Se promener

★ Chapelle du Saint-Esprit

03 22 25 69 94 - visite libre du narthex juil.-août : 9h30-19h ; fév.-juin et sept.-oct. : 10h-17h - gratuit - 3 € (-12 ans gratuit) visite guidée, gratuit J. du patrimoine - possibilité de visite guidée sur demande préalable.

Grâce aux dons des fidèles faits lors du pèlerinage du crucifix miraculeux (celui-ci se serait échoué sur la grève en août 1101), cet édifice de style gothique flamboyant se distingue par sa sculpture décorative (15e et 16e s.) qui forme ici une dentelle de pierre d'une rare délicatesse.

Extérieur – Sur les contreforts saillants, des statues grandeur nature superposées représentent des effigies royales *(à droite)*, la Visitation, saint Jacques et saint Jean *(au centre)*, les Pères de l'Église et les évangélistes *(à gauche)*. Les voussures du portail évoquent la Passion du Christ. Le tympan est découpé en niches à dais très fouillés qui abritent des hauts-reliefs refaits au 19e s. illustrant les sept douleurs de la Vierge. Les portes du 15e s. ont des vantaux sculptés en plis de serviette (motif décoratif utilisé en menuiserie).

★★ **Intérieur** – La voûte du narthex, très élancée, présente une énorme clef en pendentif. Le mur droit est orné d'arcatures lancéolées. Les portes de la **trésorerie** sont surmontées de représentations de la Sainte Face et de l'Esprit saint. Celle de droite conduit à la salle basse, où un escalier à vis mène à la salle haute ; celle de gauche donne sur un autre escalier desservant aussi la salle haute, ce qui permettait aux pèlerins de défiler suivant un sens unique.

Dans la salle basse, remarquez l'arcade gauche. Sa voussure est sculptée de feuilles de vigne et de lierre entre lesquelles rampent des escargots. Au-dessus du gâble de la porte d'escalier, jolie Vierge à l'Enfant polychrome (16e s.). La salle haute, au fin décor sculpté, abrite le retable de l'ancien autel. De bas en haut se succèdent une galerie flamboyante, une frise de feuilles de chêne où se glissent escargots, coqs, oiseaux, et des scènes des Évangiles. À gauche du retable, la porte du second escalier séduit par son gâble, son couronnement à jours et ses vantaux (16e s.) en chêne.

Revenez au narthex. Une porte à jours mène à la chapelle. Ses voussures figurent la légende du crucifix miraculeux. Dans les niches au-dessus des piédroits, les statues des bienfaiteurs de la chapelle, Isabelle du Portugal et Louis XI.

La **nef** du 16e s., qui abrite les reliques, surprend par ses voûtes : les nervures y dessinent un réseau arachnéen autour de clefs sculptées avec une étonnante virtuosité. Trois peintures (19e s.) relatent la légende du crucifix miraculeux.

Beffroi

✆ 03 22 25 69 94 - visite guidée sur demande préalable h, se rens. à l'office de tourisme - 3,50 € (-12 ans gratuit) - gratuit J. du patrimoine - (4 adultes mini).

Puissant et massif, il est cantonné de quatre tourelles. Son gros œuvre remonte au 15e s., mais le couronnement, avec sa loge de guetteur, date de 1860 (*Illustration p. 44*).

Musée des Frères Caudron – *10 pl. Anatole-France - ✆ 03 22 25 69 94 - www.ville-rue.fr - lun. 14h-18h, mar.- sam. 9h30-12h30, 14h-18h (dim. 9h30-12h30 en juil.-août) - 3 € (enf. gratuit).* Aménagé au rez-de-chaussée du beffroi, il est consacré à l'aviation.

Chapelle de l'Hospice

✆ 03 22 25 69 94 - visite guidée (1h30) sur demande (7 j. av.) 9h30-19h - fermé 1er janv., dim. et lun. de Pâques, 1er et 8 Mai, Jeu. de l'Ascension, dim. et lun. de Pentecôte, 1er et 11 Nov., 25 déc. - 3 € (-12 ans gratuit).

Sa charpente en carène de navire (16e s.) repose sur des poutres sculptées de scènes de chasse. Au-dessus du maître-autel, une toile attribuée à Philippe de Champaigne représente saint Augustin.

Église Saint-Wulfy

L'actuel édifice est contruit sur le site de l'ancienne église du même nom, érigée au 12e s. et détruite en 1798 par une violente tempête. Elle est rebâtie dans les années 1820 par Charles Sordi, un enfant du pays, dans un style néoclassique. À l'intérieur, on peut admirer un riche **mobilier**, dont quelques éléments de la première église.

À proximité Carte de microrégion

Château d'Arry B2

4 km à l'est par la D 938.

De la route, perspective sur cette demeure Louis XV élevée en 1761. L'avant-corps arrondi et l'appareillage de briques roses à chaînages de pierre blanche rappellent le château de Bagatelle.

Chapelle du Hamelet B2

8 km au sud par la D 940 puis la D 140 à gauche ; traversez Favières.

Cette petite chapelle, adossée à un campanile médiéval, possède une voûte en forme de coque de bateau renversée. Son chœur fut ajouté au 16e s. La cloche date de 1541.

NOS ADRESSES À RUE

Voir aussi nos adresses dans la baie de Somme.

HÉBERGEMENT

PREMIER PRIX

À proximité

Camping Le Champ Neuf – *8 r. du Champ-Neuf - 80120 St-Quentin-en-Tourmont - 03 22 25 07 94 - www.camping-lechampneuf. com - - 157 empl.* En plein cœur du parc ornithologique du Marquenterre, dans un site verdoyant, ce camping propose des emplacements pour tentes ou caravanes et aussi des mobil-homes loués à la semaine ou à la nuitée. Pour les services et les loisirs : terrain omnisports, salle d'animation, parc aquatique couvert, sauna et salle de fitness !

BUDGET MOYEN

Chambre d'hôte La Fermette du Marais – *360 rte d'Abbeville - A 16, sortie 24 dir. Rue - 03 22 25 06 95 - www.fermette-du-marais.com - P - 3 ch. 72/78 €* . Non loin de la mer et de la forêt, maison récente légèrement excentrée par rapport à la ville. La proximité de la route est largement compensée par un parc agrémenté de petits plans d'eau, une piscine et des chambres bien tenues. Location de studios meublés. Restauration assurée par le fils de la maison.

POUR SE FAIRE PLAISIR

À proximité

Auberge de la Dune – *1352 r. de la Dune - 80550 St-Firmin-Le-Crotoy - 03 22 25 01 88 - www. auberge-de-la-dune. com - fermé 29 nov.-31 déc. - P - Wifi - 11 ch. 72 € - 10 €, demi-pension possible - formule déj. 14 € - 18/40 €.* Cette petite auberge, isolée au milieu des champs, se trouve à deux tours de roue du parc ornithologique. Sobres chambres actuelles et pratiques ; tenue méticuleuse. Salle à manger campagnarde. Cuisine traditionnelle et quelques spécialités picardes.

Crécy-en-Ponthieu

1 517 Crécéens – Somme (80)

NOS ADRESSES PAGE 89

S'INFORMER

Syndicat d'initiative – *32 r. du Mar.-Leclerc-de-Hauteclocque - 80150 Crécy-en-Ponthieu - 03 22 23 93 84 - www.crecyenponthieu.com - 9h-12h30, 14h-18h30, dim. 10h-12h30, j. fériés 9h-12h30 - fermé 1er janv., lun. de Pentecôte, 25 déc.*

SE REPÉRER

Carte de microrégion B2 (p. 64) – *Carte Michelin Départements 301 E6.* Crécy s'étage sur les bords d'un bassin cultivé. Accès depuis Abbeville par la D 928 et la D 12.

À NE PAS MANQUER

La forêt de Crécy ; la vue depuis le moulin Édouard-III.

ORGANISER SON TEMPS

La visite du Ponthieu peut être couplée avec le circuit de la vallée de la Somme (*Amiens p. 128*) ou celui de l'Authie (*p. 87*).

1

Ce bourg paisible du beau pays de Ponthieu campe à deux pas de la forêt de Crécy. Il a été le théâtre d'une terrible bataille durant la guerre de Cent Ans : son issue tragique pour la noblesse française serait due à une étourderie des arbalétriers génois...

Se promener

Église

À l'intérieur, les grandes toiles de l'atelier de Poussin, provenant de l'abbaye de Dommartin, illustrent la vie de Moïse.

Croix du Bourg

Dressée au bas de la place vers le 12e s., cette **lanterne des morts** serait le témoin d'un mouvement communal qui déferla alors en Ponthieu. Elle est peut-être dédiée à Aliénor de Castille, reine d'Angleterre et comtesse de Ponthieu, qui avait épousé Édouard Ier en 1254. La partie supérieure ne peut être antérieure au 17e s.

À proximité Carte de microrégion

Moulin Édouard-III B2

1 km au nord par la D 111.

Le tertre marque l'emplacement du moulin d'où le roi d'Angleterre aurait assisté à la bataille. Du sommet, **vue** sur la plaine ondulée (table d'orientation).

Croix de Bohême B2

Sur la D 56, au sud-est.

Elle est érigée à l'endroit même où Jean l'Aveugle, roi de Bohême et allié de Philippe VI, tomba au cœur du combat, alors qu'il se faisait porter près de son fils grièvement blessé.

LA BATAILLE DE CRÉCY

Le 26 août 1346, au début de la guerre de Cent Ans, Philippe VI de France subit ici une sévère défaite devant Édouard III d'Angleterre. Ce dernier, ayant débarqué en Normandie et remontant vers les Flandres, établit son camp près de Crécy. Philippe VI et la chevalerie française l'attaquent alors avec une fougue irréfléchie. Leur assaut se brise sur les lignes d'archers anglais, soutenus, pour la première fois dans l'histoire européenne, par des bombardes (canons tirant des boulets de pierre). La bataille rassembla à l'époque 3 900 chevaliers anglais, 11 000 archers et 5 000 coutiliers gallois, contre 1 200 chevaliers français, 6 000 archers génois et 20 000 fantassins. 11 princes, 1 542 chevaliers et 10 000 soldats y laissèrent la vie.

L'erreur fatale des Génois – Méticuleux et prévoyants, les archers anglais ont protégé leurs arcs de la pluie, mais pas les Génois. Éblouies par le soleil, noyées par l'orage qui a détendu les cordes des arcs, les troupes sont décimées. Édouard III fait tirer les canons. Les coutiliers gallois poignardent les chevaux français, puis les cavaliers désarçonnés. Le soir même au château de La Broye, Philippe VI hèle les sentinelles : « Ouvrez, c'est l'infortuné roi de France ! » Phrase célèbre, consignée par le chroniqueur Froissart.

Circuit conseillé Carte de microrégion

FORÊT DE CRÉCY

Circuit de 29 km tracé en rouge sur la carte (p. 64) – Comptez environ 1h.

03 22 23 93 84 - www.crecyenponthieu.com - aire de repos et de pique-nique, 8 circuits de randonnées pédestres balisés, sentiers équestres. 25 arbres remarquables : « Promenade des vieux chênes » à faire en voiture ou à vélo, circuit du Geai à vélo (17 km). Plan d'orientation en lisière de Forest-Montiers et Forest-l'Abbaye. Parcours ludo-sportif à la clairière du Muguet. Location de la hutte forestière des Vieux-Chênes, se rens. syndicat d'initiative de Crécy-en-Ponthieu.

Ce massif forestier giboyeux (4 300 ha) couvre le plateau situé au sud de la Maye de chênes, de hêtres et de charmes. Il recèle des arbres remarquables ; voyez le chêne des Ramolleux qui aurait été planté après la bataille de Crécy.

De Crécy, suivez au sud-ouest la D 111 jusqu'au carrefour du Monument, puis à droite la route de Forest-Montiers.

Elle longe de belles hêtraies et chênaies.

Continuez jusqu'au poteau de Nouvion, prenez à droite la route forestière du Chevreuil jusqu'au carrefour de la Hutte-des-Grands-Hêtres.

Hutte-des-Grands-Hêtres B2

La futaie est ici remarquable. Balade à pied sur le sentier des Deux-Huttes.

Revenez au poteau de Nouvion et prenez à droite vers Forest-Montiers.

Forest-Montiers B2

Saint Riquier y établit son ermitage, et l'un des fils de François Ier, Charles II d'Orléans, y mourut de la peste à 23 ans.

Prenez la D 1001 vers le nord.

Bernay-en-Ponthieu B2

Sur le versant sud de la vallée de la Maye, Bernay conserve sa vieille **maison de poste**, face à l'église. La façade sur rue du **relais-auberge** date du 15e s. : l'étage en encorbellement a pour base une poutre sculptée de guirlandes et

de têtes grotesques. Dans une lettre de 1837, Victor Hugo soulignait la position stratégique de l'établissement : « Il est situé au point précis où la diligence qui arrive de Paris a faim pour déjeuner, et la diligence qui arrive de Calais a faim pour dîner… »
Autour de Bernay, la Maye s'épand en étangs.
Prenez à droite la D 938 qui rejoint Crécy-en-Ponthieu.
On surplombe la **vallée de la Maye** où alternent cultures, prairies et bosquets. La forêt couronne le versant sud.

Vallée de l'Authie

★

Somme (80) et Pas-de-Calais (62)

NOS ADRESSES PAGE 89

SINFORMER
Office du tourisme de Fort-Mahon-Plage – *1000 av. de la Plage - 80120 Fort-Mahon-Plage - ✆ 03 22 23 36 00 - www.fort-mahon-plage.com - 10h-17h - fermé 1er janv., 25 déc.*

SE REPÉRER
Carte de microrégion A1 (p. 64) – *Carte Michelin Départements 301 C/H 5/7.*
Né dans les collines de l'Artois, l'Authie (100 km) rejoint la Manche par la baie d'Authie, au sud de Berck. De Gennes-Ivergny à la côte (50 km), le fleuve marque la limite entre la Somme et le Pas-de-Calais.

ORGANISER SON TEMPS
Partez le matin de Doullens pour arriver sur la côte dans l'après-midi. Préférez la belle saison pour profiter des parcs et jardins.

AVEC LES ENFANTS
Le labyrinthe et les animaux de Maizicourt ; l'Aquaclub de Belle Dune.

Sources, bocages, prairies, peupliers, saules têtards, marécages, coteaux, basses maisons chaulées… L'Authie a modelé une vallée bucolique dans le plateau crayeux. Les invitations à la promenade et aux visites se succèdent : le joli moulin de Maintenay, un village de vanniers et quelques bonnes auberges. C'est aussi le paradis de la truite, et donc des pêcheurs.

Circuit conseillé Carte de microrégion

D'AUXI-LE-CHÂTEAU À FORT-MAHON-PLAGE

Circuit de 55 km tracé en violet sur la carte (p. 64) – Comptez environ 1h.

Auxi-le-Château C2
Au creux de la vallée de l'Authie, des vestiges du château d'Auxi. À mi-côte apparaît l'imposante **église** gothique flamboyante (16e s.) : nervures et clefs de voûte du chœur particulièrement ouvragées. Près de l'entrée, remarquez

le bénitier, ancienne mesure à sel. En contrebas, l'**hôtel de ville** néogothique (fin 19e s.) s'inspire des deux tours, gothiques (1580), qui l'encadrent.
Sur la gauche, prenez la D 933 jusqu'à Maizicourt.

Maizicourt C2

Charmant village fleuri, dominé par un **château** *(ne se visite pas)* en brique et pierre, construit durant la première moitié du 18e s. pour Louis-François de La Houssoye, page du roi. L'église au chœur gothique, est intégrée au domaine.
Les jardins – ♿ *- juin et sept. : 14h-18h ; juil.-août : tlj sf w.-end 14h-18h - 11 € (-12 ans gratuit).* Réaménagés à partir de 1989 dans l'esprit de l'époque, ils s'étendent sur plus de 10 ha autour du château. D'abord très ordonnés, à la française, ils deviennent ensuite plus naturels, laissant place à la fantaisie avec de petits bosquets et des massifs à l'anglaise. Grange du 18e s. (restaurée au 19e s.) transformée en orangerie, pigeonnier, vergers, plantes aquatiques, potager, etc.
Les enfants peuvent s'amuser dans un labyrinthe végétal, dans les vergers ou dans les enclos des animaux (ânes, oies, chèvres…).
Revenez à Auxi-le-Château, puis empruntez la D 224 sur la rive gauche de l'Authie.

Le Boisle B2

Village de vanniers. Une grande verrière moderne sur le thème de La Trinité décore l'intérieur de l'**église**.

Dompierre-sur-Authie B2

✆ 03 22 23 52 59 - visite uniquement sur demande.
L'église Saint-Pierre (15e s.), de style flamboyant, est l'une des plus grandes de la région. À l'intérieur, belle statue de saint Pierre en habit papal, du 16e s.
Traversez l'Authie pour rejoindre la D 119.

Abbaye de Dommartin B1

Ruines d'une abbaye de prémontrés fondée au 12e s. La D 119 passe devant la porte d'entrée monumentale (17e s.) à pilastres ioniques et fronton triangulaire.
À Saulchoy, regagnez la rive sud par la D 137.

Argoules B1

Les maisons rustiques de ce charmant bourg sont disséminées dans la verdure. Manoir et petite église du 16e s. Un gros tilleul, qu'on dit daté de 400 ans ou de la Révolution française, se dresse sur la place.

★★ Abbaye et jardins de Valloires B1

(p. 91)

Nampont-Saint-Martin B1

La marée montait encore jusque-là au 18e s. En contrebas de la D 485, jetez un coup d'œil à la maison forte (15e-16e s.) cernée de fossés. De chaque côté de la porte, meurtrières à arquebuses. La propriété abrite aujourd'hui un club de golf.
Continuez vers l'ouest par la D 485 et la D 32. En arrivant à Fort-Mahon, avant de tourner à gauche pour gagner Fort-Mahon-Plage, poursuivez vers le nord (4 km) en direction de la baie d'Authie.

Baie d'Authie A1

✆ 03 22 23 36 00 - pour les circuits de randonnée en baie d'Authie, se rens. à l'office de tourisme de Fort-Mahon ou au ✆ 03 22 23 42 60 (école de char à voile Éolia) - possibilité de visite guidée avec un guide naturaliste sur demande préalable à l'office du tourisme.

Jardins de Maizicourt.
Jardins de Maizicourt

Petite sœur de la baie de Somme, la baie d'Authie constitue la frontière naturelle entre la Somme et le Pas-de-Calais. Domaine des chasseurs à la hutte et des pêcheurs de coques, c'est aussi un agréable lieu de balade, entre ciel et mer.

Fort-Mahon-Plage A1

Cette longue plage de sable, dotée d'un club de voile, est dominée par une digue-promenade.

Aquaclub de Belle Dune – *03 22 23 73 00 - www.baiedesomme.fr - - de mi-juin à fin août : 11h-19h ; reste de l'année : h variables, se rens. - fermé de mi-nov. à mi-déc. - 13 € (-18 ans 10,50 €).* Sur la promenade du Marquenterre, dans un site de dunes et de pins, l'architecture du complexe s'inspire du style balnéaire picard. Bassins intérieurs et extérieurs, piscine à vagues, toboggan géant, jeux d'eau, sauna, hammam, golf 18 trous…

NOS ADRESSES DANS LA VALLÉE DE L'AUTHIE

Voir aussi nos adresses à Doullens et Valloires.

HÉBERGEMENT

PREMIER PRIX

À Fort-Mahon-Plage

Hôtel La Terrasse – *1461 av. de la Plage - 80120 Fort-Mahon-Plage - 03 22 23 37 77 - www.hotellaterrasse.com - fermé 3-25 janv. - Wifi - 56 ch. 65/109 € - 11 €, demi-pension possible - 14,95/59,95 € bc.* Établissement familial du front de mer aux chambres confortables : certaines regardent vers le large, d'autres donnent sur la cour, plus au calme. Panorama et décor marins, carte iodée et terrasse côté restaurant ; brasserie.

BUDGET MOYEN

À Tigny-Noyelle

Chambre d'hôte Le Prieuré – *Imp. de l'Église - 62180 Tigny-Noyelle -*

D 901 Nempont-St-Firmin et D 940 vers Tigny-Noyelle - ✆ 03 21 86 04 38 - www. leprieure-tigny.com - 5 ch. 79 € ☕ - ✕ 35,50 €. Quatre belles chambres et une suite ont été aménagées dans cette jolie maison nichée dans un parc arboré. Décoration intérieure réussie, notamment dans la salle des petits-déjeuners ornée d'objets d'antiquité et d'une superbe cheminée picarde.

UNE FOLIE

À Quend

Le Fiacre – *6 r. des Pommiers - Hameau de Routhiauville - 80120 Quend - 2 km au sud-est par rte de Rue - ✆ 03 22 23 47 30 - www. lefiacre.fr - fermé 4 janv.-1er fév. - P - Wifi - 12 ch. 106/206 € - ☕ 15 €.* Lieu idéal pour se mettre au vert, cette ancienne ferme du Marquenterre profite d'un coquet cadre campagnard. Atmosphère cosy dans les chambres joliment personnalisées.

RESTAURATION

PREMIER PRIX

À Maintenay

Le Moulin de Maintenay – *25 r. du Moulin - 62870 Maintenay - 3 km de l'abbaye de Valloires par D 192 - ✆ 03 21 90 43 74 - fermé de janv. à mars - ♿ P - 12,50 €.* Accordez-vous un instant sur les bords de l'Authie, où culture et gourmandise font bon ménage. Dans ce moulin du 12e s. restauré, un musée amusera les curieux, et les « tartines du meunier » ou les crêpes combleront les gourmands.

ACHATS

À Le Boisle

Vannerie Candas – *53 rte Nationale - 80150 Le Boisle - ✆ 03 22 29 65 65 - www. presentoirs-candas.fr - 10h-12h30, 14h-19h, dim. et j. fériés 14h30-19h - fermé 1er janv., 1er nov.* Mobilier en rotin, en osier, idées déco et ameublement.

ACTIVITÉS

À Fort-Mahon-Plage

Eolia Marquenterre - Teline SARL – *Bd Maritime-Nord - base nautique - 80120 Fort-Mahon-Plage - autoroute A 16, sortie 24 en venant de Paris - ✆ 03 22 23 42 60 - www.eolia.info - en sais. : 9h30-12h, 14h-18h (reste de l'année17h) - 48 € randonnées (3h) en char voile, (-11 ans 30 €) baby char à voile.* Initiation et randonnée en char à voile et canoë-kayak. Balades nature avec un guide naturaliste. Location de matériel.

Abbaye et jardins de Valloires

★★

Somme (80)

NOS ADRESSES PAGE 95

S'INFORMER

Abbaye – *03 22 29 62 33 - www.abbaye-valloires.com - ♿ - de mi-mars à mi-nov. : 9h-18h - 13 € (-16 ans 9 €) - possibilité de visite guidée.*

Jardins – *03 22 23 53 55 - mai-sept. : 10h-19h ; reste de l'année : 10h-18h - fermé 25 déc.-1er janv. - 9 € (-16 ans 5,50 €).*

SE REPÉRER

Carte de microrégion B1 (p. 64) – *Carte Michelin Départements 301 D5.* À Argoules, dans le nord du département de la Somme. Depuis Doullens, la D 938/D 119 longe la rive droite de l'Authie, que l'on traverse à Saulchoy ou Maintenay pour rejoindre la D 192 sur la rive gauche. Depuis Montreuil, Le Touquet, Le Crotoy ou Rue, rejoindre la D 901 vers Nampont-Saint-Martin, où l'on prend à droite la D 192.

À NE PAS MANQUER

Dans les jardins, la perspective sur la roseraie et l'abbaye depuis le cloître végétal, le jardin des Îles et l'espace Lamarck. Dans l'abbaye, les boiseries de la sacristie, du Grand Salon et de l'orgue de l'église, les grilles du chœur.

ORGANISER SON TEMPS

Comptez une demi-journée. Venez le dimanche en fin d'après-midi, pour la visite insolite de l'orgue.

AVEC LES ENFANTS

Le jardin des Cinq Sens.

Fidèle à la tradition cistercienne, l'abbaye se niche dans un site d'une beauté particulière, entre bois et prairies au creux du val d'Authie. Si l'on admire son église baroque, on aime à flâner dans ses jardins : un lieu enchanteur, où plus de 5 000 variétés de plantes s'associent en savants archipels selon la teinte de leurs feuillages, la subtilité de leur parfum, la présence de fruits ou d'épines…

Découvrir Plan de l'abbaye

★ ABBAYE

Fondé au 12e s. par **Guy II**, comte de Ponthieu, le monastère cistercien accueille en 1346 les dépouilles des chevaliers tués à Crécy. Les bâtiments incendiés au 17e s. sont reconstruits au milieu du 18e s. sur les plans de **Raoul Coignart**. La décoration est l'œuvre du baron **de Pfaffenhoffen**, dit Pfaff (1715-1784), Viennois fixé à Saint-Riquier à la suite d'un duel qui l'avait obligé à quitter Vienne. L'abbaye est réputée être la seule abbaye cistercienne du 18e s. encore entière en France. Propriété de l'Association de Valloires depuis 1922, elle abrite aujourd'hui une maison d'enfants à caractère social, une résidence d'accueil temporaire pour personnes âgées et une hôtellerie.

Logis abbatial

Il est situé au-delà du colombier (16e s.), sur la façade est. Le Grand Salon est décoré de **boiseries★** en chêne, de style rocaille Louis XV. La galerie du cloître est voûtée d'arêtes. Au rez-de-chaussée de l'aile est se trouvaient le réfectoire et la salle capitulaire, à l'étage les appartements de l'abbé et les cellules. La sacristie conserve des toiles de Parrocel et de l'école de Boucher.

★ Église

« Elle ferait les délices de Mme de Pompadour, mais saint Bernard n'y trouverait rien à redire » : cette remarque d'un voyageur illustre l'accord entre la sobriété de l'architecture et la finesse du décor. Une **tribune★** sculptée de chutes d'instruments musicaux supporte l'**orgue** (1). De chaque côté, les statues symbolisent la Religion. La balustrade et le petit buffet sont ornés de putti et d'angelots musiciens. Des cariatides soutiennent le grand buffet, couronné par une statue du roi David entouré d'anges musiciens.

Les **grilles★★** (2) du chœur comportent les armes de Valloires et le serpent d'airain de Moïse, préfiguration de la Crucifixion. Elles ont été forgées par Jean Veyren dit « le Vivarais » : ce serrurier de Corbie exécuta aussi les grilles de la cathédrale d'Amiens et celles du château de Bertangles. Deux anges adorateurs en plomb doré sont placés de part et d'autre du **maître-autel** (3), que domine une suspension eucharistique de Jean Veyren en forme de crosse

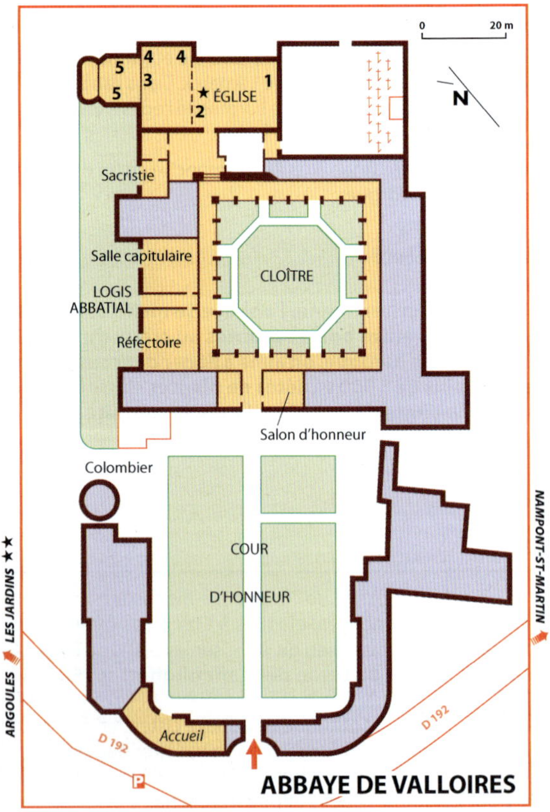

Démonstration d'art topiaire dans les jardins de l'abbaye de Valloires.
Nicolas Thibaut / Photononstop

abbatiale. Deux anges blancs en papier mâché planent au-dessus de l'autel. Dans le croisillon droit se trouvent les **gisants** (16e s.) d'un comte et d'une comtesse de Ponthieu (4) ; dans le croisillon gauche, on aperçoit la baie par laquelle les moines malades suivaient l'office. Les **stalles** (5) sont sculptées de trophées religieux ; celles de l'abbé et du prieur, ornées de boiseries, encadrent l'entrée de la chapelle absidiale.

★★ JARDINS

En 1981, le pépiniériste **Jean-Louis Cousin** décide de présenter au public sa collection de végétaux. Le paysagiste **Gilles Clément** dessine le domaine : en France, c'est le premier « jardin libre » où les plantes ne sont pas classées par espèces, mais selon leurs caractéristiques décoratives. En toute saison, ces jardins (8 ha) offrent des surprises, avec leurs 5 000 variétés de plantes et d'arbustes, pour la plupart originaires de l'hémisphère Nord et d'Asie.

Jardin à la française

Sa stricte ordonnance est une évocation de la rigueur cistercienne. Le cloître végétal est ceinturé d'ifs, rappel des colonnes de l'abbaye. Le jardin blanc (charmille, osmanthus…) est parallèle au jardin jaune (forsythia, potentille…).

Jardin des Îles

Dans l'île d'**hiver**, érables et bouleaux déclinent de subtiles harmonies. L'île d'**or** abrite le sureau panaché et le noisetier corylus. L'île d'**ombre** réunit des plantes craignant le soleil, comme le mûrier pleureur. Près de l'île des **lilas**, la chambre des **cerisiers** regroupe les prunus. L'île d'**argent** voisine avec l'île des **viornes**, aux fleurs blanches et velues. Voyez aussi l'île des **deutzias** et **spirées**, celle des **feuillages pourpres**, la chambre d'**automne** (érable, charme…) et l'île des **épines douces**. L'île des **papillons** (acacia, buddleia…) séduit aussi les abeilles. Dans l'île des **fruits décoratifs**, résistez aux tentations : certains sont toxiques ! Le « **bizarretum** » rassemble des plantes aux formes tourmentées, comme le hêtre tortillard.

EN AVANCE SUR SON TEMPS ?
Bien que peu connu du grand public, **Jean-Baptiste Lamarck** peut être considéré comme l'un des pères de l'écologie moderne. Il comprit très tôt l'influence néfaste que peut avoir l'homme sur son milieu naturel, donc sur lui-même : « L'homme, par son égoïsme trop peu clairvoyant pour ses propres intérêts, par son penchant pour jouir de tout ce qui est à sa disposition, en un mot par son insouciance pour l'avenir de ses semblables, semble travailler à l'anéantissement de ses moyens de conservation et à la destruction même de son espèce [...]. On dirait que l'homme est destiné à s'exterminer lui-même après avoir rendu le globe inhabitable. » *Système analytique des connaissances positives de l'homme* (1820).

Espace Lamarck

Originaire de Picardie, le botaniste Jean-Baptiste Lamarck (1744-1829) fut le premier à esquisser une théorie de l'évolution des êtres vivants, liée aux variations du milieu naturel sur le comportement. Consacré à l'évolution des espèces, ce jardin (3 000 m^2) abrite des plantes archaïques (fougère, magnolia...) et très évoluées (pâquerette, marguerite...).
Le paysagiste Gilles Clément conte ainsi l'histoire du monde végétal depuis son apparition sur terre jusqu'à aujourd'hui.

Jardin des Cinq Sens

Ses végétaux illustrent le goût (fraise, pomme...), le toucher (bourgeons poisseux des marronniers), l'ouïe (feuilles bruissantes du tremble), la vue (pétunia aux coloris variés) et l'odorat (jasmin, lis, menthe...). De nombreux ateliers sont à la disposition des enfants.

Roseraie

Disposés en carrés, 2 000 rosiers se mêlent à des légumes décoratifs et aux « simples » que cultivaient les moines à des fins médicinales.
La **rose Jacques Cartier** à fleurs doubles est l'une des plus odorantes.
La petite **rose de Valloires** à fleurs semi-doubles a été créée en 1992 : Catherine Deneuve est sa marraine.
La **rose des Cisterciens** est née en 1998, à l'occasion du neuvième centenaire de l'ordre de Cîteaux.
En 2004, la **rose de Picardie**, conçue en l'honneur du centenaire de l'Entente cordiale, fut parrainée par la duchesse de Gloucester ; elle doit son nom à une chanson anglaise de 1916, qui, au cœur des combats, célébrait la paix et l'amour.

Jardin bleu

Les hibiscus voisinent avec l'indigo ou encore le chêne persistant du nord de la France.

Jardin de marais

Autour d'un canal artificiel – allusion à un bras de l'Authie qui traversait autrefois l'abbaye – se plaisent aulnes, bambous et peupliers.

NOS ADRESSES À L'ABBAYE DE VALLOIRES

Voir aussi nos adresses dans la vallée de l'Authie.

HÉBERGEMENT

BUDGET MOYEN

Hôtellerie de l'Abbaye de Valloires – *A 16 sortie 24 et D 1001 et à Vron D 175 - 03 22 29 62 33 - www.abbaye-valloires.com - - 20 ch. (2 suites) 55/110 € - 8 €.* La seule abbaye cistercienne du 18e s. complète en France abrite cette hôtellerie qui garantit calme et sérénité. Séjournez dans une grande chambre ou une suite avec vue sur les splendides jardins à la française ou, pour une ambiance plus monacale, dans une des chambres des convers donnant sur le cloître.

POUR SE FAIRE PLAISIR

Auberge du Gros Tilleul – *Pl. du Château - 80120 Argoules - 03 22 29 91 00 - www.grostilleul.new.fr - fermé nov., déc.-fév., dim. soir, lun. et mar. (de déb. mars à mi-avr.) - - 5 ch. 79/92 € - 8,50 €, demi-pension possible.* Accueillante auberge blottie dans un jardin et située à proximité des plages et de l'abbaye de Valloires. Les chambres sont confortables, et le restaurant agréable. Piscine chauffée *(avr.-oct.)* et salle de remise en forme.

RESTAURATION

BUDGET MOYEN

La Table du jardinier – *Jardins de Valloires - 80120 Argoules - 03 22 23 53 55 - www.jardinsdevalloires.com - fermé de mi-nov. à mi-mars et tous les soirs - - formule déj. 16,20 € - 16,20/22,50 € bc.* Dans l'enceinte du parc qui entoure l'abbaye, ce restaurant propose des plats originaux préparés avec les produits du jardin. La soupe de légumes, à déguster chaude ou glacée, ravit même les enfants. Sorbets à la rose et kir à la violette. Délicieux !

Auberge du Coq-en-Pâte – *37 rte de Valloires - 80120 Argoules - 03 22 29 92 09 - fermé 3 sem. en janv., 1 sem. en avr., 2 sem. en sept., mar., dim. soir et lun. (sf j. fériés) - 19,50 €.* Coquette maisonnette proche de l'abbaye de Valloires. Salle à manger égayée de gravures et peintures à thème animalier. Goûteux petits plats mi-traditionnels, mi-actuels.

ACHATS

À Buire-Le-Sec

La Cité des artisans – *2 r. de la Place - 62870 Buire-Le-Sec - 03 21 81 83 94 - www.lacitedesartisans.com - juil.-août : 10h-12h, 14h30-19h ; avr.-juin et sept.-déc. : 14h30-19h - fermé janv.-mars.* Ces 300 m² regorgent de stands : céramique, jouets en bois, bijoux, etc. Vente de produits régionaux : miel, confiture, bonbons…

AGENDA

Balades musicales – On découvre l'abbaye de Valloires en parcours libre, rythmé par des concerts donnés en différents lieux et salons (église, sacristie, salle capitulaire). Chaque année, le dernier dimanche de juin.

Fête des métiers – *03 21 81 83 94 - www.lacitedesartisans.com* À Buire-le-Sec, dernier dim. de juil. Rendez-vous des amateurs de métiers traditionnels et d'artisanat.

1

Abbeville

24 325 Abbevillois – Somme (80)

NOS ADRESSES PAGE 104

S'INFORMER

Office de tourisme – *1 pl. de l'Am.-Courbet - 80100 Abbeville - 03 22 24 27 92 - www.baiedesommetourisme.fr - de mi-avr. à fin sept. : 9h30-19h, dim. et j. fériés 10h-17h ; reste de l'année : tlj sf dim. et j. fériés 10h-12h30, 13h30-17h30.*

SE REPÉRER

Carte de microrégion B3 (p. 65) – *Carte Michelin Départements 301 E7.* De l'A 16, accès par la D 1001. Les deux axes du centre mènent à l'hôtel de ville.

À NE PAS MANQUER

La façade flamboyante de la collégiale Saint-Vulfran, les vitraux de l'église du Saint-Sépulcre.

ORGANISER SON TEMPS

Comptez une demi-journée en ville, puis parcourez la basse vallée de la Somme en direction d'Amiens dans l'après-midi.

AVEC LES ENFANTS

Parc de la Bouvaque ; « Le temps des bâtisseurs » à Eaucourt.

Porte d'entrée du littoral picard, l'ancienne capitale du Ponthieu, rebâtie après la guerre, est une cité dynamique et commerçante, proche de la mer. Patrie de l'amiral Courbet et de l'archéologue Jacques Boucher de Perthes, elle a donné son nom à une période préhistorique, l'abbevillien.

Se promener Plan de ville

De l'hôtel de ville rayonnent les rues commerçantes. La rue du Pont-aux-Brouettes rejoint Saint-Vulfran.

Collégiale Saint-Vulfran A2

Parvis St-Vulfran - 03 22 24 27 92 - ♿ - de mi-avr. à mi-oct. : 10h-18h, dim.-mar. et j. fériés 14h-18h ; reste de l'année : 14h-17h - fermé 1er janv., 25 déc. - gratuit - possibilité de visite guidée.

Commencée en 1488, sa construction s'arrêta en 1539, faute d'argent. Le chœur, de style gothique bâtard, ne fut achevé qu'au 17e s.

★ **Façade flamboyante** – Sa richesse illustre un concept de la fin du 15e s. : l'architecture au service de la sculpture. Les deux tours, flanquées de tourelles de guet, s'élèvent à 55 m ; au 19e s., elles furent croquées à l'envi par les peintres romantiques et célébrées par Victor Hugo. Notez, au portail central, les statues d'évêques et les superbes **vantaux** Renaissance offerts par Jehan Mourette, maître de la confrérie du Puy Notre-Dame d'Abbeville. Au centre de la porte, les évangélistes et leurs symboles sont encadrés par saint Pierre et saint Paul. Au-dessus : frise de cavaliers. En haut : scènes de la vie de la Vierge.

Intérieur – Remarquez les retables de la Nativité (16e s.) et du Jugement dernier (17e s.) et, dans le chœur, les vitraux abstraits du peintre américain William Einstein. Médaillons peints sur la vie de saint Vulfran, archevêque de Sens.

L'église Saint-Vulfran à Abbeville.
ARCO / Lenz G / Arco Images / age fotostock

1

★ Musée Boucher-de-Perthes B1

24 r. Gontier-Patin - ✆ 03 22 24 08 49 - 14h-18h - fermé mar., 1er janv., 1er Mai, 14 Juil., 1er nov., 25 déc. - 1 € (enf. gratuit) - gratuit 1er dim. du mois et J. du patrimoine.

Le musée occupe le beffroi du 13e s., l'un des plus anciens de France, l'Argenterie (15e s.) et un édifice récent. Belle exposition archéologique : collections de Boucher de Perthes (bifaces du paléolithique, pierres polies du néolithique) ; produits d'autres fouilles effectuées autour d'Abbeville (tombes gauloises, villas gallo-romaines, habitat mérovingien…) ; et une dent de mammouth découverte sur la plage d'Ault. À voir aussi, l'ensemble de sculptures en bois polychrome de la fin du Moyen Âge, illustrant l'âge d'or de la cité, autour du retable de la vie de la Vierge de la chartreuse de Thuison.

Céramiques et tapisseries, mobilier picard du 17e s., peintures du 16e au 19e s., et très belle Vierge à l'Enfant en argent (1568). Dans la partie consacrée au 20e s., *Psaume*, sculpture de Camille Claudel. Salle de documentation *(sur RV)*.

Maison ancienne A1

29 r. des Capucins.

Cette maison en encorbellement témoigne de l'habitat urbain des 15e et 16e s.

Jardin d'Émonville B1

Parc paysager du 19e s. (2 ha), au cœur d'Abbeville. Riches massifs de fleurs, plan d'eau, mosaïculture et arbres centenaires.

Église du Saint-Sépulcre B1

Érigée au 15e s., elle a été remaniée au 19e s. dans le style gothique flamboyant. De l'édifice primitif subsistent la tour du clocher, les piliers et archivoltes de la nef, les deux collatéraux et la chapelle du Saint-Sépulcre. Les **vitraux**★★ contemporains aux tonalités harmonieuses, *Passion et résurrection du Christ*, sont l'œuvre d'Alfred Manessier.

Parc de la Bouvaque B1

Ce parc municipal, à deux pas du centre-ville, est constitué de vastes espaces de prairies humides et d'étangs qu'affectionnent les oiseaux

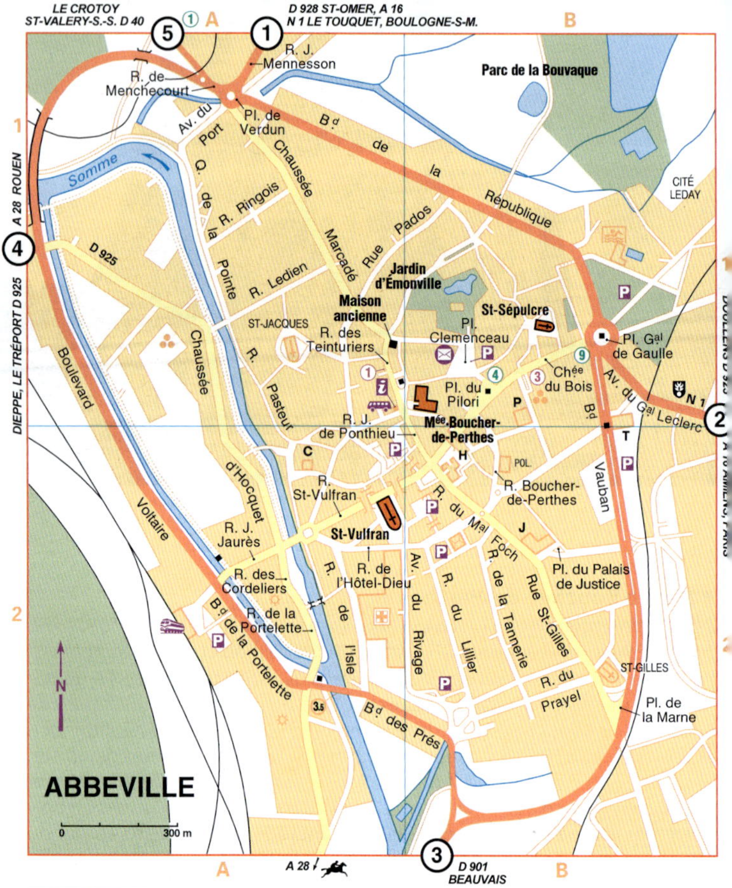

SE LOGER		SE RESTAURER	
Chambre d'hôte du Bois de Bonance	1	L'Escale en Picardie	1
Mercure Hôtel de France	4	La Corne	3
Hôtel Relais Vauban	9		

sédentaires et migrateurs ainsi que la flore des marais. Pour observer la faune sauvage, venez plutôt en hiver.

À proximité Carte de microrégion

Église Saint-Christophe-et-Sainte-Madeleine de Mareuil-Caubert B3

5 km au sud d'Abbeville - 03 22 24 47 88 - sur RV.

Cette petite église romane, dont la nef est remarquable, fut bâtie au 11e s., mais remaniée jusqu'au 17e s. En témoignent son chœur gothique flamboyant et, à l'extérieur, son porche du 16e s.

Un site très sollicité

POSITION STRATÉGIQUE

Du 13e au 16e s.

La cité passe de mains en mains, anglaises, bourguignonnes, françaises, suivant les aléas des combats pour la possession de la vallée de la Somme. Elle est rendue à la France sous Louis XI.
Et, en 1514, c'est ici qu'a lieu le mariage de la jeune Marie d'Angleterre avec Louis XII, âgé de 52 ans.

Une manufacture royale

Pour libérer l'économie nationale de la tutelle étrangère, Colbert encourage la fabrication en France de produits jusqu'alors importés. En 1665, le drapier hollandais **Josse Van Robais** fonde à Abbeville la Manufacture royale des Rames. Prospère au 18e s. – il y a alors 2500 ouvriers –, l'entreprise concentre toutes les étapes de la fabrication de draps fins : filage, tissage, foulage, apprêt, teinture. La porte d'entrée principale et le pigeonnier de l'usine, édifiée de 1709 à 1713, subsistent au n° 264 de la chaussée d'Hocquet.

Seconde Guerre mondiale

Après la percée allemande à Sedan, Abbeville devient un point névralgique de la Résistance française. Le centre est bombardé le 20 mai 1940 et tombe aux mains de l'adversaire. La 4e division cuirassée, sous le commandement du colonel de Gaulle, reçoit l'ordre d'attaquer. Durant trois jours, les Français réduisent la poche allemande sans parvenir à enlever le mont de Caubert, puissamment fortifié par les Allemands. La relève écossaise arrivée début juin n'obtint pas de meilleur résultat.
À la signature de l'armistice en juin 1940, un réseau de Résistance mit en place une importante chaîne d'évasion d'Abbeville vers la France libre. Sur 1800 individus acheminés, on comptait 271 prisonniers de guerre et 41 soldats britanniques. À l'est d'Abbeville, le château de Ribeaucourt hébergea l'état-major spécial des fusées V1, dont 2400 atteignirent l'Angleterre durant l'été 1944.

UN DES BERCEAUX DE L'HUMANITÉ

Le père de la préhistoire

Directeur des douanes d'Abbeville, **Jacques Boucher de Perthes** (1788-1868) remarque, en vallée de Somme, que certaines pierres, apparemment anodines, ont été taillées par la main de l'homme. On dit qu'il paie 10 centimes chaque caillou de forme curieuse ! Des tourbes bocagères il extrait la matière d'un ouvrage, *Antiquités celtiques et antédiluviennes*.
Au paléolithique inférieur, l'Abbevillois dégrossit des pierres, taille des bifaces ou « coups-de-poing ». La présence humaine dans la vallée est en effet attestée voici plus de 500000 ans, au tout début de la pierre taillée. Les grandes périodes de la préhistoire que sont l'abbevillien (d'Abbeville) et l'acheuléen (de Saint-Acheul, un faubourg d'Amiens) font de la Somme un berceau de l'archéologie mondiale.

Monts de Caubert B3

5 km au sud-ouest d'Abbeville.
Au premier virage annonçant un carrefour, prenez à gauche la petite route qui suit la crête. Après 1,5 km, calvaire et **vue** sur la Somme, la ville et les plaines du Ponthieu.

Circuits conseillés Carte de microrégion

★ VALLÉE DE LA SOMME D'ABBEVILLE À AMIENS

Circuit de 58 km tracé en rose sur la carte (p. 65) – Comptez environ 3h. Quittez Abbeville au sud-est par la D 901 vers Pont-Remy.

« Le temps des bâtisseurs » à Eaucourt B3

03 22 27 05 32 - ♿ - visite guidée de mi-juil. à mi-août : h, se rens. - 7 € (-15 ans 4 €).
Dans le cadre verdoyant des vestiges du château, bâti au 15e s., visites animées par des guides costumés : présentation historique, démonstration de forge, sculpture sur bois et « chantier des bâtisseurs ».
Traversez la Somme au niveau de Pont-Remy.

Château de Pont-Remy B3

2 r. du Gén.-Leclerc - 80580 Pont-Rémy - 03 22 27 20 71 - 9h-12h, 13h30-17h30, sam. 9h-12h - fermé dim. et j. fériés.
Sur une île de la Somme, près de Pont-Remy, ce château (15e s.) a été remanié en 1837 dans le style « gothique troubadour ». Beau parc paysager.
Continuez sur la D 901. Après 2 km, tournez à gauche (D 3).

Église de Liercourt B3

Située après ce village, cette église de style gothique flamboyant à clocher-pignon présente un portail surmonté des armes de France et d'une niche qui abrite une statue de saint Riquier.
Poursuivez sur la D 3 et la D 32, vers Long.

Long B3

5 Grande-Rue - 80510 Long - 03 22 31 82 50 - www.long.fr - mai-sept. : 9h-12h, 14h-17h30, jeu. 9h-12h, 14h-17h, lun. et mar. 9h-12h ; reste de l'année : 9h-12h - fermé dim., j. fériés et merc.
Au sud du village, à flanc de coteau, se dresse un **château** Louis XV de brique rose et pierre blanche, à comble d'ardoises à la Mansart. Remarquez l'originalité des courtes ailes arrondies et l'élégance des ouvertures, surmontées de clefs sculptées en agrafes ou en masques. L'édifice est entouré d'un parc. *Ne se visite pas.* (*Illustration p. 44*).
Dans le bourg, une **église** gothique reconstruite au 19e s. conserve une flèche du 16e s. ; orgue de Cavaillé-Coll.
Revenez vers la D 3, que l'on emprunte à gauche.

Longpré-les-Corps-Saints B3

3 r. du Moulin - 80150 Longpré-les-Corps-Saints - 03 22 31 56 34 - 9h-12h, sam. 10h30-12h, 14h30-16h (se rens.) - fermé dim., j. fériés et merc.
Le bourg doit son nom aux reliques rapportées de Constantinople, lors des croisades, par Aléaume de Fontaine : les reliquaires sont exposés au fond du chœur de l'**église**. Au tympan du portail, scènes de la mort et de l'assomption de la Vierge. *Visite guidée sur demande préalable au syndicat d'initiative.*

L'EAU ET LES HOMMES : DES LIENS ÉTROITS

Les étangs de la vallée constituaient pour les villages des réserves de poissons, avant de devenir des tourbières, au 19e s. Noire et épaisse, la **tourbe** vient de la décomposition des végétaux (60 % de carbone) dans le marais ; extraite en barres à l'aide de « louchets » (pelles), débitée en mottes, puis séchée, elle servait de combustible pour les foyers modestes.

La navigation, entravée par la faible profondeur et la présence de gués, n'a jamais été active, mais cette section de la vallée de la Somme, jusqu'à Saint-Valery, portait jadis des « **gribannes** ». Ces lourdes nacelles transportaient, à la descente, les blés du Santerre, les laines du Ponthieu… et, à la remontée, les sels et vins.

Quant aux chasseurs, ils s'intéressent surtout au gibier d'eau, qu'ils traquent sur berge, dans une hutte, ou en barque. La Somme reste un des axes majeurs de migration des oiseaux entre le Grand Nord de l'Europe et les côtes ibériques ou africaines.

Côté pêche, dans le fleuve, ses affluents et les étangs qu'ils alimentent, les anguilles restent en nombre, malgré la pêche excessive de la civelle (on les fume ou on en fait d'excellents pâtés), tandis que foisonnent brochets, carpes, perches, tanches…

C'est entre Condé-Folie et Hangest que la 7e division blindée allemande, commandée par Rommel, franchit la Somme en 1940. Ses chars ont emprunté le pont du chemin de fer, qui n'a pas sauté. Important cimetière militaire français à Condé-Folie.

La route gravit une petite côte, d'où la vue embrasse la vallée.

Hangest-sur-Somme C3

Les cressonnières font la renommée du village.

Église – *✆ 03 22 51 12 37 - visite guidée tlj sf w.-end sur demande à la mairie.* Dans l'église (12e-16e s.), voyez le mobilier (18e s.) de l'abbaye du Gard (au bord de la route en se dirigeant vers Picquigny).

Picquigny C3

Les vestiges du château des vidames de Picquigny, représentants de l'évêque d'Amiens, couronnent ce bourg qui défendait un passage de la Somme. La ville basse garde une allure médiévale avec ses pignons à redans et ses escaliers de grès. Les environs sont parsemés de nombreux étangs et de marais aux couleurs changeantes.

Château – *✆ 03 22 51 46 85 - http://otccoa.fr - fermeture pour travaux dont une période non déterminée, se rens.* L'enceinte se compose de murailles de pierre à soubassements de grès qui englobent, au 14e s., la résidence seigneuriale, la collégiale et les demeures des officiers de la vidamie. Côté plateau, à l'endroit le plus exposé, les éléments de défense les plus imposants sont la barbacane et le donjon *(à droite)*, dont les murs font 4 m d'épaisseur. Côté ville, on remarque la porte du Gard, en arc brisé, avec tourelles d'angle et corps de garde.

Le **pavillon Sévigné** tient son nom d'un séjour de la marquise qui, dans une lettre à sa fille, évoque ce château du début du 17e s. : « C'est un vieux bâtiment élevé au-dessus de la ville, comme à Grignan ; un parfaitement beau chapitre, comme à Grignan : un doyen, douze chanoines ; […] des terrasses sur la rivière de Somme qui fait cent tours dans les prairies, voilà qui n'est pas à Grignan. »

Les bâtiments d'habitation de la **terrasse supérieure** (cour d'honneur) s'ordonnaient le long des côtés est et sud. Il ne reste que la cuisine Renaissance à l'immense cheminée et, partiellement, la grande salle où le seigneur rendait justice. On visite les souterrains et les prisons (graffitis). **Vue** sur la vallée jusqu'à Amiens.

Collégiale Saint-Martin – *03 21 51 46 85 - de mi-avr. à fin oct., visite guidée sur demande à l'office de tourisme - fermé j. fériés - 3 € - visite combinée avec celle du château.* La nef (13e s.) est éclairée par de petites ouvertures en tiers-point. L'abside est du 15e s., comme la tour, placée à la croisée du transept et percée de baies flamboyantes, qui joue le rôle de tour-lanterne.

Redescendez vers le bourg par une longue poterne voûtée (14e s.) et un escalier en pente douce.

Île de la Trêve – Son nom rappelle l'entrevue qui se déroula le 29 août 1475 entre Louis XI et Édouard IV d'Angleterre. Elle aboutit au traité de Picquigny, qui mettait fin à la guerre de Cent Ans. Comme les deux souverains se méfiaient l'un de l'autre, ils se rencontrèrent dans une sorte de loge coupée en deux par des barreaux, « comme on fait aux cages des lions », raconte le chroniqueur Philippe de Commynes.

Un sentier longe la Somme et permet de voir l'île de la Trêve, au milieu de la rivière.

Traversez à nouveau la Somme et prenez à droite à La Chaussée-Tirancourt.

★ Parc Samara C3

03 22 51 82 83 - www.samara.fr - 9h30-17h30, w.-end 10h-18h - 9 € (-18 ans 7,50 €) - 25 € billet famille (2 adultes + 2 enf.). Plusieurs dimanches par an, le parc organise des journées thématiques (la métallurgie, le feu, Fête préhistorique, Fêtes des enfants). Comptez 2 à 3h.

Ce parc de 30 ha est aménagé au pied d'un oppidum celtique d'où la vue s'étend sur la vallée de la Somme. Des reconstitutions de huttes néolithiques à l'ancien oppidum romain sur ses hauteurs, le plus grand parc de France consacré à la préhistoire vous plonge dans la vie des premiers hommes. Au cœur de la vallée de la Somme, entre falaise et anciennes tourbières, le parc Samara, ancien nom de la Somme, fait revivre ces époques par des démonstrations de tisserands, forgerons et autres tailleurs de silex. Prêt à remonter le cours du temps ?

SAMARA

C'est le nom gaulois de la Somme, qui traverse le département. Il désigne aujourd'hui ce site qui restitue 600 000 ans de l'évolution humaine, du néolithique jusqu'aux Gallo-Romains.

Arboretum et jardin botanique – Avant d'observer les premiers habitats humains ou de s'initier à la taille du silex, on découvre l'**arboretum** en forme de monstre marin, riche de nombreuses essences, et, au centre, le **jardin botanique**, conçu en labyrinthe, qui abrite environ 600 plantes à fleurs, certaines rares et protégées. Le sentier continue ensuite et forme une boucle à travers le marais, ancienne tourbière en voie de comblement, invitant à la découverte de divers écosystèmes.

Pavillon des Expositions – En revenant sur ses pas, on découvre ce pavillon dont les deux coupoles centrales et les douze coupoles latérales symbolisent la silhouette humaine. L'exposition et les ateliers pédagogiques permettent d'appréhender scientifiquement, mais de façon ludique, l'évolution de l'être

Reconstitution d'une habitation préhistorique (2e âge du fer) dans le parc Samara.
S. Sauvignier / MICHELIN

1

humain et de ses outils, ainsi que sa conquête de la Terre. Des **films** présentent brièvement les travaux de spécialistes du paléolithique et leurs techniques d'investigation. Une autre partie de l'exposition évoque le quotidien en Picardie, du paléolithique inférieur jusqu'à l'époque gallo-romaine : habitat de chasseur de rennes, atelier de bronzier, atelier de forgeron de l'âge du fer, ruelle d'un village gaulois, cuisine gallo-romaine…

Circuit des reconstitutions – De nouveau à l'extérieur, ce circuit, sillonnant à flanc de falaise, permet de découvrir les **habitats** de plusieurs âges : néolithique, bronze et fer, avec leurs greniers, leurs caves et leurs puits. Des artisans présentent les **techniques** utilisées pendant la préhistoire : poterie, taille du silex, fabrication du feu, tissage, teinture, mosaïque…

Oppidum romain – Un sentier escarpé mène à l'oppidum romain de La Chaussée-Tirancourt, vestige des fortifications romaines du début de notre ère. Là-haut vous attendent une table d'orientation et une belle **vue** sur la vallée de la Somme.

Rejoignez Saint-Sauveur, puis tournez à droite vers Ailly-sur-Somme.

Ailly-sur-Somme C4

Surplombant le bourg, l'église moderne aux lignes sobres se distingue par un grand toit oblique qui repose d'un côté sur un mur et, de l'autre, descend jusqu'au sol.

Continuez jusqu'à Amiens par la D 1235.

Le circuit peut se poursuivre jusqu'à Péronne (*Amiens p. 128*).

LE VIMEU

Circuit de 57 km tracé en bleu sur la carte (p. 65) – Comptez environ 3h.

Entre Somme et Bresle, le Vimeu est un pays de culture et d'élevage, vallonné, semé de prairies, de bocages et de vergers de pommiers à cidre. La région doit son nom à une rivière : la Vimeuse. Sa structure est essentiellement calcaire et son altitude ne dépasse pas 100 m. Son industrie traditionnelle – serrurerie

et ferronnerie – s'est développée au 17e s. et se maintient encore de nos jours, au sein de petites structures spécialisées.
À dénicher au détour d'un vallon : pigeonniers, moulins, calvaires de fer, de bois, de pierre ou de brique, qui marquent presque tous les carrefours. Côté gastronomie, le gâteau battu, accompagné d'un verre de cidre, reste incontournable.
Quittez Abbeville à l'ouest par la D 925 jusqu'à Friville-Escarbotin.

Friville-Escarbotin A3

Musée des Industries du Vimeu – *✆ 03 22 26 42 37 - visite guidée (1h) juil.-août : 14h30-17h30, dim. et j. fériés 14h30-18h30 ; de Pâques à fin juin et sept.-oct. : mar. et merc. 14h30-17h30 - 3,50 €.* Aménagé dans un édifice du 17e s., il retrace l'histoire de la petite métallurgie : serrurerie, robinetterie, quincaillerie. Exposition de machines du 19e s. et reconstitutions d'ateliers de serrurerie, d'un cleftier de Dargnies, ou encore d'une fonderie de Friville-Escarbotin. Parmi les collections de serrures en bois, verrous et targettes, remarquez une vitrine de 135 cadenas, dont le plus petit a été fabriqué dans un louis d'or. Aperçu de la production actuelle du Vimeu (diaporama).
Empruntez la D 229 qui traverse la D 925 et le village de Fressenneville.

Église Notre-Dame-de-l'Assomption à Feuquières-en-Vimeu A3

Demandez les clés en mairie. Petite église typique du Vimeu, avec ses murs en silex et son clocher de pierres blanches. La nef date des 12e s. et 13e s., tandis que le chœur fut construit au 17e s.
Prenez la D 29 à droite jusqu'à Saint-Maxent, puis à gauche (D 928) vers Abbeville.

Moulin de Saint-Maxent B3

Ne se visite pas.
Les ailes de ce moulin tout en bois (1739) se sont immobilisées en 1941. Il conserve son pivot dit « pioche », sa « queue » servant de contrepoids, son toit d'écailles de châtaignier et ses trois étages pour le blutage, les meules et le mécanisme.
Continuez sur la D 928 direction Abbeville, puis bifurquez à droite vers Huppy.

Huppy B3

L'**église** des 15e et 16e s. (vitraux Renaissance historiés) et le **château** du 17e s. composent un joli tableau. C'est dans ce château que le colonel de Gaulle établit son poste de commandement le 29 mai 1940 ; trois jours plus tard, il fut promu général de brigade. Une plaque rappelle l'événement, et un **musée d'art local**, « Huppy autrefois », évoquant l'art sacré et l'histoire du village, est logé dans le clocher de l'église *Fermeture pour travaux.*
Quittez Huppy au nord-ouest vers Trinquies, Ercourt et Tœufles.
L'église de **Tœufles**, de style roman, domine le village.
Regagnez Abbeville par Moyenneville.

NOS ADRESSES À ABBEVILLE

HÉBERGEMENT

BUDGET MOYEN

Hôtel Relais Vauban – *4 bd Vauban - ✆ 03 22 25 38 00 - http://hotel-chambre-nuit.hotel-abbeville.com - fermé 25 fév.- 5 mars et 22 déc.-7 janv. - Wifi - 22 ch. 64 € - ☕ 9 €.* Sur un boulevard passant, non loin du centre-ville, petit hôtel disposant de chambres lumineuses et fonctionnelles. Accueil aimable et tenue impeccable.

POUR SE FAIRE PLAISIR

À proximité

Chambre d'hôte du Bois de Bonance – *Bois-de-Bonance - 80132 Port-le-Grand - 11 km à l'est de St-Valery-sur-Somme par D 940, D 40 et rte secondaire - ✆ 03 22 24 11 97 - www.bonance.com - fermé nov.-fév. - P - 4 ch. 84€ ☕.* Cette paisible demeure du 19e s. en brique rose, avec ses étroites fenêtres en ogive, a un petit côté anglais des plus séduisants. Les chambres, garnies de mobilier ancien, sont décorées avec raffinement. Dès la belle saison, le jardin est superbement fleuri.

UNE FOLIE

Mercure Hôtel de France – *19 pl. du Pilori - ✆ 03 22 24 00 42 - www.mercure.com - ♿ - Wifi - 72 ch. 105/150 € - ☕ 14 € - ✕ formule déj. 18 € - 20 €.* Ce grand établissement central à façade en briques abrite des chambres fraîches et bien équipées, ainsi qu'une suite avec baignoire balnéo. Bar feutré, façon bar à vins. Lumineuse salle à manger-véranda et coin rôtisserie ; grillades et cuisine traditionnelle.

RESTAURATION

BUDGET MOYEN

L'Escale en Picardie – *15 r. des Teinturiers - ✆ 03 22 24 21 51 - fermé 16 fév.-2 mars, 17 août-5 sept., jeu. soir, dim. soir, lun. et soirs fériés - 25/69 €.* Goûteuse cuisine de la mer à déguster sous les poutres d'une salle rustique où trône une cheminée en pierre : une escale picarde gourmande où l'accueil est charmant.

La Corne – *32 chaussée du Bois - ✆ 03 22 24 06 34 - mlematelot@aol.com - fermé 15 juil.-2 août, vac. de Noël, merc. soir, sam. midi et dim. - formule déj. 17 € - 27 €.* La façade bleue de cette vieille maison abbevilloise dissimule un agréable intérieur rétro où l'on apprécie de généreux plats bistrotiers : ris de veau, andouillette...

PETITE PAUSE

À proximité

La Huche Picarde – *9 r. Jean-Jaurès - 80390 Fressenneville - ✆ 03 22 61 49 54 - tlj sf lun. 7h-13h, 14h30-19h30, dim. 7h30-13h - fermé 1er-21 août.* Pâtissier-chocolatier et salon de thé. Spécialités : Cadenas du Vimeu (chocolats maison), « bisneu » picard (au beurre salé) ou sucré caramélisé et « bisteu » (pâté aux pommes de terre).

ACTIVITÉS

À proximité

Ludair – *Aérodrome d'Abbeville - 80132 Buigny-St-Maclou - ✆ 03 22 24 36 59 - http://ludaire.pagesperso-orange.fr - en sais. : 10h-12h, 15h-20h - fermé merc. - 45 € vol initiation en ULM.* Survol de la baie de Somme en ULM et vols d'initiation.

AGENDA

Festival de l'oiseau et de la nature en baie de Somme – *Nos adresses dans la baie de Somme (p. 77).*

1

Saint-Riquier

★

1 254 Centulois – Somme (80)

NOS ADRESSES PAGE 108

S'INFORMER

Office de tourisme – *Le Beffroi - r. de l'Hôpital - 80135 St-Riquier - ☎ 03 22 28 91 72 - www.saint-riquier.com - vend.-dim. 10h-12h, 14h-18h, lun.-jeu. 14h-18h - fermé 1er Mai.*

SE REPÉRER

Carte de microrégion B2 (p. 64) – *Carte Michelin Départements 301 E7.* 9 km au nord-est d'Abbeville. Accès par la D 925. De l'A 16, sortie Abbeville. Venant d'Abbeville, on découvre la maison Petit, bâtie pour un soldat de la Grande Armée : son pignon dessine la forme du chapeau de Napoléon.

À NE PAS MANQUER

L'intérieur de l'église ; l'hôtel-Dieu.

AVEC LES ENFANTS

Les « muches » de Domqueur.

Un beffroi à tourelles inscrit au Patrimoine mondial de l'Unesco, une église gothique qui pourrait rivaliser avec beaucoup de cathédrales de la région… Voici Saint-Riquier, un bourg du Ponthieu issu d'une très ancienne abbaye bénédictine réputée dès l'époque carolingienne. Il se repère facilement à son clocher qui surgit au cœur d'une campagne paisible et généreuse.

Se promener

★★ Église abbatiale

☎ 03 22 71 82 20 - 2 avr.-10 nov. : 10h-12h, 14h-17h30, dim. et j. fériés 14h-17h30 - fermé 2 sem. en juil. (se rens.) - gratuit - 3 € (-14 ans 0,75 €) visite guidée - possibilité de visite guidée de l'abbatiale et de la salle du trésor.

Rebâtie plusieurs fois, l'église, dont l'intérieur a été entièrement restauré, est en majeure partie de style gothique flamboyant (15e-16e s.), mais conserve des éléments du 13e s. (parties basses du transept et du chœur). Elle a été rénovée au 17e s. par l'abbé Charles d'Aligre, qui changea le mobilier. L'abbatiale survit à la période révolutionnaire et devient paroissiale au 19e s.

Extérieur – Tout en verticalité, la magnifique façade arbore une grosse tour carrée (50 m de haut) flanquée de tourelles d'escalier et présente un décor sculpté très abondant et délicat : au-dessus du portail central, une sainte Trinité encadrée par deux abbés et des apôtres ; plus haut, un Couronnement de la Vierge ; entre les deux baies du clocher, une statue de saint Michel ; au-dessus des voussures du portail droit, sainte Geneviève tient un cierge ; on raconte que le diable l'éteignait et qu'un ange le rallumait toujours…

★★ **Intérieur** – Admirez la beauté et la simplicité de l'ordonnance. La nef est large de 13 m, haute de 24 m et longue de 96 m. Ses étages sont séparés par une frise et une balustrade.
Le chœur a conservé le décor et le mobilier du 17e s. : **grille★** de fer forgé, lutrin et stalles des moines, clôture de marbre surmontée d'un grand christ en bois de Girardon.
Le bras droit du transept présente une disposition originale : l'extrémité en est coupée par trois travées de la galerie du cloître, occupées par la sacristie et le trésor, dont le mur est orné de sculptures.
Empruntez le déambulatoire à chapelles rayonnantes. Dans la 1re chapelle à droite, après l'escalier de la trésorerie, observez le tableau de Jouvenet, *Louis XIV touchant les écrouelles*. Dédiée à la Vierge, la chapelle axiale montre des voûtes en étoile aux nervures retombant sur des culs-de-lampe historiés (vie de la Vierge) ; à l'entrée, *Apparition de la Vierge à sainte Philomène* (1847) de Ducornet, artiste sans bras qui peignait avec ses pieds. Dans la chapelle Saint-Angilbert, les cinq statues de saints polychromes sont typiques de la sculpture picarde du 16e s. De gauche à droite : Véronique, Hélène, Benoît, Vigor et Riquier.
Le bras gauche du transept abrite un baptistère Renaissance ; sa base est sculptée de bas-reliefs (vie de la Vierge et baptême de Jésus).
Trésor – C'est l'ancienne chapelle privée de l'abbé. Les murs de cette salle voûtée (16e s.) sont ornés de peintures murales, dont la meilleure illustre la « rencontre des trois morts et des trois vifs » (1528), symbole de la brièveté de la vie. Le trésor contient un christ byzantin (12e s.), des reliquaires (13e s.), un retable en albâtre (15e s.) et un curieux chauffe-mains (16e s.).

Abbaye et parc – Centre culturel de rencontre

✆ 03 22 71 82 20 - www.ccr-abbaye-saint-riquier.fr.
Reconstruite au 17e s., l'abbaye abrite le Centre culturel de rencontre et propose expositions, concerts, colloques…

Hôtel-Dieu

✆ 03 22 71 82 20 - ♿ - visite guidée juil.-août : 14h-18h ; avr.-juin : w.-end 14h-18h - fermé vend., 1er Mai, jeu. de l'Ascension - 2 € (-12 ans 1 €) - gratuit J. du patrimoine.
Début 18e s. La chapelle recèle de jolies grilles de fer forgé ; le retable de l'autel (fin 17e s.) s'orne d'une toile de Joseph Parrocel ; les deux anges et les statues de saint Nicolas et saint Augustin sont l'œuvre de Pfaffenhoffen (*Valloires p. 92*), qui habita longtemps Saint-Riquier. On visite également la sacristie et le cloître.

À proximité Carte de microrégion

Muches de Domqueur C3

12 km à l'est par la D 12, puis à gauche vers Domqueur.
Visite guidée juil.-août : w.-end, mar. et jeu. 15h-18h ; avr.-juin et sept. : w.-end 15h-18h - 4,50 € (-15 ans 3 €).
Une cinquantaine de chambres composent ces souterrains-refuges du 17e s., classiques sur le plateau picard nord (*Naours p. 136*). La visite guidée s'accompagne d'une initiation aux jeux traditionnels picards (palet, grenouille…) et de la découverte d'une fermette restaurée du début du 20e s.

1

NOS ADRESSES À SAINT-RIQUIER

HÉBERGEMENT

POUR SE FAIRE PLAISIR

Hôtel Jean de Bruges – *18 pl. de l'Église - ✆ 03 22 28 30 30 - www.hotel-jean-de-bruges.com - Wifi - 11 ch. 95/230 € - ☕ 14 €.* Sur le parvis de l'abbatiale, élégante demeure du 17e s. en pierres blanches. Chambres de caractère, dotées d'un mobilier ancien. Salle des petits-déjeuners sous verrière.

À proximité

Chambre d'hôte La Nicoulette – *7 r. de St-Riquier - 80150 Gapennes - 5 km au nord de St-Riquier par D 12 rte de Crécy-en-Ponthieu et rte secondaire à droite - ✆ 03 22 28 92 77 - http://nicoulette.com - fermé de déb. déc. à mi-fév. - P - 5 ch. 85/110 € ☕.* De création récente, les 5 chambres de cette ancienne ferme bénéficient de la solide expérience en hôtellerie de la propriétaire et de sa passion pour le mobilier chiné. On ne peut qu'apprécier le résultat, mis en valeur par un accueil des plus charmants. Joli jardin verdoyant et Jacuzzi pour tous les hôtes.

AGENDA

Exposition Arts Plastiques – 23 juin-23 sept.

Jazz sur l'herbe – Un rendez-vous à vivre en famille, l'après-midi du dernier dim. de juin.

Festival de musique classique – *✆ 03 22 71 82 10 - www.ccr-abbaye-saint-riquier.fr.* 1re quinz. de juil. Plusieurs concerts par jour.

Concerts – *www.ccr-abbaye-saint-riquier.fr.* En août et sept., ts les dim. et j. fériés.

Airaines

2 254 Airainois – Somme (80)

NOS ADRESSES PAGE CI-CONTRE

S'INFORMER

Syndicat d'initiative – *Pl. du 53e-R.I.C.M.S. - 80270 Airaines - ✆ 03 22 29 34 07 - juil.-août : tlj sf jeu.-vend. et j. fériés 9h30-12h30, 14h-18h, w.-end 9h30-12h30, lun. 14h-18h ; reste de l'année : vend. 9h-12h30, 13h30-17h - fermé 20 nov.-31 janv., dim. et lun. de Pâques, 1er et 8 Mai, jeu. de l'Ascension, dim. et lun. de Pencôte, 1er et 11 Nov.*

SE REPÉRER

Carte de microrégion B3 (p. 65) – *Carte Michelin Départements 301 E8.* À mi-distance entre Abbeville et Amiens, Airaines s'élève au bord de la rivière du même nom qui alimente la Somme. La D 901 traverse la ville du nord au sud, et la D 936 d'est en ouest.

À NE PAS MANQUER

La cuve baptismale de l'église Notre-Dame ; le château de Tailly.

AIRAINES

Ce petit centre industriel accueillait le château des ducs de Luynes, dont les vestiges subsistent sur la colline. Très endommagé pendant la bataille de la Somme en juin 1940, Airaines a conservé son église qui se profile à flanc de coteau dans le paysage vallonné. Le maréchal Leclerc naquit et vécut à quelques kilomètres au sud d'Airaines.

Découvrir

Église Notre-Dame et prieuré

Cette ancienne chapelle (12e et 13e s.) d'un prieuré clunisien dépendait de l'abbaye Saint-Martin-des-Champs à Paris. Le dessin de sa façade romane est pur et dépouillé. En entrant, à gauche, on découvre une **cuve baptismale** romane conçue pour le baptême par immersion. Les flancs de la cuve sont sculptés de catéchumènes dont l'un est tenté par le diable, sous l'apparence d'un dragon. Le bâtiment du prieuré (16e s.) abrite un **Centre d'art et de culture** (expositions).

Église Saint-Denis

Précédée par un clocher-porche, l'église paroissiale (15e-16e s.) contient des œuvres d'art du 16e s. : Mise au Tombeau *(bas-côté gauche)*, crucifix *(entrée du chœur)*, statue de saint Denis portant sa tête dans ses mains *(bas-côté droit)* ; clefs pendantes et vitraux Renaissance *(chœur)*.

À proximité Carte de microrégion

Château de Tailly B4

4 km au sud par la D 901.

de mi-août au dernier w.-end de sept. : 10h-18h - gratuit - visite extérieur et exposition uniquement.

Au lieu dit Tailly-l'Arbre-à-Mouches, ce château (première moitié du 18e s.) appartenait à Philippe de Hauteclocque, plus connu sous le nom du maréchal Leclerc de Hauteclocque, né au château de Belloy-Saint-Léonard, à 5 km au sud-ouest. Profondément attaché à Tailly, il donna ce nom à son char de commandement, sur lequel il ouvrit le défilé de la victoire le 18 juin 1945, et à son avion, dans lequel il trouva la mort le 28 novembre 1947, à 45 ans, avec 11 compagnons. Son changement de patronyme, effectué dès son engagement aux côtés des Alliés, s'explique par son souci de protéger sa famille des représailles allemandes.

Dans un bâtiment voisin du château, une exposition d'une soixantaine de panneaux, réalisée par le fils aîné du maréchal (aujourd'hui propriétaire des lieux), retrace l'odyssée de Philippe de Hauteclocque.

NOS ADRESSES À AIRAINES

Voir aussi nos adresses à Abbeville.

RESTAURATION

PREMIER PRIX

Relais Forestier du Pont d'Hure – *Rte du Tréport - ℘ 03 22 29 42 10 - www.pontdhure.com - fermé 2-20 janv., 1er-19 août, soir (sf sam.), mar. - ♿ 🅿 - formule déj. 13 € - 17/35 €.* Après une promenade en forêt, restaurez-vous dans le cadre campagnard de ce relais décoré de trophées de chasse. Au programme, rôtisserie et grillades au feu de bois.

Château fort de Rambures

★

Somme (80)

NOS ADRESSES PAGE CI-CONTRE

NOS ADRESSES PAGE CI-CONTRE

SE REPÉRER

Château – *03 22 25 10 93 - www.chateaufort-rambures.com - visite guidée avr.-nov. : 10h-12h, 14h-18h ; mars : 14h-18h ; reste de l'année : se rens. - fermé merc., 1er janv., 25 déc. - 7 € (-16 ans 5 €) - visite libre du parc et de la roseraie (5,50 €).*

SE REPÉRER

Carte de microrégion B3 (p. 65) – *Carte Michelin Départements 301 D8.* À 7 km au nord-est de Blangy-sur-Bresle par la D 928, puis la D 180 à droite. D'Abbeville (24 km), prendre la D 928 vers le sud, puis la D 180 à gauche.

À NE PAS MANQUER

Le chemin de ronde et les portes dérobées du château ; la roseraie.

ORGANISER SON TEMPS

Comptez environ 1h30 à 2h sur place.

AVEC LES ENFANTS

Audioguide (portable ou MP3) à télécharger gratuitement sur Internet.

Dressé au cœur d'un parc à l'anglaise, ce château de plaine, tout en rondeurs, est un bel exemple d'architecture militaire du 15e s. Enclave française en territoire anglais, il a joué un rôle important lors de la guerre de Cent Ans. Il appartient à la famille de Rambures depuis six siècles !

Découvrir

★ LE CHÂTEAU

Extérieur

Cette puissante forteresse fut conçue pour résister à l'artillerie. Ses fossés, ses tours rondes à mâchicoulis, ses courtines arrondies et sa tour de guet lui permirent de repousser les assauts : aucune surface plane ne s'offrait au tir de l'ennemi. Les murs de briques (2 à 6 m d'épaisseur) sont percés de 16 canonnières. Au 18e s., le château fort devient une demeure de plaisance : des baies s'ouvrent sur la cour. Le parc romantique à l'anglaise est planté d'arbres séculaires et dans la **roseraie**, plus de 400 variétés de roses s'épanouissent en saison.

Pour la roseraie, le meilleur moment est la deuxième quinzaine de juin.

Intérieur

Le parcours permet d'appréhender les multiples transformations qu'a connues le château et la vie qu'on y menait, du 15e au 19e s. Après ce dédale de salles, on accède au **chemin de ronde** : les mâchicoulis aménagés au sol ont été fermés par des vitres qui permettent d'évaluer la hauteur depuis la terre. Dans le billard-bibliothèque, voyez les jeux (dont une toupie hollandaise) et les

Le château fort de Rambures tout en rondeurs défensives.
Arnaud Chicurel / hemis.fr

portraits. Enfin, la **chambre de la Marquise**, laissée en l'état depuis la mort de Marie de la Roche-Fontenilles, clôt la visite sur une note assez émouvante.

À proximité Carte de microrégion

Musée de la Verrerie à Blangy-sur-Bresle A4

7 km au sud-ouest par D 180 puis D 928.

02 35 94 44 79 - http://ot.blangysurbresle.free.fr - - visite guidée de mi-mars à mi-nov. : 10h-12h, 14h-18h, sam.-lun. et j. fériés 14h-18h - fermé mar., 1er et 8 Mai - 4,80 € (-16 ans 2 €) - gratuit J. du patrimoine.

Installé dans un manoir du 16e s., il retrace l'aventure de la verrerie en vallée de Bresle, spécialisée dans le flaconnage de parfumerie. Présentation de collections, démonstrations de souffleurs…

NOS ADRESSES PRÈS DE RAMBURES

Voir aussi nos adresses à Abbeville.

RESTAURATION

BUDGET MOYEN

À Blangy-sur-Bresle

Les Pieds dans le Plat – *27 r. St-Denis - 76340 Blangy-sur-Bresle - 02 35 93 38 36 - fermé vac. de fév., jeu. soir, dim. soir (sf juil.-août) et lun. - formule déj. 14 € - 16/35 €.*

Lumineuse salle à manger égayée de tableaux d'un artiste local et de fleurs en verre. Ambiance conviviale et cuisine du terroir, généreuse et soignée.

+ d'adresses

L'Amiénois et la haute Somme 2

Carte Michelin Départements 301 – Somme (80)

Vallée de la Somme.

Pascal Deloche / Godong/Photononstop

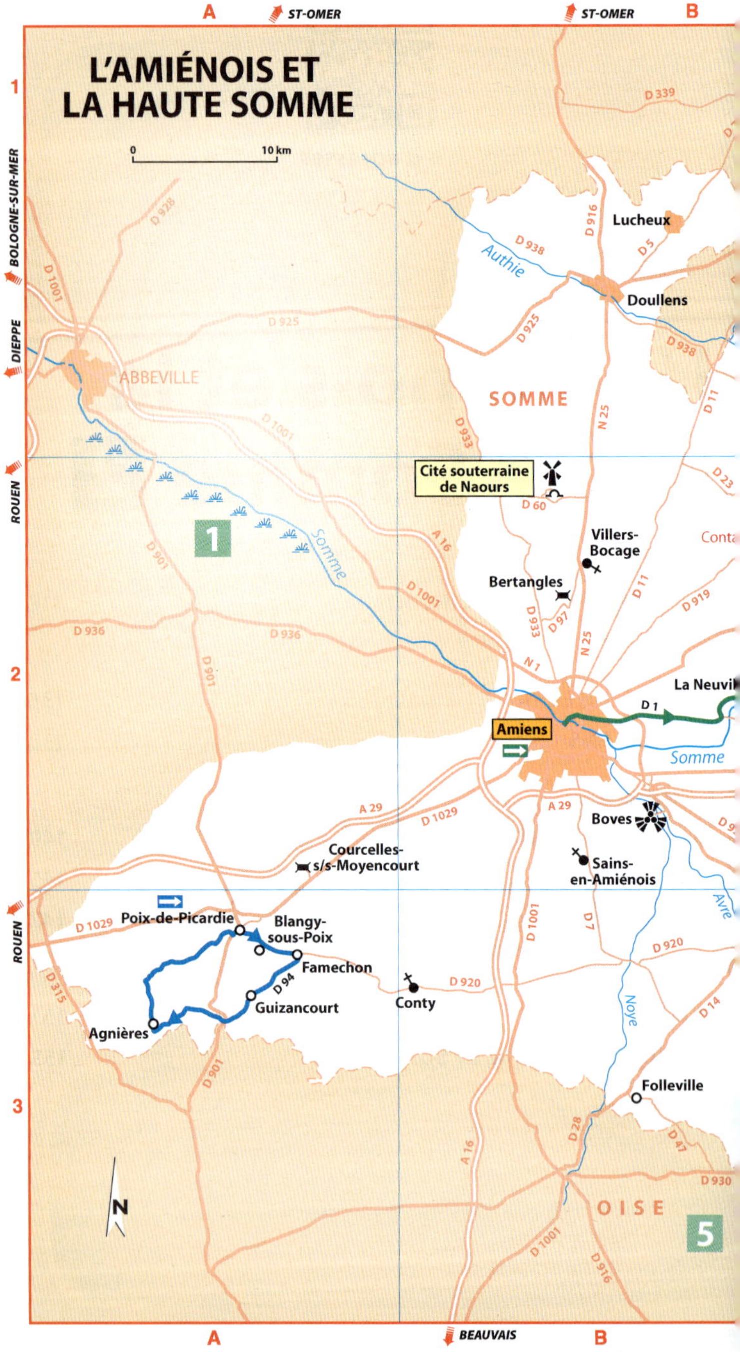
L'AMIÉNOIS ET LA HAUTE SOMME
A
B
1
2
3
ST-OMER
ST-OMER
BOLOGNE-SUR-MER
DIEPPE
ROUEN
ROUEN
BEAUVAIS
0
10 km
Lucheux
Doullens
Authie
ABBEVILLE
SOMME
Cité souterraine de Naours
Villers-Bocage
Bertangles
Somme
1
Amiens
La Neuvi
Somme
Boves
Sains-en-Amiénois
Courcelles-s/s-Moyencourt
Poix-de-Picardie
Blangy-sous-Poix
Famechon
Guizancourt
Agnières
Conty
Avre
Noye
Folleville
OISE
5
Conta
N
D 339
D 916
D 5
D 938
D 928
D 1001
D 925
D 925
D 938
D 933
N 25
D 11
D 23
D 60
A 16
D 901
D 1001
D 936
D 936
D 901
D 11
D 919
D 933
D 97
N 25
N 1
D 1
A 29
D 1029
A 29
D 1029
D 1001
D 7
D 920
D 315
D 94
D 920
D 14
D 901
D 28
D 47
A 16
D 930
D 1001
D 916

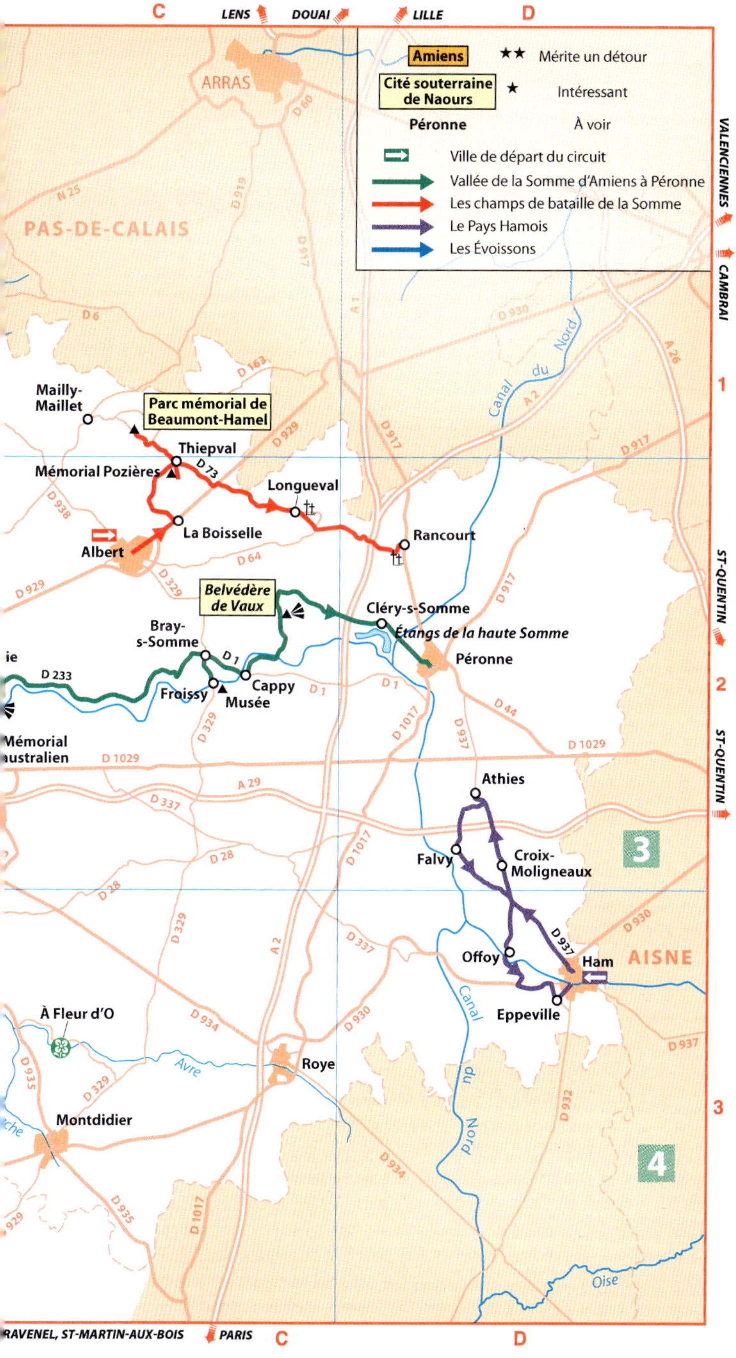
C
LENS
DOUAI
LILLE
D
Amiens
★★ Mérite un détour
Cité souterraine de Naours
★ Intéressant
Péronne
À voir
Ville de départ du circuit
Vallée de la Somme d'Amiens à Péronne
Les champs de bataille de la Somme
Le Pays Hamois
Les Évoissons
ARRAS
PAS-DE-CALAIS
VALENCIENNES
CAMBRAI
ST-QUENTIN
ST-QUENTIN
1
2
3
Mailly-Maillet
Parc mémorial de Beaumont-Hamel
Thiepval
Mémorial Pozières
Longueval
La Boisselle
Albert
Rancourt
Belvédère de Vaux
Cléry-s-Somme
Étangs de la haute Somme
Péronne
Bray-s-Somme
Froissy
Cappy
Musée
Mémorial australien
Athies
Falvy
Croix-Moligneaux
Offoy
Ham
AISNE
Eppeville
À Fleur d'O
Roye
Montdidier
Canal du Nord
Avre
Oise
RAVENEL, ST-MARTIN-AUX-BOIS
PARIS
C
D

Amiens

★★

13 3998 Amiénois – Somme (80)
163 158 habitants (agglomération)

NOS ADRESSES PAGE 131

S'INFORMER

Office de tourisme – *40 pl. Notre-Dame - 80000 Amiens - ✆ 03 22 71 60 50 - www.amiens-tourisme.com - avr.-sept. : 9h30-18h30, dim. et j. fériés 10h-12h, 14h-17h ; reste de l'année : 9h30-18h, dim. et j. fériés 10h-12h, 14h-17h - fermé 1er janv., 25 déc.*

Visite guidée – *Juil.-août : tlj sf lun. 11h, sam. 16h ; janv.-juin et déc. : sam. 15h - se rens. à l'office de tourisme. Parcourez le centre-ville d'Amiens à la découverte de son histoire et de ses monuments (cathédrale, hôtel de ville, quais de la Somme, etc.), en compagnie d'un guide-conférencier agréé par le ministère de la Culture. « Patrimômes », des visites spécialement conçues pour les enf., pdt les vac. scol.*

City Pass – *En vente à l'office de tourisme, il offre différentes réductions pour les musées, les visites guidées et les manifestations culturelles (8 €).*

Pass Amiens Passion – Le week-end à l'hôtel, à prix préférentiel *(90 à 200 € par pers. selon standing et saison)* avec un City Pass.

SE REPÉRER

Carte de microrégion B2 (p. 114) – *Carte Michelin Départements 301 G8.*
L'A 16 et l'A 29 sont les voies les plus directes.

SE GARER

Au pied de la cathédrale ou dans le parking souterrain Saint-Leu.

À NE PAS MANQUER

Le portail et les stalles de la cathédrale ; les hortillonnages ; le quartier Saint-Leu. Sans oublier les macarons et les tuiles en chocolat.

ORGANISER SON TEMPS

Comptez 2h pour la cathédrale. De juin à septembre et autour de Noël, revenez à la nuit tombée pour admirer ses illuminations. Pour les hortillonnages, préférez la belle saison, surtout si vous optez pour la barque.

AVEC LES ENFANTS

Le parc zoologique ; la maison de Jules Verne ; le spectacle de marionnettes « Chés cabotans » et son célèbre Lafleur ; l'île aux Fagots, après une promenade en barque dans les hortillonnages.

Capitale de la Picardie, Amiens offre une passionnante diversité d'architectures et d'activités. Elle possède la plus vaste cathédrale gothique de France, deux fois plus grande que Notre-Dame de Paris et inscrite au Patrimoine mondial de l'Unesco. Autour, les ruelles pavées concèdent à la ville une allure médiévale. Au nord, les canaux de Saint-Leu évoquent une petite Amsterdam, tandis qu'au sud le centre-ville hésite entre alignements du 19e s. et urbanisme d'après-guerre, dont la tour Perret reste le symbole. Enfin, les hortillonnages, charmant damier de jardins que l'on peut visiter en barque, compose un autre de ses attraits.

Vue intérieure de la cathédrale d'Amiens.
Bruce Bi / age fotostock

Découvrir Plan de ville

★★★ LA CATHÉDRALE NOTRE-DAME C2

Ses plans furent confiés à **Robert de Luzarches** auquel succédèrent Thomas de Cormont, puis son fils Renaud. La cathédrale fut rapidement construite, ce qui explique l'homogénéité de son architecture : le gros œuvre, entrepris en 1220, fut terminé en 1269 ; les chapelles latérales furent bâties en 1375, et il fallut néanmoins attendre le 15e s. pour achever le couronnement des tours. Restaurée en 1849 par Viollet-le-Duc, elle fut miraculeusement épargnée en 1940. Classée au Patrimoine mondial de l'Unesco depuis 1981, elle présente une façade travaillée d'une grande légèreté. La cathédrale est le plus vaste des édifices gothiques en France : elle pourrait contenir entièrement Notre-Dame de Paris.

Extérieur

La **façade**, superbement restaurée en 1999, est rythmée par l'étagement que forment les trois porches, les deux galeries, dont celle des Rois aux effigies colossales, la grande rose flamboyante refaite au 16e s., encadrée de baies géminées ouvertes sur le ciel, et la petite galerie des Sonneurs surmontée d'une arcature légère entre les tours.

LE « CHEF » DE JEAN-BAPTISTE

Wallon de Sarton, chanoine de Picquigny, rapporte en 1206, de retour de la quatrième croisade, la « face » de saint Jean-Baptiste, qui avait baptisé le Christ dans le Jourdain et dont la tête fut présentée au roi Hérode sur un plat d'argent. En 1218, l'incendie du sanctuaire roman d'Amiens donne l'occasion à l'évêque Évrard de Fouilloy de construire un édifice digne de la précieuse relique. La construction de la cathédrale débute en 1220.

Au **portail principal**, les vierges sages et les vierges folles sur le chambranle, les apôtres et les prophètes sur les piédroits escortent le célèbre **Beau Dieu**, Christ au visage noble et serein foulant l'aspic et le basilic. Il est le point central de cette immense Bible sculptée. Le tympan représente le Jugement dernier présidé par un Dieu plus sévère et plus archaïque sous des voussures où se succèdent vierges, martyrs, anges ou damnés. Les soubassements comportent des bas-reliefs en quatre-feuilles, encadrant les Vertus (femmes portant un écusson) et les Vices.

Le **portail de gauche** est dédié à **saint Firmin**, évangélisateur d'Amiens, et à la Picardie (dans les quatre-feuilles, beau zodiaque et calendrier des travaux des mois). Le **portail de droite** est sous le vocable de la **Mère Dieu**. Au trumeau, la Vierge couronnée domine des scènes de la Genèse. Dans les ébrasements, scènes de la vie de la Vierge et de l'Ancien Testament *(Illustration p. 42)*.

Avancez dans l'impasse Joron.

Une statue de Charles V (**4**) décore le côté nord au contrefort (14e s.) épaulant la tour. Contournez l'édifice par la droite en passant devant un saint Christophe géant (**1**), une Annonciation (**2**) et, entre les 3e et 4e chapelles, un couple de marchands de *waide* avec leur sac (**3**).

Suivez la rue Cormont jusqu'à la place Saint-Michel.

Admirez l'élévation du **chevet** aux arcs-boutants ajourés et l'envolée de la flèche en châtaignier. Recouverte de feuilles de plomb, elle s'élève à 112,70 m.

Revenez sur vos pas et entrez par le portail sud.

Le **portail sud**, appelé portail de la Vierge dorée à cause de la statue qui ornait autrefois le trumeau, est consacré à saint Honoré, évêque de la ville.

Tours – *Juil.-août : 11h, 14h30-17h15 ; avr.-juin et sept. : 15h et 16h30, w.-end 14h30-17h15 ; reste de l'année : 15h45 (en fonction des conditions météo) - fermé mar. - 5,50 € (-18 ans gratuit).* La montée dans la **tour sud** permet d'atteindre, en passant par la galerie de la Rose, la **tour nord** (307 marches), d'où l'on jouit d'une vue sur les combles, la flèche, la ville et les environs.

Intérieur

Pl. Notre-Dame - 03 22 71 60 50 - ♿ - avr.-sept. : 8h30-18h15 ; reste de l'année : 8h30-17h15 - gratuit - 5,50 € (-12 ans 3 €) visite guidée, 4 € (-12 ans 2,50 €) audioguide disponible à l'office de tourisme - possibilité de visite guidée juil.-août : 16h, sam. 11h ; reste de l'année : dim., j. fériés et vac. de Noël 15h, sam. 11h, vend. 16h.

Dès l'entrée, on est saisi par la luminosité et l'ampleur des proportions de la **nef** : longue de 54 m, c'est la plus haute de France (42,50 m). Élevée sur trois niveaux, elle comporte de grandes arcades, d'une hauteur exceptionnelle, surmontées d'un **cordon de feuillage** très fouillé, d'un triforium aveugle et de fenêtres hautes.

Au niveau de la 3e travée sont disposés les **gisants en bronze★** (13e s.) des évêques fondateurs de la cathédrale : Évrard de Fouilloy (**5**) et Geoffroy d'Eu (**6**). Ce dernier fait face à la chapelle Saint-Sauve qui abrite un Christ en longue robe d'or (12e s.). Les architectes de la cathédrale, Robert de Luzarches, Thomas et Renaud de Cormant, ont inscrit leurs noms sur le **labyrinthe**, au centre de la nef. Autrefois, les fidèles qui ne pouvaient se rendre à Jérusalem ou à Saint-Jacques-de-Compostelle le parcouraient à genoux.

Le **transept nord** est percé d'une rose (14e s.) à remplage central, en forme d'étoile à 5 branches. La cuve baptismale (**8**) est une « pierre à laver les morts » de 1180. Une sculpture polychrome (1520), *Jésus et les marchands du Temple*, décore le mur ouest. Le **transept sud**, à rose flamboyante, porte sur le mur ouest un relief qui relate en quatre scènes (1511) la conversion du magicien Hermogène par saint Jacques le Majeur (**10**).

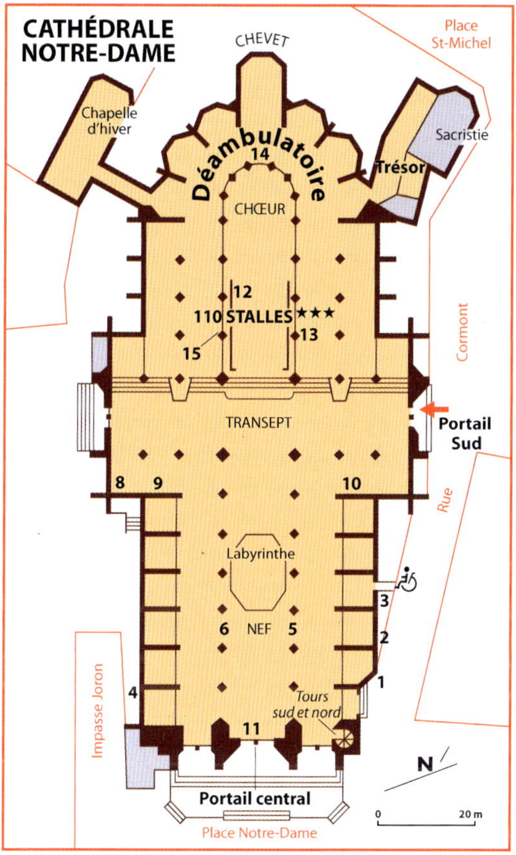

En tournant le dos au chœur, appréciez l'élégance du vaisseau et la hardiesse de la tribune soutenant le **grand orgue** (**11**) aux arabesques d'or (buffet du 16e s.) que couronne la rose occidentale.

Une belle grille (18e s.) due à Jean Veyren ferme l'entrée du **chœur**.

★★★ **Stalles** – ✆ *03 22 71 60 50 - visite guidée 15h30 (en dehors des cérémonies religieuses) - fermé 1er janv., dernier dim. de sept., 25 déc. - gratuit.* Chef-d'œuvre de l'art gothique flamboyant, les **110 stalles** (**12**) en chêne ont été sculptées de 1508 à 1522 par les huchiers Arnould Boulin, Antoine Avernier et Alexandre Huet. Sous la dentelle de bois, plus de 4 000 figures évoquent la Genèse et l'Exode, la vie de la Vierge, et des sujets de fantaisie : métiers, fabliaux, vices… Sur l'une des stalles, un ouvrier s'est représenté maniant le maillet et a gravé son nom, Jehan Turpin.

Dans le **déambulatoire**, à droite, sur la clôture du chœur, au-dessus de deux gisants, huit groupes polychromes remarquables, taillés dans la pierre (1488), se déploient sous de fins dais gothiques : ils relatent la **vie de saint Firmin** (**13**), son martyre et son exhumation par saint Sauve, trois siècles plus tard. Les personnages, très expressifs, portent les costumes du 15e s. ; notez les curieux hauts-de-chausses du bourreau. Derrière le maître-autel, l'**Ange pleureur** (1628) (**14**), dû à Nicolas Blasset, trône sur le tombeau du chanoine Lucas.

SE LOGER

Chambre d'hôte "Le Petit Château".......... 1

Hôtel Alsace-Lorraine............................ 4

Hôtel Carlton.. 7

Hôtel Victor Hugo..................................

Ibis Styles Cathédrale.............................

AMIENS

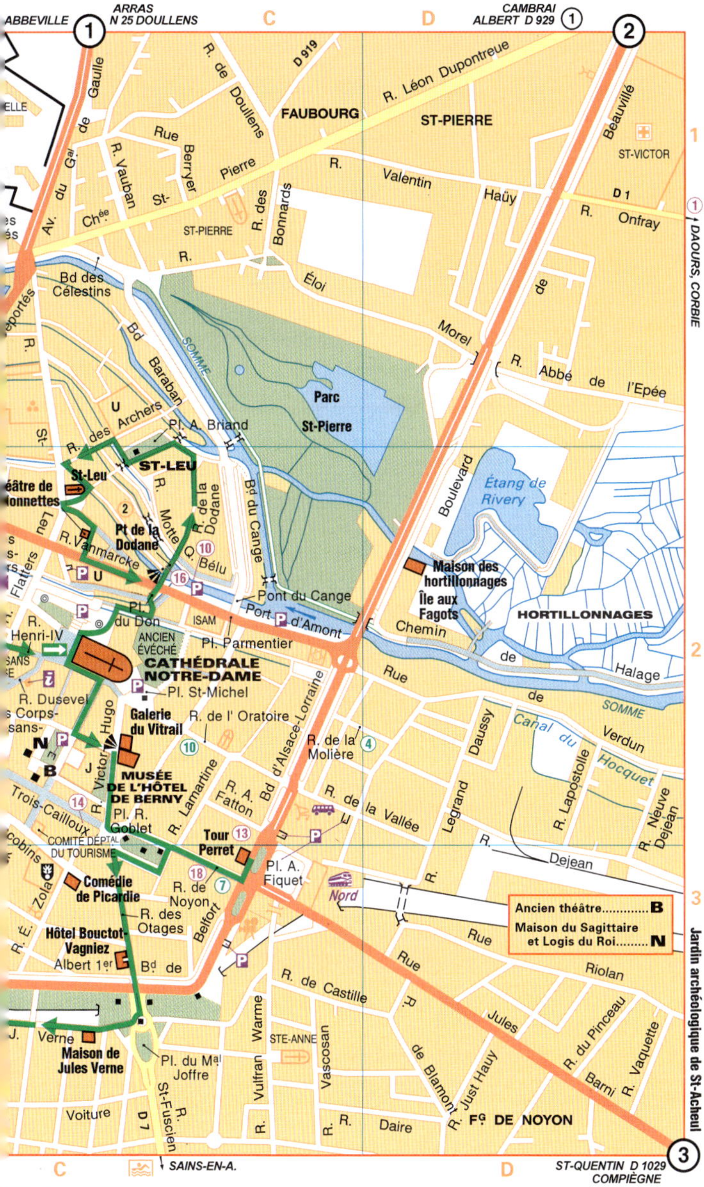

RESTAURER

- [...]bbatiale.......... 1
- Relais des Orfèvres.......... 2
- Bonne Auberge.......... 4
- Bouchon.......... 13
- Le Petit Poucet.......... 14
- L'Orée de la Hotoie.......... 10
- Les Marissons.......... 16
- Le T'chiot Zinc.......... 18

NAISSANCE DE L'INDUSTRIE TEXTILE

Affilié à la hanse de Londres, Amiens connaît la prospérité au Moyen Âge. La draperie, le trafic des vins et le port en font un lieu très fréquenté. On y traite la « guède », ou pastel, précieuse plante tinctoriale que l'on nomme localement *waide*. Broyée dans des moulins, elle produit toutes les nuances de bleu. À la fin du 15e s. se développe la fabrication des « sayettes », serges de laine mêlées de soie qui font la réputation des articles d'Amiens. Le règne de Louis XIV voit l'introduction des « velours d'Amiens ».

Pendant la Première Guerre mondiale, les soldats alliés envoyèrent des cartes postales à son effigie à travers le monde entier. La clôture nord présente des scènes (1531) de la **vie de saint Jean** (15) (à suivre de droite à gauche).

Se promener Plan de ville

★ QUARTIER SAINT-LEU C2

Circuit tracé en vert sur le plan (p. 120) – Comptez 30mn. Derrière la cathédrale, du jardin de l'Évêché rejoignez la place du Don.

De la place du Don, on aperçoit la « petite Amsterdam », traversée par de multiples bras de la Somme. Saint-Leu était au Moyen Âge le quartier où l'on fabriquait et teignait les tissus, notamment le velours qui fit la réputation d'Amiens. Visite également en barque grâce aux nombreux canaux.

Sans traverser le pont de la Dodane, prenez à gauche la rue des Majots.

Au **théâtre de marionnettes** « Chés cabotans d'Amiens », vous recevrez le salut de Lafleur, reconnaissable à sa livrée de velours rouge (*Nos adresses p. 133).*

Puis on se dirige vers l'**église-halle Saint-Leu** (15e s.) au clocher flamboyant du 16e s.

Continuez vers la pl. Aristide-Briand.

Maintenant au cœur du quartier Saint-Leu, appréciez le charme pimpant de ses maisons qui n'est pas sans rappeler les constructions des pays nordiques. Les rues, bordées de petites **habitations colorées à colombages** ou à ossature de bois, accueillent artisans, antiquaires, cafés et restaurants.

Revenez vers la cathédrale par la rue de la Dodane.

Du **pont de la Dodane**, belle vue sur la cathédrale.

QUARTIER RÉPUBLIQUE C2-3

Comptez 1h. Longez la cathédrale par la rue Cormont et tournez à droite dans la rue Robert-de-Luzarches.

À l'angle du **palais de justice**, un bas-relief de J. Samson (1830) rappelle l'histoire du manteau de saint Martin.

LE MANTEAU DE SAINT-MARTIN

Amiens, important lieu de pèlerinage, est évangélisée au 4e s. par Firmin et ses compagnons. Saint Martin, cavalier de la légion romaine, y tient garnison. Un jour, croisant un mendiant transi de froid, il coupe son manteau avec son épée pour lui en donner la moitié, l'autre appartenant traditionnellement à l'armée romaine.

ORAGES D'ACIER

En 1914, la vallée de la Somme est, avec celle de l'Aisne, un obstacle majeur à l'envahisseur venu du Nord. Amiens, tête de pont, n'échappe pas aux assauts. En 1918, lors de la bataille de Picardie, la ville est l'objectif de Ludendorff et reçoit quelque 12 000 obus et « marmites ». Elle est incendiée en 1940 lors de la bataille de la Somme. En 1944, sa prison est l'objet d'une périlleuse attaque aérienne destinée à faciliter l'évasion de résistants incarcérés (opération « Jéricho »).

Galerie du Vitrail C2

✆ 03 22 91 81 18 - visite guidée 15h - fermé dim. et j. fériés - 6 € (-11 ans 3 €).
Un maître verrier que l'on peut voir au travail présente sa collection de vitraux dont le plus ancien date du 13e s.

★ Musée de l'hôtel de Berny C2

✆ 03 22 97 14 00 - www.amiens.fr/musees - fermé pour travaux de restauration.
Édifié en 1633, l'ancien **Hôtel des Trésoriers★** est un bel exemple de style Louis XIII, avec son appareillage de briques roses à chaînages de pierre. Son dernier propriétaire, Gérard de Berny (1880-1957), s'appliqua à le décorer, puis le légua à la ville.
Au bout de la rue Victor-Hugo, prenez à gauche.

Ancien théâtre C2 B

R. des Trois-Cailloux.
Cette **façade** de style Louis XVI, œuvre de Rousseau en 1780, abrite une banque. Trois immenses baies sont encadrées d'élégants bas-reliefs : guirlandes, médaillons, muses, etc.

Maison du Sagittaire et Logis du Roi C2 N

La façade Renaissance de la maison du Sagittaire (1593), ancienne demeure d'un drapier, doit son nom au signe zodiacal qui orne les arches.
À gauche, le Logis du Roi (1565) est le siège des **Rosati picards**, dont la devise est « Tradition, Art et Littérature ». Sa porte en accolade s'orne d'une Vierge à la rose.
Revenez sur vos pas et continuez tout droit la rue Noyon jusqu'à la tour Perret.

Tour Perret C3

13 pl. Alphonse-Fiquet - ne se visite pas.
Sorte de beffroi de béton, la tour Perret reste mal aimée des Amiénois. Édifiée après la Seconde Guerre mondiale par **Auguste Perret** (1874-1954) dans le cadre de la reconstruction, elle s'inscrit dans la lignée de l'architecture havraise, qui suscite un regain d'intérêt depuis l'inscription au Patrimoine mondial de l'Unesco du port normand. Toujours habitée, la tour s'élève à 104 m (30 étages) ; deux ascenseurs la desservent jusqu'au 24e, puis un escalier hélicoïdal mène aux derniers paliers. Récemment coiffée d'un **sablier de verre** (aussi controversé), la tour est désormais illuminée la nuit : le cube change progressivement de couleur au fil des heures ; de rouge au coucher, il devient blanc à minuit, bleu au matin… Un projet d'ouverture au public est en cours, avec l'ajout de deux ascenseurs extérieurs qui permettront d'atteindre la terrasse supérieure.
Prenez la rue des Otages, qui coupe la rue de Noyon.

Hôtel Bouctot-Vagniez C3

✆ 03 22 82 80 80 - 9h-12h, 14h-18h - fermé w.-end et j. fériés - gratuit.

Cette « maison-château » fut bâtie en 1912 pour André Bouctot et Marie-Louise Vagniez : elle constituait la dot de la jeune femme, issue d'une famille de commerçants en textile. Symbole de réussite bourgeoise, cette construction devait rivaliser avec les hôtels de l'aristocratie, massés autour de la cathédrale. La réalisation néogothique fut entièrement confiée à Louis Duthoit.

Remarquez le « donjon » accolé à une aile, les hautes lucarnes et les décrochements de la toiture. Marie-Louise Vagniez avait une passion pour les animaux, comme en témoigne le décor des façades : singes et écureuils de pierre, mais également, au sud, deux cigognes veillant sur leurs cigogneaux. Il s'agit peut-être d'une allusion nostalgique à l'Alsace, alors annexée par l'Allemagne.

Traversez les grands boulevards et prenez à droite le bd Jules-Verne.

Maison de Jules Verne C3

2 r. Charles-Dubois - ✆ 03 22 45 45 75 - http://maisondejulesverne.amiens.fr - de mi-avr. à mi-oct. : 10h-12h30, 14h-18h30, w.-end 11h-18h30, mar. 14h-18h30 ; reste de l'année : tlj sf mar. 10h-12h30, 14h-18h, w.-end 14h-18h - fermé 1er janv., 1er Mai, 25 déc. - 7 € (-18 ans 3,50 €) - gratuit J. du patrimoine.

Si Jules Verne (1828-1905) naquit à Nantes, il vint s'installer à Amiens en 1869, où il rédigea notamment *Le Tour du monde en 80 jours, Michel Strogoff, Le Rayon vert*… Il fut conseiller municipal de la ville. Sa demeure, dite « maison à la Tour », rassemble plus de 20 000 documents sur lui et son œuvre. Sur deux étages, bel intérieur cossu de la fin du 19e s., notamment une salle à manger pourvue de boiseries remarquables. Reconstitution de son bureau, affiches publicitaires et objets personnels - dont ses plumes, son carnet de notes et son globe terrestre -, maquette du *Nautilus*, portrait en hologramme. Sur le mur extérieur, une grande fresque représente les principaux héros de l'écrivain.

Cirque Jules-Verne B3

✆ 03 22 22 58 90 - visite guidée (1h30) le 3e lun. des mois de janv., fév., mars, mai, juil., août et nov. à 12h30 - 6 € (enf. 3,50 €).

Caractéristique de l'architecture officielle du 19e s., il fut construit d'après les plans de l'architecte Émile Ricquier, sur le modèle de celui des Champs-Élysées à Paris, dû à Hittorff. Inauguré en juin 1889 par Jules Verne, alors conseiller municipal, il peut accueillir 3 000 spectateurs. Aujourd'hui restauré, vous pourrez admirer l'architecture métallique mêlée à l'œuvre contemporaine du peintre Ernst Caramelle.

Traversez de nouveau les grands boulevards pour emprunter la rue de la République.

★★ Musée de Picardie B3

✆ 03 22 97 14 00 - ♿ - 10h-12h, 14h-18h, jeu. 10h-12h, 14h-21h, merc. 10h-18h, dim. 14h-19h - fermé lun., 1er janv., 1er et 8 Mai, 14 Juil., 15 août, 11 Nov., 25 déc. - 5 € (-26 ans gratuit) - ateliers de créativité pour les enf. sam.

Ce bâtiment, construit entre 1855 et 1867 à l'initiative de la Société des antiquaires de Picardie, est un imposant témoin de l'architecture Napoléon III.

Archéologie *(sous-sol)* – Outre les antiquités égyptiennes et grecques sont exposées les collections archéologiques provenant de fouilles régionales. **Samarobriva**, à l'époque gallo-romaine, s'étendait sur 200 ha et comptait près de 20 000 habitants au 2e s. Ont été découverts et identifiés des vestiges des thermes, du forum, de l'amphithéâtre et des objets du quotidien (verrerie, céramiques).

CONFRÉRIE DU PUY NOTRE-DAME
Cette association, à la fois littéraire et religieuse, vouée à la glorification de la Vierge, fut fondée à Amiens en 1389. Le maître de la confrérie, élu chaque année, récitait son « chant royal » sur un podium, le puy. Le refrain, ou *palinod*, avait la particularité de former un jeu de mots avec le nom du donateur. À partir de 1450, delui-ci devait offrir à la cathédrale un tableau votif sur le thème du *palinod*.

Sculptures et objets d'art du Moyen Âge *(rez-de-chaussée)* – Importante collection d'émaux et d'ivoires des 9e au 16e s. Les sculptures viennent de la cathédrale, ou des églises et des abbayes détruites dans la région.
Chefs-d'œuvre de la confrérie du Puy Notre-Dame d'Amiens – Certaines de ces peintures sur bois conservent leur cadre sculpté par les artistes des stalles de la cathédrale. Sur l'une d'elles, la *Vierge au palmier* (1520) est entourée de saints, des donateurs et de leur famille, devant la cathédrale d'Amiens.
Sculptures du 19e s. – Belle **série de bustes** évoquant des figures du quotidien picard, notamment deux vieilles femmes d'Auguste Carvin et un ouvrier de Georges Tattegrain.
Grand Salon – Sont réunies les toiles historiques des 18e et 19e s. (Maignan, Vernet, Vincent). Des compositions murales de Puvis de Chavannes ornent l'escalier d'honneur.
Rotonde Sol LeWitt – Dans la rotonde du musée, un dessin mural a été réalisé au lavis d'encre de Chine, en 1992, par l'artiste américain Sol LeWitt.
Premier étage – *Actuellement en travaux - réouverture prévue en 2013.*
Après le musée, continuez par la r. Duméril jusqu'au Bailliage et au beffroi.

Bailliage B2
Sur une placette derrière l'hôtel de ville, la charmante façade restaurée est le seul témoin de l'édifice construit en 1541. Fenêtres à meneaux, gâbles flamboyants et médaillons Renaissance. À droite, remarquez un « fol » affublé d'un chaperon à grelots.

Beffroi B2
Pl. au Fil - ✆ 03 22 71 60 50 - www.amiens-tourisme.com - visite guidée mars-sept. : 2e dim. du mois 11h ; reste de l'année : dim. 15h - fermé 1er janv., 25 déc. - 5 € (-12 ans 3 €).
Sur la place au Fil, cet édifice massif comporte une base carrée (15e s.) et un clocher (18e s.) surmonté d'un dôme.
Dans la perspective de la rue du Chapeau-de-Violettes, vue sur l'église **Saint-Germain**, de style gothique flamboyant (15e s.), avec son clocher penché.
En regagnant la cathédrale, faites un arrêt devant l'horloge Dewailly et la statue de *Marie sans chemise*, petite sirène due au sculpteur amiénois Albert Roze (1861-1952).
On peut continuer la promenade jusqu'aux hortillonnages (20mn à pied).

À voir aussi Plan de ville

★ Hortillonnages D2
✆ 03 22 92 12 18 - visite guidée avr.-oct. : 13h30 - 5,90 € (-10 ans 3,90 €).
Ces jardins (300 ha) s'étendent dans un lacis de canaux, ou **rieux**, alimentés par les bras de la Somme et de l'Arve. Il s'agit d'anciens marais drainés par les

Romains, qui furent les premiers à y faire pousser fruits et légumes. Il y a un siècle, un millier de maraîchers, les **hortillons** (du latin *hortus*, « jardin »), cultivaient encore leur parcelle, fournissant en primeurs les Amiénois. Aujourd'hui, dans ce site classé, arbres fruitiers et fleurs tendent à remplacer les légumes. Les cabanes des maraîchers deviennent des maisons de week-end, mais la tradition maraîchère perdure *(Nos adresses p. 133)*. On peut encore y observer de nombreux oiseaux, comme les grèbes huppés, les hérons cendrés et les canards colverts.

On se promène **en barque** dans le parc Saint-Pierre, ce damier verdoyant qu'ombragent aulnes et saules.

L'ancien **chemin de halage**, point de départ de petites randonnées *(topoguides en vente à l'office de tourisme 18 €).*, longe le fleuve et les jardins.

L'île aux Fagots, équipée d'un aquarium et d'un insectarium, où l'on fait découvrir l'écologie aux enfants, est accessible par le chemin de halage. En face, de l'autre côté du boulevard de Beauvillé, un parc paysager contemporain a été aménagé autour de l'étang Saint-Pierre. Aires de jeux et de pique-nique.

Jardin des plantes B1

60 bd du Jardin-des-Plantes - avr.-sept : 8h-20h ; oct.-mars : 8h-17h30.

À travers un jardin au tracé régulier grâce à des parterres de buis du 18e s., présentation des serres municipales et d'une importante collection botanique : fleurs, plantes grasses, fruits et légumes, quelques variétés exotiques…

Parc zoologique A1

Allée du Zoo - 139 espl. de la Hotoie - 03 22 69 61 00 - www.amiens.fr/zoo - - avr.-sept. : 10h-18h, dim. et j. fériés 10h-19h ; vac. scol. (zone B, sf juil.-août) : 10h-17h ; fév.-mars et oct.-nov. : w.-end, j. fériés et merc. 14h-17h ; déc.-janv. : 14h-17h - fermé 1er janv., 24-25 et 31 déc. - 5,50 € (-5 ans gratuit) - possibilité de visite guidée.

Situé au bord de la promenade de la Hotoie (18e s.) et de son plan d'eau, le zoo a été aménagé dans un parc agréable : les pelouses sont encerclées par les ramifications de la Selle où évoluent cygnes, pélicans, grues… Le zoo est impliqué dans la protection des espèces en voie de disparition. Parmi les 300 animaux représentant une soixantaine d'espèces, aucun n'a été capturé directement dans son milieu naturel. Sur 6 ha, vous pourrez y admirer loups à crinière, éléphants, pandas roux, otaries, etc.

Cimetière paysager de la Madeleine Hors plan

480 r. Saint-Maurice, au nord-ouest de la ville.

La succession de coteaux et de vallons permet en 1817 la réalisation d'un parc (18 ha) d'inspiration romantique, à l'anglaise, dans les goûts de l'époque : bosquets, allées sinueuses bordées d'arbres et grandes pelouses se succèdent et multiplient ainsi les perspectives. L'art funéraire possède ici son musée à ciel ouvert, où toutes les expressions se concentrent : néogothique, néobyzantin, baroque ou Art déco. Au milieu des arbres centenaires reposent quelques personnalités célèbres, comme les hommes politiques René Goblet et Jules Barni, mais surtout Jules Verne. Son tombeau, très original, fut réalisé par Albert Roze en 1907.

Jardin archéologique de Saint-Acheul Hors plan

03 22 97 10 61 - - 8h30-12h30, 14h-17h30 - fermé w.-end et j. fériés, 25 déc.-2 janv. - 6,50 € (-12 ans 3 €) - gratuit J. du patrimoine - possibilité de visite guidée sur demande préalable.

Les maraîchers, ou hortillons, arrivent en costume traditionnel pour la Fête du marché sur l'eau.
Brigitte Merle / Photononstop

En 1859, le géologue Albert Gaudry effectue les premières fouilles dans la carrière Friville, près de l'ancien cimetière de Saint-Acheul, à l'est de la ville. Le site donnera son nom, en 1872, à l'une des civilisations du paléolithique inférieur, l'**acheuléen**, qui utilise le silex taillé ou **biface**, premier outil digne de ce nom. Le jardin occupe un cadre champêtre respectueux du terrain d'origine.

Un long couloir jalonné de panneaux, « le fil du temps », répertorie à rebours les grandes dates de l'évolution humaine : de l'an 2000 jusqu'à 450 000 ans av. J.-C. À l'extrémité, une **coupe géologique** montre la succession de dépôts sédimentaires accumulés depuis 450 000 ans. Panneaux descriptifs, table d'orientation et tableau de lecture de la coupe permettent de comprendre l'historique des lieux.

Une passerelle mène à une **tour d'observation** (19 m) dévoilant un panorama sur le site, la vallée de la Somme et la ville d'Amiens. Des coupes et diagrammes y présentent les différentes étapes du creusement de la vallée.

À proximité Carte de microrégion

Église de Sains-en-Amiénois B2

8 km au sud par la D 7.

03 22 09 50 63 - visite gratuite le sam. de Pâques à la Toussaint, 10h-12h.

Gisants de saint Fuscien et de ses compagnons, Victoric et Gentien, martyrs au 4e s. Au-dessous, un bas-relief retrace la scène de leur décapitation.

Boves B2

9 km au sud-est par la D 116.

Les **ruines** du château (12e s.) dominent la petite ville, siège d'un marquisat à partir de 1630. On accède à la basse-cour herbue et à la motte portant deux imposants pans de murs d'un fier donjon. Du sommet, **vue** étendue, au sud sur les étangs de Fouencamps, au nord vers Amiens.

LA SOMME, TOUT EN DOUCEUR

Le fleuve naît en amont de Saint-Quentin, surgissant à Fonsommes, à côté de l'ancienne abbaye de Fervaques. Il prête son nom – et une partie de son lit – au **canal de la Somme**. S'étirant d'est en ouest sur 245 km, il se jette dans la Manche, à travers une large baie. Ce fleuve a modelé un val dans le plateau de craie picard. Sa faible pente, associée au pouvoir absorbant des tourbes, freine l'écoulement des eaux. Mais la régularité du débit est garantie par le suintement de la craie du plateau, révélé par de nombreuses sources, au flanc du val. En fond de vallée, la Somme s'égare en 6 000 ha d'étangs argentés ou de sombres marais tourbeux. Çà et là surgissent des carrières de craie, des marécages plantés de jardins à légumes…

Château de Bertangles B2

10 km au nord par la N 25.

03 22 93 68 36 - http://chateaubertangles.com - visite guidée 8 juil.-22 août : à 17h30 ; 9-19 mai : 14h-18h - 5 € (-12 ans 2 €) - gratuit pdt l'exposition des « Amis des arts de la Somme » (en mai). Prévoyez une bonne heure.

Sur la route des invasions, Bertangles fut incendié et détruit à maintes reprises. L'imposant château actuel, de pur style Régence, a été érigé par Louis-Joseph de Clermont-Tonnerre, comte de Thoury, entre 1730 et 1734. Il appartient toujours à la famille des Clermont-Tonnerre. Depuis le 18e s., il est enchâssé dans un parc bien ordonnancé où s'étire une allée de tilleuls.

La **grille d'honneur★**, ode à la chasse, est un chef-d'œuvre de Jean Veyren, dit « le Vivarais », serrurier à Corbie. Derrière, la cour d'honneur offre au visiteur une vue agréable sur cinq jardins qui se succèdent en arcs de cercle autour d'une vaste pelouse. L'édifice en pierres de taille, aux ailes saillantes, forme un ensemble harmonieux avec ses façades décorées de sculptures qui symbolisent la paix : les Trois Grâces, les Quatre Saisons, masques de la comédie italienne, instruments de musique…

Intérieur – L'**escalier**, bel exemple de stéréotomie (c'est-à-dire la taille et la coupe des pierres), comporte une jolie rampe en fer forgé. Les salons sont revêtus de boiseries en chêne. Une tapisserie d'Aubusson dans la salle à manger figure le triomphe d'Alexandre à Babylone.

Cour de ferme attenante – On peut y voir un grand pigeonnier (1 800 boulins) et un **tourniquet à eau**, réplique d'une noria espagnole qui permettait de puiser l'eau située à 60 m de profondeur.

Villers-Bocage B2

4 km au nord de Bertrangles par la D 97.

Église – *03 22 93 70 24 - visite guidée en sem. 14h-17h.* Cette église des 13e-16e s. recèle une Mise au Tombeau du 16e s. Remarquez l'expressivité des personnages et les vêtements féminins aux riches ajustements, typiques de la Renaissance.

Circuit conseillé Carte de microrégion

★ VALLÉE DE LA SOMME D'AMIENS À PÉRONNE

Circuit de 63 km tracé en vert sur la carte (p. 114-115) – Comptez env. 1h30. Sortez d'Amiens par la D 1.

Un autre circuit conseillé parcourt la basse vallée de la Somme, d'Abbeville à Amiens (*Abbeville p. 100*). Par ailleurs, possibilité de louer des pénichettes sans permis pour découvrir la vallée de l'intérieur.
Derrière vous, après quelques kilomètres, belles perspectives sur Amiens, que dominent la cathédrale et la tour Perret.
À Daours, prenez au feu à gauche, puis la 1re route à droite vers la Neuville.

Église de La Neuville B2

Sur la rive droite de l'Ancre. ✆ 03 22 96 95 76 - ♿ - visite guidée sur demande préalable juil.-août : jeu. 10h30 - 3 € (-12 ans gratuit) - gratuit J. du patrimoine. Cette église Renaissance fut bâtie à la fin du 15e s. (tour du clocher) et achevée au 16e s. Au-dessus du portail, un **haut-relief★** aux détails pittoresques représente l'entrée du Christ à Jérusalem le jour des Rameaux. Vous pourrez y remarquer des spectateurs perchés dans les arbres et, à l'arrière-plan, un meunier à la fenêtre de son moulin.

Corbie C2

Entre la Somme et l'Ancre, entre falaises et étangs, Corbie a grandi près de son abbaye bénédictine, dont les tours se repèrent depuis les crêtes des deux vallées. Dans la cité, qui a vu défiler six saints, les puissants abbés portaient le titre de comte et battaient monnaie.
Musée des Amis du vieux Corbie – *✆ 03 22 48 36 48 - http://perso.wanadoo.fr/musee.corbie - 25 juin-31 août : 14h30-17h30 - fermé dim., j. fériés et lun. - gratuit - possibilité de visite guidée.* Histoire de l'abbaye, poteries carolingiennes, monnaies (16e s.) et plan en relief du siège de Corbie (1636). Le musée présente aussi l'histoire de la première victime civile de l'aviation, l'enfant du pays Eugène Lefebvre, qui périt en 1909.
De la place de la République, franchissez la **porte monumentale** (18e s.) de l'abbaye, dont le cloître et les bâtiments conventuels ont été rasés sous la Révolution.
Abbatiale Saint-Pierre – *✆ 03 22 96 95 76 - visite sur demande à l'office de tourisme - visite libre 0,50 € ; visite guidée 2,50 €.* De l'ancienne abbaye, seule subsiste l'église (16e-18e s.), qui a perdu son transept et son chœur : menaçant ruine, ils ont été abattus en 1815. Les architectes avaient continué à employer le style gothique dans un édifice bâti à la Renaissance et à l'époque classique ; il reste trois vaisseaux à voûtes d'ogives et une façade à trois portails en arc brisé, une rosace et des tours jumelles percées de baies géminées. Une partie du décor est de style classique (cartouches sur les voussures des porches).

UNE PÉPINIÈRE DE SAINTS

Fondé en 657 par sainte Bathilde, épouse de Clovis II, le monastère de Corbie devient un foyer de civilisation chrétienne sous saint Adalard, cousin de Charlemagne. Plus de 300 moines y assurent la louange perpétuelle à Dieu. L'activité apostolique se développe et, sous l'impulsion de saint anschaire, né à Corbie en 801, l'abbaye essaime à Corvey (Westphalie), centre d'évangélisation de l'Europe du Nord. Corbie fut un des centres culturels les plus importants d'Europe au Moyen Âge, contribuant notamment à l'essor des enluminures et de l'écriture « caroline ». Au 11e s., saint Gérard, moine de Corbie, se retira, fondant le monastère de la Sauve-Majeure. Déclinant peu à peu, l'abbaye fut totalement démantelée dans les années qui suivirent la Révolution. Sainte Colette (1381-1447), fille d'un charpentier corbéen, vécut en recluse et eut des visions. Elle sortit de sa retraite pour fonder plusieurs monastères de clarisses.

L'ÉNIGME DES « PUITS TOURNANTS »

Autour de Corbie, dans certaines zones aquatiques comme à Daours, Pont-Noyelles et Fréchencourt, on observe d'étranges « puits tournants » : le jaillissement de sources a creusé le sol de puits profonds où l'eau semble traversée d'une lumière bleue. Des légendes farfelues évoquent ce mystérieux phénomène, mais il existe une explication plus rationnelle, liée aux caractéristiques des couches liquides supérieures : leur pouvoir d'absorption de la lumière bleue est très fort.

L'intérieur ne compte que 36 m de long, contre 117 auparavant. Le trésor de l'abbatiale comprenait jadis 113 reliquaires, fréquemment vénérés par les rois de France, et dont certains sont conservés. Parmi les œuvres d'art figurent la statue de **Notre-Dame de la Porte** (15e s.), sur le pilier du bas-côté droit, une statue de **sainte Bathilde** (14e s.), à droite de l'autel, bas-côté droit, une **tête de saint Pierre** (13e s.), sur un pilier du bas-côté gauche, la tombe (15e s.) de l'abbé **Raoul de Roye**, tuteur de sainte Colette, au fond du bas-côté gauche.

Chapelle Sainte-Colette – Achevée en 1959, sur l'emplacement de la maison natale de sainte Colette. Sa statue (16e s.) trône à l'intérieur.

Point de vue Sainte-Colette C2

À 1 km à l'est de Corbie par la D 1.

La Somme opère ici un virage à angle droit, à l'origine de la formation d'une falaise calcaire d'une quarantaine de mètres de haut. Du sommet, **vue★** sur les coteaux boisés et la vallée. En contrebas, les étangs de la Barette s'étalent sur 30 ha. À l'origine creusés par les moines de l'abbaye pour la pêche, ils furent exploités pour la tourbe au 19e s. La vieille Somme passe par tous les étangs de la vallée, accolés au canal.

Prenez la D 23 vers le sud.

Mémorial australien C2

Lors de l'offensive allemande de Picardie, en 1918, Allemands et Australiens se disputèrent les collines de **Villers-Bretonneux**. Mémorial et cimetière militaire rappellent le sacrifice de 10 000 Australiens. **Vue** étendue sur la Somme et Amiens.

De Corbie à Chipilly, suivez la rive de la Somme par la D 233.

La route, qui suit à gauche le bord de la falaise, côtoie à droite les étangs, parfois masqués par des frondaisons sous lesquelles se cachent les cabanons des pêcheurs. Après Chipilly, l'itinéraire se faufile entre les étangs et la falaise, puis gravit le promontoire d'un méandre de la Somme : **vue** sur Corbie et ses tours.

D'Étinehem, suivez la D 1F jusqu'à Bray-sur-Somme.

Bray-sur-Somme C2

À la pointe d'un méandre du fleuve, ce port fluvial est devenu un important centre de pêche dans la Somme, le canal et les étangs voisins.

Église – *✆ 03 22 76 11 38 - tlj sf merc. et dim. apr.-midi 9h30-17h - visite guidée possible sur demande à l'office de tourisme - clé à la mairie de Bray.* Dominée par un massif clocher carré à toit aigu, elle possède un chœur roman élancé, flanqué de deux absides.

Prenez la D 329 au sud jusqu'à Froissy, au bord du canal de la Somme.

Froissy C2

P'tit train et musée – *De mi-juil. à fin août : tlj sf lun. 14h30 et 16h, dim. et j. fériés 14h, 15h, 16h et 17h ; de déb. mai à mi-juil. et sept. : h, se rens. - 9,80 €*

(-13 ans 6,80 €) - billet combiné avec le train. De ce hameau, sur le canal de la Somme, part le **p'tit train de la haute Somme**, reliant le pont de Froissy au stade de Dompierre, en passant par le tunnel de Cappy (300 m). De la vallée de la Somme au plateau du Santerre, la promenade (7 km) se fait à l'allure de 15 km/h, dans un train qui servit à approvisionner les tranchées en 1914-1918 et fut réutilisé par la sucrerie de Dompierre pour la collecte des betteraves. La voie descend vers les berges, escalade une colline et traverse une petite forêt. Une halle abrite le **musée des Chemins de fer militaires et industriels**, qui présente une trentaine de locomotives et plus de 100 wagons et voitures , puis remis en état d'origine.

Revenez à Bray puis suivez la D 1 vers Cappy.

Cappy C2

Ancien port fluvial, dans un site charmant, ce village attire les bateaux de plaisance. L'**église Saint-Nicolas**, bâtie au 12e s. dans le style roman, a été remaniée au 16e s. avec son chœur et son énorme tour carrée, surmontée d'un clocher à tourelles.

Prenez à gauche la route d'Éclusier-Vaux. La route franchit la Somme et traverse Vaux, puis remonte sur le plateau.

★ Belvédère de Vaux C2

Presque au sommet de la butte, sur une plate-forme aménagée le long de la route, on découvre un beau **panorama★**. Au premier plan, le méandre de Curlu, on aperçoit une ferme et des maisons aux toits rouges formant le hameau de Vaux. À l'arrière-plan se profile la silhouette de Péronne.

Pendant la Grande Guerre, **Blaise Cendrars** passa quelque temps non loin de là, à Frise, surveillant les mouvements ennemis. L'écrivain bourlingueur évoque ces épisodes de la vie des poilus dans son roman *La Main coupée.*

À l'entrée de Maricourt, prenez à droite la D 938.

Courant sur le bord du plateau, la route procure des échappées sur la vallée en contrebas. Elle traverse l'autoroute, passe à **Cléry**, d'où l'on découvre les **étangs de la haute Somme**, puis traverse le canal du Nord avant de parvenir à **Péronne** *(p. 145)*.

NOS ADRESSES À AMIENS

TRANSPORTS

Vélam – *www.velam.amiens.fr.* Dispersées dans la ville, 26 stations de vélos à louer à la journée *(1 € de mise en service + 30 premières mn gratuites, puis 1 €/30mn)* ou à la semaine *(5 € de mise en service, puis mêmes conditions qu'à la journée). Payable aux bornes par carte bancaire.*

Pieto+ – *06 16 82 32 35 - mar.-vend. 10h-12h, 14h-18h30, sam. 10h-12h, 14h-17h45.* En priorité pour les personnes âgées ou à mobilité réduite, ce service de voiturette gratuit se réserve au kiosque de la pl. Gambetta, en le hélant dans la rue ou par téléphone.

Cycloville – *06 67 67 36 97 - mar.-sam. 10h-18h30 - prise en charge 1 € dans la zone 1 (centre-ville) ou 2 € dans la zone 2 (hortillonnages, parc zoologique) puis 1 €/km - possibilité de visite commentée (1h) 8 €.* Un transport vert pour circuler écolo dans la ville, sans se fatiguer. Les vélos-taxis accueillent deux personnes et sont conduits par un chauffeur.

HÉBERGEMENT

PREMIER PRIX

Hôtel Victor Hugo – *2 r. de l'Oratoire - ✆ 03 22 91 57 91 - www.hotel-a-amiens.com - Wifi - 10 ch. 46/50 - ☕ 7 €*. Petit hôtel familial à deux pas de la cathédrale gothique et de son *Ange pleureur*. Un vénérable escalier en bois mène à des chambres simples et bien tenues.

BUDGET MOYEN

Hôtel Alsace-Lorraine – *18 r. de la Morlière - ✆ 03 22 91 35 71 - 14 ch. 64/78 € - ☕ 8,50 €*. Vous ne serez pas déçu par le confort de cet aimable petit hôtel caché derrière une lourde porte cochère, à 5mn à pied du centre-ville et de la gare. Les chambres, égayées de tissus colorés, donnent sur la charmante cour intérieure, gage de calme absolu.

À proximité

Chambre d'hôte Le Petit Château – *2 r. Grimaux - 80480 Dury - ✆ 03 22 95 29 52 - http://perso.wanadoo.fr/am.saguez - P - 5 ch. 75/85 € ☕*. Un accueil charmant vous attend dans cette ancienne ferme, jadis dépendance du château local. Si vous aimez les voitures anciennes, le patron vous ouvrira les portes de son atelier.

POUR SE FAIRE PLAISIR

Ibis Styles Cathédrale – *17 pl. au Feurre - ✆ 03 22 22 00 20 - www.all-seasons-hotels.com - Wifi - 47 ch. 89/136 € ☕*. Au cœur du centre-ville, ce magnifique édifice du 18e s. abrite un hôtel aux chambres récemment rénovées, insonorisées et bien équipées (certaines conçues pour les familles).

Hôtel Carlton – *42 r. de Noyon - ✆ 03 22 97 72 22 - www.lecarlton.fr - Wifi - 24 ch. 85/115 € - ☕ 8,90 € - ✕ formule déj. 13 € - 21,90/31,90 €*. Cet immeuble du 19e s. proche de la gare abrite des chambres feutrées – mobilier en bois foncé, fresque murale – très bien insonorisées. Au restaurant, ambiance conviviale et esprit brasserie (banquettes, box...).

RESTAURATION

PREMIER PRIX

Le Petit Poucet – *52 r. des Trois-Cailloux - ✆ 03 22 91 42 32 - http://patisserielepetitpoucet.com - mar.-dim. 8h-19h - fermé lun., 9 juil.-6 août - ♿ - 10-15 €*. Ce bel établissement à la devanture noire est fort connu des Amiénois. Quiche, ficelle picarde ou assiette composée à midi, merveilleux chocolat à l'heure du goûter, ou pâtisseries maison à emporter.

BUDGET MOYEN

Le T'chiot Zinc – *18 r. de Noyon - ✆ 03 22 91 43 79 - fermé lun. (juil.-août), dim. et j. fériés (reste de l'année) - formule déj. 13 € - 16/27 €*. À deux pas de la tour Perret, dans une rue piétonne du centre, un bistrot typique, prisé des Amiénois. Sur un rythme cadencé, les serveurs envoient flamiche, cochon de lait et autres spécialités picardes. Le tout dans un cadre patiné par les années.

Le Bouchon – *10 r. Alexandre-Fatton - ✆ 03 22 92 14 32 - www.lebouchon.fr - fermé dim. soir - ♿ - formule déj. 18 € - 18/42 € bc*. Un « bouchon » chic où l'on retrouve les plats traditionnels mais aussi les fameuses spécialités lyonnaises (à l'ardoise). Cadre aux tonalités tendance et tableaux contemporains.

POUR SE FAIRE PLAISIR

Au Relais des Orfèvres – *14 r. des Orfèvres - ✆ 03 22 92 36 01 - www.restaurant-relais-orfevres.fr - fermé 3 sem. en août, 2 sem. en fév., sam. midi, dim. et lun. - formule déj. 23 € bc - 30/52 €*. Après avoir visité la superbe cathédrale, prenez place dans cette jolie salle à manger contemporaine (tons gris et rouge) pour savourer une cuisine au goût du jour à prix doux.

L'Orée de la Hotoie – *17 r. Jean-Jaurès - ✆ 03 22 91 37 05 - fermé 26 juil.-18 août, 20-27 déc., sam. midi, dim. soir et lun. - formule déj. 20 € - 29/56 €.* Appréciée pour son calme, cette petite maison, face à un parc, propose une cuisine traditionnelle concoctée par un chef passionné. Plaisante salle à manger aux teintes douces.

Les Marissons – *Pont de la Dodane - ✆ 03 22 92 96 66 - www.les-marissons.fr - fermé merc. midi, sam. midi et dim. - 19/46 €.* Atelier de bateaux du 15e s. sur un bras de la Somme du quartier St-Leu. Salle à manger cossue sous une belle charpente. Plaisant jardin-terrasse. Plats classiques.

À proximité

La Bonne Auberge – *63 rte Nationale - 80480 Dury - ✆ 03 22 95 03 33 - fermé 15 juil.-9 août, vac. de fév., dim. soir, mar. et merc. - formule déj. 20 € - 25/37 €.* Cette pimpante façade régionale est abondamment fleurie en été. Dans la salle à manger, récemment rajeunie, vous sera proposée une cuisine au goût du jour.

L'Abbatiale – *9 pl. Jean-Catelas - 80800 Corbie - ✆ 03 22 48 40 48 - www.hotel-restaurant-labbatiale.fr - fermé 25 déc.-1er janv., dim. - ♿ - Wifi - 18/28 € - 7 ch. 54/74 € - ☕ 6 €.* Face à l'église St-Pierre, cette maison familiale sans prétention accueille ses hôtes avec gentillesse et simplicité. Choisissez entre la carte brasserie ou le restaurant plus classique. Quelques chambres pour la nuit. Prix modestes.

ACHATS

Atelier de Jean-Pierre Facquier – *67 r. du Don - ✆ 03 22 92 49 52 - tlj sf dim. et lun. 14h-17h30, sam. 10h-17h30 sur RV - fermé 1 sem. en été.* M. Facquier donne vie, devant vous, à des personnages traditionnels ou à des créations, faits de morceaux de bois, et joue parfois avec leurs formes. Habillée par sa femme dans des tissus choisis avec soin, chaque pièce, unique, est un bijou d'artisanat.

Jean Trogneux – *1 r. Delambre - ✆ 03 22 71 17 17 - www.trogneux.fr - boutique : 9h30-19h - bar à chocolat : 10h-19h - fermé dim. et lun. mat.* Spécialité de la ville depuis le 16e s., le macaron d'Amiens, aux saveurs d'amande et de miel, connaît toujours autant de succès. La famille Trogneux, confiseur et chocolatier depuis cinq générations, en vend chaque année plus de deux millions. La boutique propose également une belle sélection de produits du terroir. Sur le parvis de la cathédrale, retrouvez le bar à chocolat : en-cas et spécialités picardes, chocolat chaud, dégustation de macarons, etc.

Marché sur l'eau – *✆ 03 22 71 60 50.* Les maraîchers des hortillonnages, aussi appelés hortillons, vendent leurs produits chaque sam. mat., pl. Parmentier. Et le 3e dim. de juin, le marché se déroule comme autrefois : les hortillons, en costume, arrivent dans leur barque à fond plat, pour déposer et vendre leurs fleurs et légumes à quai.

EN SOIRÉE

Théâtre de marionnettes « Chés cabotans d'Amiens » – *31 r. Édouard-David - quartier St-Leu - ✆ 03 22 22 30 90 -*

www.ches-cabotans-damiens.com - accueil expo avr.-août : tlj sf dim.mat. et lun. 10h-12h, 14h-18h ; de mi-oct. à fin mars : tlj sf lun. 14h-18h. Spectacles de mi juil. à fin août : tlj sf lun. 18h ; de mi-oct. à fin mars : dim. 15h ; vac. scol. : spectacles suppl. en sem. 14h30 - fermé de déb. sept. à mi-oct., 24 déc.-1er janv., j. fériés - 10 € le spectacle (-18 ans 6 €). Chaque marionnette a une histoire et un langage qui lui est propre (le picard ou le français), et surtout un visage remarquablement expressif que l'on peut admirer dans l'exposition du rez-de-chaussée. Un spectacle fascinant, dans un véritable théâtre miniature au décor très soigné.

Maison de la culture d'Amiens – *2 pl. Léon-Gontier - ✆ 03 22 97 79 79 - www.maisondelaculture-amiens.com - 13h-19h, sam. 14h-19h - fermé dim., j. fériés et lun. - tarif variable.* Deux salles de spectacle (1 070 et 300 places), un cinéma d'art et d'essai et deux salles d'exposition. Cette maison de toutes les cultures a une programmation riche et éclectique. Programme à l'accueil.

La Lune des Pirates – *17 quai Bélu - ✆ 03 22 97 88 01 - www.lalune.net - 20h-1h les soirs de concert - fermé juil.-août -10 € le concert.* Ancien café très connu des Amiénois, « La Lune » abrite aujourd'hui une salle de concerts dédiée aux musiques actuelles. Également à l'affiche : expositions et manifestations culturelles.

Comédie de Picardie – *62 r. des Jacobins - ✆ 03 22 22 20 20 - www.comdepic.com - 13h-19h, sam. 13h-18h - fermé août, dim. (sf si spectacle) et j. fériés - 18 € (-18 ans 12,50 €) le spectacle.* Cet ancien hôtel particulier entièrement restauré abrite un très joli théâtre de 400 places. Au programme de ce pôle régional de création et de diffusion dramatique, une quinzaine de titres et 250 représentations par saison.

À proximité

Laurent-Devime – *34 r. du Chêne - 80260 St-Gratien - ✆ 03 22 40 16 71.* Ce conteur organise plusieurs types de spectacles : veillées picardes, randonnées-contes à la campagne ou en ville, marionnettes et animations inspirées par le *kamishibaï*, théâtre d'images japonais. Atelier autour des traditionnels jeux picards.

ACTIVITÉS

Chés barboteux d'Amiens – *Île Ste-Aragone - écluse de Monières - ✆ 03 22 44 40 57 - merc. et sam. 14h-17h, reste de la sem. sur RV - fermé juil. - 5 € initiation 2h canoë ou kayak.* Location de canoë et de kayak, initiation, randonnées et descentes encadrées.

Le Picardie – *Port d'Amont - ✆ 03 22 92 16 40 - www.picroisi.c.la - de mi-avr. à mi-oct : croisière promenade 16h - fermé de mi-oct. à mi-avr. - 8,50 € (-10 ans 6,50 €) ; croisière repas 12h30-15h30 et 19h-21h - 41 € (-10 ans 22 €).* Plusieurs formules de croisières-promenades, déjeuner ou dîner à bord de ce bateau-restaurant.

Les bateaux de Saint-Leu – *Quai Bélu - ✆ 03 22 71 60 20 - de mi-juin à mi-sept. : merc.-vend.13h-17h30, w.-end 10h30-18h ; 7 avr.-mi-juin et de mi-sept. à mi-oct. : w.-end 10h30-18h - 5 € (-12 ans 3 €) 35mn avec un guide batelier.* À travers les nombreux canaux de ce quartier pittoresque, découverte en barque des maisons chatoyantes et de l'ambiance conviviale de Saint-Leu.

Balades en barque – *✆ 03 22 22 30 90 - juin-oct.* Visites en barque le long des canaux de Saint-Leu, départ du bd du Cange.

À proximité

Terrains d'aventure – *Allée des Cytises- 80250 Ailly-sur-Noye - ✆ 06 52 59 62 92 - www.terrainsdaventure.fr - mai-nov.: merc., w.-end et j. feriés 10h-19h ; tlj vac. scol. zone B ; hors saison: sur réserv. pour les groupes (à partir de 15 pers.) - 15 € (enf. 9 €, adulte accompagnateur gratuit).* Agréable parc de loisirs au milieu des bois de chênes et de hêtres majestueux. Petits (à partir de 2 ans) et grands, chacun y trouvera son bonheur parmi les nombreuses activités proposées : Aventure Kid (parcours aventure dans les arbres, sécurisé par un filet), chasse aux trésors, balade suspendue, chemin des explorateurs, Bungy Ejection (s'envoler à 20 m du sol pour côtoyer la cime des arbres... Une sensation unique !). Chaussez vos baskets et vivez l'aventure!

Locaboat holidays – *Chemin du Port - 80340 Cappy - ✆ 03 22 76 12 12 - www.locaboat.com - lun., vend. et sam. dép. 14h - fermé de la Toussaint à Pâques - 518-844 € w.-end, 1 036-1 813 € la sem.* Location de pénichettes sans permis, pour partir à la découverte du fleuve et de sa vallée. Au départ de Cappy, entre Péronne et St-Valery-sur-Somme.

Sorties nature – *32 rte d'Amiens - 80480 Dury - ✆ 03 22 33 24 27 - www.cpie80.com.* Le CPIE Vallée de Somme organise tout au long de l'année des sorties thématiques de découvertes et des ateliers.

AGENDA

Festival d'Amiens, musiques de jazz et d'ailleurs – *✆ 03 22 91 04 86 - www.amiensjazzfestival.com.* Au mois de mars, la ville reçoit le gratin mondial du jazz, toutes tendances confondues (afro, électro, classique…). Concerts dans les salles, les bars ou les rues.

« Amiens, la cathédrale en couleurs » – Le créateur Skertzò restitue par des jeux de lumière les polychromies des portails de la façade occidentale de la cathédrale d'Amiens (sur la base de données scientifiques). Le spectacle qui en découle est saisissant ! Il a lieu de juin à sept. à la tombée de la nuit, et du 1er déc. au 1er janv. à 19h.

Son et lumière « Le souffle de la terre » – *Ch. d'Haineville - 80250 Ailly-sur-Noye - ✆ 03 22 41 06 90 - www.aillysurnoye.com - août-sept. : vend. et sam. 21h30 - 16 € (5-12 ans 9 €) - rest. sous chapiteau dès 19h.* 3 000 personnages costumés, 35 cavaliers, nombre d'effets spéciaux (pyrotechnie, jeux d'eau et de lumière) pour ce spectacle grandeur nature, sur 4 ha, autour d'un plan d'eau, qui retrace la vie et l'histoire des habitants de Picardie depuis 2 000 ans.

Festival international du film d'Amiens – *www.filmfestamiens.org.* Autour du 15 nov., Amiens fait le tour des cinémas du monde entier, avec quelque 400 projections, des débats et des conférences à la Maison de la culture.

Parfums d'hiver – *www.marchedenoel.fr.* Tous les ans en déc., la ville accueille le plus grand marché de Noël du nord de la France. 125 chalets sont répartis dans tout le centre-ville.

Cité souterraine de Naours

★

1 151 Noriens – Somme (80)

NOS ADRESSES PAGE CI-CONTRE

SE REPÉRER

La Cité – *03 22 93 71 78 - www.grottesdenaours.com - mai-août : 9h30-18h30 ; reste de l'année : 10h-12h, 14h-17h - 11 € (-12 ans 9 €) - avec audioguide.*

SE REPÉRER

Carte de microrégion B2 (p. 114) – *Carte Michelin Départements 301 G7.* Sur un plateau calcaire à 13 km au nord d'Amiens. Accès par la N 25, que l'on quitte à Talmas pour la D 60.

ORGANISER SON TEMPS

Comptez 1h pour la visite.

AVEC LES ENFANTS

S'ils aiment la marche à pied, la visite leur plaira assurément.

Ce village, remarquable pour son architecture en torchis, doit surtout sa réputation à son incroyable réseau de grottes-refuges, creusées dans le calcaire du plateau voisin. Ces abris sont encore nombreux en Picardie et dans une partie de l'Artois. On les nomme « creuttes », « boves » ou « muches », c'est-à-dire « cachettes » en picard.

Découvrir

La cité souterraine pouvait abriter 3 000 personnes avec leur cheptel et comprend 2 km de rues, des places, 300 chambres, trois chapelles, des étables, une boulangerie avec fours… Des cheminées relient les galeries à la surface du plateau, 30 m plus haut. Lors de la visite, on découvre les composantes du terrain : craie, argile, silex alignés en bancs parallèles.

Le **musée du Folklore** présente des métiers picards, à l'aide de dioramas géants et de personnages de cire.

On peut compléter la visite en montant sur la colline du Guet, où deux **moulins à vent** en bois, sur pivot, sont reconstitués – le village en possédait sept. Vues plongeantes sur Naours.

ORIGINES

Naours vient de *Nor*, dont il existe une mention en 57 av. J.-C. Vers 1340, Nor évolue en Nochere : « gouttière » en vieux français, allusion au relief de la ville. L'aménagement des *muches* remonterait aux invasions normandes (9e s.), mais c'est seulement au 14e s. que des documents les mentionnent. Elles sont très fréquentées lors des guerres de Religion et de la guerre de Trente ans. Au 18e s., les contrebandiers du sel s'y réfugient pour échapper aux gabelous. Tombées dans l'oubli, elles furent redécouvertes par le curé de Naours en 1887. Après les avoir explorées et déblayées, les habitants trouvèrent notamment, en 1905, un trésor de 20 pièces d'or. Les Allemands occupèrent les *muches* en 1942.

Les grottes-refuges de Naours.
Wysocki-Frances / hemis.fr

NOS ADRESSES À NAOURS

Voir aussi nos adresses à Amiens.

HÉBERGEMENT

PREMIER PRIX

Chambre d'hôte Au Logis de l'Oie – *10 r. du Cul-de-Sac - 03 22 93 72 62 - ♿ P - 5 ch. 52 € ☕ - 🍴 20 €.* Cette fermette de style picard compte cinq chambres, décorées avec goût selon un mélange d'ancien et de contemporain. Le mobilier qui orne les différentes pièces trahit le petit faible de la propriétaire pour les brocantes. Table d'hôte régionale préparée de façon copieuse avec un maximum de produits maison.

PETITE PAUSE

À Canaples

La Chèvrerie de Canaples – *172 r. de Fieffes - 6 km au nord de Naours par D 60 et D 933 - 03 22 52 93 06 - www.chevrerie-canaples.com - réserv. obligatoire - fermé nov.-mars, dim. et j. fériés.* Voici une façon originale de terminer la visite des grottes : cette adresse propose des goûters fermiers *(sur réserv. et pour 10 pers. min)* ou des dégustations de fromages *(sf 12h-14h)*. Visite libre de l'élevage de chèvres *(merc., vend. et sam. apr.-midi)*. Boutique de produits régionaux.

Doullens

6 339 Doullenais – Somme (80)

S'INFORMER
Office de tourisme – *03 22 32 54 52 - avr.-sept. : 10h-12h, 14h-18h ; reste de l'année : 10h-12h, 14h-17h - fermé dim. et j. fériés.*

SE REPÉRER
Carte de microrégion B1 (p. 114) – *Carte Michelin Départements 301 H7.*
Doullens se trouve dans le nord du département de la Somme. On peut y accéder par la N 25, la D 916 ou la D 925 (d'Abbeville).

À NE PAS MANQUER
La citadelle ; le château de Lucheux.

ORGANISER SON TEMPS
En semaine ou le samedi matin pour la salle « du Commandement unique » (hôtel de ville) ; la visite de la citadelle.

Tranquillement installée sur les premiers méandres de l'Authie, Doullens a su préserver son caractère picard, avec ses maisons de brique et de pierre à lucarnes saillantes. Dominant la ville, la citadelle, devenue prison d'État, a logé des personnages célèbres : Blanqui, Raspail et Albertine Sarrazin. Tandis que l'hôtel de ville a accueilli le maréchal Foch pour un moment historique, en mars 1918.

Se promener

Hôtel de ville

03 22 77 00 07 - http://mairie-doullens.fr - ♿ - 9h-12h, 14h-17h, sam. 10h-12h - fermé dim. et j. fériés - gratuit - possibilité de visite guidée sur demande préalable à l'office de tourisme ou à Mme Vallart au 03 22 77 02 55.

C'est dans la salle dite « du Commandement unique » que le général Foch fut désigné, le 26 mars 1918, pour diriger les forces françaises et britanniques. Photographies, documents, bustes et vitrail de Gérard Ansart rappellent cet événement, décisif pour la victoire.

Église Notre-Dame

03 22 32 54 52 - visite guidée - h, se rens. - gratuit - sur demande à l'office de tourisme.

Elle date du 13e s., mais fut presque entièrement reconstruite aux 15e et 16e s.

FIN MARS 1918

L'offensive de Ludendorff vers la mer menace de faire sauter la charnière entre les armées française et anglaise. Des problèmes de commandement aggravent la situation. Le 26 mars, à l'hôtel de ville de Doullens, une conférence réunit, dans la salle du conseil, lord Milner, le maréchal Douglas Haig et le général Wilson, d'une part, Poincaré, Clemenceau, Foch et Pétain, d'autre part. Au cours des débats, Douglas Haig déclare : « Si le général Foch consentait à me donner ses avis, je les écouterais bien volontiers. » Une fois le commandement unique adopté, Foch conduira les armées alliées à la victoire.

Le chœur à chevet plat et le transept sont voûtés d'ogives. La salle basse (bras droit du transept) abrite une **Mise au Tombeau★** (1583) que ses personnages grandeur nature rendent particulièrement saisissante.

Musée Lombart

03 22 77 02 55 - 14h-17h, sam. et 1er dim. du mois 10h-12h, 14h-17h, mat. sur demande préalable (se rens.) - fermé j. fériés et lun., de mi-déc. à déb. janv. - 3 € (-16 ans gratuit) - 5 € (-16 ans gratuit) visite guidée, gratuit 1er dim. du mois - possibilité de visite guidée et ateliers sur demande préalable.
Situé dans l'ancien couvent des Dames de Louvencourt, il abrite des collections d'archéologie, de folklore et de peinture.

Citadelle

03 22 32 54 52 - visite guidée juil.-août : 14h-18h, dép. 14h30 et 16h30 ; juin et sept. : w.-end 14h-18h, dép. 14h30 et 16h30 - 5 € (-12 ans 3 €) - possibilité de faire le tour librement par les fossés.
Ville frontière entre 1435 et 1679, longtemps disputée par la France et l'Espagne qui occupait l'Artois, Doullens fut dotée par François Ier d'une citadelle à bastions et demi-lunes. Modernisée par Henri IV et Louis XIII, celle-ci comprend des éléments du 16e s. en pierre, et du 17e s. en brique. Une promenade dans les fossés permet de découvrir cinq demi-lunes intactes.

À proximité Carte de microrégion

Lucheux B1

6 km au nord-est par la D 5.
Village agréablement situé dans un vallon boisé. Les puissants comtes de Saint-Pol y séjournaient au Moyen Âge, et Jeanne d'Arc, prisonnière des Anglais, y passa quelques jours avant d'être transférée à Saint-Valery puis à Rouen.
Château – *03 22 32 54 52 - visite guidée sur demande préalable juil.-août : vend. et sam. 15h - 5 € (-7 ans gratuit) - visite guidée du château, beffroi et église par l'office de tourisme, dép. du château - parcours libre dans le village (dépliant gratuit disponible à l'office de tourisme).* À l'orée de la forêt de Lucheux, les ruines de la forteresse (12e-16e s.) toisent le bourg. Accès par la porte du Bourg flanquée de deux tours rondes à poivrières. La façade du corps de logis, à gauche, serait due à Bullant, frère aîné de l'architecte d'Écouen. Du 13e s., il reste la grande salle à baies géminées s'ouvrant sous des arcatures en tiers-point, et une curieuse console à trois têtes ; sur une motte, donjon roman de plan carré, doté de tourelles d'angle cylindriques.
Église – *03 22 32 54 52 - visite guidée sur demande à l'office de tourisme - dép. pl. du 8-Mai-1945 - juil.-août : 15h ; juin et sept. : w.-end 15h - 4 €.* Du 12e s. Croisée du transept et chœur présentent des chapiteaux romans historiés. Ceux du chœur évoquent les péchés capitaux : l'avarice est symbolisée par un Judas, la colère par un Goliath à qui deux hommes tirent les moustaches. Le chœur conserve ses voûtes d'ogives primitives, décorées de motifs sculptés.
Beffroi – Ancienne porte de ville datant des 12e et 14e s.

Albert

9 959 Albertins – Somme (80)

NOS ADRESSES PAGE 144

S'INFORMER

Office de tourisme – *9 r. Léon-Gambetta - 80300 Albert - ☏ 03 22 75 16 42 - www.tourisme-paysducoquelicot.com - avr.-sept. : 9h-12h30, 13h30-18h30 ; reste de l'année : 9h-12h30, 13h30-17h - possibilité de visite guidée, sur demande préalable, de la ville, des champs de bataille et des belvédères.*

SE REPÉRER

Carte de microrégion C2 (p. 115) – *Carte Michelin Départements 301 I8.* La D 929 contourne la ville par le sud, où l'Aérospatiale occupe les anciennes usines d'aviation Potez. L'Ancre traverse la ville du nord au sud.

À NE PAS MANQUER

Le musée des Abris « Somme 1916 » ; le circuit du Souvenir, et en particulier le mémorial de Beaumont-Hamel.

ORGANISER SON TEMPS

Optez plutôt pour la visite guidée au musée des Abris. Commencez par découvrir la ville (2h), pour consacrer l'après-midi au circuit des champs de bataille.

Proche du front lors de la bataille de la Somme en 1916, puis lors de la bataille de Picardie en 1918, la ville fut entièrement rebâtie après les terribles bombardements. Son architecture homogène – dont 250 façades dans le style Art déco – est typique de la reconstruction, tout comme celle des villages voisins. Albert est aussi le point de départ du circuit du Souvenir, à travers les champs de bataille de la Somme.

Se promener

Basilique N.-D-de-Brébières

Cet édifice néobyzantin en brique rouge, dont le clocher évoque un minaret, fut conçu par l'architecte amiénois Edmond Duthoit à la fin du 19e s. Détruit en 1915, il fut rebâti en 1929 par Louis Duthoit, son fils. Une jolie **Vierge à l'Enfant** dorée, du sculpteur Albert Roze, domine le clocher. Le 15 janvier 1915, un obus atteignit le pied du dôme de Notre-Dame. La statue de la Vierge s'inclina vers le sol et resta suspendue jusqu'au 16 avril 1918. Les communiqués du front la rendirent célèbre dans le monde entier sous le nom de « Vierge penchée ». À l'intérieur, Vierge miraculeuse (11e s.).

Musée des Abris « Somme 1916 »

R. Anicet-Godin - ☏ 03 22 75 16 17 - www.musee-somme-1916.eu - juin-sept. : 9h-18h ; fév.-mai et de déb. oct. à mi-déc. : 9h-12h, 14h-18h - 5,50 € (-18 ans 3,50 €).

Ce souterrain (230 m de long à 10 m sous terre) fut aménagé en 1939 en abri antiaérien. Le musée relate la vie quotidienne des soldats durant la Grande Guerre, à l'aide d'effets sonores et visuels.

À VOIR
La **gare** d'Albert expose un avion *Potez 36*, hommage au constructeur aéronautique du même nom, originaire de la région.

À proximité Carte de microrégion

Mailly-Maillet C1

12 km au nord d'Albert par la D 938, puis la D 919 à droite.

Ce bourg campagnard était un fief puissant, dont les seigneurs participèrent à plusieurs croisades. L'un d'entre eux périt avec son fils sur le champ de bataille d'Azincourt.

Église Saint-Pierre – *03 22 76 21 32 - ♿ - mar. et jeu. 14h-18h, reste de la sem. sur demande préalable, vac. scol. se rens. - fermé lun. et j. fériés.*

L'église, souvent remaniée, a été bâtie au 16e s. sous le patronage d'Isabeau d'Ailly, épouse de Jean III de Mailly. Son **portail★** de style gothique flamboyant fut construit à partir de 1509. Au trumeau, Christ de pitié, dit Dieu piteux ! De part et d'autre du gâble en accolade, un grand registre sculpté montre Adam et Ève chassés du paradis, Adam bêchant et Ève filant, le meurtre d'Abel : on distingue une sirène, un dieu marin et un dauphin couronné, allusion à l'avènement de François Ier. Isabeau d'Ailly est représentée *(à gauche)* avec sa patronne, sainte Élisabeth, sous une tente dont deux angelots retroussent les courtines.

Chapelle Madame – *03 22 76 21 32 - visite sur RV uniquement.* Cette chapelle sépulcrale est située au bout d'une allée ombragée. Son architecture de type jésuite baroque est peu répandue dans la région. Le marquis de Mailly la fit construire au 18e s. pour y enterrer son épouse, décédée à l'âge de 26 ans. Dans une niche latérale, le sculpteur J.-B. Dupuis a représenté la marquise agenouillée sur un prie-Dieu, les mains jointes. Devant elle, deux enfants en larmes. Au sommet, un ange, une trompette à la main, s'apprête à sonner l'heure du Jugement dernier.

Circuit conseillé Carte de microrégion

LES CHAMPS DE BATAILLE DE LA SOMME

Circuit de 34 km tracé en rouge sur la carte (p. 115) – Comptez 1h.

À l'est et au nord d'Albert, le **circuit du Souvenir** (*p. 18*) évoque la mémoire des soldats étrangers de l'armée Douglas Haig, qui tombèrent lors de la bataille de la Somme, durant l'été 1916. Conçue par les états-majors alliés pour soulager Verdun, ce fut l'une des plus furieuses batailles de l'histoire et la plus sanglante de la Grande Guerre. Le circuit est devenu aujourd'hui un important site de pèlerinage pour des milliers de Britanniques qui viennent se recueillir sur la tombe de leurs ancêtres tombés sur le front.

LES PIPERS
Ils furent parmi les nombreux soldats qui périrent dans les tranchées de la Première Guerre mondiale. Sonnant la charge en tête des unités écossaises, canadiennes et irlandaises, ils payèrent le prix fort. Le département leur rend hommage par des commémorations au son des cornemuses.

Pour compléter vos connaissances sur la bataille, visitez l'**Historial de la Grande Guerre★★** à Péronne (p. 146).
Prenez la D 929 vers Bapaume au nord-est.
À droite, on aperçoit le premier cimetière britannique.

La Boisselle C2

Un cratère de la « guerre des mines » – le seul qui soit accessible – rappelle la furie des combats que connut ce village le 1er juillet 1916 lorsque débuta la bataille. Ce Lochnagar Crater est aujourd'hui la propriété d'un Anglais, Richard Dunning.
Empruntez la D 20 vers l'ouest, puis la D 151.

Mémorial de Thiepval C2

03 22 74 60 47 - www.historial.org - ♿ - mars-oct. : 10h-18h ; reste de l'année : 10h-17h - fermé de mi-déc. à mi-janv. - gratuit.
Transformé en forteresse souterraine par les Allemands, le village de Thiepval subit un siège des Britanniques long de 116 jours durant l'été 1916. Un impressionnant arc de triomphe en brique, haut de 45 m et visible de plusieurs kilomètres à la ronde, rappelle les noms des communes détruites et ceux de 73 367 disparus, gravés sur ses seize piliers. Un centre d'accueil et d'interprétation expose une maquette du mémorial et présente une chronologie des événements de 1914-1918. Un film *(45mn)* retrace la bataille de la Somme.
La **tour d'Ulster**, réplique de celle située près de Belfast, célèbre les soldats de la 36e division irlandaise. Elle abrite un autre centre d'accueil, plutôt réservé aux anglophones.
Prenez la D 73 à gauche, qui franchit l'Ancre.

★ Parc-mémorial de Beaumont-Hamel C1

03 22 76 70 86 - www.vac-acc.gc.ca - ♿ - avr.-oct. : 10h-18h ; reste de l'année : 9h-17h (h 2012, se rens.) - gratuit - possibilité de visite guidée sur demande préalable de mi-janv. à mi-déc.
Sur ce plateau battu par les vents, la division canadienne de Terre-Neuve perdit en juillet 1916 la plupart de ses hommes. Le site reste dans l'état où il se trouvait à la fin des hostilités : tranchées, cratères d'obus, avant-postes… En quelques centaines de mètres, on passe des lignes alliées aux tranchées allemandes. À l'entrée se trouve le **centre d'accueil et d'interprétation**, tenu par des Canadiens tout au long de l'année. Deux salles sont consacrées à la vie des Terre-Neuviens avant, pendant et après le conflit (reconstitution de la bataille, portraits de soldats). Une troisième est dédiée à des expositions temporaires. Dans le parc, au milieu des tranchées, trône le mémorial. Le monument, surmonté du caribou de Terre-Neuve, comporte un balcon d'orientation avec **vue** sur le champ de bataille. C'est un des sites les plus réalistes du circuit du Souvenir.
Reprenez la D 73, traversez Thiepval et poursuivez jusqu'à Pozières.

Mémorial de Pozières C2

Ce bourg était le verrou qu'il fallait faire sauter pour investir la colline de Thiepval : un objectif confié aux troupes d'Australie, relevées en septembre par celles du Canada. Sur le monument australien figurent les noms de 14 690 disparus. Le nom de Pozières est si renommé dans la mémoire australienne qu'il a été donné, après la guerre, à un village du Queensland.
Prenez la D 147, puis, à Bazentin, la D 20 sur la gauche.

Le mémorial franco-britannique de Thiepval.
Dave Collins / age fotostock

Mémorial de Longueval C2

2

03 22 85 02 17 - www.delvillewood.com - ♿ - avr.-oct. : 10h-17h30 ; reste de l'année : 10h-16h - fermé 1er janv., 25 déc., autres j. fériés (se rens.) - gratuit.

En juillet 1916, les positions des Sud-Africains furent attaquées par des obus lacrymogènes et asphyxiants. Après cinq jours, au prix de 90 000 tués et blessés, les Alliés reprirent le terrain, qu'ils surnommèrent Devil's Wood (« bois du Diable »).

Un **musée commémoratif** est installé dans une réplique réduite du château de Cape Town.

Sur la place centrale du village, face au poilu du monument aux morts, se dresse la statue, haute de 4 m, d'un sonneur de cornemuse, dit **Piper**, gravissant le parapet d'une tranchée. Le muret qui l'entoure porte les 22 insignes des régiments ayant perdu un des leurs durant la Grande Guerre. Au-delà du souvenir, le monument constitue un symbole de réconciliation entre les peuples par l'intermédiaire d'une musique aujourd'hui universellement interprétée.

Continuez sur la D 20, vers l'est.

Rancourt D2

Ce site a le triste privilège de regrouper trois cimetières : français, britannique et allemand. C'est aussi le haut lieu – et le seul – du souvenir de la participation française à la bataille de la Somme, avec sa nécropole de 8 566 soldats.

Revenez à Albert par la D 20 jusqu'à Ginchy, puis la D 64, ou poursuivez vers Péronne (p. 145).

NOS ADRESSES À ALBERT

VISITE

Champs de bataille de la Somme – *✆ 03 22 75 16 42 - www.somme14-18.com ou www.paysducoquelicot.com. Audioguide du circuit du Souvenir téléchargeable sur le site, et MP3 (18 €) en vente à l'office de tourisme et sur les sites touristiques.*

HÉBERGEMENT

BUDGET MOYEN

Hôtel de La Basilique – *3-5 r. Gambetta - ✆ 03 22 75 04 71 - www.hoteldelabasilique.fr - fermé 3 sem. en août, dim. soir et lun. - 10 ch. 62/82 € - ☕ 8 €.* En reprenant l'hôtel familial il y a quelques années, le fils en a profité pour rafraîchir les 10 chambres, réparties sur 2 étages. Toujours aussi simples, mais pourvues de literie, moquette et papier peint neufs. Une cuisine plus attractive avec quelques spécialités de poisson, comme l'anguille fumée et ses toasts.

POUR SE FAIRE PLAISIR

Hôtel de la Paix – *43 r. Victor-Hugo - ✆ 03 22 75 01 64 - P - 9 ch. 70/75 € - ☕ 6 €, demi-pension possible.* Construction des années 1920 abritant des chambres simples, mais récemment refaites. Sympathique accueil familial. Petite salle à manger rustique où l'on sert une cuisine tradionnelle à prix sages.

RESTAURATION

PREMIER PRIX

À proximité

La Taverne du Cochon Salé – *R. Albert - 80300 Authuille - 6 km au nord d'Albert par D 50 et D 151 - ✆ 03 22 75 46 14 - fermé 16 août-6 sept., 26 déc.-11 janv., dim. soir, lun. et mar. - ♿ P - formule déj. 12 € - 23/28 €.* On y mange, on y boit, on s'y plaît... Telle est la devise de ce restaurant repris en 2006 par deux anciens de la maison, M. Becquart aux fourneaux et M. Cauchefer en salle. Avec cette enseigne, le cochon est à l'honneur, bien sûr, sous toutes ses formes, mais tentez aussi l'original gâteau battu au foie gras.

ACTIVITÉS

À proximité

Aéro-club d'Albert-Méaulte – *33 r. Tien-Tsin - 80300 Méaulte - ✆ 03 22 75 34 24 - www.avion80.net - 25 € (-8 ans 13 €) baptême de l'air (15mn).* Ce centre d'apprentissage et d'initiation propose 3 circuits aériens pour découvrir les champs de bataille. Baptêmes de l'air.

AGENDA

Festival international du film animalier – *www.fifa.com.fr.* Chaque année durant la 2e quinzaine de mars. À cette occasion, le théâtre du Jeu de paume accueille plusieurs projections par jour.

Pèlerinage à N.-D. de Brebières – Pendant la 1re quinzaine de sept. Spectacles, célébrations religieuses, concerts…

Péronne

7 981 Péronnais – Somme (80)

NOS ADRESSES PAGE 147

S'INFORMER

Office de tourisme – *16 pl. André-Audinot - 80200 Péronne - 03 22 84 42 38 - www.hautesomme-tourisme.com - juil.-août : 9h-12h30, 13h30-18h30, dim. 10h-12h, 14h-17h ; avr.-juin et sept.-oct. : tlj sf dim. 10h-12h, 14h-18h ; reste de l'année : tlj sf dim. 10h-12h, 14h-17h, vend. 10h-12h, 14h-18h - nouveau support de découverte des champs de bataille de la Somme ; un audioguide du circuit du Souvenir téléchargeable gratuitement sur www.somme14-18.com et un MP3 en vente sur les sites et offices de tourisme.*

SE REPÉRER

Carte de microrégion D2 (p. 115) – *Carte Michelin Départements 301 K8.*
Entre Amiens et Saint-Quentin, accès par la D 1029, puis la D 1017 ou la D 44.

À NE PAS MANQUER

L'Historial de la Grande Guerre et ses eaux-fortes d'Otto Dix ; le chemin qui longe les remparts depuis la porte de Bretagne.

ORGANISER SON TEMPS

Au moins 2h pour la visite de l'Historial. Affinez vos connaissances sur le conflit en suivant le « circuit des champs de bataille de la Somme », ou « circuit du Souvenir », au départ d'Albert. Péronne peut en être une étape.

Péronne, la ville de l'anguille et de la bière Colvert… Port de commerce et de plaisance sur le canal du Nord, au confluent de la Cologne et de la Somme, elle s'étire le long d'étangs poissonneux et de « hardines », cultures maraîchères. Cette ancienne place forte a payé un lourd tribut en 1914-1918, période évoquée dans un musée moderne qui restitue la vie des populations durant la Grande Guerre.

UNE HISTOIRE AGITÉE

L'entrevue de Péronne – En 1468, elle réunit **Charles le Téméraire** et **Louis XI**, qui se disputent la Picardie. Louis, ayant soutenu l'insurrection des Liégeois contre Charles, est séquestré à Péronne par son rival. Pour recouvrer la liberté, il doit signer un traité humiliant et néfaste à ses intérêts, puisqu'il est obligé de se déclarer contre les Liégeois. Il se souviendra de l'affront… La petite histoire raconte que, pour attiser sa rancœur contre Charles le Téméraire, un perroquet lui répétait : « Péronne ! Péronne ! »

Les ravages de la guerre – Rattachée à la France après la mort du Téméraire (1477), la ville subit en 1536 un violent assaut de Charles Quint. Mais la résistance s'organise, galvanisée par l'héroïque **Marie Fouré**. Chaque année, en juillet, une procession et une fête commémorent l'événement.

En 1870, c'est au tour des Prussiens d'assiéger la ville, qu'ils bombardent treize jours durant. Occupée par les Allemands, Péronne sert de point d'appui lors de la bataille de la Somme en 1916. La ville est alors presque entièrement détruite.

IMPORTATION
L'anguille n'est plus pêchée dans la Somme, mais les pêcheurs locaux perpétuent la tradition en fumant des anguilles importées de la Loire et des Pays-Bas. Elles entrent dans la préparation de savoureuses spécialités gastronomiques locales : le pâté d'anguilles et les anguilles fumées.

Se promener

★★ Historial de la Grande Guerre

✆ 03 22 83 14 18 - www.historial.org - ♿ - 10h-18h - fermé de mi-déc. à mi-janv. - 7,50 € (-18 ans 3,80 €).

Ce musée est situé sur l'ancienne ligne de front de la bataille de la Somme. Le bâtiment en béton blanc, créé par l'architecte Henri-Édouard Ciriani, dessine des courbes douces encastrées dans le front sud-ouest de l'ancien château médiéval, en harmonie avec ses quatre belles tours cylindriques d'un diamètre de 9 mètres. Du côté de l'étang du Cam, une série de pilotis, des colonnes de béton blanc lisses et épurées, soulève le volume architectural, qui se reflète dans le plan d'eau. On accède aux salles par une faille, taillée dans le mur même du **château**, édifié au 13e s. par les comtes de Vermandois. Charles le Téméraire enferma Louis XI dans une de ses tours.

Musée trilingue, l'Historial explique la Première Guerre mondiale, ses origines et ses implications pour les civils, avec le souci constant d'offrir une vision comparative, celle des principaux pays – Allemagne, France, Royaume-Uni… – qui participèrent au conflit : une horreur dénoncée par les 50 eaux-fortes du peintre expressionniste allemand Otto Dix.

Des cartes jalonnent le parcours, permettant de suivre l'évolution des fronts. Chaque vitrine comporte trois niveaux, correspondant aux trois pays : objets, œuvres d'art, documents et courriers témoignent du quotidien des populations. Des excavations en marbre figurent les tranchées : les uniformes des soldats y sont entourés de pièces d'armement, d'effets personnels… Des bornes vidéo diffusent des films d'archives. Un film *(20mn)* évoque la bataille de la Somme.

Hôtel de ville

✆ 03 22 73 31 00 - www.ville-peronne.fr - 14h-17h30, sam. 9h-12h, 14h-16h30 - fermé dim. (sf J. du patrimoine), j. fériés et lun., de fin déc. à déb. janv. - gratuit.

Détruit pendant la bataille de la Somme, il fut reconstruit en 1927. Il présente une façade Renaissance flanquée de tourelles et, sur la rue Saint-Sauveur, un corps de bâtiment Louis XVI. À l'intérieur, le **musée Alfred-Danicourt** expose des monnaies antiques, et des bijoux gréco-romains et mérovingiens…

Porte de Bretagne

Cette porte (1602) conserve ses battants et forme un pavillon de brique à toit d'ardoises. Elle est ornée du blason et de la devise de Péronne. Au-delà du fossé, après la porte de la demi-lune, suivez les **remparts** de brique à chaînages de pierre (16e-17e s.). Jolie **vue** sur les étangs de la Cologne et les *hardines*.

NOS ADRESSES À PÉRONNE

Voir aussi nos adresses à Amiens.

HÉBERGEMENT

POUR SE FAIRE PLAISIR

À proximité
Hôtel Le Prieuré – *24 rte nationale - 80360 Rancourt - 03 22 85 04 43 - www.hotel-le-prieure.fr - Wifi - 27 ch. 68 € - 8 €, demi-pension possible - 22/43 €.* Architecture d'inspiration mauresque abritant des chambres personnalisées, plus spacieuses sur l'arrière. Au détour d'une arche, découvrez le bar écossais. Cuisine traditionnelle et régionale, à apprécier dans une salle élégante habillée de pierres et de briques.

RESTAURATION

BUDGET MOYEN

Hôtel-Restaurant Le St-Claude – *42 pl. du Cdt-Louis-Daudré - 03 22 79 49 49 - http://hotelsaintclaude.com - 15 € - 38 ch. 90/105 € - 10 €.* Joli cadre aux notes actuelles, pour une ambiance feutrée au restaurant. Carte au goût du jour. Cet hôtel du centre-ville a été entièrement rénové et modernisé. Les chambres, simples et confortables, sont de bonnes dimensions.

2

Ham

5 207 Hamois – Somme (80)

NOS ADRESSES PAGE 149

S'INFORMER

Office de tourisme – *R. André-Audinot - 80400 Ham - 03 23 81 30 00 - www.hautesomme-tourisme.com - mai-sept. : merc.-vend. 10h-12h, 14h-17h30 - fermé 1er Mai.*

SE REPÉRER

Carte de microrégion D3 (p. 115) – *Carte Michelin Départements 301 L9.* C'est ici que la Somme entre dans le département du même nom. Ham se trouve à l'est d'Amiens et à 18 km au sud-ouest de Saint-Quentin. Accès par la D 930 au départ de Saint-Quentin ou, au départ d'Amiens, par la D 934 puis la D 930 que l'on prend à Roye.

À NE PAS MANQUER

L'église Notre-Dame ; les fresques de la gare.

ORGANISER SON TEMPS

Prévoyez 1h pour la visite de la ville, 2h pour le circuit.

AVEC LES ENFANTS

Le défilé des géants *(fin avr.-déb. mai).*

Entre Santerre et Vermandois, cette ancienne place forte est située dans la haute vallée marécageuse de la Somme. Ville industrielle et cité sucrière, elle conserve un port fluvial actif, liant les canaux de la Somme et de Saint-Quentin. Ham est aussi connue pour sa prison, dont le futur Napoléon III s'évada en 1846.

Se promener

Église Notre-Dame

En bordure de l'enceinte, cette ancienne abbatiale est de style romano-gothique (12e-13e s.). Les parties hautes de la nef ont été refaites au 17e s. dans un style s'accordant avec la construction primitive. La façade à portail roman et le transept sont percés d'un triplet (trois baies associées). L'intérieur, en dehors du transept et du chœur, a été rhabillé au 17e s. Sur la droite, bâtiments de l'**ancienne abbaye** (1701). La très belle **crypte** de Notre-Dame est fermée au public, mais on peut la visiter sur demande à l'office de tourisme.

Les fresques de la gare

La gare de Ham fut rebâtie en 1929, après sa destruction par les Allemands en 1917. D'extérieur, elle reste assez banale, malgré quelques touches Art déco. Mais l'intérieur vaut un coup d'œil, notamment pour ses grandes **fresques**. Quatre tableaux réalisés par Marie-Fernande van Driesten-Parys, née à Lille en 1874 : l'histoire du château ; l'industrie sucrière, qui a fait la richesse de la ville ; les grandes cultures céréalières, symboles du Santerre ; les blasons des communes environnantes.

Circuit conseillé Carte de microrégion

LE PAYS HAMOIS

Circuit de 35 km tracé en violet sur la carte (p. 115) – Comptez env. 2h. Quittez Ham par la D 937, direction Péronne. Traversez Sancourt, Matigny et rejoignez Croix-Moligneaux.

UNE PRISON D'ÉTAT

Le château de Ham, détruit en 1917 par les Allemands, était une forteresse aux murs épais de 11 m par endroits. Sa construction, commencée au 13e s., avait été achevée au 15e s. Utilisé dès son origine comme prison politique, Ham reçut à ce titre, au 18e s., le corsaire Cassard et Mirabeau, puis, après la Révolution de 1830, les ministres de Charles X. Le plus illustre détenu reste Louis Napoléon Bonaparte, emprisonné ici après son débarquement manqué à Boulogne. Le futur **Napoléon III** y passa six ans à écrire et… à filer le parfait amour avec la fille de son geôlier ! Il s'évada le 25 mai 1846, déguisé en maçon, franchit le poste de garde et passa en Angleterre. Du grand château érigé par la puissante famille du Luxembourg au 15e s. ne subsiste aujourd'hui que la tour de la Porte. On y aperçoit en lettres gothiques la devise de Louis de Luxembourg, connétable de France et beau-frère de Louis XI : « Mo Myeux », c'est-à-dire : « Ce que j'ai fait de mieux ». *Ne se visite pas.*

Friandises historiques – L'hamoise est un bonbon qui rappelle l'évasion de Louis Napoléon, tandis que les croquants du général Foy sont à l'effigie de cet officier napoléonien né à Ham en 1775.

Autour de Ham s'étend le plateau santerrois, dominant la haute vallée de la Somme. C'est le pays des grandes exploitations agricoles, parfois démesurées, des champs ouverts à perte de vue et le royaume de l'industrie sucrière.

Croix-Moligneaux D2

Petit village tout en briques et accueillant quelques belles maisons de maître. En son centre, l'**église Saint-Médard** *(visite sur demande à la mairie ✆ 03 22 88 90 64)*, édifiée au 13e s., présente un porche Renaissance et un maître-autel du 17e s. Remarquez le clocher à deux coqs, marque féodale du puissant marquisat de Nesle.

Poursuivez sur la D 937 jusqu'à Athies.

Athies D2

Le roi des Francs Clotaire Ier, fils de Clovis, possédait ici un palais où fut élevée Radegonde, sa future épouse qui, retirée à Poitiers, y fonda un monastère et fut canonisée. L'**église** présente un beau portail du 13e s. à tympan sculpté. On y voit une Nativité et une Fuite en Égypte.

À l'entrée du village, prenez à gauche la D 45. À Ennemain, quittez le plateau pour descendre vers la Somme. Prenez la D 103 jusquà Falvy.

Falvy D2

L'**église** rurale du 12e s., rustique et bien conservée, mêle art roman et gothique primitif, les arcs en plein cintre alternant avec les arcs voûtés. Du perron, **vue** sur les étangs de la vallée de la Somme.

Prenez la direction de Y.

Remarquez au passage que c'est le nom de village le plus court de France. La Somme possède aussi le plus long, Saint-Quentin-la-Motte-Croix-au-Bailly, sur le littoral, entre Ault et Eu.

Prenez la D 615 direction Ham, puis la D 17 jusqu'à Offoy.

2

Offoy D3

Le village est entouré de marais et d'étangs qu'irriguent la Somme, toute proche. Belle **vue** sur la vallée et possibilité de pêche.

Rejoignez la D 930, que l'on prend à gauche.

Eppeville D3

La petite ville en périphérie de Ham abrite une des plus grandes sucreries du nord de la France. Sur votre gauche, remarquez les immenses bâtiments de la sucrerie Saint-Louis, en briques rouges, des années 1930. C'est le poumon économique de la région, employant encore plusieurs centaines de salariés.

Poursuivez tout droit jusqu'à Ham.

NOS ADRESSES À HAM

Voir aussi nos adresses à Péronne et Amiens.

HÉBERGEMENT

BUDGET MOYEN

Hôtel Le France – *5 pl. de l'Hôtel-de-Ville - ✆ 03 23 81 00 22 - www.lefrance-ham.com - fermé dim. soir - 14 ch. 61/67 € - ☕ 8 €, demi-pension possible*. Le dernier hôtel-restaurant de la ville, repris et relooké il y a quelques années, compte 14 chambres à l'étage, très simples mais fort convenables. Le buffet vaisselier et la rôtissoire confèrent un charme convivial à la salle à manger. Menus variés, recettes picardes et grand choix de poissons.

ACHATS

À proximité

Les Canards de la Germaine – *3 r. de l'Église - 80400 Sancourt - 3 km au nord-ouest de Ham par D 937 - ✆ 03 23 81 01 57 - www.sancourt.com - boutique : 9h-12h30, 14h-19h, dim. 10h-12h, 14h-16h.* Cette ferme familiale est spécialisée dans l'élevage de canards et produit foies gras, confits, magrets, pâtés et rillettes de canard. Elle propose également des volailles (poulets, coqs, pintades, canes), des lapins et des œufs.

ACTIVITÉS

Canoë-kayak Club - Base nautique d'Estouilly – *R. du Moulin - ✆ 06 10 17 23 48 - sur réserv. - 5 € location kayak 1h.* Location de canoës et de kayaks, randonnée accompagnée.

À proximité

Domaine des Îles – *9 r. du Moulin - 80400 Offoy - 6 km au nord-ouest de Ham - ✆ 03 23 81 10 55 - www.domaine-des-iles.com - fermé fév. - réserv. obligatoire.* Parc de 35 ha dont 18 d'étangs et 5 km de canaux : ce domaine est dédié aux plaisirs de la pêche en eau douce. Chalets de pêche loués en formules week-end, « mid-week » ou à la semaine. Brochet, carpe, silure ou gardon sont au bout de l'hameçon

Le Vivier d'Omignon – *28 r. de l'Église - 80200 St-Christ-Briost - ✆ 03 22 84 13 05 - www.vivier-omignon.com - fermé de mi-déc. à mi-janv. - 4 € visite avec dégustation.* C'est l'un des derniers sites de fumage d'anguilles sauvages de la vallée de la Somme. Visite guidée d'une anguillère et d'un fumoir (sur réserv.), restauration et hébergement possibles sur place, pêche sur un étang de 20 ha, parc animalier et jeux pour enfants.

AGENDA

Le mariage des géants - Chaque année, le dernier w.-end d'avril ou 1er de mai, la ville met ses géants à l'honneur. Tchou'Jaques sort de l'ombre pour laisser éclater au grand jour son amour pour Armandine. Ham fête ainsi joyeusement les noces des deux géants. Mais ils ont consommé avant le mariage et déjà donné naissance à leur premier fils, Dudule, le troisième géant de la ville. Mais qu'importe pour les Hamois, pourvu que la fête soit réussie…

Montdidier

6 083 Montdidériens – Somme (80)

NOS ADRESSES PAGE 155

S'INFORMER

Office de tourisme – *5 pl. du Gén.-de-Gaulle - 80500 Montdidier - ✆ 03 22 78 92 00 - www.montdidier-tourisme.fr - avr.-sept. : 9h-12h, 14h-18h, dim. et j. fériés 10h-12h, lun. 14h-18h ; reste de l'année : tlj sf dim., j. fériés et lun. 9h-12h, 14h-18h, sam. 9h-12h - fermé de mi-déc. à mi-janv., dim. et lun. de Pâques, 1er Mai, dim. de Pentecôte - labellisé Tourisme et handicap.*

SE REPÉRER

Carte de microrégion C3 (p. 115) – *Carte Michelin Départements 301 I10.*
À l'intersection de la D 930 et de la D 935, Montdidier se trouve à égale distance de Compiègne et d'Amiens.

À NE PAS MANQUER

Le portail de l'église Saint-Pierre ; les vitraux de Grüber et les tapisseries dans l'église du Saint-Sépulcre ; le tombeau de Raoul de Lannoy et de Jeanne de Poix dans l'église de Folleville.

ORGANISER SON TEMPS

Si vous le pouvez, venez plutôt au mois de septembre, durant les fêtes médiévales de Folleville.

Bâtie sur le flanc d'un coteau crayeux, à l'extrémité sud-ouest du plateau du Santerre, la cité de Parmentier fut gravement endommagée lors de la Première Guerre mondiale. Après être née de ses cendres en 1931, époque de l'édification de son actuel hôtel de ville et de la reconstruction de ses deux églises, la calme cité poursuit son développement grâce au commerce et à l'industrie.

Se promener

Hôtel de ville

L'intérieur de ce bâtiment de style Art déco est décoré de peintures murales de Maurice Picaud, dit « Pico », illustrant l'histoire de la ville. Dans le hall, l'impressionnant lustre en fer forgé pèserait plus d'une tonne.

Église du Saint-Sépulcre

Ouverture sur demande à l'office de tourisme.

L'église du 16e s., de style gothique flamboyant, fut rebâtie à l'identique dans les années 1930 après sa destruction en 1918. À l'intérieur, outre une Mise au Tombeau du 16e s., on peut admirer de rares exemples de vitraux de Jacques Grüber à thèmes religieux. Fidèle au style caractéristique de l'école de Nancy, l'artiste a représenté l'histoire du peuple hébreu, la découverte de la vraie Croix et les croisades. Quant aux six tapisseries de Bruxelles exposées dans la nef, elles furent tissées au 17e s. et illustrent plusieurs épisodes de l'Exode.

Église Saint-Pierre

Ouverture sur demande à l'office de tourisme.

Édifiée entre le 14e s. et le 16e s., cette église subit le même sort que la précédente. On doit le portail à Chappion, maître maçon de la cathédrale de

Beauvais. À l'intérieur, belle Mise au Tombeau (16e s.), fonts baptismaux romano-byzantins du 11e s. et christ roman (12e s.).

Prieuré

Bâti au 14e s. grâce aux pierres d'un ancien donjon, l'édifice servit principalement à rendre la justice : auditoire royal puis palais de justice, il subit les dommages de 1914-1918. Reconstruit dans le style néogothique, il accueille aujourd'hui le Trésor public. Au bout de la promenade du prieuré, **vue** sur la vallée des Trois Doms.

À proximité Carte de microrégion

★ Église et vestiges du château de Folleville B3

18 km à l'ouest par la D 26 puis la D 109.

03 22 41 49 52 - http://folleville-chateau-medieval.jimdo.com - mai-sept. : 10h-12h, 14h-18h - fermé lun. et j. fériés - 3 € (-12 ans 1,50 €) - gratuit J. du patrimoine.
Le petit village, sur une butte qui domine la vallée de la Noye, fut jadis le fief de Raoul de Lannoy, chambellan et conseiller de Louis XI, Charles VIII et Louis XII. Le courage dont il fit preuve au siège du Quesnoy (1477) lui valut ce mot de Louis XI, lui passant au cou une chaîne d'or : « Pasques Dieu, mon amy, vous estes trop furieux en un combat, il vous faut enchaîner pour modérer votre ardeur, car je ne vous veux point perdre… » La famille de Lannoy se rallia au 16e s. au protestantisme. En 1621, un bateau d'émigrants, fuyant les persécutions liées aux guerres de Religion, débarqua à Plymouth, en Amérique du Nord. Parmi les colons, un certain Philippe de Lannoy, descendant des seigneurs de Folleville… et ancêtre d'un futur président américain. De son nom aurait dérivé plus tard celui de Delano.

★ **Église** – Cette église des 15e et 16e s. est ornée, à l'extérieur, d'une statue de saint Jacques *(angle de la façade)* et d'une Vierge à l'Enfant *(contrefort)*. La **nef**, de style gothique rural, comporte, près de l'entrée, des fonts baptismaux Renaissance, dont la vasque en marbre de Carrare est sculptée de la chaîne donnée par Louis XI à Raoul de Lannoy. La chaire est celle où prêcha Vincent de Paul. L'architecture gothique flamboyant du **chœur★** comporte une décoration Renaissance ; observez les voûtes aux nervures finement découpées.

Le premier **tombeau★★** à gauche est celui de Raoul de Lannoy et de sa femme, Jeanne de Poix. Le sarcophage de marbre blanc a été réalisé en 1507 par le Milanais Antonio Della Porta. On aperçoit ici encore la fameuse chaîne en or. Sur la base du tombeau, les armes des familles et l'épitaphe, flanquées d'enfants pleureurs. Le fond du tombeau est semé de guirlandes de fleurs de pois, allusion au nom de la dame du lieu. Une double accolade couronne l'enfeu, encadrant une gracieuse Vierge à l'Enfant sortie d'une fleur de lys. Le second **tombeau★** montre l'évolution de l'art funéraire, passé en cinquante ans des gisants aux priants de pierre. Ceux-ci figurent François de Lannoy, fils de Raoul, mort en 1548, et sa femme, Marie d'Hangest. L'encadrement de marbre blanc est orné des effigies des Vertus cardinales. Derrière l'autel s'ouvre un grand **enfeu** à arc découpé en festons et surmonté d'une accolade. Le Christ y apparaît à Madeleine. Sur les côtés, des anges portent les attributs de la Passion. À droite, une jolie **piscine** ornée de statuettes figurant saint François et saint Jean-Baptiste, patrons de François de Lannoy et de Jeanne de Poix.

Vestiges du château – *Ne se visite pas.* Il ne subsiste du château (13e-16e s.) que la tour de guet, haute de 25 m. Cylindrique à la base, elle devient hexagonale à hauteur des mâchicoulis, puis dodécagonale au sommet.

Gisants de Raoul de Lannoy et de sa femme, Jeanne de Poix, dans l'église de Folleville.
N. Leduc / Site de Folleville

2

Ravenel Hors carte

18 km au sud par la D 329, la D 929 jusqu'à Crèvecœur-le-Petit, puis la D 47.
Voici l'un des villages paisibles typiques du nord de l'Oise, qui tire son nom de la ravenelle, cousine sauvage du radis. Au 16e s., les terres picardes entre Ravenel et Rollot formaient le duché d'Halluin. Grands constructeurs et mécènes, les Halluin ont pourvu leur domaine d'églises remarquables, dont celle de Ravenel. Sa **tour★** associe les motifs flamboyants (parties aveugles) et Renaissance (parties ajourées). Les contreforts, couronnés de pinacles, et la tourelle d'escalier flamboyante relient les étages. Le couronnement Renaissance (1550) présente deux étages de baies au-dessus d'une balustrade ouvragée. Un dôme en charpente coiffe la plate-forme supérieure. Parmi les détails originaux, des logettes arrondies « meublent » les angles rentrants des contreforts.

Saint-Martin-aux-Bois Hors carte

6 km par la D 47, puis la D 73 à Maignelay-Montigny.
★ **Abbatiale Saint-Martin** – *✆ 03 44 51 03 55 - www.mairie-saint-martin-aux-bois.fr - juil.-août : dim. 14h-18h ; J. du patrimoine : sam. 14h-18h, dim. 10h-18h ; reste de l'année : sur demande à la mairie - fermé 1er janv., 25 déc. - gratuit - possibilité de visite guidée sur demande préalable.* Dominant la plaine picarde, elle est isolée à la limite nord du village *(accès par l'ancienne porte fortifiée),*

URBS CULTISSIMA

La devise de Montdidier, « Ville très cultivée », est issue d'une note de marge rédigée en 1648 par un prêtre et géographe abbevillois dans un de ses ouvrages : « ville très cultivée dont les indigènes l'emportent par la sagacité sur tous les Picards ». Cette réputation d'excellence se maintint tout au long des 18e et 19e s., en particulier grâce à quelques familles montdidériennes qui pourvurent régulièrement à la charge de conservateurs de la bibliothèque du roi (devenue Bibliothèque nationale) à Paris.

LE PÈRE DE LA POMME DE TERRE

Connue depuis le 16e s. en Europe, la pomme de terre est encore boudée en France lorsque **Antoine Augustin Parmentier**, né à Montdidier en 1737, vulgarisa sa culture à partir de 1786. Agronome et apothicaire, il a découvert ses qualités lors de sa captivité à Hanovre. La petite histoire précise qu'il fit garder son champ par des soldats afin d'attiser la curiosité pour ce tubercule. Une statue honore l'illustre propagateur de la pomme de terre sur la place qui porte son nom.

auquel elle a donné son nom. Le **vaisseau★** (13e s.), mutilé lors de la guerre de Cent ans, est très élancé : il est presque aussi haut (27 m) que large (31 m). Les piliers de la nef reçoivent très haut la retombée des voûtes. Un décor de lancettes et de roses aveugles anime les parois des bas-côtés. Au-dessus, sous chaque fenêtre haute, trois ouvertures tréflées percent le mur. Le chevet, chef-d'œuvre gothique rayonnant, est entièrement ajouré : la verrière à sept pans commence presque au ras du sol pour se terminer dans chaque lancette par un trèfle. À droite s'ouvre la gracieuse porte Renaissance de la sacristie. Une Vierge la surmonte. Les superbes **stalles** (fin du 15e s.) présentent un décor flamboyant. Leurs miséricordes illustrent des scènes de la vie quotidienne et des dictons populaires. Sur les jouées figurent deux des quatre Pères de l'Église latine : saint Jérôme à gauche, saint Ambroise à droite.

À Fleur d'O C3

9 km au nord par D 41.

03 22 78 09 83 - www.jardinafleurdo.com - ♿ - juin et sept. : 14h30-18h30 ; juil.-août : 14h30-18h30, w.-end sur demande préalable - 6 € (-12 ans gratuit) - 10 € billet combiné avec le jardin Lucine.

Trois jardins (2 ha) s'organisent harmonieusement autour d'un étang de 3 ha, baigné par la petite rivière de l'Avre. Jardins anglais, français et belle collection de 650 rosiers, anciens et modernes.

Roye C3

20 km au nord-ouest par la D 934.

Étagée sur le versant nord de la vallée de l'Avre, riche en blé et en betterave, Roye est le siège d'une sucrerie et d'un marché de grains. C'est aussi un centre industriel. La ville a été reconstruite après la guerre 1914-1918, y compris l'**église** qui conserve cependant son chœur du 16e s.

LA PREMIÈRE MISSION DE M. VINCENT

Janvier 1617. **Vincent de Paul** parcourt les terres de Françoise de Gondi, héritière par sa mère, Marie de Lannoy, du fief de Folleville. Les campagnes sont dans un état avancé de déchristianisation. Bouleversé, l'humble prêtre monte en chaire et parle au peuple de façon si éloquente qu'une confession générale s'ensuit. Vincent de Paul fonde, en 1625, la congrégation des Prêtres de la Mission (ou lazaristes).

NOS ADRESSES À MONTDIDIER

Voir aussi nos adresses à Amiens.

HÉBERGEMENT

POUR SE FAIRE PLAISIR

Hôtel Dijon – *1 pl. du 10-Août-1918 - 03 22 78 01 35 - fermé 8 août-1er sept., 24-31 déc., dim. soir - Wifi - 19 ch. 67 € - 8 €, demi-pension possible - formule déj. 14 € - 18/30 €.* Cet hôtel proche de la gare offre un cadre rustique soigné. Toutes les chambres ont été refaites; celles en façade sont équipées de double vitrage. Accueil charmant. Table traditionnelle dans la ville natale de Parmentier, promoteur de la pomme de terre.

AGENDA

Les Médiévales de Folleville – *03 22 41 49 52.* Le dernier w.-end de sept. Marché d'antan, restauration médiévale, animations costumées et combats de chevaliers.

Foire agricole de Montdidier – Chaque lun. de Pâques.

Marché de Saint-Nicolas – 1er w.-end de déc.

Poix-de-Picardie

2 388 Poyais – Somme (80)

NOS ADRESSES PAGE 157

S'INFORMER

Office de tourisme – *Juil.-août : tlj sf lun. 10h-12h, 16h-19h, sam. 10h-12h, 15h-18h, dim. 10h-12h ; mai-juin et sept. : sam. 10h-12h, 15h-18h, dim. 10h-12h ; avr. : dim. 10h-12h - fermé certains j. fériés (se rens.).*

SE REPÉRER

Carte de microrégion A3 (p. 114) – *Carte Michelin Départements 301 E9.* La localité a été rebâtie après les destructions de juin 1940. En amont se profile le viaduc de la voie ferrée Amiens-Rouen. La ville se trouve à 24 km au sud-ouest d'Amiens par la D 1029/E 44 et à 20 km au sud d'Airaines par la D 901.

À NE PAS MANQUER

Le circuit des Évoissons; l'église Saint-Antoine à Conty.

Sise sur les bords de la paisible rivière de la Selle, Poix fut le siège d'une principauté appartenant à la famille de Noailles. Les occupants, habiles au pic, étaient des durs à cuire. Aujourd'hui, faire une halte dans cette « station verte » de vacances est toujours un plaisir, car elle est conviviale et accueillante, dans la tradition picarde. On peut y découvrir quelques spécialités gastronomiques régionales.

Découvrir

Église Saint-Denis

☏ 03 22 90 09 98 - juil.-août : 15h-18h ; reste de l'année : visite guidée sur demande au syndicat d'initiative : ☏ 03 22 90 11 71.

Entourée du cimetière, l'église (16e s.) domine le bourg. Elle se dressait autrefois dans l'enceinte du château, dont quelques vestiges subsistent. De style gothique flamboyant, elle possède un portail surmonté d'une accolade. Près du portail, une niche abrite le saint patron portant dans ses mains sa tête tranchée. À l'intérieur, voyez les voûtes à liernes et tiercerons et à clefs pendantes polychromes. Dans le transept, piscines sculptées.

À proximité Carte de microrégion

Château de Courcelles-sous-Moyencourt A2

7 km au nord-est par la D 1029, puis à gauche par la D 258.

☏ 03 22 90 83 28 - visite guidée juil. et sept. : 14h30-18h (sous réserve de modification, se rens.) - 10 € (-18 ans 5 €).

On accède à cet élégant **château** du 18e s., construit en pierre à panneaux de brique, par un parc à la française, précédé d'un portail monumental.

Église Saint-Antoine de Conty B3

17 km à l'est par la D 920.

De style flamboyant homogène des 15e et 16e s., elle aligne sur son côté droit une étrange perspective de gargouilles très saillantes. Coiffée d'un comble pyramidal, comme la collégiale de Picquigny, la tour porte des traces d'éclats de boulets datant du siège de Conty par la Ligue (1589). À l'angle, statue de saint Antoine ermite. À gauche de la façade, un escalier mène à la fontaine Saint-Antoine.

Circuit conseillé Carte de microrégion

LES ÉVOISSONS

Circuit de 30 km tracé en bleu sur la carte (p. 114) – Comptez env. 2h. Au départ de Poix, prenez la D 920 vers Conty, à l'est.

L'itinéraire sillonne la campagne, le long de vallées plantées de peupliers où coulent des rivières poissonneuses.

La route longe **Blangy-sous-Poix**, dominé par une église romane au clocher polygonal (12e s.). Continuez jusqu'à **Famechon**, dont l'église de style gothique flamboyant date du 16e s.

Prenez à droite la D 94.

Guizancourt A3

Traversé par la rivière des Évoissons, ce village se blottit à flanc de coteau. À l'entrée, un sentier mène au sommet de la colline *(30mn AR)*, d'où l'on a une jolie **vue** sur la vallée.

Coupez la D 901 et prenez le chemin de Baudets qui suit la vallée jusqu'à Méréaucourt ; poursuivez vers Agnières.

Agnières A3

Église isolée au pied d'une motte féodale. Le chœur est du 13e s. Balade le long du sentier *(2 km)* autour de l'édifice.

Traversez Souplicourt, puis Sainte-Segrée.
Une forêt étend ses ombrages sur quelques kilomètres, puis la route débouche sur Saulchoy-sous-Poix.
À Lachapelle, prenez la D 919 pour rejoindre Poix.

NOS ADRESSES À POIX-DE-PICARDIE

HÉBERGEMENT

PREMIER PRIX

Camping municipal Le Bois des Pêcheurs – *Sortie ouest par D 919, rte de Formerie, au bord d'un ruisseau - ✆ 03 22 90 11 71 - www.ville-poix-de-picardie.fr - avr.-sept. - ♿ - 135 empl. 14 €.* Situé dans une station verte de vacances, ce camping compte 135 emplacements spacieux et délimités, dans un cadre soigné et sur un sol herbeux. Salle de télévision et laverie sur place. De nombreuses activités sont proposées à proximité : courts de tennis, piscine, cinéma et circuits de randonnée en forêt.

POUR SE FAIRE PLAISIR

Hôtel Le Cardinal – *Pl. de la République - ✆ 03 22 46 05 26 - http://lecardinal.poix.free.fr - fermé dim. soir - 30 ch. 67 € - ☕ 8 € - ✕ 14/30 €.* Entièrement restauré et remis aux normes après une longue fermeture, cet hôtel, dans un bâtiment imposant au cœur de la localité, a retrouvé sa fraîcheur. Desservies par un large couloir, les chambres, à l'étage, disposent toutes d'un agréable équipement actuel. Brasserie et restaurant élégant au rez-de-chaussée.

ACTIVITÉS

À proximité

Ateliers du Val de Selle – *47 rte de Lœuilly - 80160 Conty - ✆ 03 22 41 63 30 - www.val-de-selle.com.* Cette école d'équitation propose une gamme complète d'activités en relation avec les chevaux. Stages et cours, attelage et randonnées accompagnées, mais aussi location à la journée d'une roulotte aménagée, d'une capacité de 6 personnes. Équipement labellisé « Tourisme et Handicaps ». Hébergement de groupes.

+ d'adresses

Du Saint-Quentinois à la Thiérache 3

Carte Michelin Départements 306 – Aisne (02)

La cour du pavillon central au Palais social de Guise.

George Fessy / Département de l'Aisne

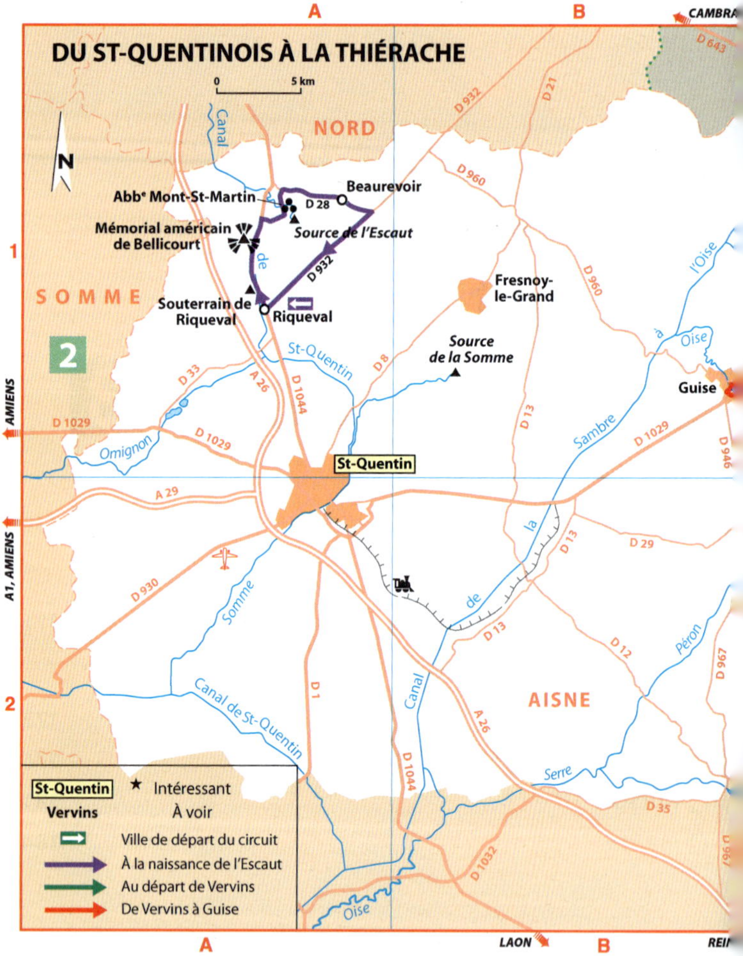
DU ST-QUENTINOIS À LA THIÉRACHE
0
5 km
N
A
B
1
2
NORD
SOMME
AISNE
CAMBRAI
AMIENS
A1, AMIENS
LAON
REIMS
Abbᵉ Mont-St-Martin
Beaurevoir
D 28
Source de l'Escaut
Mémorial américain de Bellicourt
D 932
Fresnoy-le-Grand
Souterrain de Riqueval
Riqueval
Source de la Somme
Guise
St-Quentin
D 1029
D 1044
D 33
A 26
A 29
D 930
D 1
D 8
D 13
D 960
D 21
D 643
D 946
D 29
D 12
D 967
D 35
D 1032
Canal de St-Quentin
Somme
Omignon
Sambre à l'Oise
Oise
Péron
Serre
St-Quentin
Intéressant
Vervins
À voir
Ville de départ du circuit
À la naissance de l'Escaut
Au départ de Vervins
De Vervins à Guise

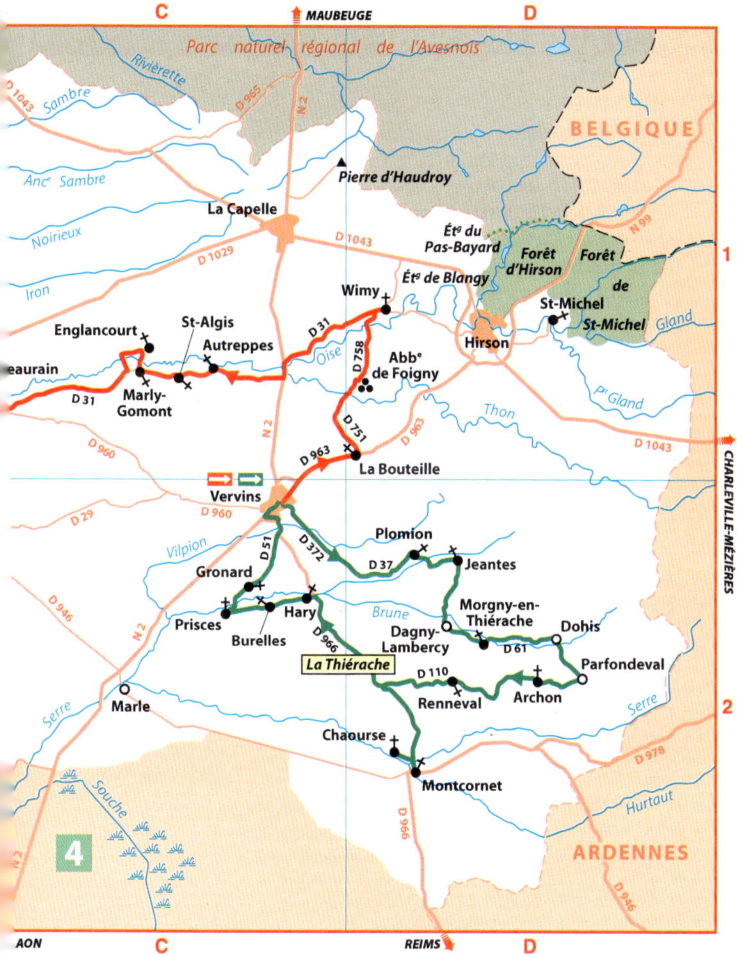
C
MAUBEUGE
D
Parc naturel régional de l'Avesnois
Rivièrette
D 1043
Sambre
D 965
N 2
BELGIQUE
Pierre d'Haudroy
Anc^e Sambre
La Capelle
Noirieux
Étg du Pas-Bayard
N 99
D 1043
D 1029
Forêt d'Hirson
Forêt de St-Michel
1
Étg de Blangy
Iron
Wimy
St-Michel
Gland
Englancourt
St-Algis
D 31
Autreppes
Hirson
Oise
D 758
Abb^e de Foigny
eaurain
D 31
Marly-Gomont
P^t Gland
Thon
N 2
D 751
D 963
D 960
D 1043
D 963
La Bouteille
CHARLEVILLE-MÉZIÈRES
Vervins
D 29
D 960
Plomion
D 372
D 51
Vilpion
D 37
Jeantes
Gronard
Morgny-en-Thiérache
D 946
Prisces
Hary
Brune
Dohis
Burelles
Dagny-Lambercy
D 61
D 966
Parfondeval
N 2
La Thiérache
D 110
Marle
Renneval
Archon
Serre
Serre
2
Chaourse
D 978
Montcornet
Souche
Hurtaut
D 966
4
ARDENNES
N 2
D 946
AON
C
REIMS
D

Saint-Quentin

★

55 971 Saint-Quentinois – Aisne (02)
103 781 habitants (agglomération)

NOS ADRESSES PAGE 169

S'INFORMER

Office de tourisme – *27 r. Victor-Basch - 02100 St-Quentin - ✆ 03 23 67 05 00 - www.saint-quentin-tourisme.fr - mai-sept. : 8h-12h, 13h30-18h, sam. 10h-12h30, 14h-18h, dim. et j. fériés 14h30-17h ; reste de l'année : tlj sf dim. et j. fériés 8h-12h, 13h30-18h, sam. 10h-12h, 14h-17h (sous réserve de modification, se rens.) - fermé 1er janv., 1er Mai, 1er et 11 Nov., 25 déc.*

Visite guidée – *www.saint-quentin-tourisme.fr - rens. à l'office de tourisme. St-Quentin, qui porte le label Ville d'art et d'histoire, propose des visites-découvertes animées par des guides-conférenciers agréés par le ministère de la Culture et de la Communication : la basilique, l'hôtel de ville, le circuit Art déco, etc.*

SE REPÉRER

Carte de microrégion A1-2 (p. 160) – *Carte Michelin Départements 306 B3.*
Étagée sur une colline calcaire truffée de caves et de souterrains, la ville veille sur le cours de la Somme canalisée traversant le marais d'Isle. C'est un nœud de trafics ferroviaire et fluvial entre Paris et les pays du Nord, la Manche et la Champagne. L'A 26/E 17 dessert Saint-Quentin, ainsi que la D 644 puis la D 1044 de Cambrai à Laon et Reims ; de Guise, prendre la D 1029.

À NE PAS MANQUER

La basilique ; les façades Art déco ; les portraits de Maurice Quentin de La Tour au musée Antoine-Lécuyer.

ORGANISER SON TEMPS

Comptez 2h pour la ville, 1h pour la basilique. Faites une pause au parc des Champs-Élysées avant d'entreprendre la visite du musée. Chaque période a son avantage : de déb.-juillet à mi-août, une plage envahit la place de l'Hôtel de Ville ; en décembre, c'est un village de Noël, avec ses équipements de sports d'hiver ; à la Pentecôte, les fêtes du Bouffon animent les rues.

AVEC LES ENFANTS

Le musée des Papillons dans l'Espace Saint-Jacques ; le Festival du livre et de la BD début avril ; la découverte adaptée de la Maison du textile à Fresnoy-le-Grand. Pour plus d'informations sur les visites et animations à destination des enfants, demandez le *Tchot Quentin mag'* à l'office de tourisme.

Centre névralgique de la cité, la Grand'Place donne la mesure de l'importance de la ville autrefois. Non loin de là se dresse la magnifique basilique érigée pour abriter les reliques de saint Quentin, même si, aujourd'hui, les pèlerins préfèrent aller au musée contempler les pastels de Maurice Quentin de La Tour, portraitiste officiel de Louis XV, ou parcourir les rues le regard levé pour repérer les détails des façades Art déco. C'est le style

Arcatures ogivées et pignons de style gothique flamboyant pour l'hôtel de ville de St-Quentin.
Hervé Gyssels / Photononstop

adopté lors de la reconstruction de la ville, durement éprouvée durant la Grande Guerre et redevenue une cité dynamique et animée, capitale économique de la haute Picardie.

Se promener Plan de ville

Circuit tracé en vert sur le plan de ville (p. 164) – Comptez 1h30.

★ Hôtel de ville A2

Pl. de l'Hôtel-de-Ville - ✆ 03 23 67 05 00 - www.saint-quentin-tourisme.fr - 8h-12h30, 13h15-17h30, sam. 8h30-12h - fermé dim. et j. fériés - gratuit - 4 € (-18 ans 2 €) visite guidée, gratuit J. du patrimoine - possibilité de visite guidée sur demande préalable, se rens. sur le site.

Joyau de l'art gothique flamboyant (début 16e s.), sa façade vigoureusement dessinée comporte des arcs en ogive ponctués de pinacles, des fenêtres à meneaux et un faux garde-corps (ajouté au 19e s.) surmonté de trois pignons. Les sculptures sont apparentées au style gothique flamboyant. Chaque étage de la façade présente un dessin différent qu'il faut prendre le temps de détailler. La rambarde fermant un des arcs du porche servait d'étalon aux marchands drapiers (l'aune saint-quentinoise mesurant environ 1,25 m).

Le **campanile** a été entièrement reconstruit au 18e s. Il abrite un très beau carillon de 37 cloches qui sonne tous les quarts d'heure. Aux pignons de la façade correspondent les voûtes des trois nefs, en forme de carène de bateau.

La **salle des mariages** conserve sa poutre ancienne et une très grande cheminée Renaissance (restaurée au 19e s.). Des blochets (pièces de charpente) sculptés montrent les principaux personnages de la ville : argentier, bourreau, mayeur (bourgmestre), architecte, bouffon…

La **salle du conseil** (ainsi que l'escalier et le palier de l'étage) présente un habillage Art déco d'une très belle unité ; les lambris sculptés représentent les métiers de la ville en 1925.

Sur la place de l'Hôtel-de-Ville, la maison faisant angle avec la rue Saint-André présente une façade Art déco ornée en hauteur de bas-reliefs figurant les différents métiers traditionnels de la ville.

Rue des Canonniers A2

Dans l'**hôtel Joly de Bammeville** (18e s.), au bel escalier à rampe en fer forgé, se trouve la bibliothèque municipale. Fondée en 1697, elle fut installée ici en 1934, après maintes péripéties. Le fonds ancien compte quelque 20 000 volumes. La verrière architecturale qui couvre la cour intérieure met en valeur la façade et les arcades sculptées du 18e s.

Au n° 21, la porte de l'**hôtel des Canonniers** présente des trophées militaires sculptés en bas relief.

De la place de l'Hôtel-de-Ville, gagnez la rue de la Sellerie.

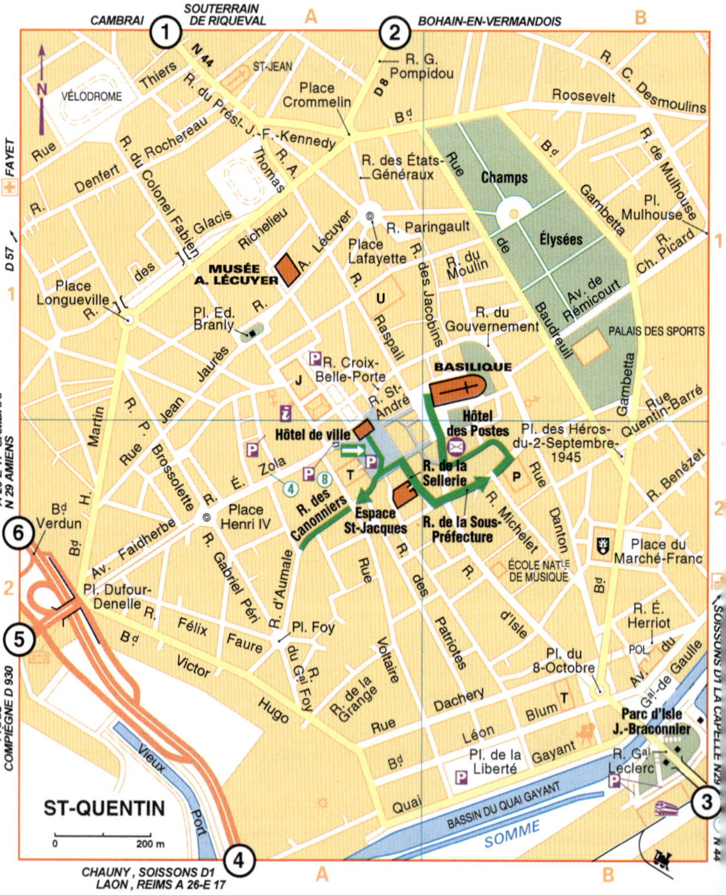

SE LOGER

Hostellerie du Château .... ①

Hôtel Le Florence .... ④

Hôtel Mémorial .... ⑧

Rue de la Sellerie AB2

Elle offre quelques beaux exemples de façades Art déco de part et d'autre de la façade néogothique de l'Espace Saint-Jacques. En face (n° 23), typique bow-window et toitures en cheminée de fée.

Espace Saint-Jacques A2

14 r. de la Sellerie.

À l'emplacement de l'église Saint-Jacques, ce très beau bâtiment néogothique, entièrement réaménagé autour de ses arcades, accueille une galerie d'art municipale (expositions temporaires d'arts plastiques).

Musée des Papillons – *☏ 03 23 06 93 93 - ♿ - 14h-18h - fermé mar., 1er janv., 1er Mai, dim. de Pentecôte, 14 Juil., 1er nov., 25 déc. - 2,60 € (-16 ans 1,60 €) - gratuit Fête de la science.* Aménagé au 1er étage, il contient la plus importante collection de papillons et d'insectes en Europe. On peut observer toute une gamme de formes et de couleurs, surtout chez les espèces exotiques.

Rue de la Sous-Préfecture B2

Beaux exemples de grands magasins et de maisons Art déco aux belles ferronneries : nos 13, 19/21 *(remarquez la mention « Appartemt » sur la porte)*, 25 (ancien garage) et 47 (mosaïques de façade).

Face à la préfecture, prenez la rue de l'Official.

Hôtel des postes B2

Construit en 1936 à l'emplacement de la maison natale de Maurice-Quentin de La Tour. Outre une belle porte en fer forgé et un lustre monumental Art déco, le hall d'entrée est orné de six **mosaïques** d'inspiration cubiste détaillant les différents modes de communication de l'époque.

En face, rue des Toiles, remarquez, à droite, la façade du **cinéma Le Carillon** avec sa belle enseigne aux dessins colorés.

3

★ Basilique B1

2 pl. de la Basilique - ☏ 03 23 67 05 00 - 9h-16h45, lun. 14h-16h45 - gratuit - 5 € (-12 ans gratuit) visite guidée, gratuit J. du patrimoine - ateliers créatifs enf. vac. scol.

La collégiale Saint-Quentin, devenue basilique en 1876, est un édifice gothique qui peut rivaliser avec maintes cathédrales. Déjà éprouvée pendant le siège de 1557, puis en 1669 par un incendie, bombardée en 1917, elle échappa de peu à la destruction totale en octobre 1918.

Extérieur – La façade ouest présente une tour-porche massive (vestige de l'église carolingienne) dont les parties basses remontent au 12e s. et les derniers étages au 17e s. Le couronnement a été refait après 1918. Depuis 1976, une flèche culmine à 82 m, comme autrefois.

Après avoir contourné la collégiale par la gauche, on pénètre dans le square Winston-Churchill, avec son puits en fer forgé. Il offre une **vue★** sur le grand et le petit transept ainsi que sur le chevet : admirez l'élan des arcs-boutants. Plus loin, on découvre d'autres perspectives sur le monument avant d'arriver à hauteur du bras sud du petit transept, où se tient la chapelle Saint-Fursy (15e s.). Joli porche Lamoureux, flamboyant *(côté gauche)*.

Intérieur – Hardie, la nef du 15e s. atteint 34 m de hauteur. Sur le sol est tracé un labyrinthe, long de 260 m, que les fidèles parcouraient à genoux. Au tout début du bas-côté droit, voyez l'arbre de Jessé sculpté (début 16e s.) et, dans la seconde chapelle, des peintures murales du 16e s. La visite des parties hautes, en saison, révèle une vue sur les pinacles et les contreforts, et jusqu'à Laon. D'une ampleur impressionnante, le **chœur★★** (13e s.) comprend un second transept et un double collatéral. Le déambulatoire à chapelles rayonnantes

D'hier à aujourd'hui

AUX ORIGINES

Un saint évangélisateur

À la fin du 3e s., Quentin vint évangéliser la région. La légende du saint précise qu'il subit de nombreux et atroces supplices avant d'être décapité et jeté dans la Somme. Son corps fut retrouvé intact cinquante-cinq ans plus tard, suscitant une dévotion renouvelée. Le lieu de sa sépulture prit son nom.

La convoitise espagnole – En 1557, Saint-Quentin fut l'enjeu d'une sanglante bataille au cours de laquelle l'armée du connétable de Montmorency, venue au secours des habitants, fut défaite par les Espagnols. Un vœu alors prononcé par Philippe II fut à l'origine de la construction du palais et monastère de l'Escurial, au nord-ouest de Madrid. La rivalité avec les Espagnols a depuis trouvé une fin heureuse dans le jumelage des villes de Saint-Quentin et de San Lorenzo del Escorial.

UN NOUVEAU PAYSAGE

Le canal de Saint-Quentin

Reliant les bassins de la Somme et de l'Oise à celui de l'Escaut, ce canal était, avant l'achèvement de celui du Nord, le plus important de France par son trafic, et le plus encombré. Long de près de 100 km, de Chauny à Cambrai, il était considéré par Napoléon Ier comme l'une des plus grandes réalisations de l'époque.

Deux sections le composent : de l'Oise à la Somme, le **canal Crozat**, dont le nom évoque le financier qui le fit creuser, et le **canal de Saint-Quentin** proprement dit, qui franchit le plateau entre Somme et Escaut grâce aux tunnels du Tronquoy (1 km de long) et de Riqueval. Le canal assure l'écoulement des sables, des graviers et des céréales vers la région parisienne.

La mise à grand gabarit, incluse dans un plan de travaux à long terme, doit améliorer les liaisons avec Dunkerque.

UNE NOUVELLE VILLE

Néoclassissisme du 19e s. – La ville, bien que détruite aux trois quarts entre 1914 et 1918, conserve quelques façades néoclassiques intéressantes, reflet de sa richesse industrielle au 19e s. En témoigne, sur la Grand'Place, le théâtre Jean-Vilar, bâti à partir de 1842 à l'italienne, avec une façade d'inspiration grecque, un style repris dans la rue Victor-Basch, par la Caisse d'épargne. Plus loin, face à l'office de tourisme, goûtez à la démesure de l'hôtel de Fervaques, érigé à la fin du 19e s. sur les bases d'une ancienne abbaye bénédictine. C'est aujourd'hui le siège du palais de justice.

Patrimoine Art déco – La ville a été rebâtie dans le style des années 1920 par l'architecte Guindez. Les façades, dont certaines reprennent la structure des pignons traditionnels flamands, sont agrémentées d'oriels, de balcons en saillie, de motifs géométriques (cannelures, volutes, vaguelettes…) ou floraux (roses, palmiers, corbeilles de fleurs…), de mosaïques et ferronneries. De très nombreux exemples jalonnent le centre : maisons, petits immeubles de rapport, grands magasins ; citons également l'École nationale de musique *(47 r. de l'Isle)*, le buffet de la gare et, à côté, le pont encadré de tours-lanternes.

LES BÉGUINAGES
Institution du Moyen Âge, le béguinage accueillait des femmes pieuses n'ayant pas prononcé de vœux. À Saint-Quentin, la tradition remonte au 13e s. L'essor de la population au 19e s. nécessita la construction de lieux d'hébergement pour personnes seules ou âgées, auxquels s'étendit l'appellation de béguinage. Aujourd'hui subsistent six petits enclos et six autres, plus grands, regroupant une quarantaine de maisons autour d'un jardin commun. Les plus intéressants sont situés rue du Moulin, rue Quentin-Barré (façades aux pignons à redans) et rue de Bellevue *(dans le prolongement de la rue Ch.-Picard).*

répond à un plan radioconcentrique unique à l'époque gothique ; les voûtes, à droite du déambulatoire, reposent sur deux colonnes, selon une disposition champenoise. La chapelle axiale conserve des vitraux anciens ; à l'entrée de la chapelle de gauche, statue de saint Michel (13e s.).
Les sculptures de la clôture du chœur, refaite au 19e s., illustrent la vie de saint Quentin. Le sacrarium en pierre (1409), ou armoire du trésor *(côté gauche),* abritait les vases sacrés. Admirez aussi les vitraux à grandes figures hiératiques dans les fenêtres hautes ; au centre et dans le bras nord du petit transept, deux verrières du 16e s. où figurent le martyre de sainte Catherine et celui de sainte Barbe.
Depuis l'extrémité du chœur, on admire avec le recul nécessaire le buffet d'orgue (1690-1703) dessiné par Bérain. L'instrument de Clicquot a été détruit en 1917. Il est remplacé par un orgue moderne de 74 jeux.

Champs-Élysées B1
Av. de Rémicourt.
On peut poursuivre la promenade par cet agréable parc public (10 ha), aménagé sous la Restauration à l'emplacement des fortifications : aires de jeux, de sport, jardin d'horticulture. Sur les avenues qui le bordent, belles demeures Art déco.

À voir aussi Plan de ville

★ Musée Antoine-Lécuyer A1
03 23 06 93 98 - www.museeantoinelecuyer.fr - juil.-août : 10h-12h, 14h-18h, dim. 14h-18h ; reste de l'année : 10h-12h, 14h-17h, sam. 10h-12h, 14h-18h, dim. 14h-18h - fermé mar., 1er janv., 1er Mai, dim. de Pentecôte, 14 Juil., 1er nov., 25 déc. - 2,60 € (-16 ans 1,60 €) - gratuit Nuit des musées - possibilité de visite guidée sur demande préalable.
Antoine Lécuyer, riche banquier saint-quentinois, décide au 19e s. de léguer son hôtel particulier à la ville afin d'y exposer les pastels du grand peintre de la région, Maurice Quentin de La Tour. Détruite en 1917, la bâtisse est reconstruite à l'identique à la sortie de la guerre et le musée inauguré en 1932. Aujourd'hui, cette belle demeure renferme des collections dont les deux points forts sont les pastels de La Tour et le bel ensemble d'œuvres de l'Entre-deux-guerres. Le hall d'entrée présente un aperçu de la sculpture (18e-20e s.) ainsi qu'une œuvre imposante d'Ozenfant, autre prodige de Saint-Quentin, fondateur du purisme avec Le Corbusier. *La Vie* rassemble des dizaines de visages, censés représenter l'extrême diversité des sentiments humains, excluant de la toile tout paysage et tout décor, symbolique ou pas.

La grande salle du rez-de-chaussée est consacrée à la peinture italienne, à l'école du Nord et à la peinture française des 17e et 18e s. Remarquez les deux tableaux monumentaux d'Antoine Coypel, représentant des scènes de l'Ancien Testament. Ces deux toiles servirent de modèles pour les tissiers de la manufacture des Gobelins. Dans la vitrine, délicieuses petites scènes de genre de Preudhomme et portraits de Vivant Denon. À gauche, une porte et une paire de colonnes en bois, finement ciselées et décorées de vignes, de fleurs et d'anges, sont issues d'une demeure du 18e s.

En face, trois salons sont réservés à la **collection de portraits★★** de **Maurice-Quentin de La Tour** : on y découvre 78 portraits au pastel de princes et princesses, seigneurs, financiers, clercs, hommes de lettres, artistes (Voltaire, Rousseau, la marquise de Pompadour). Tableaux de la société française du 18e s., ces figures sont d'« incomparables planches d'anatomie morale » : chaque sourire a sa personnalité. La Tour illustre la physionomie et la psychologie de ses modèles : parmi ses plus beaux portraits, voyez *L'Abbé Huber lisant*, *Marie Fel* (son amie) et son *Autoportrait*, subtile introspection. Le réalisme de ces portraits est saisissant, malgré la faible luminosité. Quelques beaux meubles style Louis XV ou Régence jalonnent le parcours.

Sur le palier desservant l'étage, *L'Atelier* de Lucien Simon (1922) est un excellent témoin de la peinture réalisée en marge des courants d'avant-garde et saluée des connaisseurs de l'époque. De part et d'autres, deux salles présentent des peintures et pastels du 19e s. : paysages, portraits, peinture de genre et d'histoire (paysages de Corot, *Jugement de Pâris* de Fantin-Latour, *Lecture* de Denisse, toile d'inspiration symboliste réalisée en 1901 ; de Renoir, *Mademoiselle Dieterle*, ancienne choriste du Théâtre des Variétés et maîtresse de Gaston Gallimard).

Au sous-sol, une Vierge du 13e s., très bien conservée, vous accueille. Outre une petite salle d'histoire locale, le bas est consacré à la peinture des années 1920-1930 et à une collection de céramiques et d'émaux de diverses manufactures françaises et européennes. Un mur est dédié aux œuvres d'Amédée Ozenfant (1886-1966). On remarque également le poignant triptyque d'André Devambez, *La Pensée aux absents* (1928), recueillement laïque sur les douleurs de la Grande Guerre.

Parc d'Isle Jacques-Braconnier B2

Le **marais d'Isle** (plus de 100 ha) est en partie aménagé pour les sports nautiques et la pêche. Sa réserve naturelle est un lieu de passage des oiseaux migrateurs du nord et de l'est de l'Europe. La flore du marais comprend des espèces rares (ciguë vireuse) et carnivores (utriculaire).

Maison de l'environnement – *Av. Léo-Lagrange - ✆ 03 23 05 06 50 - ♿ - 8h-12h, 14h-17h - gratuit - parc été : 8h-20h ; reste de l'année : 8h-17h - possibilité de visite guidée sur demande préalable.* À l'entrée du parc, elle présente l'écosystème de l'étang. Un sentier périphérique facilite l'observation.

À proximité Carte de microrégion

Maison du textile à Fresnoy-le-Grand B1

▶ *16 km au nord-est par la D 8.*

54 r. Roger-Salengro - ✆ 03 23 09 02 74 - www.la-maison-du-textile.com - ♿ - avr.-sept. : 10h-13h, 14h-18h, w.-end, j. fériés 14h-18h ; reste de l'année : tlj sf dim. 10h-13h, 14h-18h, sam. et j. fériés 14h-18h - fermé lun., 1er janv., 1er Mai, 1er et 11 Nov., 25 déc. - 7 € (-8 ans gratuit) - 10 € billet famille (2 adultes + 2 enf.) - gratuit J. du patrimoine et w.-end du conseil général.

L'industrie textile a fortement marqué l'histoire de Fresnoy. Installée dans les locaux de la Filandière, une ancienne usine de confection, la Maison du textile est un musée vivant qui retrace l'épopée du tissu en Picardie. Exposition de métiers à tisser, dont 28 sont classés monuments historiques et de tapisseries. Une salle est consacrée à la broderie blanche. La maison du tisserand nous replonge dans l'ambiance quotidienne d'une famille vivant du textile au 19e s. La visite-découverte, les jeux et les ateliers pratiques sont à même d'amuser les enfants, tout en leur faisant découvrir le riche patrimoine de la région.

Source de la Somme B1

12 km au nord-est par la D 67.
Elle surgit à Fonsommes, à côté de l'ancienne abbaye de Fervaques. Après une course de 245 km, le fleuve se jette dans la Manche.

NOS ADRESSES À SAINT-QUENTIN

VISITES

Visites guidées d'entreprise – L'office de tourisme, en partenariat avec la chambre de commerce et d'industrie de l'Aisne et une cinquantaine d'entreprises du Saint-Quentinois (MBK, textiles Bochard, etc.), propose un programme de visites techniques dans des domaines variés (textile, industrie, énergie, agroalimentaire, etc.). Réserv. obligatoire - un guide recense les dates et les conditions de visite pour chaque entreprise.

Chemin de fer touristique du Vermandois – *www.cftv.fr - rens. et réserv. : Laure Peillon - CFTV - 02100 St-Quentin - ☎ 03 23 64 88 38 - circule ts les dim. en juil.-août et 1 fois par mois le reste de l'année - fermé janv.* Parcours de 22 km, de Saint-Quentin à Origny-Sainte-Benoîte en passant par Ribemont. L'omnibus, qui traverse, puis longe le verdoyant canal de la Sambre à l'Oise, fait revivre le charme des trains départementaux d'avant-guerre. Journées à thème et repas, à bord du Vermandois Express, dans des voitures-restaurants de 1928-1930 tractées par une locomotive à vapeur.

HÉBERGEMENT

PREMIER PRIX

Hôtel Le Florence – *42 r. Émile-Zola - ☎ 03 23 64 22 22 - www.hotel-le-florence.fr - ♿ P - 47 ch. 41/51 € - ☕ 6,50 €.* Cet ancien relais de poste abrite maintenant un hôtel de chaîne comptant 47 chambres sur 3 étages (sans ascenseur). Elles offrent les garanties d'un confort actuel avec sanitaires modernes, TV par satellite et bonne literie. L'établissement affiche le meilleur rapport qualité-prix de la ville.

BUDGET MOYEN

Hôtel Mémorial – *8 r. de la Comédie - ☎ 03 23 67 90 09 - www.hotel-saintquentin-aisne.fr - P - Wifi - 18 ch. 60/130 € - ☕ 9 €.* Cet ancien hôtel particulier profite d'une grande cour intérieure arborée. Chaque chambre possède sa personnalité (double vitrage côté rue). Rénovations en cours.

POUR SE FAIRE PLAISIR

À proximité

Hostellerie du Château – *11 r. de la Fontaine - 02100 Neuville-St-Amand - ☎ 03 23 68 41 82 - www.chateauneuvillestamand.com - fermé 3 sem. en août, 2 sem.*

3

à Noël, sam. midi, dim., lun. et j. fériés - ♿ 🅿 - 15 ch. 89 € - ☕ 12 € - ✕ formule déj. 31 € - 31/68 €. Un parc bien entretenu entoure cette maison de maître restaurée, gage d'une bien agréable quiétude. Chambres personnalisées avec salle de bain spacieuse. À l'heure des repas, le chef prépare une cuisine traditionnelle de qualité, à base de produits frais.

PETITE PAUSE

Henri – *19 r. St-André - ✆ 03 23 62 23 86 - www.patisserie-henri.fr - mard.-vend. 8h-19h30, sam. 7h30-19h30, dim. 7h30-13h30 - fermé lun.* Le magasin, cossu, a conservé son beau plafond mouluré et les esthètes peuvent admirer, dans le salon de thé, ses quatre superbes fresques. Spécialités les plus prisées : les Pastels de St-Quentin (feuilleté praliné parfumé à la framboise et nappé de chocolat noir ou au lait) et l'Axonais (biscuit au chocolat, amandes et framboise).

ACTIVITÉS

Plage de l'étang d'Isle – *Av. Léo-Lagrange - rens. auprès de l'office de tourisme.* Une base de loisirs à quelques minutes du centre-ville.

AGENDA

Fêtes du bouffon – Le week-end de Pentecôte, la ville se transforme pour le carnaval : défilé costumé, concerts chorégraphiques et animations diverses.

Festival du livre et de la BD – Début avril. Concours, ateliers, expositions, dédicaces autour du livre et de la bande dessinée, au palais de Fervaques, au printemps.

Place de l'Hôtel-de-Ville – En un coup de baguette magique, la place se transforme, de début juil. à mi-août, en plage de sable avec bassins de baignade et activités. En déc., elle devient village de Noël avec chalets d'artisans, maison du père Noël, patinoire, piste de ski et de luge…

Braderie du centre-ville – En sept., le 1er ou 2e lundi du mois. Environ 1 500 exposants.

Riqueval

Aisne (02)

NOS ADRESSES PAGE 172

SE REPÉRER

Carte de microrégion A1 (p. 160) – *Carte Michelin Départements 306 B3.* 12 km au nord de Saint-Quentin et 28 km au sud de Cambrai par la D 644. De Péronne, à l'ouest, prendre la D 6, la D 331, puis la D 1044 à droite.

ORGANISER SON TEMPS

Le touage a lieu 2 fois par jour. Gardez 2h pour le circuit.

Le Grand Souterrain de Riqueval, long de 5 670 m, permet au canal de Saint-Quentin de franchir le plateau séparant le bassin de la Somme de celui de l'Escaut. Point fort de la visite : l'arrivée du « toueur » qui remorque les bateaux dans le souterrain... à la vitesse de 2,5 km/heure.

Découvrir

Entrée du souterrain

Touage des péniches : dép. côté Riqueval (tête Sud) 7h10 et 15h10, dép. côté Vendhuile (tête Nord) 9h30 et 17h30 - fermé dim., 1er janv., 1er Mai, 14 Juil., 11 Nov., 25 déc.

Un chemin signalé « Grand souterrain du canal de Saint-Quentin » descend à travers bois vers l'entrée du tunnel, où l'on assiste au **touage** des péniches.

Musée du Touage

03 23 09 37 28 - www.cc-vermandois.com - avr.-oct. : 10h-13h, 14h-18h, w.-end et lun. 14h-18h ; nov.-déc. : tlj sf w.-end et lun. 10h-13h, 14h-18h ; reste de l'année : se rens. - fermé 1er janv., 1er Mai, 11 Nov., 25 déc. - 5 € (-18 ans 4 €).

L'office de tourisme (Maison de pays du Vermandois) est aménagé dans un toueur électrique de 1910. On y relate les techniques du touage et l'histoire du Grand Souterrain : panneaux explicatifs, vidéos. Produits du terroir.

3

LE GRAND SOUTERRAIN

Le tunnel, conçu à la demande de Bonaparte en 1801, fut réalisé de 1802 à 1810 sous la direction de l'ingénieur **A.-N. Gayant**. Il fut inauguré en 1810 par Napoléon Ier et l'impératrice Marie-Louise, qui embarquèrent dans une gondole. Durant la guerre 1914-1918, il servit d'abri aux Allemands.

Le touage – La mauvaise ventilation du souterrain contraint à faire la traversée par touage : la rame de péniches, dont les moteurs sont éteints, est remorquée par un toueur électrique (25 m de long, 5 de large, 90 t) tracté à l'aide d'un treuil et d'une chaîne. Longue de 8 km, celle-ci est fixée au fond du canal et s'enroule sur des tambours situés au centre du bateau. Jusqu'en 1863, le halage nécessitait l'énergie musculaire de 7 à 8 hommes et la traversée du souterrain durait de 12 à 14 heures. Plus tard, on installa un remorqueur à manège, dit *rougaillou*, mû par des chevaux. Un toueur à vapeur prit sa place en 1874, puis un toueur électrique dès 1910.

Circuit conseillé Carte de microrégion

À LA NAISSANCE DE L'ESCAUT

Circuit de 24 km tracé en violet sur la carte (p. 160) – Comptez 45mn. Quittez Riqueval au nord par la D 1044.

Mémorial américain de Bellicourt A1

Un cénotaphe de pierre blanche commémore l'attaque, en 1918, de la ligne Hindenburg par le 2e corps d'armée américain.

Des abords du mémorial, **vue panoramique** sur le plateau que sillonnaient les tranchées allemandes.

Poursuivez sur la D 1044 vers Le Catelet et, à 2 km, prenez à droite une route qui conduit à Mont-Saint-Martin.

Mont-Saint-Martin A1

Ruines d'une ancienne abbaye de prémontrés.

Prenez à droite la D 71 d'où part le sentier qui mène à la source (parking).

Source de l'Escaut A1

Elle se dissimule au creux des arbres dans un site mystérieux, qui fut un lieu de pèlerinage. C'est ici que débute aujourd'hui une course de 400 km à travers la France, la Belgique, les Pays-Bas, par Cambrai, Valenciennes, Tournai, Gand et Anvers.

De la source, suivez sur 100 m la berge du fleuve qui coule au milieu de trembles et de frênes.

Passez de nouveau devant Mont-Saint-Martin, continuez jusqu'à Gouy et, là, prenez à droite vers Beaurevoir.

Beaurevoir A1

À noter la tour du château où Jeanne d'Arc fut retenue captive, d'août à novembre 1430, par le comte de Luxembourg, qui la livra aux Anglais.

Revenez à Riqueval par la D 932.

NOS ADRESSES À RIQUEVAL

HÉBERGEMENT ET RESTAURATION

BUDGET MOYEN

À proximité

Ferme-auberge du Vieux Puits – *5 bis r. de l'Abbaye - 02420 Bony - ✆ 03 23 66 22 33 - http://ferme-du-vieux-puits.isasite.net - fermé 25 déc.-1er janv., jeu. midi - 16/28 € - ♿ 🅿 - 5 ch. 64/68 €.* Dans cette ferme, des chambres confortables et simplement meublées sont à votre disposition. Une petite faim ? Allez vous attabler à l'auberge pour retrouver le bon goût des produits fermiers. Piscine chauffée en saison, tennis et VTT. Sauna, hammam et Jacuzzi à disposition des hôtes.

Séchoir de la buanderie-piscine du Familistère de Guise.
Hugues FONTAINE 2009

Guise

5 269 Guisards – Aisne (02)

NOS ADRESSES PAGE 175

3

S'INFORMER
Office de tourisme – *2 r. Chantraine - 02120 Guise - ☎ 03 23 60 45 71 - www.tourisme-thierache.fr - avr.-sept. : 9h-12h, 13h-18h ; 3 janv.-31 mars : 9h-12h, 13h-16h ; reste de l'année : se rens. - fermé dim. et lun., 1er janv., 25 déc.*

SE REPÉRER
Carte de microrégion B1 (p. 160) – *Carte Michelin Départements 306 D3.* Dominée par les ruines du château, Guise est rafraîchie par l'Oise. Accès par la D 1029, la D 967 (de Laon), la D 934 (de Valenciennes) ou la D 960 (de Cambrai ou Vervins).

ORGANISER SON TEMPS
Prévoyez 2h pour visiter le Familistère Godin et autant pour le château.

Aux portes de la Thiérache, Guise est une charmante petite ville, calme et verdoyante. Résolument moderne, elle conserve pourtant son vieux quartier, près de l'église, et le Familistère Godin, témoignage d'une aventure ouvrière exceptionnelle. Trois tonalités s'y disputent : le rouge et le blanc des maisons, et le vert des massifs arborés et fleuris.

Découvrir

★ Château fort des ducs de Guise

Accessible depuis Guise, au-delà de l'église Saint-Pierre. ☎ 03 23 61 11 76 -

www.chateaudeguise.fr - ♿ - visite guidée juil.-août : 10h-12h, 14h-18h ; fév.-juin et sept.-nov. : tlj sf lun. 10h-12h, 14h-17h - fermé 11 Nov. - 6 € (-18 ans 3 €).

Bâtie en grès des Ardennes au 11e s., ce fut l'une des premières forteresses bastionnées de France au 16e s., sous l'impulsion des ducs de Guise Claude et François. Au 17e s., Vauban la renforce afin qu'elle résiste aux invasions de la vallée de l'Oise. Cible de l'artillerie en 1914-1918, elle tombe peu à peu en ruine. Dans les années 1950, le Club du vieux manoir entreprend son sauvetage. Aujourd'hui, ce sont plus de 50 000 bénévoles qui ont participé aux travaux de fouilles et de restauration.

L'Assassinat du duc de Guise, tourné en 1908 par André Calmettes et Charles Le Bargy, est le premier film d'art de l'histoire du cinéma.

Franchissez la porte ducale (16e s.), située côté ville. Du bastion de la Haute-Ville, un passage médiéval donne sur l'allée voûtée de l'entrée des carrosses pour atteindre le bâtiment des prisons et le cellier qui servait de garnison à 3 000 hommes en temps de siège. L'allée voûtée du Gouverneur conduit aux vestiges du palais et au donjon. On voit les soubassements de la collégiale Saint-Gervais-Saint-Protais et les bastions de la Charbonnière et de l'Alouette. Les salles des gardes, converties en musée, présentent les objets découverts lors des fouilles. Par une suite de souterrains, on retrouve le bastion de la Haute-Ville et la galerie dite « des Lépreux ».

PRONONCIATION

Le nom de la ville se prononce « Gu-ize » et provient de la contraction de « gué » (endroit peu profond d'une rivière où l'on peut traverser à pied) et d'« Ise », ancien nom de l'Oise.

★ Familistère Godin

✆ 03 23 61 35 36 - www.familistere.com - 10h-18h - fermé lun. et j. fériés - 6 € (-18 ans gratuit) - possibilité de visite guidée.

À la fois projet social inédit et réalisation industrielle, cette cité de 2 000 âmes fut élevée par **Jean-Baptiste André Godin** (1817-1888), fondateur des usines fabriquant des appareils de chauffage et de cuisson. Les trois pavillons d'habitation formant le « Palais social » furent construits chacun autour d'une vaste cour vitrée à charpente en bois ou métallique, à proximité de l'usine, entre 1859 et 1883. Ils abritent 500 logements au confort moderne (eau courante, grilles d'aération, toilettes et vide-ordures à chaque étage dans un souci d'hygiène permanent), mais aussi des équipements complémentaires : une école, laïque et mixte, un théâtre à l'italienne – lieu de débats, de rencontres et de fêtes –, une bibliothèque, un kiosque à musique, un lavoir, une piscine, un jardin, une caisse de mutualité et des magasins d'approvisionnement (économats). À chaque étage, une galerie ou coursive permet une circulation continue sur l'ensemble des bâtiments, où s'échafaude la vie du « petit peuple des balcons ».

L'Association coopérative du capital et du travail Godin qui gérait le Familistère disparaît en 1968. Après avoir été racheté par des entrepreneurs privés et laissé en ruines, un syndicat mixte (ville, département, région et Europe) met en œuvre un programme en 2000 pour restaurer l'unité du site, classé monument historique, et le ramener à la vie en faisant cohabiter logements et musées. Si une partie du site est ouvert à la visite, une autre partie est ainsi dédiée à l'habitat ; de même l'école est-elle toujours en activité et les économats sont-ils devenus la « cantine » du Familistère.

UN CHEF D'ENTREPRISE VISIONNAIRE ET AUDACIEUX

Fils d'artisan serrurier, Jean-Baptiste André Godin achève son compagnonnage à travers la France en 1837. À son retour, il imagine un poêle tout en fonte dont la chaleur serait plus constante et la fabrication plus rapide. Il dépose son brevet d'inventeur en 1840 et crée sa propre fonderie en 1846. Installée à Guise, l'entreprise grossit au rythme de ses inventions, des améliorations techniques et des commandes, devenant un véritable empire industriel. Pour concrétiser ses idées sur l'épanouissement de l'individu, le partage des richesses et la solidarité entre les hommes, Godin fait construire un « Palais social », calqué sur les thèses de Charles Fourier, une « utopie réaliste » reposant sur la participation des employés de l'usine et de leur famille. En 1880, Godin crée l'Association coopérative du capital et du travail, et la propriété du Palais social et de l'usine passe peu à peu aux mains du personnel. Si l'association a cessé d'exister, les usines Godin fonctionnent toujours. Le Familistère est aujourd'hui habité par des copropriétaires indépendants.

Tout de bois et de fonte, le **théâtre** à l'italienne tenait lieu de salle de réunions et de spectacles pour les Familistèriens. Un film multimédia *(15mn)*, qui fait revivre ce temps d'antan, y est aujourd'hui présenté.

L'**appartement** où Godin vivait avec sa compagne et collaboratrice, Marie Moret, est ouvert au public. Une grande photo du maître des lieux surveille l'entrée du domicile de ce patron qui voulait vivre au milieu de ses ouvriers. Il n'y a pas de meubles d'époque dans l'appartement restauré, mais le visiteur appréciera la vue stratégique sur l'entrée de l'usine !

Le **pavillon central**, dont la **verrière** a été rénovée, accueille les logements traditionnels encore habités, deux appartements témoins ainsi que l'impressionnante **coupe grandeur nature** du bâtiment, creusée des caves au grenier, laissant apparaître la stucture de l'édifice.

Plus loin, la **buanderie** possède un sol bombé afin que l'eau s'écoule sur les côtés, et des murs percés comme des moucharabieh pour faire circuler l'air et permettre au linge de sécher.

Dans la **piscine**, les cabines de bain ont disparu mais le bassin, doté d'un plancher amovible faisant varier la hauteur de l'eau de 0,50 à 2,50 m pour apprendre à nager, est toujours visible.

NOS ADRESSES À GUISE

ACHATS

Cocottes Godin – *Boutique du Familistère (**p. 174**) - www.godin.fr.* L'usine Godin, toujours en fonctionnement, est à deux pas du Familistère. On y fabrique des poêles à bois, des tables et des outils de cuisson. Parmi les produits en vente dans la boutique, les cocottes en fonte sont d'excellente qualité et leur design renouvelé affiche des couleurs pleines de peps.

À proximité

Brasserie de Bernoville – *34 r. Pierre-de-Martimprey - 02110 Aisonville-et-Bernoville - 03 23 66 00 40 - tlj sf dim. 9h-20h (mieux vaut téléphoner au préalable).* Vente directe de bière artisanale.

3

La Thiérache

★

Aisne (02)

NOS ADRESSES PAGE 179

S'INFORMER

Office de tourisme – *Pl. du Gén.-de-Gaulle - 02140 Vervins - ✆ 03 23 98 11 98 - www.ot-vervins.com - de déb. mai à déb. sept. : tlj sf lun. 9h30-12h30, 14h-18h, merc. 9h30-12h30, 15h-18h ; de déb. oct. à déb. avr. : tlj sf mar. 9h30-12h30, 14h-18h, merc. 9h30-12h30, 15h-18h ; reste de l'année : se rens. - fermé dim. et j. fériés.*

SE REPÉRER

Carte de microrégion CD2 (p. 161) – *Carte Michelin Départements 306 D/G-3/4.* La Thiérache forme une tache verdoyante dans les plaines crayeuses de Picardie et de Champagne. Prolongée au nord par l'Avesnois, elle couvre Vervins et une partie du canton de Marle. Sa pluviosité et son imperméabilité en font un pays humide.

À NE PAS MANQUER

Les églises fortifiées, bien sûr, en particulier celles de Montcornet et de Vervins.

ORGANISER SON TEMPS

Prévoyez une journée si vous souhaitez suivre les deux circuits.

Région frontalière jusqu'au règne de Louis XIV, la Thiérache fut sans cesse envahie, du Moyen Âge jusqu'aux luttes franco-espagnoles. Ici, pas de châteaux forts ni de remparts pour protéger les habitants : à défaut, ceux-ci ont fortifié les églises. Leur curieuse silhouette marie pierre et brique, dans ce terroir réputé pour son maroilles et son cidre.

★ Circuits des églises fortifiées Carte de microrégion

Les Grandes Compagnies ont parcouru la Thiérache, mais aussi les fantassins allemands, les « gueux » de la guerre de Cent Ans, les armées françaises ou espagnoles sous Louis XIII et Louis XIV… En réaction, les villageois ont fortifié la plupart des églises. Bâties aux 12e et 13e s., elles ont été nanties aux 16e et 17e s. de donjons carrés percés de meurtrières, de tours rondes et d'échauguettes… D'autres ont été construites d'un seul jet au tournant du 17e s., comme l'église-forteresse de Plomion, très homogène.

AU DÉPART DE VERVINS

Circuit de 79 km tracé en vert sur la carte (p. 161) – Comptez 3h.

Vervins C2

De la route de Reims, perspective sur la ville, accrochée à la colline. Capitale de la Thiérache, elle est marquée par les vestiges de ses remparts, ses rues montueuses pavées, ses maisons à toits aigus et cheminées de brique. L'**église Notre-Dame** est composée d'un chœur du 13e s., d'une nef du 16e s. et

Région de la Thiérache, église fortifiée de Plomion.
Franck Guiziou / hemis.fr

d'une imposante tour (même époque) haute de 34 m, en brique à chaînages de pierre, flanquée de quatre clochetons. Voyez les fresques du 16e s. *(piliers)* et *Le Repas chez Simon*, composition animée de Jouvenet (1699), ainsi que le buffet d'orgue et la belle chaire (18e s.).
Prenez la D 372 jusqu'à Harcigny puis la D 37.

3

Plomion D2

L'**église** (16e s.) est remarquable par sa façade flanquée de deux tours et pourvue d'un donjon carré, dont la grande salle communique avec les combles. Devant l'église, une grande halle atteste le rôle commercial de Plomion.
Prenez la D 747 en direction de Bancigny et Jeantes.

Jeantes D2

La façade de l'**église** est encadrée de tours carrées. À l'intérieur, les murs ont été recouverts en 1962, par le peintre néerlandais Charles Eyck, de fresques expressionnistes représentant des scènes de la vie du Christ. Remarquez les fonts baptismaux du 12e s.

Dagny-Lambercy D2

Le vieux village de Dagny a conservé ses maisons en torchis et à pans de bois sur assises de briques.

Morgny-en-Thiérache D2

Le chœur et la nef de l'**église** sont du 13e s. La fortification a porté sur le chœur, exhaussé d'un étage pour abriter une salle-refuge.

Dohis D2

Maisons à pans de bois et torchis. L'**église**, dont la nef date du 12e s., possède un intéressant donjon-porche (17e s.).
De l'église, revenez en arrière et prenez la première rue à gauche, puis tournez de nouveau à gauche au niveau d'une fourche, vers Parfondeval.

PRODUITS DU TERROIR
Le lait des vaches de race pie noir est en partie transformé en beurre ou en maroilles. Les pommes font un excellent cidre fermier.

Parfondeval D2
Perché sur une colline, ce beau village se caractérise par ses maisons de brique aux chauds coloris. L'**église** du 16e s. apparaît au fond de la place, véritable forteresse derrière une enceinte formée par les maisons voisines. Son portail en pierre blanche est de style Renaissance. Sur les murs, des briques vernissées forment des dessins réticulés.
Revenez à l'entrée du village ; suivez la D 520 vers Archon.
De cette route, vue sur Archon et le paysage vallonné.

Archon D2
Les maisons en torchis et brique cernent l'**église**, gardée par ses deux grosses tours rondes entre lesquelles une passerelle servait de poste de guet.
La D 110 traverse **Renneval** (église fortifiée) et Vigneux-Hocquet.
Rejoignez Montcornet par la D 966.

Montcornet D2
L'**église Saint-Martin**, qui serait l'œuvre de templiers, est un imposant édifice gothique du 13e s., dont le chœur à chevet plat est presque aussi long que la nef. L'édifice a été pourvu au 16e s. d'un porche Renaissance et d'éléments fortifiés, dont huit tours ou échauguettes munies de meurtrières.
Reprenez la D 966 vers Vigneux-Hocquet, puis la D 58 à gauche.

Chaourse D2
Ce bourg, qui fut longtemps le centre vital de la région, déclina au profit de Montcornet. L'**église** du 13e s. (nef et tour) fut fortifiée au 16e s. Vue sur la vallée de la Serre.
Faites demi-tour pour reprendre la D 966 vers Hary.

Hary C2
Au chœur et à la nef de l'**église** romane du 12e s., construite en pierre blanche, fut ajouté un donjon en brique.
La D 61 suit la vallée de la Brune.

Burelles C2
L'**église** (16e-17e s.) comporte de nombreux éléments défensifs : meurtrières, donjon avec tourelle et échauguette, croisillon gauche du transept à bretèche et échauguettes, chœur flanqué d'une tourelle. L'étage du transept est aménagé en une vaste chambre forte.

Prisces C2
Le chœur et la nef (12e s.) de l'**église** sont surmontés par un donjon carré en brique (25 m) présentant deux tourelles opposées en diagonale. À l'intérieur, les quatre étages pouvaient abriter une centaine de combattants avec armes et provisions.
Franchissez la Brune pour gagner Gronard par la D 613.

Gronard C2
La façade de l'**église** disparaît quasiment derrière des tilleuls. Le donjon est flanqué de deux tours rondes.

Regagnez Vervins par la D 613 et la D 966.

DE VERVINS À GUISE

Circuit de 51 km tracé en rouge sur la carte (pp. 160-161) – Comptez environ 2h. De Vervins, prenez la D 963 jusqu'à La Bouteille.
Cet itinéraire suit en grande partie la vallée de l'Oise, riche en églises fortifiées.

La Bouteille D1
Quatre tourelles cantonnent l'**église**, édifice aux murs épais de plus de 1 m, bâtie par les cisterciens de la proche **abbaye de Foigny**, aujourd'hui en ruine.
La D 751 et la voie communale 10 mènent à Foigny. Traversez la D 38 et prenez la route qui longe l'abbaye, jusqu'à Wimy.

Wimy D1
Le donjon de l'**église** est flanqué de tours cylindriques. À l'intérieur, deux cheminées, un puits et un four à pain. L'étage servait de refuge.
La D 31 traverse Étréaupont et continue vers **Autreppes**, village en brique. On passe devant son église fortifiée, puis on longe **Saint-Algis**, dominé par son église.

Marly-Gomont C1
L'**église** en grès de Marly, avec son beau portail en tiers-point, a été complétée par deux grosses échauguettes. À la base, remarquez les meurtrières pour le tir des arbalètes.

Englancourt C1
L'**église** de ce joli site, dominant le cours de l'Oise, possède une façade flanquée d'échauguettes, un donjon carré en brique et un chœur à chevet plat, renforcé de tours rondes.
Rejoignez la D 31 par la D 26.

Beaurain C1
Située en hauteur, l'**église-forteresse** a été construite d'un seul jet. Le donjon carré et le chœur sont accompagnés de tours. À l'entrée, fonts baptismaux romans.
Gagnez Guise par la D 960.

3

NOS ADRESSES EN THIÉRACHE

Voir aussi nos adresses à Guise et Hirson.

HÉBERGEMENT

PREMIER PRIX

À Chigny

Chambre d'hôte Mme Piette – *7 pl. des Marronniers - 02120 Chigny - 13 km à l'est de Guise par D 1029 et D 26 - ☏ 03 23 60 22 04 -* P - *3 ch. 48 €*. Cette maison a le charme désuet des vieilles demeures. Dans un décor qui semble ne pas avoir changé depuis des années, Mme Piette reçoit les voyageurs avec beaucoup d'attention. Trois chambres avec une salle de bains particulière. Repas du soir (spécialités régionales) sur réservation.

BUDGET MOYEN

À Vervins

Hôtel Le Cheval Noir – *33 r. de la Liberté - 02140 Vervins - N 2 - ☏ 03 23 98 04 16 -*

www.cheval-noir-vervins.com - ♿ P - 8 ch. 58/85 € - ☕ 8 €, demi-pension possible - 🍴 25/35 €. Cet ancien relais de poste bâti sur les remparts de Vervins abrite des chambres spacieuses rénovées avec goût, deux salles de restaurant plaisamment aménagées et un bar au décor très original, proposant une belle carte de bières. Cuisine régionale.

POUR SE FAIRE PLAISIR

À Étréaupont

Clos du Montvinage – *8 r. Albert-Ledant - 02580 Étréaupont - ✆ 03 23 97 91 10 - www.clos-du-montvinage.fr - fermé 6-19 août, 20 déc.-8 janv. et dim. soir - Wifi - 20 ch. (dont 1 suite) 74/109 € - ☕ 11 € demi-pension possible - 🍴 60/74 €.* Avenante maison de maître du 19e s. aux chambres personnalisées (montagne, bourgeoise, etc.). Pour vos loisirs : salle de billard, tennis, vélos et croquet dans le parc.

RESTAURATION

BUDGET MOYEN

À Étréaupont

Auberge du Val de l'Oise – *8 r. Albert-Ledent - 02580 Étréaupont - ✆ 03 23 97 40 18 - www.clos-du-montvinage.fr - fermé 20 déc.-8 janv., 6-19 août, 2 sem. en déc., lun. midi, merc. midi et dim. soir - ♿ P - formule déj. 21 € - 23/46 € bc.* C'est le restaurant du Clos Montvinage *(ci-dessus)*. Décor pastel et atmosphère feutrée. Plats traditionnels et menu du terroir.

ACTIVITÉS

Axe vert de Thiérache – De Guise à Saint-Michel *(45 km)*, l'axe vert de Thiérache est une ancienne voie ferroviaire réhabilitée pour le plus grand plaisir des randonneurs ; elle serpente le long de l'Oise, où quelques gares sont converties en gîtes d'étape (se rens. à l'office de tourisme).

Hirson

9 463 Hirsonnais – Aisne (02)

NOS ADRESSES PAGE 183

S'INFORMER

Office de tourisme – *Pl. Victor-Hugo - 02500 Hirson - 03 23 58 03 91 - 9h-12h, 14h30-17h30 - vend.-dim. et j. fériés.*

SE REPÉRER

Carte de microrégion D1 (p. 161) – *Carte Michelin Départements 306 G3.* Sur une courbe de l'Oise, au nord-est du département de l'Aisne. Accès par D 1043/E 44 ou D 1050/D 963.

À NE PAS MANQUER

La rose et les peintures murales de l'abbaye de Saint-Michel.

ORGANISER SON TEMPS

Comptez 2h pour l'abbaye (l'après-midi) et une demi-journée en forêt.

Entre Thiérache et Avesnois, la « ville des hérissons » est un point de départ pour découvrir ces deux régions. La forêt de Saint-Michel et ses étangs, à deux pas, incitent à quelques balades rafraîchissantes.

Se promener Carte de microrégion

LES ÉTANGS

Reliés par l'Oise, ils s'égrènent dans la forêt d'Hirson. Chaque étang possédait sa forge, dont les marteaux actionnés par le courant travaillaient le fer issu des gisements de Féron, Glageon, Trélon et Olhain.

Étang de Blangy D1

2 km au nord par la D 1043. Face au cimetière, prenez à droite la rue qui traverse l'Oise, puis un chemin à gauche.

Vallon boisé et encaissé. Après le viaduc du chemin de fer, on parvient à l'étang et à sa cascade.

Étang du Pas-Bayard D1

6 km au nord par la D 1043. Prenez à droite la D 963, puis le chemin du Pas-Bayard.

Le cheval Bayard aurait laissé la profonde empreinte où se niche l'étang. La « route Verte » pénètre en **forêt d'Hirson** (domaine privé), aux imposantes futaies de chênes.

À proximité Carte de microrégion

Abbaye de Saint-Michel D1

4 km à l'est par la D 31.

03 23 58 87 20 - www.abbaye-saintmichel.com - - avr.-oct. : 14h-18h, w.-end et j. fériés 14h30-18h30 ; reste de l'année : 14h-18h - fermé 1er janv., 25 déc. - 4,50 € (-18 ans 2,80 €) - possibilité de visite guidée sur demande préalable.

3

En lisière de la forêt du même nom, l'abbaye bénédictine de Saint-Michel est aujourd'hui connue pour son festival de musique sacrée. Elle a été fondée en 945 par des moines irlandais sur un site de pèlerinage existant depuis le 7e s. L'abbatiale est vaste. Chœur, transept et cloître témoignent de l'abbaye gothique édifiée fin 12e s.-début 13e s. La nef qui s'était effondrée au 16e s. fut reconstruite vers 1700 par l'abbé de Mornat, qui fit élever une façade baroque à l'italienne inspirée du Gesù de Rome. L'orgue de Boizard (1714) a gardé sa tuyauterie d'origine. Le transept est éclairé par une grande **rose★** à douze rayons. Les bâtiments monastiques, en brique et pierre, s'ordonnent autour de la galerie du cloître. Dans la galerie nord, des **peintures murales** du 16e s. évoquent la légende de saint Benoît. Un **musée de la Vie rurale et forestière** occupe les dépendances agricoles (élevage, exploitation du bois, fonderie, vannerie).

Forêt de Saint-Michel D1

Ses 3 000 ha vallonnés, plantés de chênes, hêtres, charmes et résineux, s'étendent entre l'abbaye de Saint-Michel et la Belgique. Vous verrez de nombreuses rivières à truites où viennent s'abreuver les chevreuils. Des oiseaux migrateurs, comme la cigogne noire, font leur nid dans les frondaisons.

La Capelle C1

15 km au nord-ouest, par la D 1043.

Le 7 novembre 1918, la ville reçut les plénipotentiaires allemands venus de Spa pour signer l'armistice. Ce gros bourg, coincé entre Thiérache et Avesnois, est aussi connu pour son industrie du pinceau, mais surtout pour son hippodrome. Le champ de courses, créé en 1874, possède un des plus longs anneaux de vitesse d'Europe (1 609 m). Il accueille plusieurs réunions par an.

Église Sainte-Grimonie – Elle est due à **Charles Garnier**, mais on ne peut dire que l'architecte de l'Opéra de Paris ait réalisé ici un chef-d'œuvre.

Pierre d'Haudroy

3 km au nord-est par la D 285.

Au bord de la route, sur une légère éminence, le **monument de l'Armistice**, nommé « Pierre d'Haudroy », marque l'endroit où les plénipotentiaires allemands se présentèrent devant nos lignes et où le clairon **Sellier**, un Comtois du 171e RI, sonna le cessez-le-feu.

NOS ADRESSES À HIRSON

Voir aussi nos adresses en Thiérache.

HÉBERGEMENT

PREMIER PRIX

Hôtel Le Cheval Blanc – *124 r. Charles-de-Gaulle - 03 23 58 27 86 - fermé 25 déc.-1er janv., dim. - P - 8 ch. 43 € - 6 €, demi-pension possible.* Voici une adresse sans prétention mais d'une excellente tenue. Les chambres, peu spacieuses mais efficacement insonorisées, sont très bien équipées. Au restaurant, cuisine traditionnelle.

À proximité

Chambre d'hôte Villa des Tilleuls – *7 rte de Landouzy - 02500 Éparcy - 7,5 km d'Hirson par D 963, D 75 à gauche et rte secondaire - 03 23 98 46 17 - http://villa-des-tilleuls.jimdo.com - fermé 1re quinz. d'août - P - 4 ch. 40/45 € - 16 €.* Cette maison de maître de la fin du 19e s. bénéficie d'un cadre magnifique, au cœur d'un grand jardin boisé et fleuri qui court jusqu'aux berges du Thon. Le hall d'accueil rustique annonce l'atmosphère de toute la demeure, y compris des 4 chambres garnies de bibelots et d'objets chinés. Table d'hôte sur réservation.

ACTIVITÉS

À proximité

Thiérache Sport Nature – *Base de Blangy - 02500 Hirson - 03 23 58 34 41 - http://thierache-sport-nature.com - 10 € pour ½ j. en canoë.* Cette grosse structure aux alentours d'Hirson propose une gamme complète d'activités sportives en milieu naturel. Tir à l'arc, VTT, courses d'orientation, escalade sur les rochers du Pas-Bayard, mais aussi (et surtout) canoë et kayak sur les 3 rivières du bocage thiérachien. Manifestations d'envergure durant l'année.

Hippodrome de la Thiérache – *R. du Gén.-de-Gaulle - 02260 La Capelle - 03 23 97 20 58 - http://hippodromelacapelle.fr* Une vingtaine de réunions par an. Minigolf, attractions variées et restaurant panoramique. Manège et tours de poney pour les enfants.

AGENDA

Festival – *Réserv. d'avr. à juin - 03 23 58 23 74.* Un Festival de musique ancienne et baroque se déroule dans le cadre de l'abbatiale ; solistes et ensembles instrumentaux de qualité. 5 dim. en juin et juil., avec 2 ou 3 concerts chaque jour.

Les Transfrontalières – *Rens. à l'office du tourisme d'Hirson - http://transfrontalieres.wordpress.com.* Fourmies, Hirson et Chimay, en Belgique, proposent un programme culturel transfrontalier et éclectique d'avril à septembre.

Marle

2 365 Marlois – Aisne (02)

NOS ADRESSES PAGE CI-CONTRE

SE REPÉRER

Carte de microrégion C2 (p. 161) – *Carte Michelin Départements 306 E4.* Sur un piton crayeux, à 25 km au nord de Laon. De Paris, Soissons, Laon ou Bruxelles, prendre la N 2.

ORGANISER SON TEMPS

Le musée des Temps barbares n'est ouvert que l'après-midi. Comptez deux heures pour le visiter.

AVEC LES ENFANTS

Le parc archéologique.

Installée sur les hauteurs du pays de la Serre, Marle, autrefois ceinte de remparts, est une ancienne cité à vocation agricole, coulant des jours paisibles avec ses vieilles maisons, ses relais de poste et sa jolie église gothique. Mais ne vous y fiez pas, un petit tour du côté de son musée qui évoque l'époque mérovingienne vous éclairera sur son passé barbare!

Se promener

Terrasse

Une petite rue bordée de vieilles maisons signalées par des plaques (ancien presbytère du 18e s.) mène, place de la Motte, à la cour du château (fin 19e s. - *propriété privée*), formant une terrasse au-dessus de la vallée de la Serre.

Relais de poste

Au n° 26 du faubourg Saint-Nicolas, qui descend vers le pont sur la Serre, subsiste un relais (1753) en brique et pierre décoré de bas-reliefs sculptés. Plus bas, à gauche (n° 53), autre maison de poste datant du Premier Empire.

Église

03 23 20 02 09 - sur demande tlj sf dim. 9h-18h.

De style gothique homogène (12e-13e s.). Les parties les plus remarquables sont le portail à voussures du croisillon sud, une superbe Vierge à l'Enfant au trumeau de la façade ouest et, à l'intérieur, le chœur aux hautes voûtes d'ogives (stalles et boiseries du 18e s.) qu'éclairent des baies lancéolées. Outre le gisant (15e s.) d'Enguerrand de Bournonville *(1er enfeu du bas-côté gauche)*, l'église abrite des toiles (17e-18e s.), dont une *Nativité de la Vierge* au revers de la façade, une *Adoration des bergers* dans le bras droit du transept et une *Assomption aux armes de France* dans le bras gauche.

Musée des Temps barbares

03 23 24 01 33 - www.museedestempsbarbares.fr - mars-oct. : 14h-19h - fermé mar., 1er Mai, 14 Juil. - 5,50 € (-18 ans 3 €).

Ce musée s'intéresse spécialement à l'époque mérovingienne, entre le 6e s. et l'an mille.

Musée des Temps barbares.
Musée des Temps barbares

Moulin de Marle – Dans l'entrée, remarquez l'appareillage de l'ancienne turbine électrique du moulin, quelque peu anachronique avec ce qui suit dans le musée. Sur deux étages, celui-ci présente en effet le mobilier archéologique découvert sur le site de Goudelancourt-lès-Pierrepont, à 8 km à l'est de Marle, nécropole mérovingienne fouillée depuis 1980. Au 1er étage, parures féminines bien conservées et étonnamment modernes, verreries, céramiques, orfèvreries et armements. Au second, le musée s'attache à l'étude des rites funéraires et à l'organisation de l'habitat au haut Moyen Âge : nécropole et sarcophages, mobilier des 6e et 7e s., objets de la vie quotidienne.

Parc archéologique – *Certains dim. après-midi, de mai à sept., les Journées mérovingiennes sont l'occasion d'animations en costumes dans le parc (ateliers de travail du bois, taille de la pierre, poterie, tissage, vannerie...).* Dans le square voisin, une ferme mérovingienne, avec ses dépendances, a été récréée : la maison du chef de famille, le grenier, la forge, le mobilier et les outils. À quelques pas, dans un second parc, reconstitution, selon les hypothèses les plus probables, d'un village franc (6e -7e s.) découvert lors de la construction de l'A 26. Une vingtaine de huttes s'échelonnent sur 4 ha.

3

NOS ADRESSES À MARLE

Voir aussi nos adresses à Laon.

HÉBERGEMENT ET RESTAURATION

Hôtel Le Central – *1 r. Desains - 03 23 20 00 33 - fermé dim. soir - 6 ch. 38/48 € - 7 €, demi-pension possible - 16/29 €.* À deux pas de l'église et des commerces, ce petit hôtel-restaurant compte 3 salles indépendantes, dont une de type brasserie, côté bar. Une cuisine familiale tout à fait honnête, égayée de quelques spécialités du terroir. Enfin, les 6 chambres, simples et sans prétention, restent néanmoins correctes et bien tenues.

+ d'adresses

Le Laonnois et le Soissonnais 4

Carte Michelin Départements 306 – Aisne (02)

Laon, détail du portail central de la cathédrale Notre-Dame.

Franck Guiziou / hemis.fr

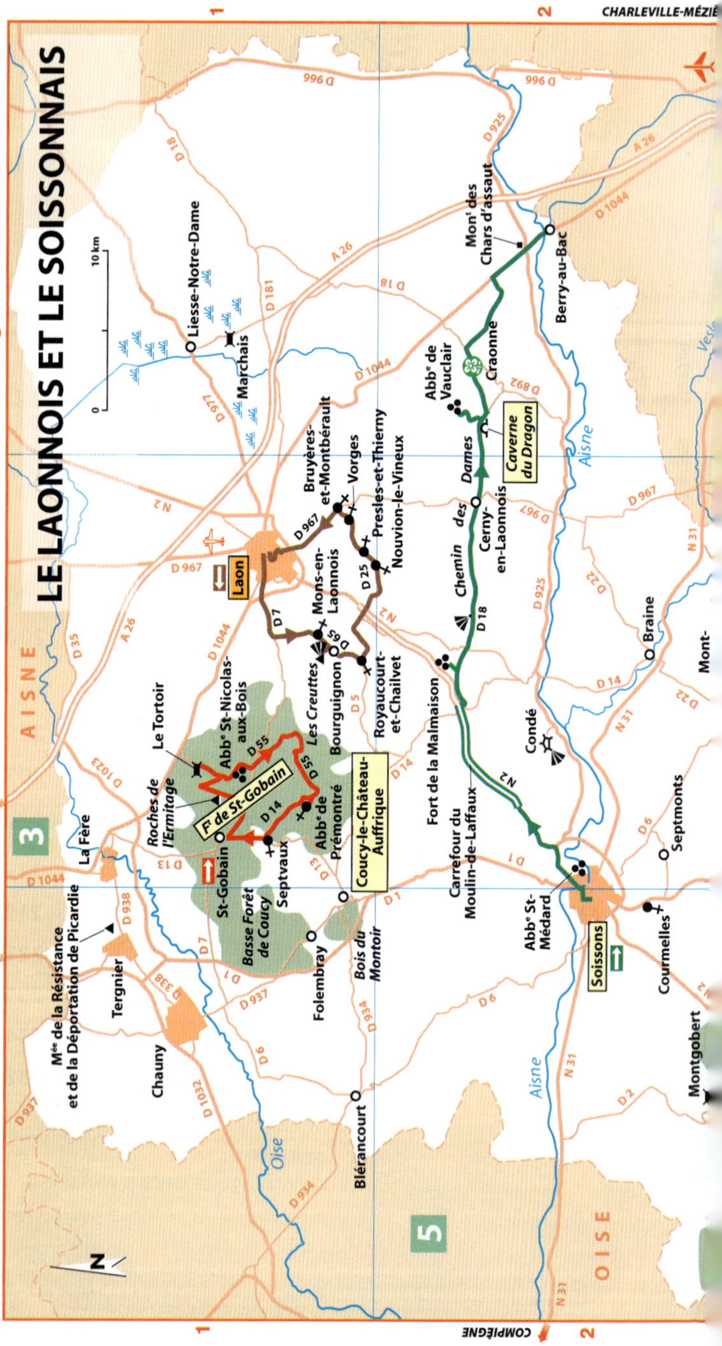
LE LAONNOIS ET LE SOISSONNAIS
AISNE
OISE
CALAIS
CAMBRAI
CHARLEVILLE-MÉZIÈ
COMPIÈGNE
0
10 km
N
3
5
A
B
C
1
2
Laon
Soissons
Liesse-Notre-Dame
Marchais
Bruyères-et-Montbérault
Vorges
Presles-et-Thierny
Nouvion-le-Vineux
Mons-en-Laonnois
Bourguignon
Royaucourt-et-Chailvet
Les Creuttes
Chemin des Dames
Cerny-en-Laonnois
Caverne du Dragon
Abbe de Vauclair
Craonne
Monts des Chars d'assaut
Berry-au-Bac
Fort de la Malmaison
Carrefour du Moulin-de-Laffaux
Condé
Braine
Septmonts
Abbe St-Médard
Courmelles
Montgobert
Mont-
Le Tortoir
Abbe St-Nicolas-aux-Bois
Roches de l'Ermitage
Ft de St-Gobain
St-Gobain
Septvaux
Abbe de Prémontré
Coucy-le-Château-Auffrique
Basse Forêt de Coucy
Bois du Montoir
Folembray
Blérancourt
La Fère
Tergnier
Chauny
Mée de la Résistance et de la Déportation de Picardie
Oise
Aisne
Vesle
A 26
N 2
N 31
D 1044
D 967
D 966
D 18
D 181
D 977
D 925
D 892
D 7
D 65
D 25
D 5
D 55
D 14
D 13
D 1
D 1023
D 35
D 938
D 338
D 937
D 934
D 6
D 1032
D 22
D 2

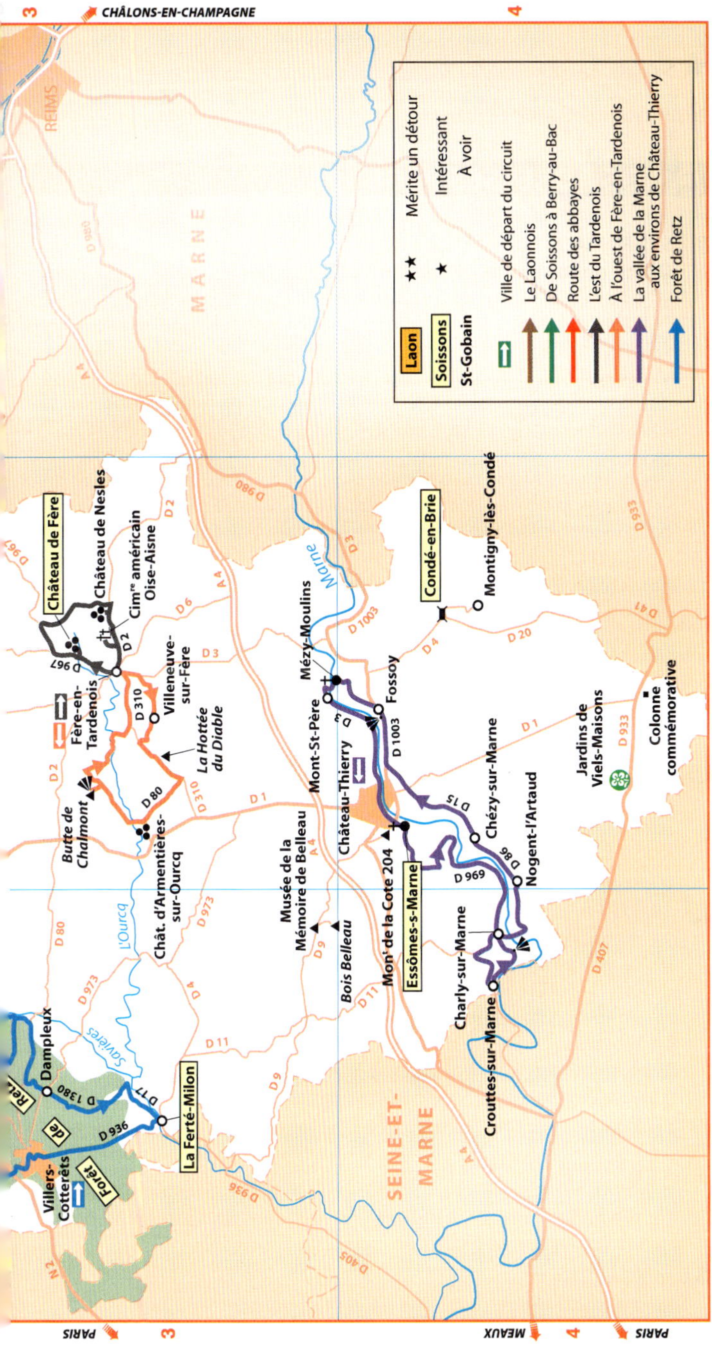

CHÂLONS-EN-CHAMPAGNE
REIMS
MARNE
SEINE-ET-MARNE
PARIS
MEAUX
Laon
Soissons
St-Gobain
Ville de départ du circuit
Le Laonnois
De Soissons à Berry-au-Bac
Route des abbayes
L'est du Tardenois
À l'ouest de Fère-en-Tardenois
La vallée de la Marne aux environs de Château-Thierry
Forêt de Retz
Mérite un détour
Intéressant
À voir
Château de Fère
Château de Nesles
Cim^re américain Oise-Aisne
Fère-en-Tardenois
Villeneuve-sur-Fère
La Hottée du Diable
Butte de Chalmont
Chât. d'Armentières-sur-Ourcq
L'Ourcq
Musée de la Mémoire de Belleau
Bois Belleau
Mont-St-Père
Mézy-Moulins
Fossoy
Château-Thierry
Mon^t de la Cote 204
Essômes-s-Marne
Condé-en-Brie
Montigny-lès-Condé
Chézy-sur-Marne
Nogent-l'Artaud
Charly-sur-Marne
Crouttes-sur-Marne
Jardins de Viels-Maisons
Colonne commémorative
Marne
Dampleux
La Ferté-Milon
Villers-Cotterêts
Forêt de Retz
Savières
D 967
D 2
D 6
D 3
D 310
D 80
D 973
D 4
D 11
D 9
D 1
D 1003
D 15
D 969
D 86
D 20
D 41
D 933
D 407
D 405
D 936
D 1380
D 17
D 980
N 2
A 4
A
B
C
3
4

Laon

★★

26 094 Laonnois – Aisne (02)

NOS ADRESSES PAGE 198

S'INFORMER

Office de tourisme – *Pl. du Parvis-Gautier-de-Mortagne - 02000 Laon - 03 23 20 28 62 - www.tourisme-paysdelaon.com - avr.-oct. : 9h30-13h, 14h-18h30 ; reste de l'année : 9h30-12h30, 14h-17h30, dim. et j. fériés 14h-17h30 - fermé 1er janv., 25 déc.*

Visite guidée – Laon, qui porte le label Ville d'art et d'histoire, propose des visites guidées de la cité médiévale au crépuscule *(de déb. avr. à la Toussaint : w.-end et j. fériés ; 4 €)*, des visites audioguidées de la cathédrale et de la cité médiévale, ainsi que des visites-découvertes animées par des guides-conférenciers agréés par le ministère de la Culture et de la Communication *(1h30)*. Il est également possible de télécharger sur le site de l'office de tourisme ou sur place une balade à suivre sur Smartphone *(1h ; gratuit)*.

Pass Découverte du pays de Laon – *03 23 20 28 62 - l'office de tourisme propose un Pass journée (10 €) incluant au choix une montée aux tours, une visite audioguidée de la cathédrale ou une visite des souterrains, un guide de visite, un aller-retour en funiculaire, une collation, une entrée au musée de Laon. D'autres Pass (à partir de 39 €) ajoutent à cette offre une nuit en hôtel, chambre d'hôte ou hébergement insolite et d'autres prestations (activités toniques ou de bien-être).*

SE REPÉRER

Carte de microrégion B1 (p. 188) – *Carte Michelin Départements 306 D5.*
Accès par l'A 26 ; de Paris (130 km) ou Bruxelles (160 km) par la N 2 ; de Reims (50 km) par la D 944 puis la D 1044. La ville haute comprend deux quartiers : la **Cité**, noyau primitif autour de la cathédrale, et le **Bourg**.

SE GARER

Plusieurs parkings gratuits dans la cité médiévale, notamment celui de la Plaine (près des souterrains et de la Cité administrative). Le long des remparts, sur le côté extérieur de la ville haute, on trouve également de nombreuses places gratuites. Sinon, laissez votre véhicule dans la ville basse, sur les boulevards qui jouxtent la gare, et rejoignez la ville haute par le mini-métro (*Nos adresses p. 198*).

À NE PAS MANQUER

La visite guidée de la vieille ville, la montée aux tours de la cathédrale.

ORGANISER SON TEMPS

Arrivez le matin pour faire le tour de la ville et consacrez 1 à 2h, dans l'après-midi, au musée. Rafraîchissez-vous dans les souterrains, puis terminez votre journée par la découverte du Laonnois.

AVEC LES ENFANTS

La chasse au trésor, organisée par l'office de tourisme, qui passe par les souterrains. Un « Pass enfant » permet de cumuler plusieurs activités, ludiques ou culturelles, à moindre coût.

À Laon, la cathédrale Notre Dame, le palais épiscopal devenu palais de justice et les remparts.
Arnaud Chicurel / hemis.fr

Laon est une ville qui prend soin d'elle. Aux portes de la Champagne, la cité médiévale surplombe la plaine, perchée sur son rocher haut de 100 m. Protégée par ses remparts, elle a conservé des rues pimpantes, en plus d'être animées. Les artères commerçantes (rues du Bourg, Châtelaine et place du Général-Leclerc) sont occupées ici par une confiserie, là par une boutique de déco ou un salon de thé dont le château de macarons en vitrine indique la spécialité de la maison. Passé ces quelques rues, l'œil se concentre sur le patrimoine remarquable de la ville : hôtel à échauguette, portail, vieille hôtellerie, chapelle, venelles qui courent vers les remparts d'où la vue est toujours splendide.

4

Se promener Plan de ville

DE LA CITÉ AU BOURG

Circuit tracé en vert sur le plan (p. 194).

Palais épiscopal C1

Devenu palais de justice, il est précédé par une cour d'où l'on a une vue sur le chevet de la cathédrale. Le bâtiment de gauche (13e s.) repose sur une galerie à arcs brisés retombant sur des chapiteaux à décor végétal. À l'étage, la grande salle du Duché (plus de 30 m) sert de cour d'assises. Le bâtiment du fond (17e s.) abritait les appartements de l'évêque qui communiquaient avec une

SEPT TOURS

À son origine, la cathédrale comptait sept tours : deux en façade, une sur la croisée du transept et quatre sur les croisillons, mais deux de ces dernières ont perdu leur flèche en 1789. Il est possible de monter aux tours de la façade *(se rens. à l'office de tourisme).*

Un peu d'histoire

À la lisière nord-est du Bassin parisien se dresse un abrupt calcaire nommé par les géologues « falaise de l'Île-de-France ». La butte qui porte Laon est une sorte d'îlot, d'époque tertiaire, travaillé par l'érosion. Jadis couverte de vignes, elle reste creusée de grottes naturelles, les *creuttes*.

LES PREMIERS ROIS

Berthe au grand pied, mère de Charlemagne, naît à Samoussy, entre Laon et Liesse. À l'époque carolingienne, Charles le Chauve, Charles le Simple, Louis IV d'Outremer, Lothaire et Louis V résident sur le « mont Laon » dans un palais près de la porte d'Ardon. Laudunum devient la capitale du royaume de Louis IV d'Outremer (10e s.). Hugues Capet s'empare de Laon par traîtrise et boute dehors la descendance de Charlemagne.

LAON, CITÉ ÉPISCOPALE

Saint Remi, né à Laon, fonde le premier évêché au 5e s. Sous Hugues Capet, les évêques, devenus ducs et pairs, ont le privilège d'assister le roi lors du sacre à Reims. Au 9e s., les Irlandais Jean Scot Érigène et Martin Scot font de Laon un centre religieux et intellectuel. Aux 11e et 12e s., l'école de Laon fleurit sous les auspices d'Anselme et de Raoul de Laon. Au 12e s., l'évêque Gautier de Mortagne fait édifier la cathédrale. Au 13e s., la cité s'entoure de nouveaux remparts.

À partir du 16e s., elle devient une place militaire qui subit plusieurs sièges.

Une citadelle toujours obsolète – En réponse à l'affront des Laonnois, ralliés à la Ligue du duc de Guise, Henri IV, lorsqu'il prend la ville en mai 1694, décide de raser le quartier bourgeois et d'y bâtir une grande citadelle. Cependant, l'objectif n'est pas de défendre la ville, mais de pointer ses armes contre elle. C'est donc une enceinte qui menace Laon plus qu'elle ne la protège. Par la suite, la citadelle fut maintes fois remaniée, mais toujours avec un temps de retard. Elle n'a donc jamais été d'une grande utilité. En 1870, l'explosion de la poudrière, avec plus de 26 tonnes d'explosifs, fit plus de 500 victimes. Toutes les fenêtres de Laon volèrent en éclat, même la rosace de la cathédrale. Le léger arrondi des remparts, au niveau du côté sud de la citadelle, est un stigmate de l'accident.

LES SEPT MERVEILLES DE LAON

Avant la Révolution, on venait de tout le royaume pour admirer les sept merveilles de la ville, dont certaines sont encore visibles aujourd'hui : la cathédrale Notre-Dame, les églises abbatiales Saint-Martin et Saint-Vincent (détruite à la Révolution), la Tour penchée de Dame Ève, l'étang des moines de Saint-Vincent (dont le niveau ne baisse jamais), l'Os qui pend (une demi-mâchoire de baleine rapportée d'Angleterre par les chanoines au 12e s.), la Pierre à clous (des clous plantés à la main dans une pierre par une mère dont les enfants innocents avaient été pendus).

La ville basse – Laon ne connut de véritable développement moderne qu'avec l'arrivée du train, en 1854. Dès lors, ce n'est plus sur la butte, mais à ses pieds que la ville prend de l'ampleur. Cette partie de la ville a subi de fortes destructions durant les deux guerres mondiales et ne présente pas d'attraits touristiques particuliers.

chapelle du 12ᵉ s. à deux étages. La partie basse était réservée aux serviteurs, tandis que la chapelle haute, en forme de croix grecque, revenait à l'évêque.

Maison des arts et loisirs

03 23 22 86 86 - www.ville-laon.fr - ♿ - 13h-19h - sam.-lun. et j. fériés - tarifs variables selon expositions, spectacles ou films.

Face au palais, elle occupe l'emplacement du troisième hôpital fondé au 13ᵉ s. Ce théâtre municipal accueille dans son hall des expositions d'art contemporain.

Au nº 53 de la rue Sérurier, beau portail du 15ᵉ s. Au nº 33 bis, porte de l'ancien hôtel de ville (18ᵉ s.).

Aux nºˢ 7-11 de la rue au Change, l'ancienne hôtellerie du Dauphin (16ᵉ-17ᵉ s.) conserve sa belle galerie en bois.

★★ Cathédrale Notre-Dame C1

Pl. du Parvis-Gautier-de-Mortagne - 03 23 20 28 62 - entrée libre - possibilité de visite guidée (tour et tribunes) sur demande préalable - audioguide (5 €) disponible à l'office de tourisme.

Commencée dans la seconde moitié du 12ᵉ s., achevée vers 1230, c'est l'une des plus anciennes cathédrales gothiques de France. Très homogène, la façade comporte trois porches profonds ornés d'une majestueuse statuaire (refaite au 19ᵉ s.) et surtout deux illustres tours (56 m) attribuées à **Villard de Honnecourt**, qui vantait son œuvre en ces termes : « J'ai été en beaucoup de terres, nulle part n'ai vu plus belles tours qu'à Laon. » Imposantes mais légères, elles sont ajourées par de longues baies et encadrées par de graciles tourelles. Elles portent aux angles de grands bœufs. Les deux tours des croisillons, bâties sur le même modèle, culminent à 60 m et à 75 m.

Intérieur – 110 m de long, 30 m de large, 24 m de haut (N.-D. de Paris : 130 m, 45 m, 35 m) (*Illustration p. 43*). Couverte de voûtes sexpartites, la **nef★★★** offre une magnifique élévation à quatre étages : grandes arcades, tribunes, triforium aveugle, fenêtres hautes. Elle se prolonge par un chœur, très développé, que termine un chevet plat comme dans les églises cisterciennes. À la croisée du transept, admirez la perspective sur la nef, le chœur, les croisillons et la tour-lanterne d'influence normande haute de 40 m. Des **vitraux** du 13ᵉ s. garnissent les baies lancéolées et la rose de l'abside consacrée à la glorification de l'Église. Ceux de la rose du croisillon nord illustrent les arts libéraux. Voyez aussi la grille du chœur, l'orgue du 17ᵉ s. Dans le croisillon gauche, l'icône de la Sainte Face de Laon, originaire des pays slaves, est vénérée depuis le milieu du 13ᵉ s.

Quittez la cathédrale par le croisillon sud et longez le mur extérieur du cloître, que souligne une frise sculptée de rinceaux ; à l'angle, ange au cadran solaire.

Hôtel-Dieu C1

Situé sur le flanc droit de la cathédrale, c'est le plus ancien conservé en France. L'ancien hôpital (12ᵉ s.) s'ouvrait par des baies et des arcades en tiers-point, aujourd'hui murées. La grande salle des malades à trois nefs, gothique et souterraine, et la salle basse, dite « des Passants », sont préservées. Les sept couches polychromes mises au jour lors des travaux d'installation de l'office de tourisme témoignent de la richesse et de la permanence de l'activité caritative tout au long des siècles.

Par la rue Châtelaine puis une des deux ruelles à gauche, engagez-vous dans la rue des Cordeliers. Traversez la place des Frères-Le-Nain et continuez dans la rue G.-Ermant.

★ Musée d'Art et d'Archéologie C1

✆ 03 23 22 87 00 - www.ville-laon.fr - juin-sept. : 11h-18h ; avr.-mai : 14h-18h ; reste de l'année : tlj sf dim. 14h-18h - fermé lun., 1er janv., 1er Mai, 14 Juil., 24-25 et 31 déc. - 3,90 € (-16 ans gratuit) - gratuit Nuit des musées et J. du patrimoine (sur réserv.).

En entrant, remarquez le transi, bien conservé, de **Guillaume de Harcigny** (14e s.). Né à Laon, ce médecin fut initié par des médecins arabes en Syrie. Médecin du roi Charles VI, il fut psychanalyste avant l'heure.

Dans la section d'archéologie méditerranéenne se trouve une riche collection d'art grec, qui comprend quelque 1 700 vases, figurines de terre cuite et sculptures (tête d'Alexandre le Grand). Dans la section d'archéologie régionale sont présentés des armes, des figurines, de la vaisselle, des outils et des bijoux gallo-romains et mérovingiens.

Parmi les peintures, voyez les œuvres des frères **Le Nain** (17e s.), qui sont natifs de la région et ont évoqué le Laonnois sur leurs toiles, mais aussi celles du Maître des Heures de Rohan (15e s.), de Desportes (17e s.) et de Berthélemy (18e s.).

★ Chapelle des Templiers C1

✆ 03 23 22 87 00 - juin-sept. : 11h-18h ; avr.-mai : 14h-18h ; reste de l'année : tlj sf dim. 14h-18h - fermé lun., 1er janv., 1er Mai, 14 Juil., 24-25 et 31 déc. - gratuit.

Au cœur de la cité, à mi-chemin entre la cathédrale et le premier château féodal, la commanderie du Temple, fondée ici au 12e s., était un centre administratif et de recrutement des moines-chevaliers. Après la suppression de l'ordre, elle passa aux mains des chevaliers de Saint-Jean de Jérusalem. Un jardin remplace le cimetière des templiers, mais la chapelle romane a été conservée, avec son clocher-pignon et son chœur qui s'achève par une abside

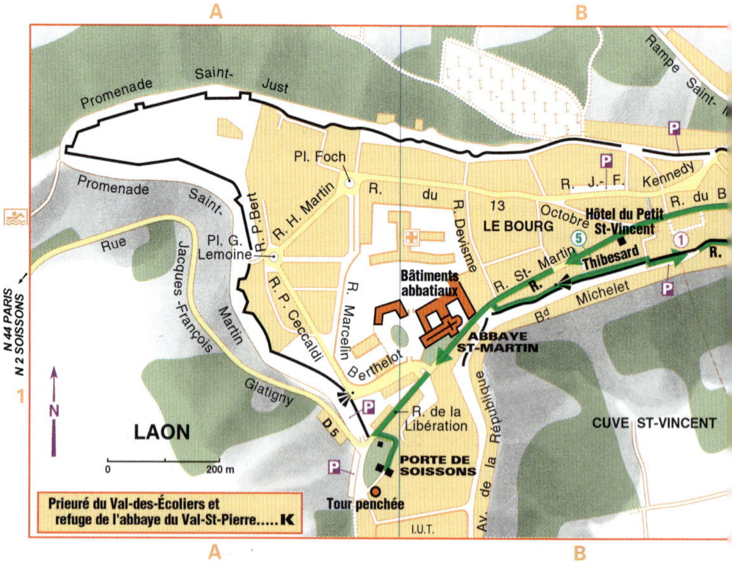

SE LOGER

Chambre d'hôte La maison des Trois Rois......... ⑤

Hostellerie Les Chevaliers.............................. ⑥

Hostellerie Saint-Vincent................................ ⑦

en cul-de-four. Le porche et la tribune sont des ajouts des 13e et 14e s. À l'intérieur, voyez les deux remarquables statues-colonnes de prophètes provenant de la façade de la cathédrale.

Reprenez à droite la rue G.-Ermant, puis suivez la rue Vinchon.

Au n° 44, le prieuré du Val-des-Écoliers est du 13e s. (chapelle du 15e s., portail du 18e s.). Au n° 40, le refuge de l'abbaye du Val-Saint-Pierre fut bâti aux 15e et 16e s.

★ Rempart du Midi et porte d'Ardon C1

En bordure du rempart du Midi, la porte d'Ardon (13e s.), ou Porte royée (« qui appartient au roi »), est flanquée d'échauguettes en poivrière. Elle surplombe un vieux lavoir-abreuvoir. Du rempart du Midi qui mène à la **citadelle** édifiée sur ordre d'Henri IV par Jean Errard, vues agréables.

★ Les souterrains de la citadelle D1

✆ 03 23 20 28 62 - www.tourisme-paysdelaon.com - visite guidée sur demande préalable h, se rens. à l'office de tourisme - 5 € (-18 ans 2,50 €).

Laon est bâtie sur les **carrières** de calcaire qu'elle a exploitées au fil des siècles pour sa construction. Dès l'époque gallo-romaine, le site est utilisé, notamment, pour conserver les récoltes, comme en témoignent les quelques **silos** que l'on peut encore observer. Mais l'apogée de l'exploitation de la carrière se situe du 6e s. au 12e s., même si elle continue jusqu'au 16e s. Les souterrains ont ensuite servi de prison au Moyen Âge. Construit sous Louis-Philippe, le nouveau **système défensif** de la ville s'appuie sur ces souterrains et comprend casemates, salles de garde et poudrières, qui se succèdent le long des remparts. La citadelle est déclassée en 1912, mais durant la Grande Guerre, le lieu sert de cantonnement et d'hôpital pour les troupes allemandes, qui occupent la région. Sous la citadelle, aujourd'hui cité administrative, subsistent

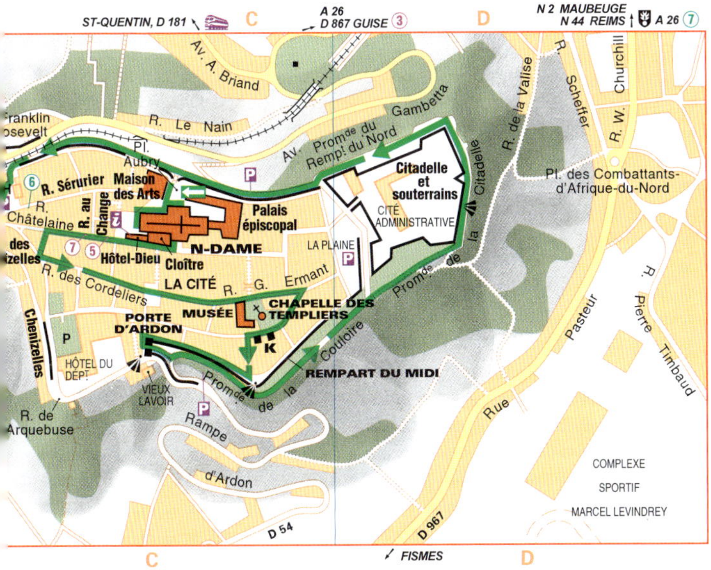

SE RESTAURER

Arsenic et Vieille Dentelle ⑤	Le Péché Mignon ⑦
L'Estaminet Saint-Jean ①	Zorn "La Petite Auberge" ③

les traces de ces kilomètres de couloirs, sur trois étages. Un parcours de 450 m de long vous plonge dans les entrailles de la ville.
Continuez jusqu'au rempart Saint-Remi, prenez à gauche et rejoignez la place du Gén.-Leclerc. Suivez les rues du Bourg, Saint-Jean puis Saint-Martin.

Hôtel du Petit Saint-Vincent B1

Il fut édifié au 16e s. comme refuge de l'abbaye Saint-Vincent, sise hors des remparts. Le bâtiment sur rue, gothique, possède un corps de logis encadré de tourelles, flanqué d'une voûte d'entrée surmontée d'une chapelle. Sur cour, l'aile perpendiculaire est plus tardive.

★ Abbaye Saint-Martin B1

✆ 03 23 20 28 62 - juil.-août : 14h-17h ; reste de l'année : se rens. à l'office de tourisme - gratuit.
Bel ensemble gothique primitif, l'ancienne abbatiale des prémontrés (12e-13e s.) a été restaurée après l'incendie de 1944. Du terre-plein, appréciez la longueur de la nef d'aspect roman, les hautes tours (35 m) à l'angle de la nef et du transept (influences rhénanes), l'élévation du croisillon sud avec sa rosace surmontée d'arcatures. Sur la façade principale, la grande baie est surmontée par un pignon orné d'un haut-relief figurant saint Martin partageant son manteau. Sur les tympans des portes latérales, on peut observer la Décollation de saint Jean-Baptiste *(à droite)* et le Martyre de saint Laurent sur son gril *(à gauche).*
Intérieur – Le chœur et les chapelles sont à chevet plat, suivant la mode cistercienne. Remarquez les gisants de Raoul de Coucy, chevalier laonnois (fin 12e s.), et de Jeanne de Flandre, abbesse du Sauvoir-sous-Laon (14e s.) ; les boiseries Louis XV *(nef)* et Louis XIII *(chœur)* ; à droite dans la chapelle Saint-Éloi, Christ de pitié du 16e s.
Bâtiments abbatiaux – La partie du 18e s. se découvre en traversant le cloître. Elle abrite la bibliothèque municipale. Bel escalier elliptique de pierre.

★ Porte de Soissons A1

Construite au 13e s. en moellons, renforcée de tours rondes, la porte est reliée par une courtine à la grosse tour de Damet ou tour de Dame Ève, dite aussi « Tour penchée » en raison d'un glissement de terrain.
Dans le jardin qui jouxte la porte, un monument rappelle que **Jacques Marquette** (1637-1675), missionnaire jésuite né à Laon, découvrit le Mississippi.
La **rue Thibesard** suit le chemin de ronde du rempart : **vues★** sur la cathédrale. Ses tours émergent des vieux toits d'ardoises à cheminées de briques roses.
Par le rempart et la **rue des Chenizelles**, gagnez la **porte des Chenizelles** (13e s.) à deux tours, qui délimite un passage vers la rue du Bourg.

À proximité Carte de microrégion

Liesse-Notre-Dame C1

15 km au nord-est. Accès par la D 977.
Liesse se niche dans une région boisée, au nord-est de la Champagne picarde, entre la Thiérache et le Laonnois. Ce petit bourg est le siège d'un important pèlerinage à Notre-Dame. Les rois de France, de Charles VI à Louis XV, ont pris part à cette tradition, qui remonte au 12e s. Des pèlerinages sont toujours organisés le lundi de Pentecôte et le 15 août.
Basilique Notre-Dame – *2 r. Abbé-Duploye - ✆ 03 23 22 20 21 - www.notredamedeliesse.com.* Construite par les trois chevaliers (*encadré ci-contre*), comme ils l'avaient promis, l'église fut rebâtie en 1384 et agrandie en 1480. En 1913, elle fut érigée en « basilique », titre lié au pèlerinage. Remarquez la flèche d'ardoises

CROISADE
En route vers Jérusalem, trois chevaliers du pays capturés par les Égyptiens convertissent la fille du sultan et lui offrent une statuette de la Vierge. Ils sont alors transportés par les airs, avec la princesse, jusqu'à leur pays natal, où ils décident d'élever une chapelle en l'honneur de la statue miraculeuse.

en légère spirale et le portail du 15e s. À l'intérieur, un jubé du 16e s. sépare la nef du chœur, à l'extrémité duquel se tient la Vierge noire (copie). Voyez les vitraux (1981) de Jacques Despierre et l'ex-voto marin suspendu à la nef, *Le Soleil royal*. La toile ex-voto de Vignon, *Nativité (croisillon droit)*, remplace un tableau semblable offert par Louis XIII et Anne d'Autriche en remerciement de la naissance du futur Louis XIV. À gauche du chœur, la sacristie, bâtie sous Louis XIII, abrite aussi des ex-voto. Dans la chapelle Saint-Louis, à droite, le diorama illustre la légende et l'origine du pèlerinage.

Château de Marchais C1

3 km au sud de Liesse N.-D. par la D 24.
Ne se visite pas.
Ce château Renaissance fut achevé par le cardinal de Lorraine. Remarquez les lucarnes à frontons sculptés et pinacles ; au bout de l'aile droite se trouve la chapelle. Les rois de France descendaient au château de Marchais quand ils venaient prier à Liesse. Il est aujourd'hui propriété des Grimaldi, famille princière de Monaco.

Circuit conseillé Carte de microrégion

LE LAONNOIS

Circuit de 31 km tracé en marron sur la carte (p. 188) – Comptez env. 2h. Quittez la ville basse par l'ouest et la route de Chauny (D 7). Avant Molinchart, prenez à gauche la D 65.
On chemine en plaine, puis la route grimpe dans la « **montagne de Laon** », qui culmine à 180 m d'altitude.

4

Mons-en-Laonnois B1

Ce bourg possède une **église** en croix grecque des 13e (chœur) et 14e s. (nef) *(visite guidée sur demande au secrétariat de la mairie, ✆ 03 23 24 12 93)*. On remarque une échauguette à l'angle du croisillon gauche.
Au bas de la place principale de Mons-en-Laonnois, suivez la direction « panorama des Creuttes ».
Une route se détache de la D 65 et gravit les pentes d'un chemin creux, jadis couvertes de vignes, où l'on voit des **creuttes**, ou grottes troglodytiques.
Au sommet, **vues★** sur la « montagne couronnée » de Laon et, au premier plan, l'église de Mons.
Revenez sur la D 65.

Bourguignon B1

Village classé aux belles demeures de pierre. Les Le Nain y possédaient une maison et la ferme de la Jumelle.

Royaucourt-et-Chailvet B1

La fine silhouette de l'**église** (13e-14e s.) de Royaucourt est épaulée par des arcs-boutants. Des abords, vue sur un terroir paisible, représenté par les frères Le Nain.

La D 65 rejoint la N 2 que l'on franchit pour gagner la D 25.

On longe les collines séparant la plaine de Laon de la vallée de l'Ailette. De charmants villages s'égrènent au milieu des vergers, qui coexistaient autrefois avec les vignes.

Nouvion-le-Vineux B1-2

Dans l'**église** (12e s.), la nef est couverte de voûtes gothiques primitives qui retombent sur des chapiteaux romans historiés ou à décor de feuilles d'acanthe. Remarquez les fonts baptismaux romans, en pierre de Tournai. De la colline derrière l'église, on profite d'une jolie vue sur le clocher.

Presles-et-Thierny B1

La modeste **église** romane de Presles possède un beau porche et un chevet fortifié à meurtrières étroites. Sur la colline, les **ruines du château** sont incorporées dans une ferme. On en distingue quelques parties crénelées.

Vorges B1

L'**église** gothique (13e s.) a été fortifiée pendant la guerre de Cent Ans. Une tour percée de baies géminées surmonte le transept. Sur la façade, la rose à colonnettes est décorative. Des fouilles ont mis au jour des sarcophages mérovingiens (7e s.). Le résultat des découvertes effectuées au 19e s. a été déposé au musée des Antiquités nationales de Saint-Germain-en-Laye.

Bruyères-et-Montbérault B1

L'**église** romano-gothique (12e-13e s.) s'illustre par l'ampleur de son plan. Les parties hautes du transept ouest furent refaites au 15e s. Une tour carrée domine le chevet à abside et absidioles voûtées en cul-de-four où l'on note les modillons et les chapiteaux romans sculptés. Les frises de l'abside représentent des animaux, des végétaux, ainsi que les vices sous les regards de diables grimaçants.

Revenez à Laon par la D 967 ; belle perspective sur la ville.

NOS ADRESSES À LAON

TRANSPORTS

Funiculaire – *TUL - forum des 3-Gares - ✆ 03 23 79 07 59 - www.tul-laon.net - 7h-20h, sam. et vac. scol. 8h30-12h30, 14h-18h - fermé dim. et j. fériés - 1,20 € AR.* Le Poma, mini-métro à traction par câble, part de la ville basse toutes les 5mn pour parvenir en 4mn devant l'hôtel de ville.

HÉBERGEMENT

BUDGET MOYEN

Hostellerie Les Chevaliers – *5 r. Sérurier - ✆ 03 23 27 17 50 - P - 14 ch. 65 € - ☕ 6 €.* Cette maison médiévale, habilement restaurée, a retrouvé un second souffle en devenant hôtel. En harmonie avec le cachet de la ville haute, pierres, briques, poutres et tommettes ont conservé leur patine. Des lucarnes et fenêtres, on découvre des vues inédites sur l'enchevêtrement des toits de Laon. Décor intimiste et accueil convivial.

POUR SE FAIRE PLAISIR

Hostellerie St-Vincent – *111 av. Charles-de-Gaulle - ✆ 03 23 23 42 43 - www.stvincent-laon.com - ♿ P - Wifi - 47 ch. 71/84 € - ☕ 9 €, demi-pension possible - ✕ formule déj. 12,50/19 €.* Établissement moderne de type motel bâti au pied de l'ancienne capitale carolingienne perchée sur son rocher. Chambres fonctionnelles. Spacieuse salle de restaurant où la gastronomie alsacienne est à l'honneur.

Chambre d'hôte La Maison des Trois Rois – *17 r. St-Martin - ☏ 03 23 20 74 24 - www.lamaisondes3rois.com - ⊠ - Wifi - 5 ch. 79/84 €* ☕. Dans sa maison de ville à la façade discrète, Jérôme a divinement aménagé ses chambres. Les éléments d'origine de la maison (poutres, tommettes, briques, bois) ont été conservés soit restaurés, soit laissés tels quels, volontairement décatis. Le goût du détail, le confort des chambres et l'accueil de Jérôme en font une adresse de grand charme.

RESTAURATION

BUDGET MOYEN

L'Estaminet St-Jean – *23 r. St-Jean - ☏ 03 23 23 04 89 - www.estaminetsaintjean.com - fermé 1re sem. de janv., 24-25 et 31 déc., merc. soir, dim. soir et lun. - formule déj. 12,50 € - 18/25 €* - Cuisine régionale (gratin d'endives au maroilles, carbonade flamande...) dans un décor d'anciens ustensiles de cuisine en émail. Lianes de houblon accrochées au plafond, jeux picards, tables de bistrot et autres objets rappellent l'histoire de la région. Convivial et familial.

Le Péché Mignon – *53 r. Châtelaine - ☏ 03 23 21 16 14 - www.restaurant-laon.fr - fermé mar. soir, merc. et dim. soir - formule déj. 10,90/13,90 € - 24 €.* Située à deux pas de la cathédrale, cette adresse, en plus d'être centrale, a excellente réputation. Même si le cadre est plutôt informel, on est bien accueilli. Cuisine du marché agrémentée de produits du terroir (haricots de Soissons, maroilles) et servie en portions généreuses.

Arsenic et Vieilles Dentelles – *3 pl. du Marché-aux-Herbes - ☏ 03 23 29 08 58 - fermé dim. et soirs (sf vend. et sam.) - formule déj. 15 € - 24 € - 1 ch. d'hôte avec cuisine équipée 120 €.* Cette bonbonnière de filles attire aussi les hommes, tant la cuisine est réussie. Dans un cadre de tapisseries à l'anglaise et de mobilier chiné, on s'essaie à une cuisine classique revisitée. Car la patronne s'inspire beaucoup des cuisines du monde. Gardez une place pour les desserts, à base de Nutella, de Carambar, de brioche, etc. Ou revenez pour le goûter, car l'adresse fait aussi salon de thé.

POUR SE FAIRE PLAISIR

Zorn - La Petite Auberge – *45 bd Brossolette - ☏ 03 23 23 02 38 - www.zorn-lapetiteauberge.com - fermé vac. de fév., vac. de Pâques, 1re quinz. d'août, sam. midi, lun. soir et dim. (sf j. fériés) - formule déj. 17 € - 27/37 €.* Dans la ville basse, salle à manger totalement revue dans un esprit contemporain : lignes épurées, tons sobres, luminaires modernes.

ACHATS

Marché du terroir – *☏ 03 23 20 28 62.* 3e vend. de chaque mois 15h-20h, dans le cloître de l'abbaye Saint-Martin.

AGENDA

Euromédiévales – *☏ 03 23 22 30 34 - www.ville-laon.fr.* Tous les ans, mi-mai/début juin, Laon replonge au temps de ses splendeurs du Moyen Âge.

Montée historique – Rassemblement de voitures anciennes de France et d'Europe dans les rues de Laon, mai.

Festival de Laon – *www.aisne.com.* Festival de musique classique de fin sept. à fin oct.

Chemin des Dames

Aisne (02)

NOS ADRESSES PAGE 204

SE REPÉRER

Carte de microrégion BC2 (p. 188) – *Carte Michelin Départements 306 C/F-6*. L'itinéraire suit d'ouest en est la crête d'une falaise séparant la vallée de l'Aisne de celle de l'Ailette. Les versants abrupts sont percés de galeries qui donnent sur des carrières souterraines.

À NE PAS MANQUER

La caverne du Dragon ; l'abbaye de Vauclair.

ORGANISER SON TEMPS

Prévoyez une petite journée pour l'ensemble de l'itinéraire. N'oubliez pas de prévoir un vêtement chaud pour visiter la caverne du Dragon.

Cette petite crête, 200 m d'altitude, 30 km de long sur 8 km de large, est depuis l'Antiquité un point stratégique sur la route du nord de l'Europe. Déjà, César y affrontait les hordes gauloises. Mais ce fut surtout le théâtre de combats très meurtriers au cours de la Première Guerre mondiale. Aujourd'hui encore, témoignage grandeur nature de la folie des hommes, le Chemin des Dames conserve les traces émouvantes du désespoir des poilus.

Circuit conseillé Carte du Chemin des Dames

DE SOISSONS À BERRY-AU-BAC

Circuit de 57 km tracé en vert sur la carte ci-dessous – Comptez 3h30. Quittez Soissons au nord et prenez la N 2 vers Laon.

Huit sites historiques sont reliés par un itinéraire balisé *(se reporter aux numéros sur le plan)* : fort de la Malmaison (**1**) ; panorama de la Royère : troupes coloniales (**2**) ; Cerny-en-Laonnois (**3**) ; caverne du Dragon (**4**) ; monument des Basques (**5**) ; plateau de Californie (**6**) ; arboretum et village de Craonne (**7**) ; monument national des Chars d'assaut à Berry-au-Bac (**8**).

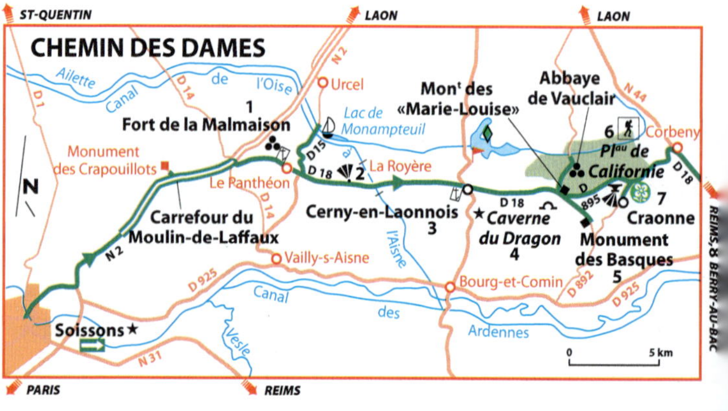

Le cimetière militaire allemand jouxte le fort de la Malmaison sur le Chemin des Dames.
Franck Guiziou / hemis.fr

Carrefour du Moulin-de-Laffaux

Sur cette butte (169 m) qui marque l'extrémité ouest des hauteurs du Chemin des Dames se dresse le monument aux morts des Crapouillots *(derrière le restaurant)*. Le Moulin-de-Laffaux s'élevait autrefois à cet emplacement.

Deux demi-échangeurs sont en construction au niveau du carrefour du Moulin-de-Laffaux et du croisement entre les N 2 et D 14. Prenez à droite la D 18.

Fort de la Malmaison

Fortifications du début du 20e s. Enlevé par les coloniaux de la 38e DI sur la Garde prussienne en 1917. Au cimetière, tombes allemandes (1939-1945).

Cerny-en-Laonnois

Près du carrefour de la D 967, le mémorial du Chemin des Dames, la chapelle et le cimetière militaire français jouxtent un cimetière allemand. La lanterne des morts a été édifiée de manière à être vue depuis les cathédrales de Soissons, Laon et Reims.

★ Caverne du Dragon

✆ 03 23 25 14 18 - www.caverne-du-dragon.fr - ♿ - visite guidée juin-sept. : 10h-18h ; avr.-mai : 10h-12h, 13h15-18h, w.-end et j. fériés 10h-12h, 13h15-19h ; reste de l'année : tlj sf lun. 10h-12h, 13h15-18h - fermé de mi-déc. à mi-janv. - 6 € (-18 ans 3 €) - 8 € billet combiné avec le fort de la Malmaison, gratuit J. du patrimoine. Prévoir un vêtement chaud.

Surnommée ainsi par les Allemands, cette galerie fut creusée au Moyen Âge par les carriers pour extraire la pierre qui servit à bâtir l'abbaye de Vauclair. En 1915, les unités allemandes la transforment en caserne, avec postes de tir et de commandement. Progressivement, la vie s'organise et la caverne devient une véritable ville souterraine avec son hôpital, son cimetière, sa chapelle et ses kilomètres de couloirs. Elle change plusieurs fois d'un occupant entre 1915 et 1918, toujours au prix de combats sanglants. Français et Allemands cohabitent même à quelques mètres les uns des autres, de juillet à novembre 1917.

GRAFFITIS
Sur certaines parois souterraines, quelques bas-reliefs et graffitis poignants, laissés par des poilus de toutes nationalités, traduisent l'angoisse de ces hommes, mais aussi leurs rêves et leurs espoirs.

Les derniers soldats germaniques fuient en octobre 1918. Convertie en **musée du Souvenir**, la caverne retrace la vie des soldats à travers des mises en scène efficaces, des objets, des visuels, une galerie des uniformes et des armements, une reconstitution de tranchées, une salle consacrée à l'artisanat de tranchée *(1 km de circuit)*. Un film et une maquette animée présentent les épisodes marquants du conflit et l'importance stratégique du site.
Panorama sur la vallée de l'Aisne, avec deux tables d'orientation.
La D 18 suit l'« isthme d'Hurtebise », qui s'épanouit au nord-est sur le plateau de Craonne, formé par les plateaux de Vauclair et de Californie.

Monument des « Marie-Louise »
En mars 1814, la ferme d'Hurtebise fut l'enjeu de la **bataille de Craonne**, que Napoléon, venu de Corbeny, remporta sur Blücher. Face à la ferme, ce mémorial associe les jeunes fantassins de l'Empereur, appelés les « Marie-Louise », aux poilus de la Grande Guerre.
La D 886, à gauche, descend dans la vallée de l'Ailette.

Abbaye de Vauclair
Cette abbaye, fondée en 1134 par saint Bernard, a été très endommagée par les bombardements de 1917. Les bâtiments les mieux conservés sont le cellier, le réfectoire des frères convers, la salle capitulaire et la salle des moines. On distingue les bases de l'abbatiale et de l'hostellerie. Une galerie d'exposition se trouve à côté du jardin de plantes médicinales.
Autour, la **forêt** monastique de Vauclair couvre 1 000 ha.
Revenez au Chemin des Dames et suivez la D 18 sur 2 km.

Monument des Basques
Cent ans après Craonne (1814), la ferme d'Hurtebise fut à nouveau l'objet de furieux combats, où s'illustrèrent les Basques de la 36e DI. Monument commémoratif.
Revenez sur vos pas et prenez à droite la D 895.
À droite, on longe l'observatoire d'où Napoléon dirigea la bataille de Craonne (statue de l'Empereur).

Plateau de Californie
À partir du parking, promenade pédestre en lisière de forêt *(45mn)* jalonnée de panneaux illustrant la vie du soldat. Figés dans le bronze, les visages des poilus rejaillissent « de la terre à la lumière », enchevêtrés dans une structure qui évoque un amas de fils barbelés. Une étrange sculpture d'Haïm Kern évoque la dureté des combats. Vue sur la vallée.

LA CHANSON DE CRAONNE
« Adieu la vie, adieu l'amour,
Adieu toutes les femmes.
C'est bien fini, c'est pour toujours,
De cette guerre infâme.
C'est à Craonne, sur le plateau,
Qu'on doit laisser sa peau
Car nous sommes tous condamnés,
C'est nous les sacrifiés ! »
Chanson anonyme de 1917.

Une crête stratégique

Cette route tient son nom des filles de Louis XV, Mesdames, qui l'empruntaient pour gagner le château de la Bove, propriété de leur amie et ancienne gouvernante, la duchesse de Narbonne.

DES ANTÉCÉDENTS HISTORIQUES

Déjà César et Clovis

Quelques années avant la bataille d'Alésia, en 57 av. J.-C., les armées romaines tiennent siège autour de Bibrax, situé sur la crête entre l'Ailette et l'Aisne, et mettent à mal les troupes gauloises. Cinq siècles plus tard, c'est au tour de Clovis, roi des Francs, de défaire les Romains aux alentours de Soissons, dont il fait ensuite la capitale de son royaume.

La dernière victoire de Napoléon

En 1814, durant les Cent-jours, Napoléon engage ses dernières et jeunes recrues, les « Marie-Louise », contre la coalition russo-prussienne. De nouveau, la crête est un théâtre sanglant. C'est la dernière victoire de Napoléon avant la défaite définitive de Waterloo, quelques mois plus tard.

LA GRANDE GUERRE

L'offensive Nivelle

En 1914, après la bataille de la Marne, les Allemands en retraite s'arrêtent sur cette position défensive qu'ils fortifient en utilisant les carrières, *boves* ou *creuttes*, creusées dans la falaise. Après deux ans de guerre de position, le général **Nivelle**, ayant pris le commandement des armées françaises en décembre 1916, cherche la rupture du front sur le Chemin des Dames. Malgré la nature difficile du terrain, il lance l'armée Mangin à l'assaut des positions allemandes, le 16 avril 1917. Les troupes françaises occupent les crêtes dans un premier élan, mais les Allemands s'accrochent sur le versant de l'Ailette. Pilonnages de l'artillerie et participation des premiers chars d'assaut n'y changent rien, l'offensive de Nivelle est un désastre.
Des dizaines de milliers de soldats vont perdre la vie, durant plusieurs mois d'offensives et de contre-offensives plus absurdes les unes que les autres. Le Chemin des Dames change plusieurs fois de maître jusqu'en novembre 1918, au prix de véritables massacres.

Le désespoir des poilus

Des pertes terribles et l'échec de l'assaut engendrent une crise morale. Dès la fin du mois d'avril, un climat insurrectionnel gagne une grande partie de l'armée. Près de 40 000 soldats refusent désormais de se battre pour conquérir un lopin de terre en une semaine et le reperdre ensuite. Les généraux Nivelle et Mangin sont limogés. Le général **Pétain** prend le commandement et mate ces tentatives de révolte. Des dizaines de soldats sont condamnés, plusieurs sont exécutés. Des voix s'élèvent aujourd'hui pour accorder le pardon à ces « mutins », soldats désespérés par l'horreur des combats. Après trois ans d'acharnement, les Alliés gagnèrent 8 km sur les troupes allemandes. Durant la Grande Guerre, la crête du Chemin des Dames aurait reçu environ une tonne d'obus au mètre carré.

Arboretum de Craonne

Là où l'on rejoint la D 18, un arboretum a remplacé le vieux village de Craonne, qui a été reconstruit en contrebas. Le terrain, ravagé par les obus, exprime l'âpreté des combats qui s'y livrèrent.
Yves Gibeau (1916-1994), auteur de romans, dont *Allons z'enfants* adapté au cinéma par Yves Boisset, est enterré dans le cimetière du vieux Craonne.
Rejoignez la D 1044 par La Ville-aux-Bois et tournez à droite.
Avant l'arrivée à Berry-au-Bac, à l'intersection de la D 1044 et de la D 925, **monument des Chars d'assaut**.

NOS ADRESSES SUR LE CHEMIN DES DAMES

HÉBERGEMENT

PREMIER PRIX

À Chérêt

Chambre d'hôte Le Clos – *18 r. Principale - 02860 Chérêt - 8 km au sud de Laon par D 967 - ✆ 03 23 24 80 64 - www.lecloscheret.com - fermé de mi-oct. à mi-mars - P - 4 ch. 50/60 €* . Ce vendangeoir, dont l'origine remonte au 16e s., est une invitation au repos et à la détente. Il a le charme suranné des vieilles maisons, et vous pourrez y poser votre sac pour souffler un peu. Ses chambres spacieuses sont décorées de jolis meubles anciens. Étang de pêche.

RESTAURATION

BUDGET MOYEN

À Berry-au-Bac

La Cote 108 – *1 r. du Col.-Vergezac - 02190 Berry-au-Bac - ✆ 03 23 79 95 04 - www.lacote108.com - fermé 26 juil.-10 août, 20 déc.-4 janv., dim. soir, lun. et mar. - P - 15/89 €*. Pause gourmande face à la cote 108 : cette maison en bord de route vous invite à goûter une cuisine d'aujourd'hui dans un cadre contemporain raffiné. Jardin fleuri.

ACTIVITÉS

À Chamouille

Circuits balisés – *02860 Chamouille*. Circuits pédestres. Circuit « St-Victor » de 11 km *(3h)* au départ de l'abbaye de Vauclair ; micro-balades pour mieux comprendre l'histoire du Chemin des Dames : « Le belvédère du plateau de Californie » *(2,5 km)*, au départ du plateau de Californie, et « Le vieux Craonne » *(0,6 km)*, au départ de l'arboretum.

Forêt de Saint-Gobain

★

Aisne (02)

NOS ADRESSES PAGE 208

S'INFORMER

Syndicat d'initiative de Chauny – *14h-17h, vend. 9h-12h, 14h-18h, sam. 14h-18h - fermé dim. et lun.*

SE REPÉRER

Carte de microrégion B1 (p. 188) – *Carte Michelin Départements 306 C5.*
Cette forêt (6 000 ha) couvre un plateau entaillé de carrières et parsemé d'étangs. Le boisement est composé de chênes, de hêtres, de frênes sur les argiles, de bouleaux sur les sables et, dans les vallées, de peupliers. De Laon, accès par la D 7; de Saint-Quentin, D 1044 puis D 13; de Soissons, D 1 puis D 13.

À NE PAS MANQUER

L'abbaye de Prémontré (extérieur) ; le musée Jeanne-d'Aboville à La Fère.

Arbres majestueux, battements d'ailes dans les frondaisons, senteurs mêlées de fleurs sauvages et d'humus, étangs calmes, anciennes abbayes masquées par la végétation… il ne manque que l'ogre pour jouer au Petit Poucet. N'oubliez pas vos bottes de sept lieues!

Circuit conseillé Carte de la forêt

ROUTE DES ABBAYES

Circuit de 23 km tracé en rouge sur la carte (p. 207) – Comptez 2h.

Saint-Gobain

Ce bourg apparaît comme une clairière sur le rebord du banc de calcaire (alt. : 200 m). La légende raconte que l'ermite irlandais Gobain, en quête de terres à évangéliser, s'endormit dans la forêt de Voas. À son réveil, constatant qu'une source avait jailli, il y vit un signe et s'installa à cet endroit, où il resta vingt ans, jusqu'à sa décapitation par les Vandales.

Saint-Gobain doit surtout son renom à la **Manufacture royale des glaces** fondée par Louis XIV à la demande de Colbert. Établie en 1665 au faubourg Saint-Antoine à Paris, elle fut transférée en 1692 dans les ruines du château édifié au 13e s. par les sires de Coucy. Un nouveau procédé de coulage permit alors la fabrication de glaces de grandes dimensions. Cette manufacture est à l'origine de la Compagnie de Saint-Gobain, désormais intégrée au groupe Saint-Gobain-Pont-à-Mousson. C'est aujourd'hui l'un des premiers producteurs au monde de vitrages, flacons, tuyaux en fonte, matériaux isolants et de construction. Les vitrages de la pyramide du Louvre proviennent du groupe Saint-Gobain, mais il ne subsiste plus d'activité verrière au village lui-même. On peut encore voir l'entrée et son portail monumental (18e s.), ainsi que quelques vestiges de maisons ouvrières *(rue de la Manufacture, vers la sortie de Saint-Gobain en direction de Chauny/La Fère).*

UNE FORÊT GIBOYEUSE

Le massif abrite toujours de nombreux cerfs, mais les loups et les sangliers ont disparu. La chasse à courre s'y pratique depuis Louis XV.

Prenez la route de Laon (D 7) jusqu'au carrefour de la Croix-des-Tables et tournez à gauche sur la D 730.

Roches de l'Ermitage – *15mn à pied AR.* Elles constituent le point de départ de sentiers balisés par l'Office national des forêts.

La D 730 rejoint la D 55 après le centre de rééducation. Prenez la D 55 à droite, puis la D 556 à gauche.

Le Tortoir

Ne se visite pas.

Ce **prieuré fortifié** (14e s.), dépendance de l'abbaye de Saint-Nicolas-aux-Bois, se détache dans une clairière. Transformé en ferme, il comprend, autour de la cour, un bâtiment des hôtes et le logis du prieur aux jolies baies à meneaux. La chapelle date du début du 14e s.

Revenez sur vos pas et restez sur la D 55 après Saint-Nicolas-aux-Bois.

Abbaye de Saint-Nicolas-aux-Bois

Ne se visite pas.

Les vestiges de cette abbaye bénédictine, incorporés dans une propriété privée, occupent un site agréable au creux d'un vallon. La route longe les douves en eau et deux étangs entourés de frondaisons, au travers desquelles on peut distinguer – en hiver, surtout – le logis abbatial du 15e s.

Croix de Seizine

À 400 m de la D 55 sur la droite.

Ce monument expiatoire fut érigé par Enguerrand IV, sire de Coucy, condamné par Saint Louis en 1256 pour avoir exécuté quatre élèves de l'abbaye de Saint-Nicolas-aux-Bois, surpris à chasser sur ses terres.

À Suzy, charmant village, prenez à droite la D 552.

Abbaye de Prémontré

✆ 03 23 23 66 66 - avr.-oct. : 9h-19h ; reste de l'année : 9h-17h - gratuit - comme elle abrite un hôpital psychiatrique, l'abbaye ne se visite que très partiellement.

Nichée dans un vallon en forêt de Saint-Gobain, l'ancienne abbaye de Prémontré est l'un des trois derniers témoins de l'ordre des norbertins

L'ORDRE DES PRÉMONTRÉS

Né à la fin du 11e s. dans le duché de Clèves, le futur **saint Norbert** mène une vie mondaine lorsque, un jour d'orage, il tombe de cheval. Une voix lui reproche alors ses dissipations. Touché par la grâce, il vend tous ses biens et se retire en 1119 à Prémontré, où il fonde un monastère. Issu du latin *pratum monasterum*, qui signifie « pré découvert » ou « pré essarté », Prémontré a donné son nom à l'ordre, reconnu dès 1126 par le pape Honorius II. L'ordre, qui applique la règle de saint Augustin, prospère et se développe surtout en Europe centrale et aux Pays-Bas. Norbert meurt en 1134 à Magdebourg. Les prémontrés, ou norbertins, ont le titre de chanoines de Saint-Augustin et sont voués à l'apostolat ou à la liturgie ; les pères portent la barrette et l'habit blancs.

en France. Reconstruite au 18e s., convertie en verrerie en 1802, puis en hôpital psychiatrique, l'abbaye groupe trois **bâtiments**★ remarquables par leur ordonnance et leur élévation, rythmés par des pilastres d'ordre ionique colossal. Le corps central présente un avant-corps circulaire, au fronton triangulaire incurvé. Une petite chapelle y a été aménagée au rez-de-chaussée. Remarquez les agrafes des baies, finement ciselées. Les bâtiments latéraux ont des avant-corps surmontés d'une coquille flanquée de vases monumentaux. Celui de gauche contient un **escalier** savant, sans autre appui que les murs de la cage ovale. La magnifique hélice de cet escalier est soulignée d'une rampe en fer forgé savamment ouvragée.

L'abbatiale n'a jamais été édifiée ; un bâtiment annexe abritait la chapelle des chanoines. Il ne subsiste aucun vestige des bâtiments du 12e s., à l'exception d'un mur qui longe l'actuel stade.

Septvaux

L'église romane à deux clochers se trouve sur une hauteur dominant un beau lavoir du 12e s. *(sur la route de Coucy).*

La D 13 vous ramène à Saint-Gobain.

À proximité Carte de microrégion

La Fère B1

37 r. de la République - 02800 La Fère - ✆ 03 23 56 62 00 - www.ville-lafere.fr - 8h-12h, 13h30-17h30, vend. 8h-12h, 13h30-16h30 - fermé w.-end et j. fériés.

★ **Musée Jeanne-d'Aboville** – *14h-18h - fermé dim., mar. et certains j. fériés (se rens.) - 5 € (-18 ans 3 €) - possibilité de visite guidée.* Sont présentés ici les maîtres de l'école du Nord, dont les maniéristes du 16e s., Jean Massys, Simon et Martin De Vos ; les Hollandais du 17e s. comme Emmanuel De Witte, spécialiste des intérieurs d'églises, Heem (natures mortes) et Peeters (marines). De l'école française, pour le 17e s., voyez le *Combat de cavalerie et des Amazones* de Deruet et le *Panier de prunes* de Pierre Dupuis ; pour le 18e s., *Déjeuner de campagne* d'Étienne Jeaurat, le *Portrait de Madame Adélaïde* d'Élisabeth Vigée-Lebrun, les paysages de Lallemand et de Joseph Vernet. Une section d'archéologie expose le résultat de fouilles locales, notamment des vestiges gallo-romains à Versigny.

Tergnier A1

11 km au nord-ouest de St-Gobain par les D 13, D 1032 et D 424.

Musée de la Résistance et de la Déportation de Picardie – *03 23 57 93 77 - www.resistance-deportation-picardie.com - ♿ - 10h-12h, 14h-18h, dim. 14h30-18h30 - fermé lun., 25 déc.-1er janv., 1er Mai, 1er nov. - 4 € (-25 ans gratuit) - gratuit Nuit des musées et J. du patrimoine.* Installé dans un bâtiment Art déco de 1925, le musée se divise en deux espaces. Le premier est consacré à la Résistance : description des méthodes de sabotage et de la répression nazie, documents officiels et objets personnels – dont la mallette de Goering –, maquettes et objets symboliques (la fameuse Citroën Traction de la Gestapo, armes et parachutes, radio-émetteur…). En sous-sol, le second espace est dédié à la Déportation, avec la reconstitution d'une cellule de prisonniers, des plans de camps de concentration et de poignantes archives audio.

Chauny A1

14 km à l'ouest de St-Gobain par la D 7, puis la D 937.

C'est la ville sœur de Tergnier, quelques kilomètres plus au sud. Comme Saint-Quentin, Chauny a subi de fortes destructions durant la Première Guerre mondiale et fut reconstruite en grande partie dans le style Art déco. À voir, la belle **halle au marché**, des années 1920.

NOS ADRESSES EN FORÊT DE SAINT-GOBAIN

Voir aussi nos adresses à Laon.

HÉBERGEMENT ET RESTAURATION

POUR SE FAIRE PLAISIR

Toque Blanche – *24 av. Victor-Hugo - 02300 Chauny - 03 23 39 98 98 - www.toque-blanche.fr - fermé 2-4 janv., 16-21 fév., 3-23 août, sam. midi, dim. soir et lun. - P - 18/73 € - 8 ch. 63/88 € - 12 €.* Harmonieuse demeure 1920 blottie dans un parc. Un décor romantique remis à neuf vous accueille pour déguster une savoureuse cuisine actuelle.

Coucy-le-Château-Auffrique

★

1 053 Coucysiens – Aisne (02)

NOS ADRESSES PAGE 211

S'INFORMER

Office de tourisme – *Pl. de l'Hôtel-de-Ville - 02380 Coucy-le-Château-Auffrique - ✆ 03 23 52 44 55 - www.coucy.com - avr.-oct. : 10h-12h, 14h-18h ; reste de l'année : 10h-12h, 14h-17h - fermé j. fériés, 22 déc.-6 janv. - 2e bureau 8 r. des Vivants ✆ 03 23 52 22 22 : avr.-nov. : merc.-dim. 14h-18h.*

SE REPÉRER

Carte de microrégion A1 (p. 188) – *Carte Michelin Départements 306 B5.*
À 20 km au nord de Soissons. Accès par la D 1, la D 934 ou la D 13. Sur les contreforts des forêts de Saint-Gobain et de Coucy-Basse, le village se divise entre la ville basse et l'ancien village fortifié, en hauteur.

À NE PAS MANQUER

La vue du haut de la porte de Soissons ; le spectacle médiéval « Coucy à la Merveille ».

ORGANISER SON TEMPS

Comptez 2h pour la visite des remparts, 1h pour le musée de la Tour.

« Roy ne suis, ne Prince, ne Duc, ne Comte aussi. Je suis le Sire de Coucy », telle était la fière devise du constructeur de cette imposante forteresse. Dans son enceinte médiévale, Coucy s'étire sur un promontoire dominant les vallées de l'Oise et de l'Ailette, dans un site défensif impressionnant. Les habitants font aujourd'hui revivre ce lieu chargé d'histoire.

4

Se promener Plan de ville

★ Château

✆ 03 23 52 71 28 - www.monuments-nationaux.fr - de déb. mai à déb. sept. : 10h-13h, 14h-18h30 ; reste de l'année : 10h-13h, 14h-17h - fermé 1er janv., 1er Mai, 25 déc. - 5,50 € (-18 ans gratuit) - gratuit J. du patrimoine.

Rachetée par Louis-Philippe, classée sous Napoléon III, la cité médiévale occupait 12 ha. Subsistent aujourd'hui d'impressionnants pans de mur, des soubassements et des souterrains.

La basse-cour précède le château. À droite, une salle des gardes renferme une maquette et des documents sur Coucy. En avançant, on voit les bases d'une chapelle romane. Les grosses tours qui flanquaient le château, coiffées de hourds, dépassaient 30 m de haut. Les bâtiments d'habitation ont été reconstruits à la fin du 14e s. par Enguerrand VII, puis complétés au début du 15e s. par Louis d'Orléans, qui avait acheté Coucy à la fille d'Enguerrand VII. Il subsiste des vestiges de la salle des Preuses et de celle des Preux, sous laquelle s'étend un cellier.

En 1917, les Allemands firent sauter le donjon, dont les murs de pierre atteignaient 7 m d'épaisseur, 31 m de diamètre et 54 m de hauteur, à l'aide de 28 t d'explosifs !

Du haut de la tour de la terrasse, restaurée, **vue** sur la vallée.

Porte de Soissons

☏ 03 23 52 22 22 - ♿ - avr.-oct. : 14h-18h ; reste de l'année : 14h-17h - fermé 1er janv., 1er et 11 Nov., 25 déc. - gratuit - possibilité de visite guidée.

Datant du 13e s., elle est renforcée par la tour de Coucy et abrite le **musée de la Tour** (maquette de la ville et du château, gravures et photos, figurines). De la plate-forme, **vue** sur la vallée de l'Ailette.

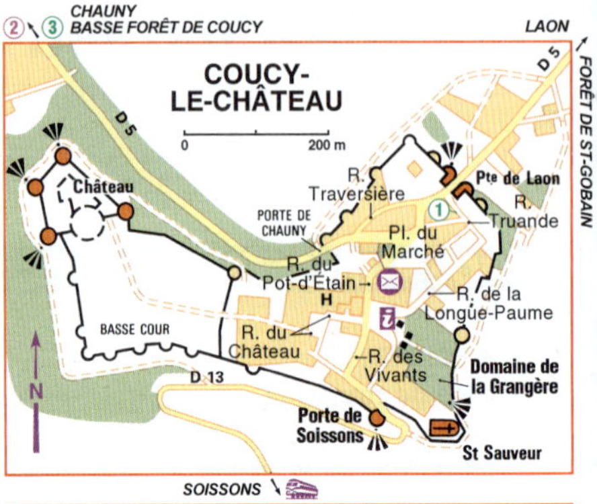

SE LOGER	SE RESTAURER
Hostellerie Le Griffon......... ③	La Ferme des Michettes.................. ②
Hôtel Le Belle Vue............ ①	

Église Saint-Sauveur

Visite guidée sur demande à l'office de tourisme - 3 €.

Au bord des remparts, cet édifice à façade romane et nefs gothiques (12e et 14e s.) a été presque totalement reconstruit après la guerre de 1914-1918.

Porte de Laon

Du 13e s. À la base du promontoire et d'accès facile, son rôle défensif était capital. Deux grosses tours rondes aux murs épais l'encadraient.

Domaine de la Grangère

Ce jardin dépendait de la maison du Gouverneur, où naquit, en 1594, César, duc de Vendôme, bâtard d'Henri IV et de Gabrielle d'Estrées, duchesse de Beaufort.

À proximité Carte de microrégion

BASSE FORÊT DE COUCY

▶ *Quittez Coucy par la porte de Chauny ; au carrefour situé au pied du promontoire, prenez à gauche, vers Noyon, la D 934 traversant le bois du Montoir.*

Bois du Montoir A1

Dans ce bois était camouflé un obusier de 380 mm qui a tiré de mars 1915 à novembre 1915 sur Compiègne, Fismes et Trosly-Breuil.

Folembray A1

Au chenil du Rallye-Nomade, équipage de chasse à courre. François Ier aimait séjourner au château avec sa favorite Françoise de Foix, comtesse de Châteaubriant. À quelques tours de roue se trouve le circuit d'essai de Folembray, géré par Henri Pescarolo, vétéran de la course automobile.

Blérancourt A1

▶ *Entre Noyon et Soissons, par la D 934 ou la D 6. Prévoyez 2h pour la visite des deux sites.*

Dépendant du marquisat de Pierrefonds, le petit village fut acquis par la famille Potier de Gesvres en 1598. Depuis, son histoire est intimement liée à celle du château qu'il abrite. Encadré par deux pavillons, celui-ci a été bâti de 1612 à 1619 par Salomon de Brosse, architecte du palais du Luxembourg. De 1917 à 1924, il a servi de siège à une organisation humanitaire américaine, sous la houlette d'une riche héritière, Anne Morgan. Celle-ci est à l'origine du musée de la Coopération franco-américaine, installé dans le château.

Maison de Saint-Just – *03 23 39 72 17 - ♿ - mar. 9h-12h,14h-18h (vend. 17h), sam. 14h-17h, dim. et j. fériés sur demande préalable - 2 € (-12 ans gratuit) - possibilité de visite guidée.* Une exposition y retrace la vie du célèbre et radical révolutionnaire **Louis Antoine de Saint-Just (1767-1794)**, qui habita cette demeure avec sa famille dès son arrivée à Blérancourt, en 1776. Il ne quittera le bourg que pour siéger à la Convention, après son élection en 1792. À la Révolution, il rejoint le groupe des Montagnards fondé par Robespierre et demande la mort du roi. Membre du Comité de salut public en 1793, il devient le théoricien de la Terreur avant d'être lui-même guillotiné en 1794.

NOS ADRESSES À COUCY-LE-CHÂTEAU

HÉBERGEMENT

PREMIER PRIX

Hôtel Le Belle Vue – *Ville-haute - 03 23 52 69 70 - www.hotel-bellevue-coucy.com - fermé 1 sem. à la Toussaint, 2 sem. à Noël - P - 8 ch. 45/49 € - 7 €, demi-pension possible.* Cet hôtel au décor simple est bien situé dans la ville haute. Préférez une des chambres du 2e étage offrant une vue imprenable sur la plaine et le château. Salle à manger un brin rétro et cuisine traditionnelle.

À proximité

Hostellerie Le Griffon – *22 pl. du Gén.-Leclerc - 02300 Blérancourt - 03 23 39 23 39 - fermé dim. soir et lun. - 11 ch. 40/50 € - 6 € - 13/37 €.* Cet établissement, récemment ouvert, jouit d'un emplacement idéal dans un des pavillons du château. Chambres neuves, souvent spacieuses, à choisir de préférence côté parc. Belle salle à manger parquetée, avec mur en pierres apparentes et toile de Jouy sur le thème « hommage de l'Amérique à la France ».

RESTAURATION

POUR SE FAIRE PLAISIR

La Ferme des Michettes – *Champs - 2,3 km de Coucy-le-Château-Auffrique par D 934 rte de Blérancourt - 03 23 52 77 26 - www.lesmichettes.com - fermé janv., août, lun., mar. et le soir - ♿ P - 28 € bc.* Ce bâtiment contemporain, flanqué d'un grand parking, abrite une auberge atypique dans un cadre à mi-chemin entre rustique et moderne. Menu unique, à volonté, avec cochon farci cuit à la broche dans le monumental four à bois, légumes assortis et vin rouge au tonneau. Après-midi dansant pour éliminer les calories

AGENDA

« Coucy à la Merveille » – *03 23 52 01 53 - www.coucyalamerveille.com - juil. : vend. et sam. soir.* Un des plus beaux spectacles médiévaux de la région : celui de la légende du sire de Coucy. Décors et costumes d'époque, « banquet du Sire » (réservation conseillée), scènes de reconstitution historique, son et lumière.

Soissons

★

28 845 Soissonnais – Aisne (02)

NOS ADRESSES PAGE 218

S'INFORMER

Office de tourisme – *16 pl. Fernand-Marquigny - 02200 Soissons - 03 23 53 17 37 - www.tourisme-soissons.fr - juin-août : 9h-18h, dim. 10h-12h15, 13h15-17h, j. fériés 9h-17h ; reste de l'année : 9h-17h, dim. 10h30-12h15, 13h-15h30.*

Visite guidée – *03 23 93 30 50 - 5 € (-12 ans gratuit) - rens. à l'office de tourisme. Soissons, qui porte le label Ville d'art et d'histoire, propose des visites-découvertes (1h30) animées par des guides-conférenciers agréés par le ministère de la Culture et de la Communication. Visites sur demande (juil.-août - les Estivales) : « Histoire et patrimoine de Soissons ».*

SE REPÉRER

Carte de microrégion AB2 (p. 188) – *Carte Michelin Départements 306 B6.* À 100 km de Paris, Soissons domine une colline calcaire. De Saint-Quentin, Coucy-le-Château et Château-Thierry, accès par la D 1 ; de Rouen, Beauvais, Compiègne ou Reims, N 31/E 46 ; de Laon ou Paris, N 2.

À NE PAS MANQUER

Le croisillon sud de la cathédrale Saint-Gervais-et-Saint-Protais ; l'abbaye Saint-Jean-des-Vignes ; le donjon de Septmonts.

ORGANISER SON TEMPS

Comptez 2h pour la cathédrale, 1h30 pour le musée dans l'abbaye Saint-Léger. En été, optez plutôt pour les visites à thème, « les Estivales ».

AVEC LES ENFANTS

Une soirée au cynodrome.

Capitale des premiers rois mérovingiens, célèbre pour son vase brisé, Soissons a été reconstruite après 1918, mais conserve sa cathédrale gothique, simple et pure, et les vestiges d'un monastère qui fut l'un des plus riches du Moyen Âge.

Se promener Plan de ville

★★ Ancienne abbaye Saint-Jean-des-Vignes A2

03 23 93 30 50 - http://patrimoine.ville-soissons.fr - avr.-sept. : 9h-19h, w.-end et j. fériés 10h-19h ; reste de l'année : 9h-18h, w.-end et j. fériés 10h-18h - fermé 1er janv., 25 déc. - gratuit - possibilité de visite guidée en été, se rens.

Fondée en 1076, l'abbaye fut l'une des plus riches du Moyen Âge. Les libéralités des rois de France, des évêques, des seigneurs et des bourgeois permirent aux moines de construire, aux 13e et 14e s., une église abbatiale et des bâtiments monastiques. En 1805, un décret impérial, pris en accord avec l'évêché de Soissons, ordonna la démolition de l'église, dont les matériaux devaient servir à réparer la cathédrale. Devant les protestations, la façade fut sauvegardée.

La cathédrale Saint-Gervais- et-Saint-Protais à Soissons, déambulatoire du croisillon sud.
Christophe Lehenaff / Photononstop

Façade – Portails à redans, finement découpés et surmontés de gâbles (fin du 13e s.). Le reste est du 14e s., à part les clochers (15e s.). Une galerie à claire-voie sépare le portail central de la rose, qui a perdu son réseau d'arcatures. Aux contreforts des tours sont accolées, deux à deux, des statues de la Vierge et des saints. Le **clocher nord**, plus large, est le plus élevé et le plus orné : dais finement travaillés des contreforts, clochetons ajourés et surmontés de flèches à crochets, arêtes et crochets saillants. Sur la face ouest, contre le meneau de la baie supérieure, est fixé un Christ en Croix ; à ses pieds, les statues de saint Jean et de la Vierge.

★ **Réfectoire** – Dans le prolongement de la façade, au dos du grand cloître, ce bâtiment (13e s.) comporte deux nefs voûtées d'ogives et conserve sa chaire de lecteur. Sept fines colonnes coiffées de chapiteaux à feuillage reçoivent la retombée des doubleaux et des nervures. Huit grandes roses à lobes percent les murs est et ouest.

Cellier – Sous le réfectoire dont elle reproduit le plan, cette salle est voûtée d'ogives retombant sur de robustes piles octogonales. En face, ancien logis de l'abbé (16e s.).

Cloîtres – Il ne reste du **grand cloître★** que deux galeries édifiées au 14e s. Les arcades en tiers-point, séparées par des contreforts ouvragés, possédaient une arcature dont les travées sud conservent des restes. Les chapiteaux sont ornés de délicats motifs de fleurs et d'animaux. Le **petit cloître** présente deux travées Renaissance.

Arsenal – *✆ 03 23 93 30 50 - www.musee-soissons.org - ♿ - avr.-sept. : 9h-12h, 14h-18h, w.-end et j. fériés 14h-19h ; reste de l'année : 9h-12h, 14h-17h, w.-end et j. fériés 14h-18h - fermé 1er janv., 25 déc. - gratuit - 5 € (-12 ans gratuit) - possibilité de visite guidée sur demande préalable.* Progressivement désaffectée au cours du 18e s., l'abbaye sert de caserne après la Révolution. Un arsenal est construit au 19e s. Des expositions temporaires consacrées à la création contemporaine ainsi que des concerts y sont régulièrement organisés.

★★ Cathédrale Saint-Gervais-et-Saint-Protais A1

La pureté de ses lignes et la simplicité de son ordonnance en font l'un des plus beaux témoins de l'art gothique. Sa construction débute au 12e s. par le croisillon sud. Le 13e s. voit s'élever le chœur, la nef et les bas-côtés. Le croisillon nord et la partie haute de la façade sont du 14e s. La guerre de Cent Ans interrompt les travaux, et le clocher nord reste inachevé. Après la Grande Guerre, seuls le chœur et le transept sont restés intacts.

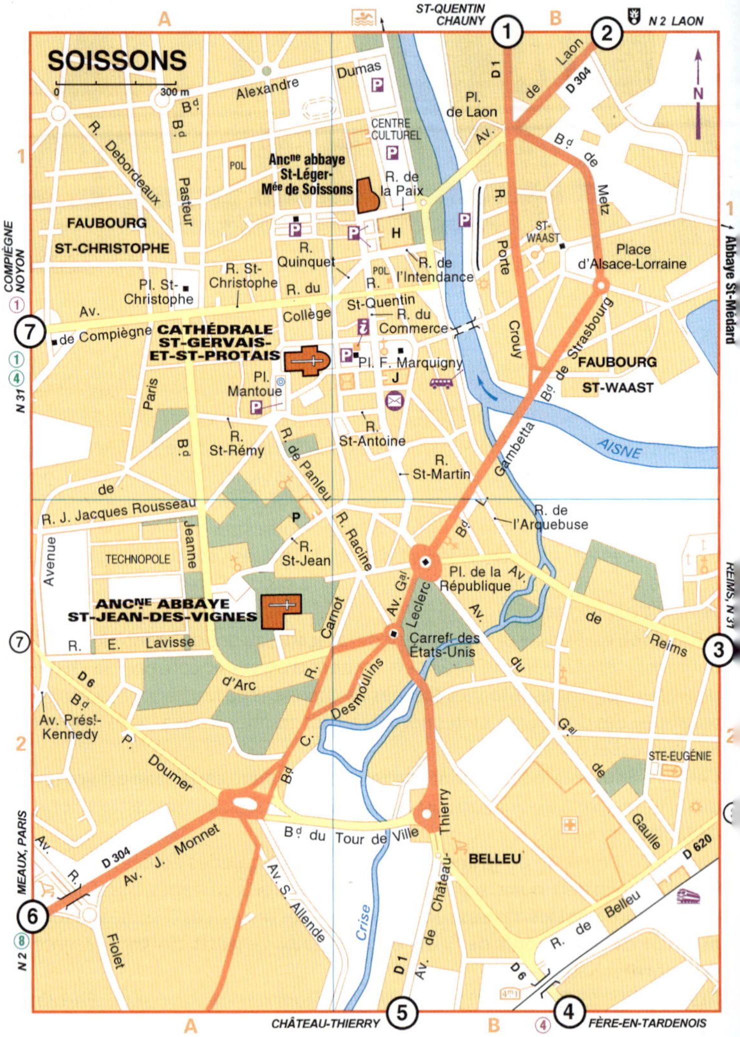

SE LOGER	SE RESTAURER
Chambre d'hôte Domaine de Montaigu .... ①	Hostellerie du Lion d'Or .... ①
Chambre d'hôte Ferme de la Montagne .... ④	Le Grenadin .... ④
Hôtel Primevère .... ⑧	

Extérieur – La façade asymétrique ne laisse pas présager la beauté intérieure de l'édifice. Au 18e s., des remaniements, corrigés en partie en 1930, ont défiguré les portails qui n'ont conservé que leurs profondes voussures. La rose, surmontée d'une galerie, s'inscrit dans un arc ogival. De la rue de l'Évêché, on aperçoit l'étagement du bras sud du transept qui se termine en hémicycle, et, de la place Marquigny, le chevet.

À l'est du croisillon nord s'ouvre un portail à gâble élancé, épaulé par deux contreforts; l'art décoratif du 14e s., plus ouvragé, s'y manifeste. La façade du croisillon est ornée d'arcatures rayonnantes (14e s.). Percée d'une grande rose, inscrite dans un arc en tiers-point, elle s'achève par un pignon flanqué de deux pinacles.

★ **Intérieur** – La cathédrale, longue de 116 m, large de 25,6 m et haute de 30,33 m, est absolument symétrique. Aucun détail ne rompt l'harmonie de ce vaisseau. Des colonnes cylindriques séparent les travées de la nef ou du chœur. Leurs chapiteaux, sobrement décorés, reçoivent la retombée des grandes arcades en tiers-point. Ils servent de point d'appui à cinq fûts qui soutiennent la voûte et sont prolongés jusqu'au socle par une colonne engagée. Les grandes arcades sont surmontées d'un triforium et de hautes fenêtres géminées. Le **croisillon sud★★** est une merveille de grâce, due en partie à son déambulatoire. S'y ouvre une chapelle à deux étages. Une belle clé réunit les nervures de la voûte : elles retombent sur des colonnettes encadrant les fenêtres et sur les deux colonnes monolithes de l'entrée.

Le **chœur** est un des premiers témoins du style gothique lancéolé. Les fenêtres à cinq lancettes sont ornées de vitraux des 13e et 14e s. L'autel est encadré de statues de marbre blanc *(Annonciation)*. Les voûtes d'ogives des chapelles rayonnantes se combinent avec celles du déambulatoire; les branches d'ogives s'entrecroisent à la même clef.

Le **croisillon nord** présente une ordonnance similaire à celle de la nef. Sur le mur droit du fond, ornementation du 14e s. : rose avec vitraux anciens. À gauche, **L'Adoration des bergers** fut exécutée par Rubens pour les cordeliers, en remerciement des soins que ceux-ci lui avaient prodigués.

Ancienne abbaye Saint-Léger - Musée de Soissons B1

2 r. de la Congrégation - ✆ 03 23 55 94 73 - www.musee-soissons.org - avr.-sept. : 9h-12h, 14h-18h, w.-end et j. fériés 14h-19h ; reste de l'année : 9h-12h, 14h-17h, w.-end 14h-18h - fermé 1er janv., 25 déc. - gratuit.

Fondée en 1139, l'abbaye fut dévastée en 1567 par les protestants, qui démolirent la nef de l'église.

Église – Le chœur, terminé par un chevet à pans coupés, et le transept (13e s.) sont éclairés par des fenêtres hautes et basses. La façade et la nef à double collatéral ont été reconstruites au 17e s. Remarquez la riche collection lapidaire gallo-romaine et médiévale.

Crypte – Elle est composée de deux galeries et deux travées (fin du 11e s.) dont les voûtes d'arêtes retombent sur des piliers flanqués de colonnes à chapiteaux cubiques ornés de feuilles. Une abside polygonale (13e s.), voûtée d'ogives, la prolonge.

HARICOT SOISSONNAIS

Les maraîchers perpétuent la tradition du haricot de Soissons, gros haricot sec et blanc, que leurs épouses accommodent en délicieux *soissoulet*. Les confiseurs le proposent sous forme de bonbons.

HISTOIRE FRANQUE
Au 5e s., la cité joue un rôle important. C'est à ses portes que Clovis bat les Romains (486). À la suite de cette bataille a lieu l'épisode du **vase de Soissons**. Clovis avait réclamé dans son butin la restitution d'un vase volé dans une église de Reims. Un soldat s'y opposa et le brisa en déclarant : « Tu n'auras, ô Roi, que ce que le sort te donnera. » L'année suivante, passant en revue ses troupes, Clovis s'arrêta devant le soldat et lui fendit le crâne en disant : « Ainsi en as-tu fait du vase de Soissons. » L'histoire du fameux vase est illustrée par un bas-relief sur le monument aux morts, place Fernand-Marquigny.
Capitale franque – Clotaire Ier, fils de Clovis, fait de Soissons sa capitale, comme le fera son fils Chilpéric Ier, roi de Neustrie. En 751, Pépin le Bref, roi des Francs, est le premier des Carolingiens, qui succèdent aux Mérovingiens déchus. À la suite d'un combat livré sous les murs de la ville en 923, Charles le Simple renonce au trône au profit de la maison de France.

Salle capitulaire – Donnant sur le cloître (13e s.), la salle capitulaire, de la même époque, est voûtée de six croisées d'ogives retombant sur deux colonnes.
Musée – Dans les bâtiments conventuels, le musée abrite des collections variées. Rez-de-chaussée : préhistoire, époques gauloise et gallo-romaine (tête de Clotaire). 1er étage : toiles (16e-19e s.) des écoles du Nord, italienne, française (Largillière, Courbet, Boudin…). Voyez l'*Allégorie de l'hiver*, un tableau anonyme flamand (1630-1650) ; il représente un vieillard barbu (clair-obscur). Dans l'autre salle, documents, plans, peintures et maquettes illustrent l'histoire locale.
Gagnez l'avenue du Mail pour jeter un coup d'œil sur le chevet de l'église et l'hôtel de ville, intendance sous l'Ancien Régime.

Abbaye Saint-Médard Hors plan

Pl. St-Médard - ✆ 03 23 93 30 56 - www.tourisme-soissons.fr - 9h-12h, 14h-17h - fermé w.-end, vac. scol. - gratuit - possibilité de visite guidée sur demande préalable - en cas de fermeture, clef disponible à l'office de tourisme.
De cette abbaye, célèbre à l'époque franque, ne subsiste qu'une **crypte** préromane (9e s.) qui contenait le tombeau de saint Médard et les tombes des rois mérovingiens fondateurs : Clotaire et Sigebert.

À proximité Carte de microrégion

Courmelles A2

▶ *4 km au sud* par la *D 1 ; à la sortie de la ville, empruntez une petite route.*
L'**église** (12e s.) au clocher trapu conserve son **chevet** roman arrondi. Quatre contreforts, formés de colonnettes aux chapiteaux finement sculptés, séparent les fenêtres en plein cintre, décorées de cordons d'étoiles et surmontées d'arcatures brisées.

Septmonts B2

▶ *6 km au sud par la D 1, puis la D 95 à gauche.*
Ce village de la vallée de la Crise conserve des maisons à pignons gradués dits « à pas de moineaux », caractéristiques de l'architecture soissonnaise.
★ **Donjon** – *✆ 03 23 74 95 35 - ♿ - mai-sept. : 9h-19h ; reste de l'année : 9h-17h - gratuit.* « Dans une charmante vallée, un admirable châtelet du 15e s. est encore parfaitement habitable… C'est la plus saisissante habitation que tu puisses te figurer. Une ancienne maison de plaisance des évêques de Soissons. » Cette

lettre fut adressée par Victor Hugo à sa femme en 1835. Dans un beau site boisé, le donjon (14e s.) édifié par l'évêque Simon de Bucy, avec ses cheminées élancées et sa haute tourelle de guet, forme une construction élégante. On peut y monter, visiter les pièces qu'il abrite et profiter de ses différentes terrasses d'où se dégage une vue sur le village et le Soissonnais. La chapelle Saint-Louis est le seul vestige du château primitif (13e s.). Agréable pour la promenade, le parc est planté d'une centaine d'espèces d'arbres ; il est complété par un verger.

Église – *Tlj sf w.-end sur demande à la mairie, ✆ 03 23 74 91 36.*

Elle fut bâtie au 15e s. Le clocher-porche ajouré de baies est surmonté d'une flèche de pierre hérissée de crochets. À l'intérieur, la poutre de gloire polychrome est sculptée de médaillons représentant les apôtres.

Fort de Condé à Chivres-Val B2

▶ 12 km à l'est par la D 925.

✆ 03 23 54 40 00 - www.fortdeconde.com - ♿ - juin-août : 9h30-12h, 13h30-18h30 ; avr.-mai et sept.-nov. : 9h30-12h, 13h30-17h30 - fermé 1er janv., 25 déc. - 5 € (-10 ans gratuit) - possibilité de visite guidée tlj sf lun. et j. de manifestation.

Établi par Vauban, le fort constituait la deuxième ligne de défense protégeant Paris. Mis à mal en 1870, il est renforcé par la suite, puis progressivement désarmé jusqu'en 1912. C'est cependant un bel exemple de l'architecture militaire du 19e s. Un vaste fossé défend l'entrée du fort, constitué de casemates, de salles de tirs d'artillerie et d'une caserne, le tout relié par des galeries souterraines. De l'entrée, vue sur le Soissonnais.

Braine B2

▶ 17 km à l'est (N 31).

Née d'un pont sur la Vesle, que commandait un château aujourd'hui en ruine, Braine fut une étape sur la route de Soissons à Reims. Sur la place du Gén.-de-Gaulle, anciennement place Martroi, subsiste une belle maison à pans de bois (16e s.) ; surmontée d'une tourelle, elle garde sa porte cochère.

En lisière de la localité, près de la Vesle, l'**église Saint-Yved**, ancienne abbatiale de prémontrés fondée par le comte de Braine à la fin du 12e s., ne conserve que deux travées de sa nef, son transept et son chœur à chapelles rayonnantes. Au revers de la façade, deux sculptures (13e s.) : le Christ et la Vierge couronnée sont entourés par les 24 statues d'un arbre de Jessé. À l'intérieur, vaste chœur à triforium et tour-lanterne analogue à celle de la cathédrale de Laon *(sur demande à l'office de tourisme - ✆ 03 23 74 73 34).*

4

Mont-Notre-Dame B2

▶ 24 km au sud-est (N 31) ; prenez la D 14 à droite à Braine.

ℹ 34 pl. Charles-de-Gaulle - 02220 Braine - ✆ 03 23 74 73 34 - www.tourisme-soissons.fr - 10h-12h, 14h30-18h15, sam. 9h-12h - fermé lun., dim. et j. fériés.

Une **église** dédiée à sainte Marie-Madeleine couronne le « mont » qui domine la vallée de la Vesle. Ce bâtiment Art déco a remplacé une magnifique collégiale des 12e-13e s., détruite par les Allemands en 1918. Son clocher (60 m) est surmonté d'une statue de Marie-Madeleine.

NOS ADRESSES À SOISSONS

HÉBERGEMENT

PREMIER PRIX

À proximité

Chambre d'hôte Ferme de la Montagne – *1 La Montagne - 02290 Ressons-le-Long - 8 km à l'ouest de Soissons par N 31 et D 1160 - ✆ 03 23 74 23 71 - www.lafermedelamontagne.net - fermé janv.-fév. - P - 5 ch. 58 €* . Cette ferme de l'abbaye Notre-Dame de Soissons est située sur un plateau et domine superbement la vallée de l'Aisne. On peut admirer le magnifique paysage depuis le salon. Pour plus de confort, les chambres ont chacune un accès indépendant.

BUDGET MOYEN

Hôtel Primevère – *Rte de Paris - ✆ 03 23 73 33 04 - P - 42 ch. 65 € - 8 €, demi-pension possible.* Cet hôtel implanté aux portes de la ville abrite de petites chambres fonctionnelles pouvant dépanner. Restaurant d'étape proposant des formules buffets.

POUR SE FAIRE PLAISIR

À proximité

Chambre d'hôte Domaine de Montaigu – *16 r. de Montaigu - 02290 Ambleny - 10 km à l'ouest de Soissons par N 31, rte de Compiègne et D 943 à gauche - ✆ 03 23 74 06 62 - www.domainedemontaigu.com - P - 4 ch. 80 €* . Cette belle demeure de caractère combine calme, luxe et accueil décontracté pour vous offrir (oui, parce qu'à ce prix-là, c'est un cadeau) ce qu'on peut trouver de mieux en maison d'hôte. Des chambres très chic et un salon de grand standing. Une réussite totale.

RESTAURATION

PREMIER PRIX

À proximité

Hostellerie du Lion d'Or – *1 pl. du Gén.-de-Gaulle - 02290 Vic-sur-Aisne - 12 km à l'ouest de Soissons par N 31 et D 2 - ✆ 03 23 55 50 20 - www.liondor.fr - fermé 2 sem. en fév., 1 sem. en mai, 2 sem. en août, dim. soir, mar. soir et lun. - formule déj. 15 € - 23/35 €.* Une bonne adresse pour faire bombance dans un cadre chaleureux. Depuis sa création en 1580, ce restaurant n'a jamais failli et continue de servir autour de sa cheminée une cuisine du marché fraîche et généreuse.

BUDGET MOYEN

À proximité

Le Grenadin – *19 rte de Fère-en-Tardenois - 02200 Belleu - ✆ 03 23 73 20 57 - fermé 1er-15 janv., dim. soir, lun. et j. fériés - ♿ - formule déj. 14 € - 25/45 €.* Un accueil tout sourire et un service attentionné vous attendent dans ces deux petites salles de restaurant joliment rénovées dans des coloris pastel. Aux beaux jours, le couvert est dressé dans l'agréable jardin. Cuisine variant au fil des saisons.

EN SOIRÉE

Cynodrome – *10 bd Branly - ✆ 03 23 73 18 92 - www.cynodromesoissons.com - fermé oct.-avr.* De toute l'Europe, des lévriers viennent concourir sur cette piste de 450 m. Bals et animations organisés les jours de Grands Prix dans une ambiance bon enfant. Un spectacle rare à ne pas manquer. Le public peut assister aux entraînements.

Le pont-galerie du château de Fère.
Château de Fère

Fère-en-Tardenois

3 311 Férois – Aisne (02)

NOS ADRESSES PAGE 222

S'INFORMER
Office de tourisme – *18 r. Étienne-Moreau-Nélaton - 02130 Fère-en-Tardenois - 03 23 82 31 57 - www.fere-en-tardenois-tourisme.com - avr.-sept. : 10h-12h30, 13h30-18h ; reste de l'année : 10h-12h30, 13h30-17h - fermé dim. et lun., 1er janv., 1er Mai, 25 déc.*

SE REPÉRER
Carte de microrégion B3 (p. 189) – *Carte Michelin Départements 306 D7.*
Fère est située à égale distance de Soissons et de Château-Thierry. De Paris (100 km) ou Reims (50 km), on atteint Fère par l'A 4.

À NE PAS MANQUER
Le pont-galerie du château de Fère ; le château de Nesles ; le monument de la butte de Chalmont.

ORGANISER SON TEMPS
La découverte du village et des circuits demande une petite journée. Sauf réservation, le château de Nesles n'est ouvert que le samedi.

Dans la capitale du Tardenois, rafraîchie par l'Ourcq qui prend sa source à quelques kilomètres, le château et son impressionnant pont-galerie constituent un moment fort de la visite. Fère fut très disputée en 1918 au cours de la seconde bataille de la Marne : le grand cimetière américain en témoigne.

FÉROISE CÉLÈBRE
Le sculpteur **Camille Claudel** (1864-1943), sœur aînée de Paul Claudel, compagne et inspiratrice de Rodin, est née à Fère-en-Tardenois.

Se promener

Halles

Construites en 1540 sous le règne du connétable Anne de Montmorency, elles abritaient le marché au blé. Belle charpente en châtaignier; de gros piliers cylindriques en pierre la soutiennent.

Église Sainte-Macre

Se rens. au presbytère - ✆ 03 23 82 24 58.
Elle fut rebâtie au 16e s. L'abside est éclairée par des vitraux modernes de Simon, qui évoquent le sacrifice dans l'Ancien et le Nouveau Testament. Dans le collatéral gauche, une châsse abrite une relique de sainte Macre, vierge martyrisée en 303. Au maître-autel, toile de Vignon figurant l'Adoration des Mages. L'**orgue**, reconstruit en 1990, sert pour des concerts et des enregistrements discographiques.

Circuits conseillés Carte de microrégion

L'EST DU TARDENOIS

Circuit de 16 km tracé en gris sur la carte (p. 189) – Comptez 2h. Quittez Fère-en-Tardenois au nord par la D 967. La route traverse les bois de Saponay.

★ Château de Fère B3

Un château fort, élevé au début du 13e s. sur une terre appartenant à une branche cadette de la famille royale, est à l'origine de cette construction. En 1528, François Ier l'offrit à Anne de Montmorency (1493-1567), qui le transforma en demeure de plaisance; c'est lui qui fit jeter sur le fossé un pont monumental, couvert d'une galerie Renaissance. Après la condamnation à mort d'Henri II de Montmorency en 1632, le château, confisqué par Louis XIII, passa au prince de Condé et revint à Philippe Égalité, qui le fit démolir en partie. Face à la motte, confortée de pavés de grès, se trouve la sépulture de Raymond de La Tramerie, propriétaire du château de 1971 à 1984, date à laquelle il en fit don au conseil général du département.
La notion de motte féodale prend ici tout son sens, le magnifique pont-galerie venant adoucir l'aspect encore martial de la forteresse ruinée. Gagnez la pile est du pont monumental et prenez l'escalier aménagé dans cette pile. Édifié, selon la tradition, par Jean Bullant sur les ordres du Grand Connétable, le **pont-galerie**★★ repose sur cinq arches en plein cintre. Donnant accès au château, il n'était ouvert qu'aux piétons. Une galerie d'agrément, en partie démolie, le surmonte. Une porte encadrée de deux petites tours à bec ouvre sur l'ancienne cour. Observez les sept tours rondes, soigneusement appareillées, dont les assises présentent un curieux dispositif en dents d'engrenage.
Poursuivez la D 967 jusqu'à Mareuil-en-Dôle, puis prenez à droite la D 79.

Château de Nesles B3

✆ 06 74 57 45 28 - www.chateaudenesles.com - sur demande préalable - tarif, se rens.

Cette forteresse de plaine (13e s.) a conservé la base de ses courtines et de ses huit tours, et, dans un angle, à l'extérieur de l'enceinte, un donjon cylindrique de 55 m de périmètre. Le corps de logis date du 15e s.
Prenez la D 2.

Cimetière américain Oise-Aisne B3

03 23 82 21 81 - ♿ - 9h-17h - fermé 1er janv., 25 déc. - gratuit.
Parmi les cimetières américains de la Première Guerre mondiale en Europe, c'est le deuxième par son importance (plus de 6 000 tombes). Il marque l'un des terrains les plus disputés lors de la grande offensive franco-américaine de juillet 1918. La 42e division « Rainbow » (arc-en-ciel), qui progressait de l'Ourcq vers la Vesle, y refoula, au cours d'une semaine sanglante (28 juillet-3 août), des troupes d'élite allemandes, notamment la 4e division de la Garde prussienne. La colonnade du mémorial est calée sur deux piles abritant une chapelle et un musée.
Revenez à Fère-en-Tardenois par la D 2.

À L'OUEST DE FÈRE-EN-TARDENOIS

Circuit de 25 km tracé en orange sur la carte (p. 189) – Comptez 3h. Quittez Fère-en-Tardenois, au sud, par la D 967 vers Beuvardes. À Villemoyenne, prenez à droite la D 79 vers Villeneuve.

Villeneuve-sur-Fère B3

C'est dans le presbytère au chevet de l'église Saint-Georges qu'est né Paul Claudel (1868-1955), diplomate et écrivain français. La maison familiale, encore habitée par des descendants, se trouve à droite de l'église.
Poursuivez sur la D 79, puis prenez à gauche la D 310 vers Coincy.

La Hottée du Diable B3

Dans la forêt de Coincy, un sentier sablonneux mène à un énorme chaos gréseux aux rochers sculptés par l'érosion ; au sommet de la butte se découvre un joli panorama sur le chaos ruiniforme et la forêt qui l'entoure.
La route serpente sur les mélancoliques plateaux labourés du Tardenois. À Coincy, traversez le ruisseau pittoresque dénommé l'**Ordrimouille**. Le château doit son nom aux moines du prieuré Saint-Pierre-et-Saint-Paul (vestiges) qui y lavaient leur linge.
Prenez tout de suite à droite la D 80 en direction d'Armentières.

4

Château d'Armentières-sur-Ourcq B3

Les ruines de cet ensemble fortifié du 13e s. sont complétées par une tour-poterne du 15e s. et quelques éléments architecturaux de la Renaissance. Il a subi de lourds dommages lors de la bataille de la Marne en 1918.
Prenez la route d'Oulchy, puis à droite la D 473 vers Cugny-lès-Crouttes et, à l'entrée de Wallée, la D 229 à gauche.

Monument de la butte de Chalmont B3

Au flanc de cette butte, dominant toute la plaine du Tardenois, s'élève un monument en granit, en deux parties, dû au ciseau de Landowski. Il fut érigé en 1934 pour commémorer la seconde bataille de la Marne.
Au premier plan, en bordure de la route reliant Beugneux à Wallée, une statue de femme, haute de 8 m, symbolise la France tournée vers l'est. Par quatre paliers successifs, figurant les quatre années de guerre, on atteint, à environ 200 m, le groupe **Les Fantômes**. Il représente huit soldats de différentes armes, les yeux clos, sur deux rangées. Sur la première rangée, on reconnaît la jeune

recrue, le sapeur, le mitrailleur et le grenadier. Sur la seconde, le colonial, le spectre de la Mort, le fantassin et l'aviateur. Ce sobre monument impressionne par sa puissance et son **site★** solitaire.

Revenez à Wallée, prenez à gauche.

Abris troglodytiques habités dès la préhistoire.

Tournez à droite vers Trugny. La route traverse l'Ourcq. Prenez la D 796 à droite, puis à gauche, et encore à gauche sur la D 310.

À 250 m sur la droite, au bout d'une allée, en plein champ, on aperçoit la **ferme de Bellefontaine**, ancienne propriété de la famille Claudel. C'est à la **ferme de Combernon** *(800 m sur la droite)* que se déroule une grande partie de *L'Annonce faite à Marie* de Paul Claudel.

NOS ADRESSES À FÈRE-EN-TARDENOIS

HÉBERGEMENT

BUDGET MOYEN

À proximité

Chambre d'hôte Le Manoir de la Semoigne – *Chemin de la Ferme - 02130 Villers-Agron - 25 km à l'ouest de Reims - ✆ 03 23 71 60 67 - http://manoirdelasemoigne.online.fr - P ⊭ - 4 ch. 74/94 € ☕ - ✕ 44 €.* Très agréable adresse que cette demeure du 18e s., dont le parc, traversé par une petite rivière, se prolonge d'un joli parcours de golf. Les chambres, spacieuses et calmes, portent chacune le nom d'une couleur. À table, produits de la ferme (table d'hôte en sem. sur réserv.).

RESTAURATION

UNE FOLIE

Hôtel Château de Fère – *Rte de Fismes - 3 km au nord de Fère-en-Tardenois par la D 967 - ✆ 03 23 82 21 13 - www.chateaudefere.com - fermé 3 janv.-25 mars - ♿ P - 19 ch. 150/370 € - ☕ 22 € - ✕ formule déj. 31 € - 52/90 €.* Avec en arrière-plan les ruines du château d'Anne de Montmorency et de son fameux pont, cette belle demeure du 16e s. offre un décor somptueux (vaste parc). Les deux salles à manger rivalisent d'élégance (fresque à la gloire de La Fontaine, belles boiseries).

ACTIVITÉS

Parc des Bruyères – ✆ 03 23 82 31 57 - www.fere-en-tardenois-tourisme.com - baignade non surveillée. Au nord de la ville, un parc boisé de 110 ha offre repos et loisirs autour de 2 plans d'eau (sentiers pédestres et équestres, VTT, pêche, pique-nique).

Château-Thierry

14 683 Castelthéodoriciens – Aisne (02)

NOS ADRESSES PAGE 230

S'INFORMER

Office du tourisme de Château-Thierry – *9 r. de la Vallée - 02400 Château-Thierry - 03 23 83 51 14 - www.chateau-thierry-tourisme.com - de mi-mai à mi-sept. : 10h-12h30, 13h30-18h, dim. 13h30-17h, j. fériés 14h-17h ; reste de l'année : tlj sf dim. 10h-12h30, 13h30-17h, j. fériés 14h-17h - fermé 24 déc.-1er janv., 1er Mai.*

SE REPÉRER

Carte de microrégion B4 (p. 189) – *carte Michelin Départements 306 C8.*
La ville est située sur l'A 4 entre Paris et Reims. Champenoise par ses origines et son vignoble, elle est bâtie sur les deux rives de la Marne, au flanc d'une butte isolée que couronne l'ancienne place forte des comtes de Champagne.

SE GARER

Parking devant la mairie, au pied du chemin de ronde, ou près de la porte St-Pierre (pour accéder au château en voiture).

À NE PAS MANQUER

Que vous soyez cigale ou fourmi, gravissez les marches de la maison natale de La Fontaine ! Visitez le musée du Trésor de l'hôtel-Dieu.

ORGANISER SON TEMPS

Comptez une demi-journée pour une visite de la ville et de ses environs, une journée si vous empruntez ensuite la route du Champagne.

AVEC LES ENFANTS

Le tour du château et ses animations, dont le spectacle de rapaces en vol libre ; la maison natale de Jean de La Fontaine ; le château de Condé et ses parcours ludiques dans le parc.

Nichée au cœur du vignoble champenois de la vallée de la Marne, Château-Thierry est une terre de mémoire : elle conserve en effet le souvenir du roi mérovingien Thierry IV, qui y mourut en 737 et lui donna son nom ; celui d'un homme illustre, Jean de La Fontaine, qui y vit le jour en 1621 et y passa une grande partie de sa vie, proche de la nature si inspirante ; et, enfin, celui des lieux historiques de la Grande Guerre.

Se promener Plan de ville

LE TOUR DU CHÂTEAU

Circuit tracé en vert sur le plan de ville (p. 224). Partez de la place de l'Hôtel-de-Ville. La rue du Château monte à la porte St-Pierre.
Le plateau, qui commandait la vallée de la Marne, abrita successivement un oppidum gaulois, une place forte mérovingienne, une forteresse féodale, puis une résidence seigneuriale au 13e s. En 1060, Hugues Lambert, dit **Thierry**, fit aplanir le sommet de la butte pour y élever une enceinte fortifiée, et un château fut bâti du 11e au 17e s. En raison de son mauvais entretien et

de l'arasement des principaux bâtiments, seule la base des murs subsiste aujourd'hui.

Musée du Trésor de l'hôtel-Dieu

R. du Château - ✆ 03 23 83 51 14 - www.hotel-dieu-chateau-thierry.fr - visite guidée de mi-juin à mi-sept. : sam. 10h30, 14h et 16h, vend. 14h et 16h, mar.-jeu. 16h ; de déb. avr. à mi-juin et de mi-sept. à fin oct. : sam. 10h30, 14h et 16h, dim. et vend. 14h et 16h ; reste de l'année : sam. 10h30, 14h et 16h et vend. 14h et 16h - 7 € (-18 ans 3 €).

Fondation royale, l'hôtel-Dieu fut créé en 1304 par Jeanne de Navarre et dirigé par une communauté de religieuses. Pauvres, pèlerins, vieillards et malades trouvaint refuge et étaient soignés dans cet établissement, qui connut son âge d'or sous Louis XIV. Le nouveau musée qui y a été aménagé expose des objets d'art, protégés au fil des siècles et remis en scène dans l'apothicairerie, les cuisines, la chapelle du 17e s. et l'ouvroir…

Porte St-Pierre

C'est la dernière des quatre portes de la ville. Jeanne d'Arc et Charles VII y seraient passés en 1429, de retour du sacre royal à Reims, après avoir chassé les Bourguignons de la ville. De l'extérieur, on découvre la façade principale flanquée de deux tours rondes.

Château

On y entre par la **porte St-Jean** (13e s.), dont vous remarquez l'appareil à bossages. Sa galerie s'ouvre par six créneaux sur l'espace intérieur à ciel ouvert. Le château est devenu une promenade (2,5 ha) avec de belles **vues** sur la ville, la vallée de la Marne et le monument de la Cote 204. Sur la **tour de Bouillon**, un plan gravé sur pierre montre l'ancien château avec son mur d'enceinte, ses tours et son donjon. *De là, descendez par un escalier au chemin de ronde intérieur.*

Spectacle de rapaces – *- ✆ 03 23 83 51 14 - www.hippogriffe.net - ♿ - avr.-sept. : 15h, w.-end 14h30 et 16h30, fermé jeu. et j. fériés - 9 € (-13 ans 6,50 €).*
Sur la haute cour, la compagnie des Aigles de Château-Thierry embarque petits et grands dans un ballet aérien époustouflant.

Le site de l'ancien château intéresse les archéologues. Le chantier-école de l'université Paris I-Sorbonne y est installé. En été, on peut visiter le **terrain de fouilles** *(sur RV, lors des chantiers - réserv. au ☏ 03 23 83 03 46 ou 06 20 53 22 76).*

Maison natale de Jean de La Fontaine

☏ 03 23 69 05 60 - www.musee-jean-de-la-fontaine.fr - 9h30-12h, 14h-17h30 - fermé lun., 1er janv., 1er Mai, 1er nov., 25 déc. - 5,20 € (-18 ans 3,10 €) - gratuit merc. - Possibilité de visites avec un audioguide 3 €.

En partie remanié, cet ancien hôtel particulier (1559) fut la propriété des La Fontaine jusqu'en 1676 et abrite aujourd'hui un **musée**. Dans ses petits salons meublés selon le goût du temps, il présente divers documents et objets en rapport avec l'écrivain : acte de baptême, lettre portant sa signature et quelques portraits ou bustes. Vous pourrez contempler de magnifiques éditions des *Fables* et des *Contes*, des volumes illustrés par Oudry (1755) et Gustave Doré (1868). À voir aussi : un échantillonnage d'objets les plus divers, décorés de scènes des *Fables*.

À voir aussi Plan de ville

Cimetière franco-britannique

En haut de la rue des Fusillés, ce lieu de mémoire est lié à la Grande Guerre : la région de Château-Thierry fut alors le théâtre de combats déterminants.

Caves de champagne Pannier

23 r. Roger-Catillon - ☏ 03 23 69 51 30 - www.champagnepannier.com - ♿ - visite guidée sur demande préalable 9h-12h30, 14h-18h - fermé dim. et j. fériés - 7,50 € (-16 ans 3,50 €).

Un montage audiovisuel et une visite des caves installées dans des carrières de pierre du 13e s. permettent de comprendre les étapes de l'élaboration du champagne.

À proximité Carte p. 228

Monument de la Cote 204

5 km au sud-ouest. Quittez Château-Thierry par la D 1003 : au croisement marquant le sommet de la montée, tournez à gauche dans l'avenue menant au mémorial américain d'Aisne-Marne situé à la Cote 204.

Confrontées à la forte position allemande en juin 1918, la 39e division française et la 2e division américaine mirent plus de cinq semaines à en déloger l'ennemi. Ils y réussirent le 9 juillet 1918. Un monument américain composé d'une double colonnade s'élève à cet endroit *(schéma des opérations sur la face côté vallée)*. De là, belle **vue** sur Château-Thierry, son château, et la vallée de la Marne.

LA GRANDE GUERRE

En 1914 et en 1918, le sort de la France et des Alliés s'est joué sur les rives de la Marne où se déroulèrent deux batailles décisives. Les combats de 1914 furent livrés dans le Multien. En 1918, Château-Thierry marqua l'extrême avancée allemande et c'est dans les secteurs de Villers-Cotterêts et de Reims que les Alliés remportèrent la victoire.

Bois-Belleau

11 km à l'ouest, par la D 9.

Au sud du village de Belleau, le bois fut occupé par les Allemands le 2 juin 1918 et reconquis le 25 juin par la brigade américaine Harbord. Le 18 juillet, il servit de plate-forme de départ aux troupes américaines qui participèrent à la vaste contre-offensive alliée. En souvenir des combats, le nom de Bois-Belleau fut donné à un porte-avions que les Américains cédèrent à la France en 1953.

Dans le grand **cimetière américain** reposent 2 289 soldats dont 250 inconnus. Une chapelle commémorative en forme de tour romane découronnée a été bâtie dès 1918 : on y retrouve les noms des disparus. Le **cimetière allemand** se trouve à 500 m au-delà du cimetière américain.

Revenez au carrefour du cimetière américain et tournez à droite dans la petite route signalée « Belleau Wood », puis 400 m plus loin encore à droite.

On atteint, dans ce bois si disputé, le monument des Marines autour duquel des canons et obusiers ont été disposés en guise de **mémorial**.

Revenez dans le village de Belleau.

Musée de la Mémoire de Belleau 1914-1918 – *Pl. du Gén.-Pershing - 03 23 82 03 63 - www.musee-memoire-souvenir-belleau.com - ♿ - 8 mai-31 oct. et 11 Nov. : vend. et sam. 10h-12h30, 14h-17h30, dim. 14h-18h, j. fériés 14h30-18h, lun. 14h-17h30 - gratuit - possibilité de visite guidée.* Au centre du village de Belleau, ce petit musée rappelle les événements de 1918 autour d'expositions thématiques.

Condé-en-Brie

16 km à l'est par la D 1003 et la D 4.

Au confluent des vallées du Surmelin et de la Dhuys, Condé fut rebaptisé Vallon Libre à la Révolution. Sa halle en charpente (15e s.) repose sur des colonnes doriques et accueille toujours le marché campagnard chaque 1er dimanche du mois d'avril à octobre.

★ **Château** – *03 23 82 42 25 - www.chateaudeconde.fr - de mi-avr. à mi-oct : 14h30-17h30 - fermé lun. - 10 € (-11 ans 5 €) - après une vidéo retraçant l'histoire du château et de ses illustres occupants, la visite des lieux est orientée par une documentation individuelle. Des audioguides familiaux sont téléchargeables gratuitement sur le site internet.* L'élégante silhouette du château ne laisse pas deviner la richesse de son **décor intérieur**. Cette ancienne propriété des seigneurs de Coucy devint rapidement une demeure princière. Elle fut rebâtie au 16e s. par Louis de Bourbon-Vendôme, cardinal archevêque de Sens, auquel succéda son neveu, Louis de Bourbon, premier prince de Condé. En 1719, elle est achetée par le marquis Jean-François Leriget de La Faye, administrateur de la Compagnie des Indes. Ce grand mécène fit décorer l'intérieur du château par de célèbres artistes : **Jean-Baptiste Oudry**, auteur des *Chasses*, **Servandoni**, architecte et grand spécialiste du trompe-l'œil, ou encore **Watteau** et ses élèves à qui l'on doit sans doute de nombreux décors peints.

Après l'escalier d'honneur et le spectaculaire trompe-l'œil sur toile du grand salon central, œuvres de Servandoni, succèdent dans l'aile Watteau de petites pièces agréablement décorées par le maître ou ses élèves. La pièce la plus exceptionnelle reste le **grand salon**★ décoré d'admirables natures mortes, exécutées par Oudry.

Dans le **parc** du château, deux parcours ludiques *(15 et 40mn)* ont été imaginés pour les jeunes visiteurs.

De **Montigny-lès-Condé** *(à 1,6 km au sud)*, on bénéficie d'un panorama sur les champs vallonnés et le vignoble.

Les jardins de Viels-Maisons.
Jardins Viels-Maisons

Colonne commémorative de Marchais-en-Brie

21 km au sud-est par la D 1 puis la D 933.

Surmontée d'un aigle doré (1867), elle évoque le souvenir des dernières batailles remportées par **Napoléon** sur les troupes russes et prussiennes, lors de la campagne de France en février 1814 : Champaubert le 10 et Montmirail le lendemain.

À **Vauchamps** *(12 km à l'est sur la D 933)*, une autre colonne, plus modeste, célèbre la victoire napoléonienne du 14 février 1814 contre les armées de Silésie commandées par von Blücher.

Jardins de Viels-Maisons

25 km au sud-est par la D 1 puis la D 933.

06 75 96 11 72 - www.jardins-vielsmaisons.net - du 1er w.-end de juin au 3e w.-end de sept. : 14h-18h - fermé merc., jeu. et j. fériés - 6,50 € (-16 ans gratuit).

À l'emplacement d'une forteresse ruinée à la Révolution, le baron de Ladoucette fit construire en 1804 une demeure de style Empire, toujours habité par la même famille.

Le **parc**, adossé à une église romane remaniée au 17e s., a retrouvé son aspect initial. Réaménagé sur 5 ha, il comprend 2 000 espèces différentes : jardin à la française (roses et plantes officinales), jardin à l'anglaise (arbustes et plantes vivaces), jardins symboliques composés de bruyères, d'hortensias, de graminées… Dans le jardin de curé, 32 parcelles symétriques sont bordées de thym et de santoline.

Circuit conseillé Carte p. 228

★ LA VALLÉE DE LA MARNE AUX ENVIRONS DE CHÂTEAU-THIERRY

Circuit tracé en violet sur la carte (p. 228) – 60 km – Comptez environ 4h. Quittez Château-Thierry à l'ouest par l'av. J.-Lefebvre, puis prenez la D 969.

Le vignoble de l'Aisne, accompagnant le sillon de la Marne depuis Crouttes à Trélou, près de Dormans, appartient à la Champagne viticole délimitée.

Essômes-sur-Marne

★ **Église abbatiale St-Ferréol** – *✆ 06 08 68 69 52 - www.abbatiale.org - de fin avr. à mi-sept. : sam. 10h-12h, 15h-18h - gratuit - j. spéciales le dernier week-end du mois d'avril.* Elle fut fondée en 1090 par Hugues de Pierrefonds, évêque de Soissons, pour les chanoines de l'ordre augustin. Elle doit son nom à l'heureuse issue d'un siège de trois semaines que les moines remportèrent sur les Anglais le 18 septembre 1370, jour de la St-Ferréol. L'**intérieur**★ est caractéristique du style gothique lancéolé : le triforium, avec ses étroites arcatures géminées, contribue pour beaucoup à l'élégance de l'ensemble. Les 38 stalles du chœur sont de style Renaissance. Au transept sud se trouve une chapelle du 16e s. fermée par une clôture à colonnades.

D'Essômes, gagnez Montcourt, puis tournez à gauche sur la D 1400.

La route traverse le vignoble. Après le hameau de Mont-de-Bonneil, sur la route d'Azy, **panorama** sur la boucle de Chézy et les lointains de la Brie, en partie boisés.

À Azy, reprenez la D 969. Après l'agglomération de Saulchery, on atteint Charly.

Charly-sur-Marne

C'est la plus importante commune viticole de l'Aisne en superficie. Au centre trône la statue d'**Émile Morlot** (1859-1907), député et maire qui fut à l'origine du classement du vignoble axonais en appellation champagne.

Prenez la D 11 vers Villiers-Saint-Denis, puis la D 842 vers Crouttes.

La route offre une **vue** étendue au sud, sur la boucle de la Marne.

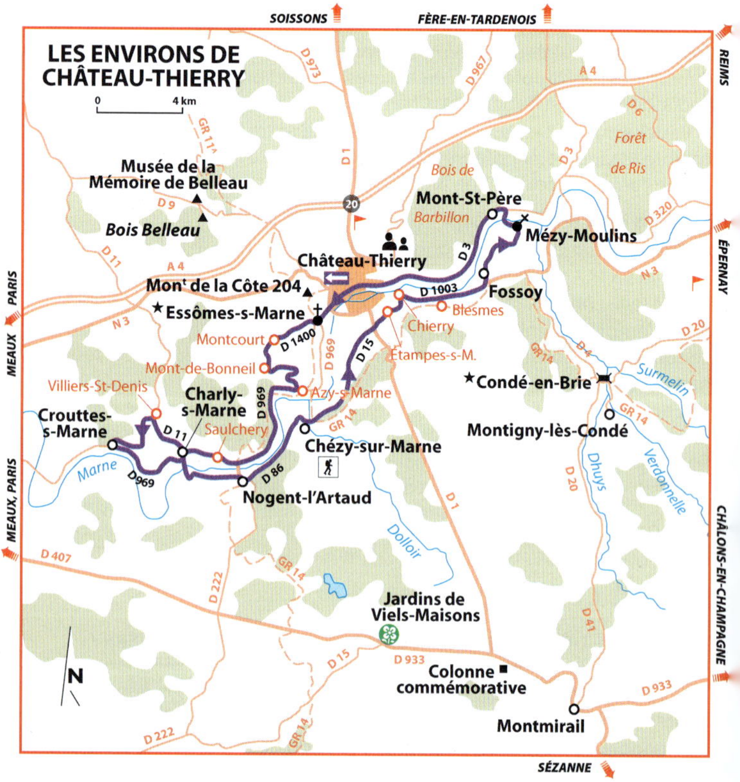

Crouttes-sur-Marne

Ce joli village vigneron en pierre doit son nom aux caves forées dans le rocher (du latin *cryptæ*).

Laissez votre voiture sur la place de la mairie et grimpez jusqu'au site escarpé de l'église St-Quiriace, qui possède un clocher roman avec un toit en bâtière.

De Crouttes, revenez à Charly par la D 969, puis traversez la Marne. Sur l'autre rive, suivez la D 86 vers Nogent-l'Artaud.

Nogent-l'Artaud

Ce fut le siège d'une ancienne abbaye des Clarisses, fondée à la fin du 13e s. par Blanche d'Artois, reine de Navarre : quelques vestiges subsistent dans le quartier du Couvent, près de l'école.

Entre Nogent-l'Artaud et Chézy, empruntez la D 86.

Agréable parcours dégagé au-dessus de la Marne, face aux pentes du vignoble.

Chézy-sur-Marne

La tour du clocher Renaissance de l'église (14e-16e s.) porte les monogrammes d'Henri II et de Catherine de Médicis, ainsi que le croissant de lune de Diane de Poitiers. Sur la place de ce village de caractère, maison du 15e s. avec galerie et colombages.

Un chemin a été aménagé sur les rives du Dolloir, affluent de la Marne, enjambé par de vieux ponts de pierre.

Prenez la D 15. La route passe sous la D 1 pour gagner Étampes-sur-Marne, puis Chierry où l'on rejoint la D 1003 puis la D 3.

De Chierry à Blesmes, **panorama** sur la vallée de la Marne.

1,5 km après Blesmes, prenez la petite route à gauche.

Fossoy

Musée de la Vigne et du Vin (Le Varocien) – *03 23 71 90 47 - www.champagne-dehu.com - visite guidée sur demande préalable : h, se rens. - fermé j. fériés - 5 € (-15 ans gratuit).* La maison Déhu, où l'on est vigneron depuis sept générations, est un point d'accueil sur la route touristique du Champagne. Elle a créé ce petit musée dans une ancienne écurie. Après une explication sur les trois cépages, on découvre les outils et machines utilisés autrefois par les vignerons, dont un réfractomètre de 1863 servant à mesurer le degré d'alcool.

Poursuivez la petite route jusqu'à Mézy-Moulins.

Église de Mézy-Moulins

Cet édifice de style gothique (13e s.) est étayé d'arcs-boutants et surprend par l'homogénéité de son style. À l'intérieur, aux lignes pures, un triforium presque complet, rythmé à cinq arcatures, dissimule une galerie circulaire.

Traversez la Marne et tournez à gauche sur la D 3 pour longer la rive droite.

Mont-Saint-Père

Dans ce village est né l'artiste **Léon Lhermitte** (1844-1925) qui a laissé quelque 1 000 tableaux inspirés de la vie rurale et des paysages de sa région natale. C'est dans la ferme fortifiée du Ru Chailly à Fossoy, sur la rive sud de la Marne, qu'il a peint *La Paye des moissonneurs (musée d'Orsay, Paris).*

La D 3 longe le bois de Barbillon avant de regagner Château-Thierry.

NOS ADRESSES À CHÂTEAU-THIERRY

VISITES

✆ 03 23 83 51 14 - www.chateau-thierry-tourisme.com - plaquette disponible à l'office de tourisme (gratuit). Visite libre de la ville orientée vers les lieux liés au plus célèbre des Castelthéodoriciens.

HÉBERGEMENT

BUDGET MOYEN

À proximité

Chambre d'hôte M. et Mme Leclère – *1 r. de Launay - 02330 Connigis - 12 km à l'est de Château-Thierry par D 1003 et D 4 - ✆ 03 23 71 90 51 - fermé 24 déc.-1er janv. - 🅿 - 5 ch. 56/65 € ☕ - ✕ 22 €.* L'ancien château de Connigis (16e s.) s'élève au cœur d'un vaste parc entouré de vignes. Ses propriétaires élaborent leur propre champagne et en proposent la dégustation à l'apéritif. Les espaces intérieurs ont conservé leur atmosphère campagnarde. À table, produits maison et vin à discrétion.

POUR SE FAIRE PLAISIR

Île de France – *60 r. Lhermitte, rte de Soissons - ✆ 03 23 69 10 12 - www.hotel-iledefrance.com - 36 ch. 85/165 € - ☕ 13 € - ✕ 24,90/44,90 €.* Cet hôtel qui surplombe la vallée de la Marne s'est offert une seconde jeunesse : chambres douillettes et confortables, spa et centre de remise en forme modernes. Au restaurant, la carte change avec les saisons. Terrasse panoramique.

ACHATS

Champagne Pannier – *23 r. Roger-Catillon - ✆ 03 23 69 51 30 - www.champagnepannier.com - visite guidée sur rdv (03 23 69 51 33).* En 1999, soit 100 ans après la création de la maison Pannier, une équipe d'archéologues découvre dans ses caves une fresque du 14e s. représentant un archer. La marque en fait son emblème et adopte sa devise « tendre à la perfection ». Visite et dégustation commentée.

Déhu Père & Fils – *3 r. St-Georges - 02650 Fossoy - 9 km au sud-est de Château-Thierry par D 1003 - ✆ 03 23 71 90 47 - www.champagne-dehu.com - lun.-vend. 8h30-12h, 14h-17h30.* Les Déhu sont vignerons de père en fils depuis sept générations. Après la visite de leur musée, qui présente une collection d'outils anciens destinés au travail de la vigne et à l'élaboration du vin, vous serez initié à « l'art et la manière de déguster le champagne ».

La Ferté-Milon

★

2 269 Fertois – Aisne (02)

NOS ADRESSES PAGE 233

S'INFORMER

Office de tourisme – *31 r. de la Chaussée - 02460 La Ferté-Milon - 03 23 96 77 42 - 14h-18h, sam. 9h-12h, 14h-18h, dim. et j. fériés 9h-18h - fermé 25 déc.-1er janv. - l'office de tourisme propose un parcours-découverte, « En chemin avec Dumas et Racine », entre La Ferté-Milon et Villers-Cotterêts. Partez sur les pas de deux grands écrivains picards, tout en découvrant le patrimoine du pays axonais.*

SE REPÉRER

Carte de microrégion A3 (p. 189) – *Carte Michelin Départements 306 A7.*
En lisière de l'Oise et de la Seine-et-Marne, à 35 km de Soissons et Compiègne. La ville s'étage sur une colline dominant l'Ourcq et le canal.

À NE PAS MANQUER

Le musée Jean-Racine ; les bas-reliefs du château.

ORGANISER SON TEMPS

Comptez 2h pour découvrir la ville. Lors de la visite du château, munissez-vous de jumelles pour scruter les détails architecturaux.

Agréable petite « ville à la campagne », surmontée d'une puissante forteresse dont les origines remontent au haut Moyen Âge, La Ferté-Milon vous propose de partir à la rencontre de Jean Racine, l'enfant du pays, et de Jean de La Fontaine, originaire de Château-Thierry, qui vint ici en voisin à plusieurs reprises.

Se promener

Comptez 2h. Départ du parking aménagé dans l'île de l'Ourcq. Traversez le bras du moulin (il conserve sa grande roue) vers la ville ancienne, sur le coteau autour de l'église Notre-Dame. Prenez à gauche, après le pont, la rue de Reims.

DE MILON À LOUIS D'ORLÉANS

Au 8e s., l'un des premiers seigneurs, Milon, érige ici une forteresse. Au 14e s., Charles VI donne cette seigneurie à son frère Louis d'Orléans. Ce grand bâtisseur, qui a fait reconstruire le château de Pierrefonds, ordonne de rebâtir celui de La Ferté-Milon. Quand le roi est atteint de folie, le duc devient le maître du royaume avant d'être assassiné, en 1407, par les hommes de Jean sans Peur. Et l'édifice ne sera jamais terminé… Les Ligueurs l'occupent en 1588 et y résistent six ans devant l'armée royale. Henri IV le reprend et ordonne le démantèlement des remparts. Les toits du château sont démontés, et les murs intérieurs démolis, comme la tour carrée qui dominait la vallée.

L'ENFANCE DE RACINE

Né à La Ferté-Milon le 21 décembre 1639 d'une famille fraîchement anoblie, Jean Racine est orphelin de mère à deux ans, de père à quatre. Il est recueilli par sa grand-mère paternelle, dont une fille et deux sœurs sont religieuses à Port-Royal. Devenue veuve en 1649, elle les rejoint à l'abbaye et envoie alors son petit-fils, pour ses « humanités », au collège de Beauvais. Racine y reste jusqu'à l'âge de 16 ans, puis entre aux Petites Écoles des Granges. Il y découvre sa vocation de poète, que désapprouvent ses maîtres. Après l'année de philosophie au collège d'Harcourt, l'actuel lycée Saint-Louis à Paris, Racine fait son entrée dans le monde, où il connaît vite le succès. C'est entre 1667 et 1677 que le dramaturge écrit la plupart de ses chefs-d'œuvre : *Andromaque, Les Plaideurs, Britannicus, Bérénice, Bajazet, Mithridate, Iphigénie* et *Phèdre*.

Musée Jean-Racine

✆ 03 23 96 77 77 - avr.-oct. : w.-end et j. fériés 10h-12h30, 15h-17h30 - 5 € - gratuit J. du patrimoine.

C'était la maison de sa grand-mère paternelle, où il passa son enfance. Documents sur le dramaturge, son œuvre et l'histoire de la ville. Statue à l'antique de Racine par David d'Angers (1822).

Tournez à droite dans la rue Racine, vieille rue pavée.

Au n° 1, belle maison où vécut Marie Rivière, sœur de Racine. La rue conduit au chevet de l'église et au château.

Église Notre-Dame

Ouv. pendant les messes (mai-oct. : 2e et 4e dim. du mois à 11h).

C'est ici que Jean de La Fontaine (né à Château-Thierry), à 26 ans, épousa Marie Héricart, âgée seulement de 14 ans. Cette église (12e s.), souvent remaniée, possède un chevet demi-circulaire édifié et décoré par Philibert Delorme à la demande de Catherine de Médicis. Vitraux du 16e s.

★ Château

L'esplanade rectangulaire était l'ancienne cour intérieure de la forteresse. Elle se termine en terrasse au-dessus de la vallée. En découvrant de l'intérieur la « coque » du château, on remarque que les arrachements datant du démantèlement de 1594 ne sont que peu de chose, comparés aux pierres d'attente appelant une extension, jamais réalisée.

Passez la porte de Bourneville, découronnée, et prenez du recul sur la prairie pour admirer la façade. Percée de trois étages de fenêtres, défendue par des mâchicoulis et trois grosses tours à bec dont la section de base a été dessinée en amande, la forteresse se termine par le donjon rectangulaire éventré en 1594. Au sommet des tours, voyez les magnifiques **bas-reliefs★** (15e s.) inscrits dans des niches en anse de panier : effigies décapitées de « preuses ». Un des bas-reliefs s'orne d'un **Couronnement de la Vierge★** *(entre les 2 tours centrales de l'entrée)*. Sous cette scène, 3 anges soutiennent les armes de France. La traverse horizontale (ou lambel) désigne une branche cadette, les Orléans.

Par la rue des Bouchers et la rue de Reims, gagnez à droite la place du Port-au-Blé. Franchissez la passerelle.

Église Saint-Nicolas

R. de la Chaussée. Cet édifice du 15e s. recèle un très bel ensemble de **vitraux** du 16e s. : vision de l'Apocalypse et scènes de la vie du Christ.

Bords de l'Ourcq

Jolie vue. En aval, tour d'enceinte et jardin de la propriété Héricart, où La Fontaine courtisa sa fiancée. En amont, le « grenier sur l'eau » : le bâti en avancée abritait les poulies de la grue qui descendait les sacs de blé dans les « flûtes » de l'Ourcq.

NOS ADRESSES À LA FERTÉ-MILON

HÉBERGEMENT

POUR SE FAIRE PLAISIR

Chambre d'hôte L'Île-aux-Peintres – *Pl. du Port-au-Blé - ✆ 03 23 96 68 68 - www.ileauxpeintres.com - 5 ch. 93 €* ☕. On se sent transporté par le charme de ces lieux chargés d'histoire. Cet ancien hôtel particulier du 16e s., devenu maison d'hôte, compte 5 chambres de décoration sobre mais personnalisée. La salle des petits-déjeuners ouvre sur un magnifique jardin ombragé en bordure de l'Ourcq.

RESTAURATION

PREMIER PRIX

Les Ruines – *2 pl. du Vieux-Château - ✆ 03 23 96 71 56 - www.lesruines.com - fermé 2e quinz. d'août, 25 déc.-1er janv., lun. - formule déj. 13 € - 26/35 €.* Ne vous méprenez pas : le nom de ce restaurant sur les hauteurs de la ville fait référence aux ruines des alentours. Mais ici, les terrasses paysagées et le décor intérieur vous laisseront sous le charme. Au menu, cuisine traditionnelle, viandes et poissons grillés, gibier en sais. Réserv. conseillée.

ACTIVITÉS

À proximité

Le Port aux Perches – *2-4 r. François-Mitterrand - 02460 Silly-la-Poterie - ✆ 03 23 96 41 25 - www.portauxperches.fr - de déb. mars à déb. nov. : w.-end et j. fériés dép. à 12h15 (croisière-déjeuner) et 16h (croisière-promenade) - 8 € croisière-promenade (2h).* Croisières sur le canal de l'Ourcq, depuis Silly-la-Poterie (nord de La Ferté-Milon), dans l'Aisne, jusqu'à Marolles.

Villers-Cotterêts

10 242 Cotteréziens – Aisne (02)

NOS ADRESSES PAGE 237

S'INFORMER

Office de tourisme – *6 pl. Aristide-Briand - 02600 Villers-Cotterêts - ℘ 03 23 96 55 10 - http://tourisme.cc-villers-cotterets.fr - mai-oct. : tlj sf lun. 9h30-12h30, 14h-18h, dim. et j. fériés 9h30-13h, 14h-17h30 ; reste de l'année : tlj sf dim. et j. fériés 9h30-12h30, 14h-18h - fermé 1er Mai.*

SE REPÉRER

Carte de microrégion A3 (p. 189) – *Carte Michelin Départements 306 A7.*
Au sud de l'Aisne, entre les vallées de l'Ourcq, de l'Aisne, de la Crise et de l'Automne, Villers-Cotterêts se niche au creux de la belle forêt de Retz. De Paris (75 km) et Soissons (22 km), on rejoint la cité des Dumas par la N 2.

À NE PAS MANQUER

Le château François Ier et son parc.

ORGANISER SON TEMPS

Sillonnez d'abord la ville sur les traces des Dumas et visitez le château de François Ier (1h). Profitez ensuite de la forêt de Retz.

Cette petite ville paisible, en pleine forêt de Retz, est née de la passion de François Ier pour la chasse à courre. Autour du château Renaissance, bâti dans les années 1530, se forma la ville dont le nom reste attaché à l'ordonnance de 1539 qui fit du français la langue administrative et juridique à la place du latin. Villers-Cotterêts vit défiler une légion de célébrités, parmi lesquelles Henri II, Rabelais, Robert de Nerval et surtout les trois Dumas, dont la ville entretient le souvenir.

Se promener

La **maison natale** de l'écrivain, signalée par une plaque, se trouve au 46 rue A.-Dumas. De part et d'autre de la porte du garage sont inscrits les titres de ses œuvres les plus connues.

La rue débouche sur la place du même nom, où s'élevait sa statue de bronze : due à Carrier-Belleuse, élève de Rodin, elle a été fondue par les Allemands pendant la Première Guerre mondiale. Il ne reste que la plume, déposée au musée. De cette place, on parvient au cimetière où reposent les Dumas, grand-père et petit-fils seulement, puisqu'à l'automne 2002, à l'occasion du bicentenaire de sa naissance, les cendres d'Alexandre Dumas père ont été transférées au Panthéon à Paris, rejoignant ainsi les grands hommes de la nation. Belle revanche pour un auteur paradoxalement desservi par l'immense succès littéraire de ses romans et longtemps considéré comme mineur par la critique. Une autre statue de Dumas, œuvre de Pierre Bouret, est visible dans le square rue L.-Lagrange.

Musée A.-Dumas

℘ 03 23 96 23 30 - www.mairie-villerscotterets.fr - ♿ - 14h-17h - fermé j. fériés, mar. et dernier dim. du mois - 3,40 € (-18 ans gratuit) - gratuit 1er dim. du mois - possibilité de visite guidée sur demande préalable.

Dumas de père en fils

UN ENFANT DES ISLES

Le premier des « trois Dumas » est le fils d'un colon de Saint-Domingue, le marquis Davy de La Pailleterie (1762-1806), et d'une femme de couleur, Marie-Cessette Du mas (travaillant « au mas »).
Le marquis refuse de reconnaître l'enfant, qui devient dragon de la reine sous le nom de Dumas, puis général en 1794. Entre-temps, l'officier file le parfait amour avec une jeune Cotterézienne, mène une campagne en Égypte, mais se retrouve disgracié par Napoléon Ier pour ses opinions républicaines. Il se retire à Villers-Cotterêts et vit modestement. Sa mort survient quatre ans après la naissance d'Alexandre, le futur romancier.

Une répartie d'écrivain

Plus tard, à un jaloux qui voulait l'offenser en faisant allusion à ses origines africaines, le truculent Alexandre rétorquera : « Eh oui, mon père était mulâtre, ma grand-mère était noire, et mon arrière-grand-père un singe. Vous le voyez, ma race commence là où la vôtre finit. »

LA JEUNESSE D'ALEXANDRE DUMAS

Les années passent, très difficiles pour la veuve et son fils. Alexandre (1802-1870) trouve un emploi de clerc de notaire et recopie des actes jusqu'à l'âge de 20 ans. Sa mère lui annonce un jour qu'elle ne dispose plus que de 253 F. Il prélève 53 F et part pour Paris. Il joue au billard le prix de sa place dans la diligence : le voici dans la capitale avec un pécule intact. Sa belle écriture le fait entrer au secrétariat du duc d'Orléans, futur Louis-Philippe.
Ainsi débute une carrière littéraire qui s'est étendue du roman historique au fantastique, du théâtre au récit de voyage, du feuilleton jusqu'au livre de cuisine… Parmi plus de 300 œuvres, certaines font partie des grands classiques français, comme *Les Trois Mousquetaires* et *Le Comte de Monte-Cristo*.

Dumas fils

Dumas père aime sa voisine de palier, qui lui donne un fils en 1824, également baptisé Alexandre et dont la notoriété littéraire s'imposera avec *La Dame aux camélias* (1848), roman qui inspirera à Verdi sa belle *Traviata*.

SUR LES TRACES DES TROIS DUMAS

La place du Dr-Mouflier, ex-place de la Fontaine, apparaît dans les *Mémoires* de Dumas père.
Outre l'hostellerie de son grand-père s'y trouvaient l'étude de Me Hennesson, où il recopiait les actes, et le bureau de tabac de Mme Dumas.

NAISSANCE DE L'ÉTAT CIVIL

François Ier remplace le château royal du 12e s. par une demeure Renaissance achevée en 1535 et multiplie les dépendances. C'est ici qu'il promulgue la célèbre ordonnance de Villers-Cotterêts (1539) : elle prescrit la substitution du français au latin dans les actes publics et notariés. Parmi les 192 articles figure l'obligation faite aux curés d'inscrire sur un registre les dates de naissance et de mort de chaque paroissien – auparavant, on devait recourir à la mémoire de témoins pour justifier de son identité. Il faudra attendre 1792 pour que la tenue des registres de l'état civil soit confiée aux municipalités.

Trois salles évoquent le souvenir des Dumas. Exposition de lettres, romans, peintures, caricatures, bustes et objets, dont le costume d'académicien de Dumas fils.

Château François Ier

☏ 03 23 96 55 10 - http://tourisme.cc-villers-cotterets.fr - visite guidée mai-oct. : tlj sf lun. 11h-12h, 15h-16h ; reste de l'année : tlj sf dim. et j. fériés 11h-12h, 14h-18h - fermé 1er Mai - 4 € (-12 ans gratuit) - gratuit J. du patrimoine.

En 1806, Napoléon affecte le château abandonné au dépôt de mendicité organisé pour le département de la Seine. En cachette, dès l'âge de dix ans, Alexandre Dumas s'y initie au maniement de l'épée, avec le père Mounier, un ancien maître d'armes.

Entrez dans la **cour d'honneur**. Au fond, le bâtiment central a été édifié sous François Ier, ainsi que les deux ailes qui l'encadrent. L'aile nord du château est d'époque Henri II. Sur la façade du logis principal se superposent deux ordres d'architecture : piliers ioniques et colonnes corinthiennes soutenant une suite de consoles feuillées. L'étage est troué d'une loggia peu profonde au-dessus de laquelle vous dévisage le portrait de François Ier.

Le **grand escalier★**, à double volée, est un chef-d'œuvre de la Renaissance (1535). Les sculptures des caissons de la voûte sont dues à l'école de Jean Goujon : F couronnés, salamandres, fleurs de lys. Les mêmes motifs ornent la salle des États, ancienne chapelle, dont les voûtes sont masquées par un faux plafond.

Au bout de la galerie, l'**escalier du Roi**, contemporain du grand escalier, conserve des scènes mythologiques sculptées : un satyre barbu dévêtant une nymphe endormie, Vénus désarmant l'Amour, Hercule étouffant entre ses bras le lion de Némée.

Parc du château de François Ier

Attribué à Le Nôtre, il garde les traits de sa composition des 17e et 18e s. (lignes d'ensemble des parterres et perspective de l'allée Royale). Au bout de l'allée, la porte blanche mène aux sentiers pédestres de la forêt, comme les Grandes Allées, sur le flanc droit de la pelouse.

Fontaines

Trois jolies fontaines agrémentent la ville : fontaine de la Coquille *(r. Pelet-Otto)* ; *Clapotis*, jeune fille accroupie due à Ferenc Nagy *(pl. de la Madelon)* ; fontaine de Diane, copie de la *Diane chasseresse* du Louvre *(r. Léveillé)*.

La cour intérieure du château de Villers-Côtterets.
Daniel Thierry / Photononstop

À proximité Carte de microrégion

Château de Montgobert A2

10 km au nord-nord-est par la N 2 et la D 2 à gauche. Tournez ensuite dans une petite route vers Montgobert.

Musée du Bois et de l'Outil

03 23 96 36 91 - http://chateaudemontgobert.com - juil.-août : tlj sf sam. 14h-18h ; mai-juin et sept. : dim. et j. fériés 14h-18h - 4 € (-16 ans 2 €) - 1 € parc, gratuit J. du patrimoine.

Le **château** (18e s.), situé à la lisière de la forêt de Retz, appartenait à Pauline Bonaparte et à son mari, le général Leclerc, enterré dans le parc. Il abrite aujourd'hui une collection d'outils. Aux étages, un espace est consacré à la forêt et à sa gestion. Exposition sur l'ONF et présentation des métiers du bois en forêt ; ateliers reconstitués.

NOS ADRESSES À VILLERS-COTTERÊTS

HÉBERGEMENT

POUR SE FAIRE PLAISIR

Hôtel Le Régent – *26 r. du Gén.-Mangin - 03 23 96 01 46 - www.hotel-leregent.com - fermé 25-31 déc. - Wifi - 30 ch. 78/85 € - 8 €.* Relais de poste du 18e s. bâti autour d'une cour pavée où trône un bel abreuvoir. Chambres au charme d'antan (meubles anciens) peu à peu rajeunies dans le style contemporain.

AGENDA

Semaine Alexandre Dumas – *03 23 96 30 03.* Pour les fans, l'association Loisirs Culture et Gastronomie organise la Semaine Alexandre Dumas, autour de la mi-oct.

Forêt de Retz

★

Aisne (02)

NOS ADRESSES PAGE 241

S'INFORMER

Office du tourisme intercommunal de Villers-Cotterêts – *6 pl. A.-Briand - 02600 Villers-Cotterêts - ☏ 03 23 96 55 10 - http://tourisme.cc-villers-cotterets.fr - mai-oct. : tlj sf lun. 9h30-12h30, 14h-18h ; nov.-avr. : tlj sf dim. et j. fériés 9h30-12h30, 14h-18h - fermé 1er Mai.*

SE REPÉRER

Carte de microrégion A2-3 (p. 189) – *Carte Michelin Départements 306 A7.*
Au sud-est de la forêt de Compiègne, cette forêt domaniale dessine un croissant aplati qui entoure Villers-Cotterêts. Le massif couronne le sommet du plateau du Valois. De Paris (75 km), Soissons (25 km) et Laon (55 km), on traverse le massif par la N 2.

ORGANISER SON TEMPS

La meilleure façon de découvrir la forêt est de la parcourir à pied : pensez à vous munir de chaussures de marche. Si vous optez pour le circuit en voiture, prévoyez du temps pour visiter les villes des alentours.

Terrain de chasse favori de François Ier, sylve « maternelle » qui accueillit les flâneries du jeune Alexandre Dumas – un adepte de l'école buissonnière –, et épaisse hêtraie d'où fut lancée l'offensive qui conduisit les Alliés à la victoire en 1918, la forêt de Retz s'est forgé au fil des siècles une personnalité bien marquée. De nombreux sentiers de randonnée jalonnent cette vaste forêt, la plus étendue du département, pour vous mener à la découverte des ermitages, fontaines, rochers ou monuments commémoratifs qui se cachent derrière les futaies.

Circuit conseillé Carte de la forêt de Retz

FORÊT DE RETZ

Circuit de 45 km tracé en bleu sur la carte ci-contre – Comptez 2h30. Quittez Villers-Cotterêts par la D 973 vers Pierrefonds ; après 1 km, tournez à droite et garez-vous à l'étang de Malva.
Des aires de pique-nique et des aménagements récréatifs sont à votre disposition dans les secteurs de Malva. Un topoguide le Soissonnais forêt de Retz *(éd. Chamina) est en vente dans les librairies, les offices de tourisme, et l'agence de développement et de réserv. touristiques de l'Aisne (ADRT). Une carte IGN top 25* Villers-Cotterêts forêt de Retz *est également disponible. Tarif, se rens. sur place.*

Ermitage Saint-Hubert

15mn à pied AR en remontant la trouée à travers bois.
On coupe, à mi-chemin, la perspective principale du château, l'allée Royale.

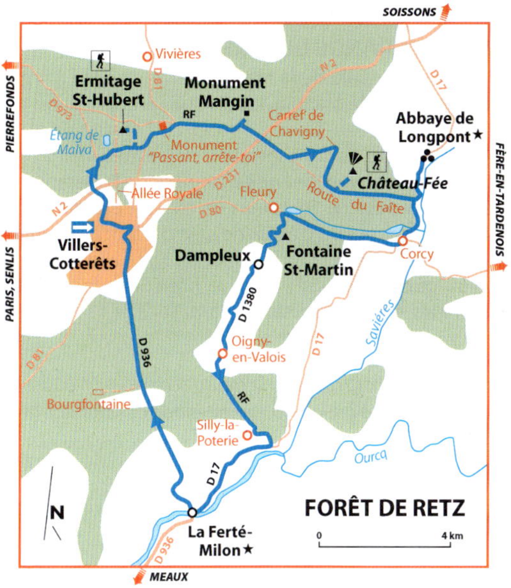

La petite construction, restaurée en 1970 et décorée des salamandres de François Ier, abrita un ermite jusqu'en 1693. Elle constitue l'un des regards du réseau de canalisations qui, à partir du 12e s., approvisionna le château en eau pure, collectée dans les « pleurs ». Le système de conduites souterraines (15 km) est jalonné, tous les 100 m environ, de « pots », des puits de visite destinés aux fontainiers. En 1900, ce système débitait 250 m^3 d'eau par jour. Il n'alimente plus aujourd'hui que l'étang de Malva.

Suivez la route forestière ; tournez à gauche pour monter au faîte de la forêt. À hauteur du monument « Passant, arrête-toi », prenez à droite la route du Faîte. À 2 km, parking dans un virage. Montez à pied à travers bois.

Monument Mangin

Une stèle de granit marque l'emplacement de l'observatoire militaire (tour de bois de 7 étages) qui servit de poste de commandement à Mangin les 18 et 19 juillet 1918.

Suivez la route du Faîte. 1 km après la traversée de la N 2, au carrefour des Princesses, bifurquez à gauche, dans la route de Chavigny. Au carrefour de Chavigny, prenez la première route à droite, la route des Chamarts, qui conduit au carrefour de la

LA FORÊT

Elle est couverte de très belles futaies de hêtres. Elle est aussi peuplée de chênes, charmes, frênes, merisiers, érables, bouleaux et châtaigniers. Les conifères sont nombreux dans les zones sableuses. Une quinzaine d'arbres remarquables sont à découvrir, dont les hêtres du Saut-du-Cerf, du Pré-Gueux, aux Amours, le chêne des Crapaudières, celui du Roi de Rome, etc. La faune abonde : biches, cerfs, chevreuils, sangliers, renards et faisans… **Quelques chiffres** : 360 km de périmètre ; 13 225 hectares ; 60 km de routes forestières ; 560 km de laies et de sentiers ; 400 carrefours.

BASTION DE LA GRANDE GUERRE

Lors de la seconde bataille de la Marne, déclenchée le 27 mai 1918, la forêt est tenue par l'armée Mangin, tandis que l'avancée ennemie dessine une « poche » vers Château-Thierry, au sud. Le 12 juillet, Foch attaque le flanc ouest de la poche. La concentration de l'armée Mangin s'opère en trois nuits. Le général Fayolle mène l'ensemble de l'opération. Le 18, les deux armées, précédées de centaines de chars, s'élancent sur un front de 45 km. Un barrage roulant d'artillerie s'est déclenché en même temps que l'attaque. La surprise est foudroyante : la ligne allemande est enfoncée. Mangin dirige cette poussée décisive, prélude de la grande offensive qui contraindra les Allemands à signer l'armistice, le 11 novembre 1918.

Croix-Baquet. Là, on rejoint la route du Faîte, que l'on prend à gauche. 500 m plus loin, garez-vous et prenez à gauche la « promenade de Château-Fée ».

Château-Fée

30mn AR par le chemin forestier.

Il ne s'agit pas d'un château, mais d'une éminence, dans un secteur en partie reboisé. Vue sur la forêt à travers les laies.

★ Abbaye de Longpont

03 23 96 01 53 - www.abbayedelongpont.fr - visite guidée de mi-mars à fin oct. : w.-end et j. fériés 11h-12h, 14h30-18h30 - 7 € (-12 ans gratuit). Comptez 1h sur place.

Situé dans une large vallée bordant la forêt de Retz, le paisible **village** de Longpont est accessible par la D 804 ou la N 2. Il est dominé par les imposantes ruines de l'église et quelques bâtiments d'une abbaye cistercienne, fondée par saint Bernard au 12e s. Ce sont d'abord les quatre belles tourelles coniques de la porte fortifiée du 14e s., vestige de l'enceinte primitive, que l'on découvre en quittant les bois.

Le vaste ensemble formé par l'abbatiale en ruine (14e s.) et les bâtiments remaniés au 18e s. est mis en valeur par des jardins intérieurs ouvrant sur le parc et les étangs.

Ruines de l'abbatiale – D'un style gothique très pur, l'église est consacrée en 1227 en présence de Saint Louis et de sa mère, Blanche de Castille. Les biens de l'abbaye sont dispersés à la Révolution, et les acquéreurs de l'église la démantèlent pour vendre ses pierres. En 1831, la famille de Montesquiou la rachète.

La façade principale subsiste, mais le remplage de la rose a disparu. À l'intérieur, les vestiges des murs et des piliers donnent une idée de l'ampleur du monument (105 m de long et 28 m de haut sous voûte).

Bâtiments abbatiaux – Du grand cloître subsiste la galerie sud, refaite au 17e s. Elle donne sur le **chauffoir des moines** (13e s.), dont la cheminée centrale repose sur quatre piliers. Le bâtiment ouest a été transformé au 18e s. : les façades ont été percées de fenêtres décorées de balcons en fer forgé. Dans

CISTERCIENNE

Imposante et austère, l'abbaye de Longpont exprime l'idéal des cisterciens. Fondé voici 1 000 ans par Robert de Molesme, l'ordre de Cîteaux se répandit dans toute l'Europe sous l'impulsion de Bernard de Clairvaux. La région est riche en abbayes cisterciennes : Longpont, mais aussi Ourscamps, Valloires, Vaucelles.

Les ruines de l'abbaye de Longpont.
Abbaye de Longpont

le vestibule, l'escalier possède une belle rampe en fer forgé (18e s.). Le cellier des moines (13e s.) est couvert de voûtes gothiques.
Église paroissiale – *Entrée sur la place.* Elle occupe quatre travées du cellier et conserve les reliquaires (13e s.) de Jean de Montmirail, conseiller de Philippe Auguste, et du chef de saint Denys l'Aréopagite.
Faites demi-tour. Gagnez Corcy, puis l'entrée de Fleury. Tournez à gauche en passant sous la voie ferrée.

Dampleux

La **fontaine Saint-Martin** est une source abondante dont le captage (regard, bassin, déversoir) est l'un des symboles de la forêt de Retz, château d'eau de l'Île-de-France.
La route traverse la clairière d'Oigny-Dampleux.
À Oigny-en-Valois, engagez-vous dans la route forestière de Silly-la-Poterie (à gauche).
Du sommet, descendez au fond de la vallée de l'Ourcq, près de l'origine du canal.
La D 17, à droite, mène à La Ferté-Milon (p. 231). Empruntez ensuite la D 936 pour retourner à Villers-Cotterêts.

4

NOS ADRESSES EN FORÊT DE RETZ

Voir aussi nos adresses à La-Ferté-Millon et à Soissons.

ACTIVITÉS

À Latilly

Domaine de la Salamandre – *R. du Wadon - 02210 Latilly - 06 86 37 35 65 - www.flyquest.fr - fermé juil.-août - 35 € ½ journée de pêche à la mouche avec location de matériel.*
Centre de pêche à la mouche, équitation, VTT, randonnée et tir à l'arc.

+ d'adresses

L'Oise 5

Carte Michelin Départements 305 – Oise (60)

Jeux de briques et colombages d'une maison de la vieille ville de Beauvais.
Jonathan / Fotolia.com

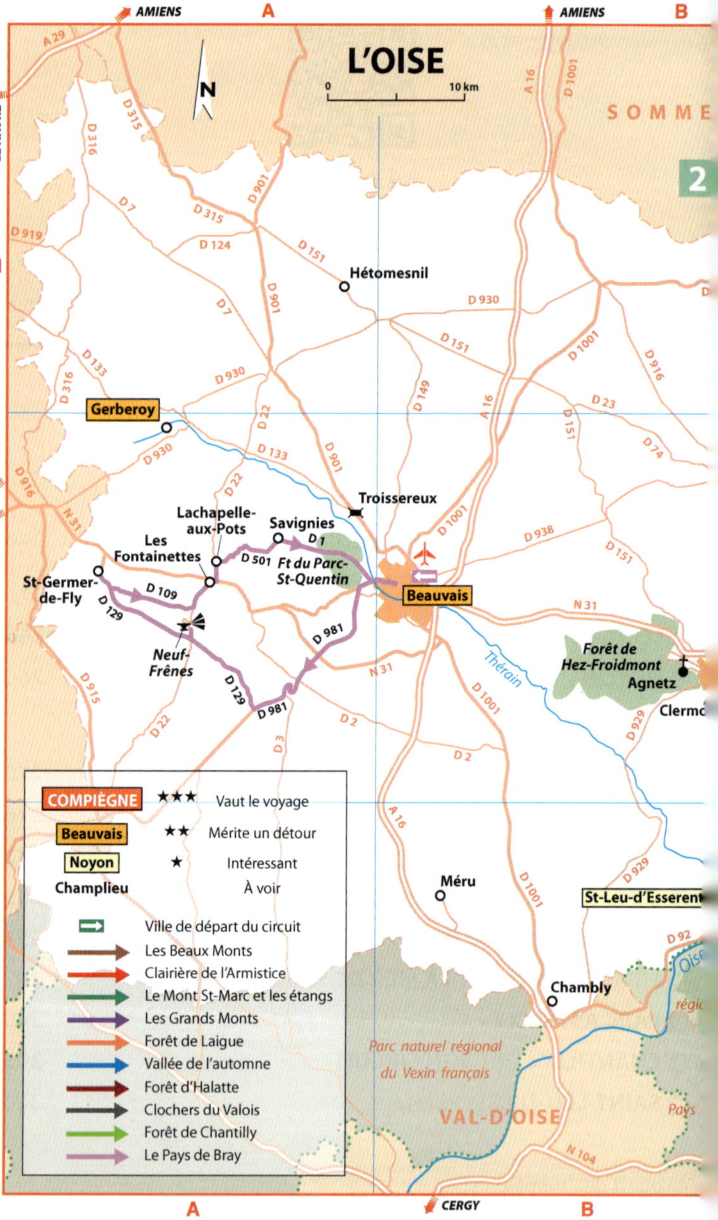
L'OISE
AMIENS
A
AMIENS
B
LE HAVRE
DIEPPE
ROUEN
CERGY
SOMME
VAL-D'OISE
0
10 km
N
Hétomesnil
Gerberoy
Troissereux
Lachapelle-aux-Pots
Savignies
Les Fontainettes
Ft du Parc-St-Quentin
Beauvais
St-Germer-de-Fly
Neuf-Frênes
Thérain
Forêt de Hez-Froidmont
Agnetz
Méru
St-Leu-d'Esserent
Chambly
Parc naturel régional du Vexin français
COMPIÈGNE ★★★ Vaut le voyage
Beauvais ★★ Mérite un détour
Noyon ★ Intéressant
Champlieu À voir
Ville de départ du circuit
Les Beaux Monts
Clairière de l'Armistice
Le Mont St-Marc et les étangs
Les Grands Monts
Forêt de Laigue
Vallée de l'automne
Forêt d'Halatte
Clochers du Valois
Forêt de Chantilly
Le Pays de Bray

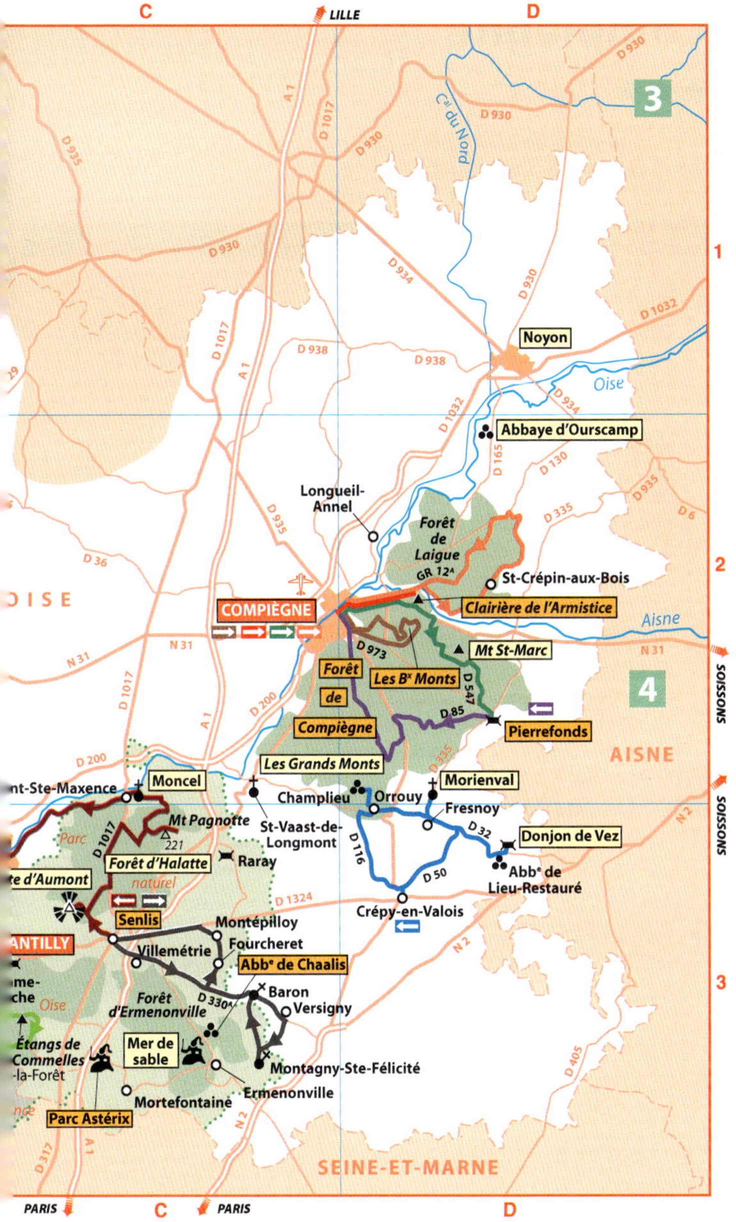
C
LILLE
D
3
1
2
4
D 930
Cal du Nord
D 1017
D 935
A1
D 934
Noyon
D 1032
D 938
Oise
Abbaye d'Ourscamp
D 165
D 130
Longueil-Annel
Forêt de Laigue
GR 12A
St-Crépin-aux-Bois
D 335
D 6
D 36
OISE
COMPIÈGNE
Clairière de l'Armistice
Aisne
N 31
Mt St-Marc
D 973
Forêt de Compiègne
Les Bx Monts
D 547
SOISSONS
D 200
D 85
Pierrefonds
AISNE
Les Grands Monts
Moncel
Morienval
Champlieu
Orrouy
Fresnoy
St-Vaast-de-Longmont
Mt Pagnotte
221
Parc naturel
Forêt d'Halatte
Raray
D 116
D 32
Donjon de Vez
Abbe de Lieu-Restauré
D 50
Crépy-en-Valois
D 1324
Senlis
Montépilloy
Fourcheret
Villemétrie
Abbe de Chaalis
N 2
Baron
Versigny
Forêt d'Ermenonville
D 330A
Étangs de Commelles
Mer de sable
Montagny-Ste-Félicité
Ermenonville
Mortefontaine
Parc Astérix
D 405
D 317
SEINE-ET-MARNE
PARIS

Compiègne

★★★

40 860 Compiégnois – Oise (60)
108 234 habitants (agglomération)

NOS ADRESSES PAGE 262

S'INFORMER

Office de tourisme – *Pl. de l'Hôtel-de-Ville - 60200 Compiègne - ✆ 03 44 40 01 00 - www.compiegne-tourisme.fr - avr.-sept. : 9h15-12h15, 13h45-18h15 ; reste de l'année : 9h15-12h15, 13h45-17h15, lun. 13h45-17h15 - fermé dim. et j. fériés.*

Visite guidée – *De mi-mai à mi-juil. et de mi-août à mi-oct. : dim. et j. fériés 15h30 - 5 € (-12 ans gratuit) - Compiègne propose des visites-découvertes ainsi que des visites à thème, animées par des guides-conférenciers agréés par le ministère de la Culture et de la Communication.*

Sorties en forêt – *www.compiegne-tourisme.fr - 10 € - des sorties sont organisées par l'office de tourisme, en collaboration avec l'ONF, oct.-mars, selon différents thèmes (le brame du cerf, les champignons…). L'office de tourisme édite également un bon guide des circuits en forêt.*

SE REPÉRER

Carte de microrégion CD2 (p. 245) – *Carte Michelin Départements 305 H4.*
La ville est nichée entre forêt de Laigue et forêt de Compiègne, dans la vallée de l'Oise, avec Beauvais à l'ouest et Laon à l'est. De Paris, accès par l'A 1, du nord, par l'A 1/A 2.

À NE PAS MANQUER

Au palais impérial, les appartements historiques et le musée de la Voiture et du Tourisme ; les circuits en forêt ; les Picantins (friandise à la noisette).

ORGANISER SON TEMPS

Comptez 2h pour la visite du palais, une journée pour la ville et une demi-journée en forêt. Profitez de l'effervescence de Compiègne lors du départ de la course cycliste Paris-Roubaix, chaque année début avril, ou pendant le Festival des forêts, organisé fin juin-début juillet.

AVEC LES ENFANTS

Le parcours acrobatique en forêt « Grimp'à l'arb » ; le musée de la Figurine historique.

Compiègne fut résidence royale avant d'être le témoin des réceptions fastueuses du Second Empire. Les uns aimeront revivre ce passé en visitant le château, palais impérial s'étalant fièrement, sobre et massif. Les autres, amoureux de la nature, suivront l'un des nombreux itinéraires de la forêt où furent signés les deux armistices, le 11 novembre 1918 et le 22 juin 1940. Aujourd'hui, dans une ambiance feutrée, Compiègne, concurrente de son aînée Beauvais, respire la tranquillité provinciale.

Le château, ancienne résidence royale et impériale, façade côté jardin.
Nicolas Thibaut / Photononstop

★★★ Découvrir le palais Plan de ville B1-2

☏ 03 44 38 47 02 - www.musee-chateau-compiegne.fr - sais. : 10h-18h (12h30-13h30 visite guidée uniquement) ; reste de l'année : 10h-12h30, 13h30-16h - fermé 1er janv., 1er Mai, 25 déc. - 6,50 € (-26 ans gratuit) - gratuit 1er dim. du mois ; 8,50 € billet combiné avec les expositions temporaires - possibilité de visite-découverte guidée et de visite-conférence sur demande préalable pour les appartements historiques et le musée de la Voiture et du Tourisme.

Vu de la place, c'est, paradoxalement, un « château Louis XV presque totalement élevé de 1751 à 1789 ». Le palais, qui couvre un vaste triangle de plus de 2 ha, est d'une sévérité classique, d'ordonnance régulière. Son fronton porté par d'imposantes colonnes ioniques donne une certaine majesté à sa rigoureuse façade. Mais la décoration intérieure (tapisseries, ameublement du 18e s. et du Premier Empire) mérite une visite approfondie. Parmi les détails décoratifs, voyez les dessus-de-porte de Sauvage (1744-1818).

Construit en 1867 à la demande de Napoléon III, le **théâtre**, dont les travaux furent interrompus en 1870, ouvrit ses portes en 1991. Une saison musicale s'y déroule depuis. L'intérieur s'inspire de celui de l'opéra de Versailles.

★★ APPARTEMENTS HISTORIQUES Plan du palais

Après les salles d'attente, on passe au pied du grand degré de la Reine, ou escalier d'Apollon, pour gagner la galerie des Colonnes. Elle précède l'**escalier d'honneur** (**1**) avec sa belle rampe en fer forgé (18e s.). Sur le palier *:* sarcophage gallo-romain qui servit de cuve baptismale dans l'abbatiale Saint-Corneille. 1er étage *:* **salle des Gardes du roi** (**2**). L'antichambre ou **salon des Huissiers** (**3**) qui fait suite commandait l'accès à l'appartement du Roi *(à gauche)* et de la Reine *(à droite)*.

Appartement du Roi et des Empereurs

Salle à manger de l'Empereur (**4**) – Décor et mobilier Premier Empire. Murs en faux marbre et faux onyx ; portes surmontées de grisailles peintes par Sauvage,

Chronique historique

AUX ORIGINES

Le palais bâti par Charles le Chauve sur le modèle de celui de Charlemagne à Aix-la-Chapelle revint à son frère Louis lors du partage de l'Empire carolingien, au traité de Verdun (843). La ville grandit alors autour de la résidence des Carolingiens et de l'abbaye fondée par Charles le Chauve, abbaye (dont seul le cloître du 14e s. subsiste) qui détint, à partir du 10e s., les reliques de saint Corneille, et qui précède Saint-Denis en tant que nécropole royale et foyer de culture. Au 13e s., la cité est entourée de remparts. Charles V les renforce et leur ajoute, en 1374, un château qui est à l'origine du palais.

Jeanne d'Arc prisonnière

En mai 1430, Anglais et bourguignons campent sous les murs de Compiègne. Après examen, Jeanne d'Arc franchit l'Oise le 23 mai et chasse les avant-gardes bourguignonnes, mais des renforts accourent. Les Français sont pris à revers par les Anglais et doivent se replier. La Pucelle couvre la retraite avec une poignée d'hommes. Ils arrivent devant les fossés. Trop tard ! Le pont-levis vient d'être relevé sur ordre du gouverneur qui craint de voir les ennemis se glisser dans la place avec les derniers combattants. Une mêlée s'engage, un archer picard désarçonne Jeanne, qui est mise hors de combat et capturée. L'épisode s'est déroulé vers l'actuelle place du 54e-Régiment-d'Infanterie, où a été érigée une **statue équestre** de la Pucelle, conçue par Frémiet.

CHÂTEAU ROYAL…

Grands travaux

Les rois se plaisent à Compiègne. Pourtant, avec ses quatre corps de logis entourant, de guingois, une cour centrale, le château d'origine n'a rien d'une demeure de plaisance. Louis XIV a ce mot : « À Versailles, je suis logé en roi, à Fontainebleau en prince, à Compiègne en paysan. » Il se fait donc construire de nouveaux appartements face à la forêt. Ses 75 séjours s'accompagnent de fêtes fastueuses et de grands camps militaires, comme celui de 1698, lors de sa dernière visite à Compiègne.

Louis XV, quant à lui, ordonne, en 1738, la reconstruction totale du palais afin de pouvoir y résider avec sa cour et ses ministres. Son « grand plan », établi en 1751, est arrêté par la guerre de Sept ans.

Louis XVI le reprend et fait exécuter de grands travaux, bien qu'incomplets. En 1785, il occupe le nouvel appartement royal, qui reviendra à Napoléon Ier. Côté parc, une grande terrasse est aménagée, reliée aux jardins par un perron central ; elle remplace le fossé de l'enceinte de Charles V.

En 1795, le mobilier est dispersé lors de ventes aux enchères.

Aménagements divers

Après la Révolution, le palais est affecté à un prytanée militaire, puis à une école d'arts et métiers. En 1806, il devient maison impériale : Napoléon Ier le fait restaurer par l'architecte Berthaut, les frères Dubois et Redouté, décorateurs, et le peintre Girodet.

Le château des mariages

Le 14 mai 1770, c'est en forêt de Compiègne qu'est organisée la rencontre du dauphin, futur Louis XVI, et de Marie-Antoinette d'Autriche.

Le 27 mars 1810, Marie-Louise, qui a épousé Napoléon Ier par procuration, arrive à Compiègne. L'Empereur, impatient, emmène sa compagne dîner à Compiègne; les cérémonies nuptiales à Saint-Cloud et à Paris consacreront l'union imposée à Vienne.
En 1832, Louis-Philippe, qui a converti le jeu de paume en théâtre, marie sa fille Louise-Marie au premier roi des Belges, Léopold de Saxe-Cobourg.

... ET RÉSIDENCE IMPÉRIALE

Les « séries » du Second Empire – Compiègne est la résidence préférée de Napoléon III et de l'impératrice Eugénie. Ils viennent pour les chasses d'automne et pour recevoir, outre les rois et princes d'Europe, les célébrités de l'époque en cinq « séries » de 80 personnes.
Le logement des invités pose de grands problèmes; certains doivent se contenter de chambres situées dans les combles. Chasses, bals, soirées théâtrales, intrigues amoureuses et politiques s'entremêlent. Un luxe et une légèreté sans limites grisent les courtisans. Un après-midi pluvieux, pour distraire le couple impérial et ses invités, Mérimée compose sa célèbre *Dictée,* où il accumule les difficultés. L'impératrice commet le maximum de fautes, 62; Pauline Sandoz, belle-fille de Metternich, n'en fait que trois.
1870 interrompt cette vie joyeuse et les travaux du nouveau théâtre.
Conséquence de ces séjours, le mobilier du Premier Empire est en grande partie renouvelé.

LES DEUX GUERRES MONDIALES

L'entrevue historique de 1918

– À qui ai-je l'honneur de parler? demande Foch.
– Aux plénipotentiaires envoyés par le gouvernement germanique, répond Erzberger, chef de la mission.
Il tend au commandant en chef les lettres de crédit de la délégation. Foch se retire pour les examiner puis revient et questionne :
– Quel est l'objet de votre visite?
– Nous venons recevoir les propositions des puissances alliées pour arriver à un armistice sur terre, sur mer et dans les airs, répond Erzberger.
– Je n'ai pas de propositions à faire, réplique Foch.
Oberndorff, le diplomate, intervient :
– Si monsieur le maréchal le préfère, nous pourrons dire que nous venons demander les conditions auxquelles les Alliés consentiraient un armistice.
– Je n'ai pas de conditions!
Erzberger lit alors le texte de la note du président Wilson disant que le maréchal Foch est autorisé à faire connaître les conditions de l'armistice.
– Demandez-vous l'armistice? reprend alors le maréchal. Si vous le demandez, je puis vous faire connaître à quelles conditions il pourrait être obtenu.
Oberndorff et Erzberger déclarent qu'ils demandent l'armistice.
En 1917-1918, le palais est le QG de Nivelle, puis de Pétain. Un incendie ravage une partie des appartements royaux en 1919.

La Seconde Guerre mondiale

Compiègne est très éprouvée par les bombardements.
Royallieu, faubourg sud, sert entre 1941 et 1944 de centre de triage vers les camps de concentration nazis. Des monuments commémoratifs rappellent cela devant l'entrée du camp militaire et en gare de Compiègne.

à qui l'on doit aussi le grand trompe-l'œil figurant Anacréon. Le 1er mai 1814, Louis XVIII reçut ici le tsar Alexandre, qui hésitait à replacer les Bourbons sur le trône de France. Sous le Second Empire, le théâtre intime y était dressé, et les familiers de l'impératrice y jouaient revues et charades.

Salon des Cartes (**5**) – Antichambre des Nobles sous Louis XVI, puis salon des Grands Officiers sous Napoléon Ier, cette pièce fut désignée comme salon des Aides de camp ou salon des Cartes sous Napoléon III. Mobilier du Premier Empire (chaises couvertes de tapisseries de Beauvais) et du Second Empire. Remarquez les jeux : palet, billard japonais.

Salon de Famille (**6**) – Ancienne chambre à coucher de Louis XVI. **Vue★** sur le parc, tout au long de la perspective des Beaux Monts. Le mobilier rappelle le penchant de l'impératrice Eugénie pour les mélanges de styles : fauteuils Louis XV, sièges de fantaisie à deux places (« confidents ») et à trois places (« indiscrets »).

Cabinet du Conseil (**7**) – Avec Versailles et Fontainebleau, Compiègne était le troisième château où le roi tenait conseil. Les représentants de la République de Gênes et de la France y signèrent deux traités (1756 et 1764) accordant aux troupes françaises le droit de tenir garnison dans les places maritimes de la Corse. Une tapisserie montre le passage du Rhin par Louis XIV.

Chambre à coucher de l'Empereur (**8**) – Celle-ci a été restituée telle qu'elle était sous le Premier Empire. Frise représentant des aigles et mobilier de Jacob-Desmalter.

Bibliothèque (**9**) – Cette pièce a été aménagée en bibliothèque sous le Premier Empire. La bibliothèque, le bureau mécanique et le mobilier proviennent de l'atelier de Jacob-Desmalter. Au plafond, *Minerve entre Apollon et Mercure* de Girodet. Une porte cachée par de faux livres donnait accès à l'appartement de l'Impératrice.

Appartement de l'Impératrice

Le premier appartement de la Reine est le seul dans lequel Marie-Antoinette séjourna.

Salon du Déjeuner (**10**) – Ravissant salon installé pour Marie-Louise, tendu de soieries bleu clair et jonquille.

Salon de Musique (**11**) – L'une des pièces préférées de l'impératrice Eugénie. Mobilier de l'appartement de Marie-Antoinette à Saint-Cloud. L'impératrice Eugénie entretenait le souvenir de l'infortunée reine.

Chambre de l'Impératrice (**12**) – Lit à baldaquin, rideaux de soie blanche et de mousseline brodée d'or. Peintures de Girodet (*Les Saisons* et *L'Étoile du matin*). Le boudoir rond, ouvert sur la chambre, servait de salle d'atours et de bains.

Les trois derniers salons composent un ensemble décoratif du Premier Empire. Dans le **Grand Salon** (**13**), on a disposé les sièges « à l'étiquette » autour d'un canapé. Le **salon des Fleurs** (**14**) doit son nom aux panneaux peints de liliacées, d'après Redouté. Dans le **Salon bleu** (**15**), contraste entre le bleu des murs et des sièges et les marbres rouges de la cheminée et des consoles. À la fin du Second Empire, c'était le domaine du prince impérial.

Salle à manger de l'Impératrice (**16**) – Dimensions modestes, murs revêtus de stuc imitant le marbre. C'est ici que se déroula le premier repas de l'archiduchesse Marie-Louise en compagnie de l'Empereur.

Galerie des Chasses de Louis XV (**17**) – Tentures tissées aux Gobelins dès 1735 d'après les cartons d'Oudry. L'une des tapisseries représente une chasse au bord de l'Oise avec les silhouettes de Compiègne et de l'ancienne abbaye de Royallieu. La série continue dans la **galerie des Cerfs** (**18**), salle des Gardes de la reine, puis de l'impératrice.

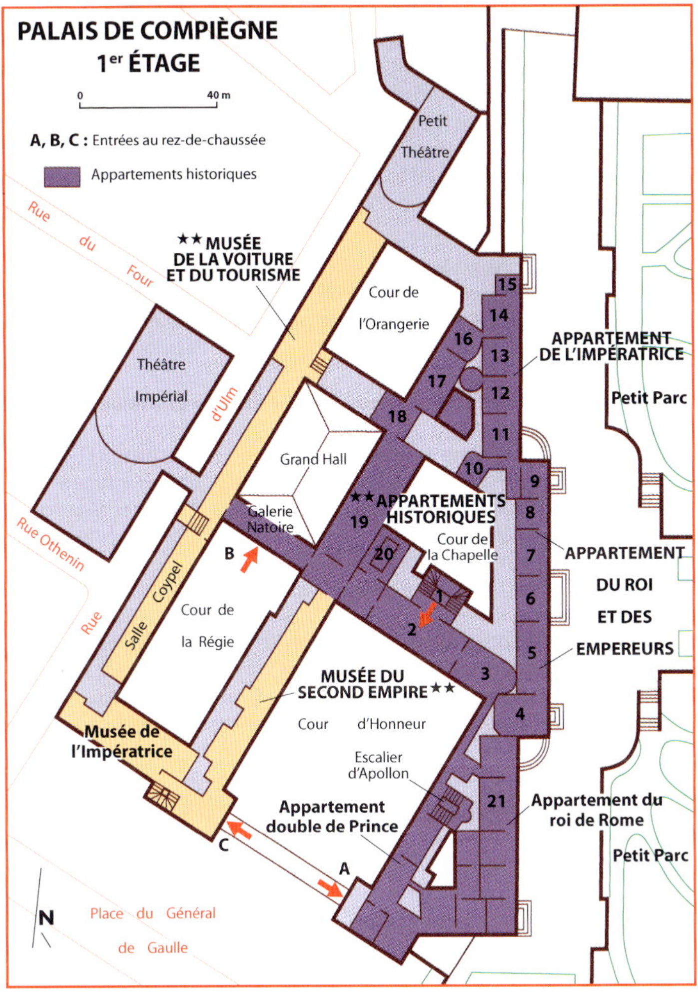

Galerie de Bal (**19**) – Construite pour l'arrivée de Marie-Louise ; deux étages de petits appartements ont déjà été éventrés. Les peintures du plafond glorifient les victoires de l'Empereur. En bout de salle, scènes mythologiques dues à Girodet. Sous le Second Empire, la galerie servit de salle à manger lors des « séries ».

Galerie Natoire et salle Coypel – Édifiées sous Napoléon III pour mener au théâtre (inachevé). Leur décoration évoque l'histoire de Don Quichotte, **cartons de tapisseries**★ de Natoire (1700-1777).

Chapelle (**20**) – La grande chapelle prévue n'ayant jamais été construite, celle-ci (œuvre du Premier Empire) est étonnamment petite pour un si vaste château. Ici eut lieu le 9 août 1832, dans l'émotion d'une famille très unie, le mariage de la princesse Louise-Marie, fille aînée de Louis-Philippe, avec Léopold Ier, roi des Belges. La princesse Marie d'Orléans, deuxième fille du roi des Français, donna le dessin du vitrail.

Appartement double de Prince et appartement du Roi de Rome

Appartement double de Prince – Destiné par Napoléon Ier à loger un couple de souverains étrangers. Bel exemple d'ameublement Empire : une salle à manger, quatre salons et une grande chambre à coucher.

Appartement du Roi de Rome – Appartement du fils de Napoléon Ier, qui y passa un mois en 1811. Restitué tel qu'il se trouvait à l'époque, avec son mobilier d'origine : salon-boudoir, salle de bains, boudoir, chambre à coucher, premier salon. Au milieu de l'appartement, le salon de jeux de la reine Marie-Antoinette (**21**).

★★ MUSÉE DU SECOND EMPIRE Plan du palais

Dans l'ambiance feutrée d'une suite de petits salons, le musée donne de nombreuses images de la cour, de la vie mondaine et des arts sous le Second Empire.

À la suite de la première salle, consacrée aux dessins humoristiques d'Honoré Daumier, les collections font place aux « beautés » de l'époque. La princesse Mathilde (1820-1904), l'une des grandes figures du règne, y est à l'honneur. Cette cousine, proche de Louis Napoléon, lui avait été un moment fiancée. Après son mariage espagnol, elle se consacra à son salon de la rue de Courcelles, fréquenté par de nombreux écrivains et artistes – même hostiles au pouvoir – et à son château de Saint-Gratien.

Le musée possède le fameux **tableau de Winterhalter** représentant l'impératrice et sa corolle de dames d'honneur (1855). Parmi les nombreuses sculptures de **Carpeaux** présentées dans les dernières salles, le **buste de Napoléon**, vieilli après la chute de l'Empire, et la statue du prince impérial avec son chien.

Musée de l'Impératrice – Cette collection léguée par M. et Mme Ferrand recrée l'atmosphère nostalgique de l'exil anglais que la chute de l'empire imposa aux souverains. Des vitrines rassemblent les objets les plus émouvants de l'impératrice Eugénie et de son fils, le prince impérial, massacré par les Zoulous (1879).

★★ MUSÉE DE LA VOITURE ET DU TOURISME Plan du palais

Ouvert en 1927 sur l'initiative du Touring-Club de France, il présente une collection de voitures anciennes, notamment des berlines (voitures montées sur train à deux brancards, plus sûres que l'attelage à flèche unique) de voyage ou d'apparat. Les 130 attelages (18e s. et 19e s.) et la trentaine d'automobiles de la collection témoignent des premiers pas de l'automobile dans les domaines de la vapeur, de l'électricité et du moteur à explosion jusqu'en 1914.

Grand hall – L'ancienne cour des cuisines accueille une berline de voyage des rois d'Espagne (vers 1740) ainsi qu'une berline papale et celle avec laquelle Bonaparte fit son entrée dans la ville en 1796. Voitures et coupés de voyage (18e-19e s.), mail-coach, char à bancs, omnibus Madeleine-Bastille, coupés d'Orsay et berlines de gala.

À la collection s'ajoutent : la Mancelle de Bollée de 1878 et une diligence à vapeur du même constructeur, une autochenille Citroën de la Croisière noire (1924), le wagon-salon de Napoléon III, servant à ses déplacements entre Paris et Compiègne.

Cuisines et dépendances – Évolution des deux-roues depuis les pesantes draisiennes (1817) lancées à force de coups de pied. Les pédales apparaissent avec le vélocipède Michaux (1861). Le grand bi, en tubes de fer, agrandit démesurément la roue avant pour accroître la vitesse vers 1880. Avec la transmission à chaîne, qui équipe le tricycle anglais, le « développement » rend inutile

cette disproportion. La bicyclette se développe (1890). L'armée met alors au point le vélocipède pliant (1914).
Dans les anciennes grandes cuisines du palais, on suit l'évolution de la voiture automobile, depuis la voiture à vapeur de Dion et Trépardoux jusqu'à la torpédo Sigma-Ballot de Guynemer (1914), dont la silhouette marque déjà l'effort vers la vitesse. Entre ces deux pièces : la Panhard n° 2, première voiture équipée d'un moteur Daimler 4 temps; le vis-à-vis de Bollée fils (1895) de la course Paris-Marseille (en Beauvaisis), la série des De Dion-Bouton ; le break automobile (1897) de la duchesse d'Uzès, première femme conducteur, la Jamais Contente (1899), automobile électrique montée sur pneus Michelin qui atteignit, la première, la vitesse de 100 km/h ; la 4 CV Renault de 1900, première conduite intérieure. Moteurs à vapeur, à explosion et électriques sont témoins de l'opiniâtreté des créateurs de l'industrie automobile.
1er étage – Voitures étrangères *:* cabriolets hollandais et italiens, charrette sicilienne, palanquin, traîneaux, etc.

PETIT PARC B1-2

L'Empereur avait donné la consigne de « lier, le plus tôt possible, le château avec la forêt, qui est le véritable jardin et qui constitue tout l'agrément de cette résidence ». Le mur de clôture qui fermait la perspective fut donc abattu et remplacé par une grille. Au-delà, la trouée des Beaux Monts trace une perspective de 4 km. Afin d'accéder à la forêt sans passer par la ville, Napoléon Ier fit aménager une rampe entre la terrasse et le parc, au prix de la destruction du perron de Gabriel. Dès lors, le Petit Parc, replanté à l'anglaise par Berthault, perdit de son importance. Sa physionomie actuelle date du Second Empire.

Se promener Plan de ville

Circuit tracé en vert sur le plan (p. 254). Démarrez de l'hôtel de ville.

★ Hôtel de ville B2

Édifice de style gothique finissant, bâti sous Louis XII et restauré au 19e s. En façade, de part et d'autre de la statue équestre de Louis XII *(de gauche à droite)*, on voit saint Denis, Louis IX, Charles le Chauve, Jeanne d'Arc, le cardinal Pierre d'Ailly, né à Compiègne, et Charlemagne. Le beffroi, à deux étages, abrite la Bancloque, une cloche de 1303. Sous la flèche d'ardoises flanquée de quatre clochetons, les Picantins rythment les heures.
Longez l'hôtel de la Cloche, qui abrite le musée de la Figurine historique.

★ Musée de la Figurine historique B2

03 44 40 72 55 - ♿ - mars-oct. : 9h-12h, 14h-18h, dim. 14h-18h ; reste de l'année : 9h-12h, 14h-17h, dim. 14h-17h - fermé lun., 1er janv., 1er Mai, 14 Juil., 1er nov., 25 déc. - 3 € (-18 ans 1,50 €) - gratuit 1er dim. du mois.
Adossé à l'hôtel de ville, le musée présente 100 000 figurines en étain, plomb, bois, plastique et carton. Les dioramas mettent en scène défilés, batailles et pans de vie. Ils offrent une bonne rétrospective de l'évolution du costume *(Les Rois et reines de France depuis Mérovée)*. Ils évoquent différents faits historiques, insistant sur les événements liés à Compiègne : Jeanne d'Arc, chasses royales, l'armée française défilant devant le tsar de Russie et le président Émile Loubet (*La Revue des troupes françaises à Bétheny*, 1901 – 12 000 pièces). On y voit aussi les guerres napoléoniennes *(La Bataille de Waterloo)* et le conflit de 1914-1918.
Prenez la rue Legendre jusqu'à la place Saint-Jacques.

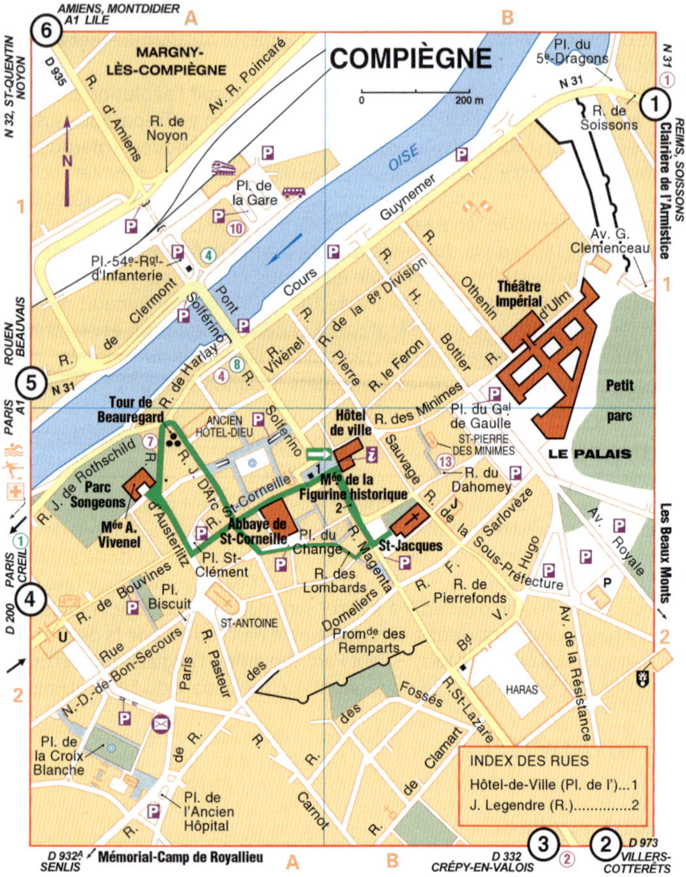

SE LOGER
- Auberge de la Vieille Ferme............ ①
- Hôtel de Flandre............ ④
- Hôtel Les Beaux-Arts..... ⑧

SE RESTAURER
- Auberge du Buissonnet... ①
- Auberge À la Bonne Idée. ②
- Le Bistrot des Arts.......... ④
- Le Bouchon.................... ⑦
- Hôtel du Nord.................. ⑩
- Le Palais Gourmand....... ⑬

Église Saint-Jacques B2

Sa tour du 15e s. est la plus haute de la ville. C'est l'ancienne paroisse du roi et de la cour, d'où les dépenses faites au 18e s. pour habiller le chœur de marbre et gainer de boiseries les bases des piliers de la nef. Le chœur et le transept (13e s.), bien que doublés par un déambulatoire du 16e s., conservent l'harmonie du gothique au temps de Saint Louis. Dans le croisillon gauche, Notre-Dame aux pieds d'argent (13e s.) fait l'objet d'une grande vénération. Chapelle du bas-côté gauche : statues en bois polychrome (15e s.).

Traversez la rue Magenta pour gagner, sur la droite, la rue des Lombards.

Jolies maisons dont une du 15e s., à pans de bois, la **Vieille Cassine**, où vivaient les maîtres du Pont, pilotes de batellerie.

Traversez la place du Change et prenez la rue Jeanne-d'Arc, sur la droite.

Tour de Beauregard A2

À l'emplacement du palais de Charles le Chauve, le donjon royal ou « tour du Gouverneur », effondré mais toujours impressionnant, est un témoin de la funeste sortie de Jeanne d'Arc par le vieux pont Saint-Louis, le 23 mai 1430. C'est ici qu'elle prononça sa célèbre phrase : « Puisque Dieu aydera ceux de Compiègne, j'y veux être. »

De la tour, rejoignez le parc Songeons.

Parc Songeons A2

Il entoure l'hôtel de Songeons-Bicquilley, une agréable demeure du 18e s. qui abrite aujourd'hui le musée Antoine-Vivenel. En se promenant dans le parc, on peut découvrir quelques arcades du cloître de l'ancien couvent des Jacobins, un jardin de senteurs et une belle vue sur l'Oise.

Musée Antoine-Vivenel A2

✆ 03 44 20 26 04 - mars-oct. : 9h-12h, 14h-18h, dim. 14h-18h ; reste de l'année : 9h-12h, 14h-17h, dim. 14h-17h - fermé lun., 1er janv., 1er Mai, 14 Juil. - 3 € (-7 ans gratuit) - gratuit 1er dim du mois.

Le musée, installé dans le parc Songeons, expose des antiquités picardes et méditerranéennes : trois casques en tôle de bronze (600 av. J.-C.) ; marbres, bronzes grecs et romains ; parmi les céramiques, un ensemble de **vases grecs★★**, mis au jour en Étrurie et en Italie du Sud. Les salons et cabinets *(1er étage)* conservent leurs lambris Directoire : on y découvre des peintures (grand retable de la Passion, dû à Wolgemut, maître de Dürer), des céramiques (grès des Flandres), des ivoires et des émaux.

En sortant du parc, prenez la rue d'Austerlitz jusqu'à la place Saint-Clément.

Sur votre droite, l'**hôtel des Gourneaux**, édifié au 15e s., accueillait jadis le gouverneur de la ville. En face, une imposante bâtisse évoque le renouveau médiéval et le gothique troubadour, en vogue à la fin du 19e s. et au début 20e s. à Compiègne. Bien que la maison soit de briques et charpentée de colombages à l'ancienne, les arcades qui la soutiennent, en béton, trahissent une construction assez récente.

Prenez à droite la rue Saint-Corneille.

Vous passez devant les restes de l'**abbaye Saint-Corneille**, fondée par Charles-le-Chauve, où furent consacrés quatre rois aux 9e et 10e s. À droite, le cloître, en cours de rénovation, devrait prochainement rouvrir au public.

Poursuivez tout droit jusqu'à la place de l'Hôtel-de-Ville.

À voir aussi Plan de ville

Mémorial de l'internement et de la déportation - Camp de Royallieu Hors plan

▶ Suivez la rue de Paris direction Senlis, qui devient rue des Martyrs-de-la-Liberté. 2 bis av. des Martyrs-de-la-Liberté - ✆ 03 44 96 37 00 - 10h-18h - fermé mar. - 3 € (-18 ans 1,50 €) - avec audioguide.

La caserne militaire de Royallieu, créée en 1913, a servi d'hôpital en 1939. En juin 1940, elle est transformée en camp, « Frontstalag 122 », où l'armée allemande rassemble des soldats français et britanniques, et des prisonniers politiques. Un long mur blanc s'étend sur l'avenue et derrière se dresse un lieu de mémoire sobre et discret dans une partie de cet ancien camp, dont trois bâtiments sur 25 ont été conservés. Face à l'entrée du Mémorial, le **Mur des noms** recense, sur une série de stèles de verre, les noms des 41 876 internés et déportés qui sont passés par ce lieu pendant la Seconde Guerre mondiale (parmi eux,

Robert Desnos, Robert Anthelme, Jorge Semprun…). Le parcours historique conçu par l'historien Christian Delage permet de comprendre comment les Allemands sont passés d'une politique de répression à une politique de déportation. Les documents d'archives, certains projetés sur les murs ou sur écran, proviennent des autorités allemandes et françaises ainsi que des internés eux-mêmes : lettres manuscrites, documents administratifs, photographies, projections, témoignages sonores.

Circuits conseillés Cartes de la forêt

★★ FORÊT DE COMPIÈGNE

Des sorties nature sont animées par l'Office national des forêts.
Vestige de l'immense forêt de Cuise qui s'étendait des lisières du pays de France à l'Ardenne, la forêt domaniale de Compiègne (14 500 ha) séduit par ses hautes futaies, ses vallons, ses étangs et ses villages. Le massif occupe une sorte de cuvette ouverte sur les vallées de l'Oise et de l'Aisne. Au nord, à l'est et au sud, une série de buttes et promontoires dessine un croissant aux pentes abruptes. Ces hauteurs dominent de 80 m en moyenne les fonds où courent de nombreux rus. Celui de Berne, le plus important, traverse un chapelet d'étangs.
1 500 km de routes et de chemins, carrossables ou non, sillonnent la forêt : accès aux principaux sites à pied, à vélo ou en voiture. Plus de 270 carrefours jalonnent le massif. Si vous êtes perdu, repérez la direction de Compiègne grâce à la trace rouge sur tous les panneaux indicateurs. Dès le 16e s., François Ier fit ouvrir les premières grandes percées. Louis XIV et Louis XV ont contribué à la création du réseau, permettant de suivre aisément les chasses.

TERRAIN DE CHASSE

La forêt domaniale, peuplée de hardes de cervidés, est le paradis des randonneurs. Trois équipages de chasse à courre animent encore l'ancienne terre de chasse des rois.

★★ LES BEAUX MONTS

Circuit de 18 km tracé en marron sur la carte (p. 258) – Comptez env. 1h. Quittez Compiègne par l'avenue Royale. Au carrefour Royal, prenez à gauche la route Tournante. Au carrefour du Renard, prenez à droite la route Eugénie.

Carrefour d'Eugénie

Aux abords du carrefour, quelques **chênes★**, doyens de la forêt. Les plus vieux dateraient de François Ier.
Prenez à gauche la route grimpant aux Beaux Monts.

★★ Beaux Monts

Le sommet de la côte (122 m), près du « poteau du point de vue des Beaux Monts », est le terme de la **perspective★** aménagée à travers bois depuis le château, à 5 km. On doit cette trouée à Napoléon Ier qui voulut rappeler à l'impératrice Marie-Louise la vue du château de Schönbrunn, près de Vienne en Autriche.
Poursuivez la route sinueuse. On passe le cèdre Marie-Louise, puis on laisse la voiture au niveau d'un chemin de terre sur la droite.

Hêtraie en forêt de Compiègne.
Gérard Labriet / Photononstop

Point de vue du Précipice

★ **Vue** sur les étendues forestières de la vallée du ru de Berne et du mont Saint-Marc.

Reprenez la voiture.

La route descend à travers une jolie futaie (chênes, hêtres) et rejoint une route rectiligne que l'on prend à droite.

Coupez la route Eugénie et garez la voiture au premier chemin de terre à droite.

Chapelle St-Corneille-aux-Bois

Fondée en 1164, la chapelle échut à l'abbaye Saint-Corneille de Compiègne. François Ier y adjoignit un pavillon de chasse dont l'aspect actuel date de Viollet-le-Duc. La construction gothique de la chapelle (13e s.) subsiste, intacte.

Retournez à la voiture. La route que l'on avait quittée mène à la D 14 ; prenez à droite pour regagner Compiègne.

★★ CLAIRIÈRE DE L'ARMISTICE

5

Circuit de 6 km tracé en rouge sur la carte (p. 258) – Comptez env. 1h. Quittez Compiègne à l'est par la N 31. Au carrefour d'Aumont, continuez tout droit (D 546). Au carrefour du Francport, gagnez les parkings.

Cette clairière est aménagée sur l'épi de voies, construit pour l'évolution de pièces d'artillerie de gros calibre, qu'empruntèrent le train du maréchal Foch,

LE HÊTRE, LE CHÊNE ET LE PIN

Ce sont les principales essences de la forêt de Compiègne. Le hêtre dresse des futaies sur le plateau sud et son glacis, ainsi qu'au voisinage immédiat de Compiègne. Le chêne, très anciennement planté, prospère sur les sols argileux bien drainés et sur les Beaux Monts. Le pin sylvestre, acclimaté depuis 1830, et d'autres résineux s'accommodent des zones de sable pauvres.

commandant en chef des forces alliées, et celui des plénipotentiaires allemands. Les voies étaient greffées sur la ligne Compiègne-Soissons à partir de la gare de **Rethondes**. Des rails et des dalles marquent l'emplacement des rames. En 1918, l'endroit n'était pas clairsemé comme aujourd'hui, repérage de l'ennemi oblige, mais plutôt constitué d'une haute futaie.
Le train particulier du maréchal **Foch** arrive le 7 novembre 1918, et celui des négociateurs allemands, partis de Tergnier, le lendemain matin. À 9h, ils sont reçus dans le wagon-bureau de Foch. Les Allemands prennent place. Le général Weygand, chef d'état-major, va chercher le maréchal, qui arrive et salue. **Weygand** donne alors lecture des conditions, une heure durant. Tous l'écoutent sans mot dire… Trois jours sont accordés pour l'examen des propositions. Le général **von Winterfeldt**, seul militaire de la délégation allemande, sollicite une suspension des hostilités pendant l'étude du projet d'armistice. Foch la refuse. Le 10 au soir, un message radiophonique allemand autorise les plénipotentiaires à signer l'armistice. Vers 2h du matin, les Allemands reprennent place dans le wagon. À 5h15, la convention est signée ; elle prend effet à 11h.
Vingt-deux ans plus tard, le 14 juin 1940, l'armée allemande entre dans Paris. La clairière est le théâtre d'un nouvel armistice, celui du 21 juin, triste parodie du précédent. Hitler reçoit la délégation française dans le même wagon, replacé dans sa position de 1918. Les représentants du haut commandement allemand transmettent à leurs interlocuteurs le document arrêté par le vainqueur de la bataille. La convention d'armistice est signée le 22 juin.

Wagon du maréchal Foch

Rte de Soissons - ✆ 03 44 85 14 18 - www.musee-armistice-14-18.fr - ♿ - de déb. avr. à mi-sept. : 10h-18h ; reste de l'année : tlj sf mar. 10h-17h30 - fermé certains j. fériés (se rens.) - 5 € (enf. 3 €).
En 1921, le wagon fut exposé dans la cour de l'hôtel des Invalides à Paris. En 1927, on l'installe à Compiègne, dans un abri construit dans la clairière. Transporté à Berlin comme trophée en 1940, il est détruit en forêt de Thuringe, en avril 1945… et remplacé, en 1950, par une voiture d'une série voisine.
L'intérieur est reconstitué comme en 1918 : emplacement des plénipotentiaires, objets utilisés par les délégués… Une salle est consacrée aux deux armistices : cartes du front, photos, journaux. Quelques stéréoscopes montrent en trois dimensions de saisissants clichés de la Grande Guerre.

★ LE MONT SAINT-MARC ET LES ÉTANGS

Circuit de 26 km tracé en vert sur la carte ci-contre – Comptez env. 1h30. Quittez Compiègne par l'est (N 31).

Pont de Berne

C'est là que se déroula la présentation du Dauphin, futur Louis XVI, à Marie-Antoinette, arrivant de Vienne.
Tournez à droite vers Pierrefonds (D 547). Au hameau de Vivier-Frère-Robert, prenez à gauche la route du Geai.

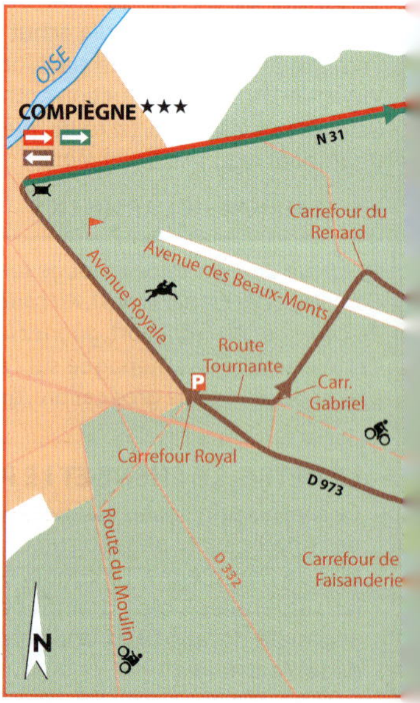

★ Mont Saint-Marc

Ses pentes sont couvertes de superbes hêtres. Une fois sur le plateau, prenez à gauche la route forestière (non bitumée et parfois cahoteuse) qui en longe le bord : vues sur les vallées du ru de Berne et de l'Aisne, sur Rethondes et la forêt de Laigue. On peut aussi effectuer la boucle à pied. La route contourne le promontoire nord du mont. 2,5 km plus loin, halte au **carrefour Lambin** : **vue** agréable sur la vallée de l'Aisne.

Revenez en arrière et prenez la 1re route à gauche, puis la route du Geai et continuez vers Pierrefonds. Tournez à droite et suivez la rue principale de Vieux-Moulin.

Vieux-Moulin

Cet ancien village de bûcherons était autrefois une villégiature cossue. L'église au clocher en chapeau chinois fut rebâtie en 1860 aux frais de Napoléon III.

Tournez à gauche au carrefour du monument aux morts et rejoignez la route Eugénie avant l'étang de l'Étot.

Étangs de Saint-Pierre

Étangs creusés, comme viviers, par les religieux célestins du prieuré du Mont-Saint-Pierre, à l'ouest. Le chalet de l'impératrice Eugénie est devenu maison forestière.

Environ 1 km après le dernier étang, prenez à gauche la route secondaire vers les quartiers hauts de Pierrefonds.

★ LES GRANDS MONTS

Circuit de 27 km tracé en violet sur la carte (p. 261) – Comptez env. 1h30. Sortez de Pierrefonds (Pierrefonds p. 270) par l'ouest, D 85.

La route s'élève sur un plateau boisé et descend dans la clairière de St-Jean-aux-Bois.

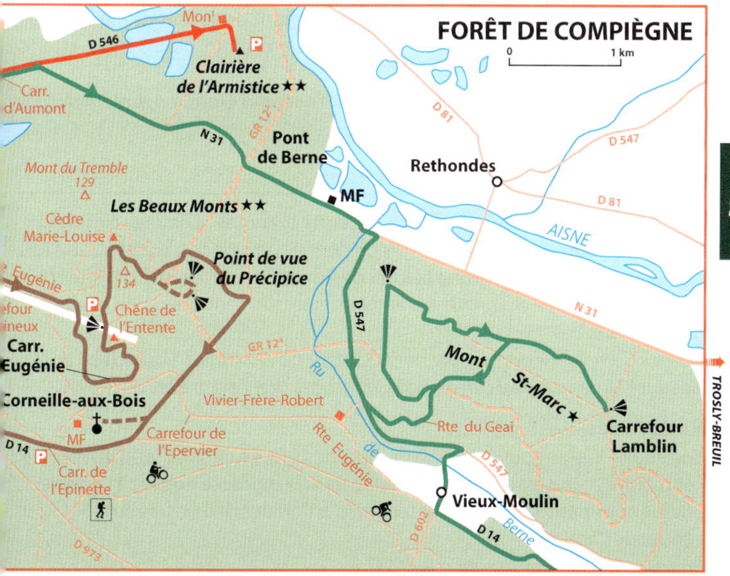

5

Saint-Jean-aux-Bois

Village qui fut surnommé « La Solitude » en 1794. Son noyau, une cité monastique du 12e s., est cerné sur la moitié de son périmètre par un fossé en eau. La forêt n'étant plus sûre, les bénédictines quittent l'abbaye en 1634 pour Royallieu, laissant la place à des chanoines augustins. En 1761, la vie conventuelle cesse à Saint-Jean.

Par l'ancienne porte fortifiée, gagnez l'esplanade où se dresse l'église abbatiale, seul vestige de l'abbaye avec la salle capitulaire et la porte de la « petite Cour ».

★ **Abbatiale** – *De Pâques à la Toussaint : 10h-16h - fermé mar. - gratuit.* Cette abbatiale du 13e s. est remarquable par sa pureté architecturale. Les grisailles rappellent l'ambiance lumineuse du vaisseau, au 13e s. À l'intérieur, la sobriété ainsi que l'harmonie du transept et du chœur produisent une impression de grandeur. De sveltes colonnes séparent chaque bras du transept en deux travées. Cette disposition du 16e s. est unique à cette époque dans la région. Au côté sud, la **salle capitulaire** est la partie la plus ancienne (vers 1150). Elle sert de chapelle annexe *(ouverte pour le culte).*

Sainte-Périne

L'étang cerné de platanes et de peupliers, et l'ancien prieuré (maison forestière) forment un site poétique. Les religieuses de Sainte-Périne (déformation de Pétronille) ont occupé l'ermitage de 1285 à 1626. L'insécurité les ramena à Compiègne, puis à Paris.

Faites demi-tour ; tournez à droite dans la grand-route de Crépy-en-Valois, que l'on quitte à la bifurcation de Vaudrampont pour gagner, à droite, l'Étoile-de-la-Reine. Prenez à droite la route des Éluas, puis à gauche, au carrefour des Éluas, la route, non revêtue, aboutissant au carrefour Callisto. Garez-vous.

★ Grands Monts

Ce secteur sud de la forêt est partagé entre le plateau et les bas-fonds. Courte promenade *(30mn à pied AR)* le long d'un chemin en balcon, sous la futaie de hêtres : descendez à pied la route des Princesses ; juste après la barrière, suivez à gauche le chemin contournant un promontoire, jalonné de traits jaunes. Revenez sur vos pas lorsque le chemin, moins frayé, atteint le fond du ravin.

Faites demi-tour ; suivez la descente de la route des Éluas, en lacet. Retour à Compiègne par la route du Moulin.

FORÊT DE LAIGUE

Circuit de 31 km tracé en orange sur la carte ci-contre – Comptez env. 1h30.

Séparée de Compiègne par le cours de l'Aisne, la forêt de Laigue, quatre fois moins étendue (3 800 ha) que la forêt de Compiègne, présente des sites plus sauvages que celle-ci. Le sous-sol argileux et les rus y entretiennent une humidité marquée.

Quittez Compiègne par la route de la Clairière-de-l'Armistice. Poursuivez, en traversant l'Aisne, jusqu'au carrefour du Francport. Prenez à droite.

Rethondes

Commune liée au souvenir de l'armistice de 1918. Le dimanche 10 novembre, Foch et Weygand assistèrent à la messe dans la modeste **église** : à l'extérieur, plaque commémorative et à l'intérieur, portrait des deux chefs dans le vitrail central de l'abside.

Poursuivez vers le nord-est par la D 547.

Saint-Crépin-aux-Bois

L'**église** paroissiale illustre, par sa majesté, la faveur des prieurs de Sainte-Croix et des seigneurs du château d'Offémont. L'édifice marque la transition entre le gothique, pour l'architecture, et la Renaissance, pour la décoration. Le **mobilier**★ compte des vestiges du prieuré Sainte-Croix : retable du chœur, deux Vierges dont une polychrome à gauche (17e s.). Sur le mur de droite, épitaphe dédiée à Madeleine de Thou (17e s.) par son mari. Voyez aussi, au-dessus d'un bénitier, au revers de la façade, le bas-relief en marbre représentant les armes des célestins. Le S et la croix entrelacés ont trait au lieu de la fondation : Sulmona, en Italie.

Poursuivez sur la D 547 vers le nord-est. 2 km après Saint-Crépin, tournez à gauche.

Dans le parc du château médiéval d'Offémont, restauré au 19e s., se trouvent les ruines du prieuré et de l'abbaye **Sainte-Croix d'Offémont** (16e s.). Des religieux célestins s'y étaient installés dès 1331.

Reprenez la D 547 qui mène à Tracy-le-Mont. À Tracy-le-Val, tournez à gauche vers Ollencourt ; suivez la D 130 qui traverse la forêt de Laigue. Après la maison forestière d'Ollencourt, prenez à gauche la route des Princesses (non goudronnée).

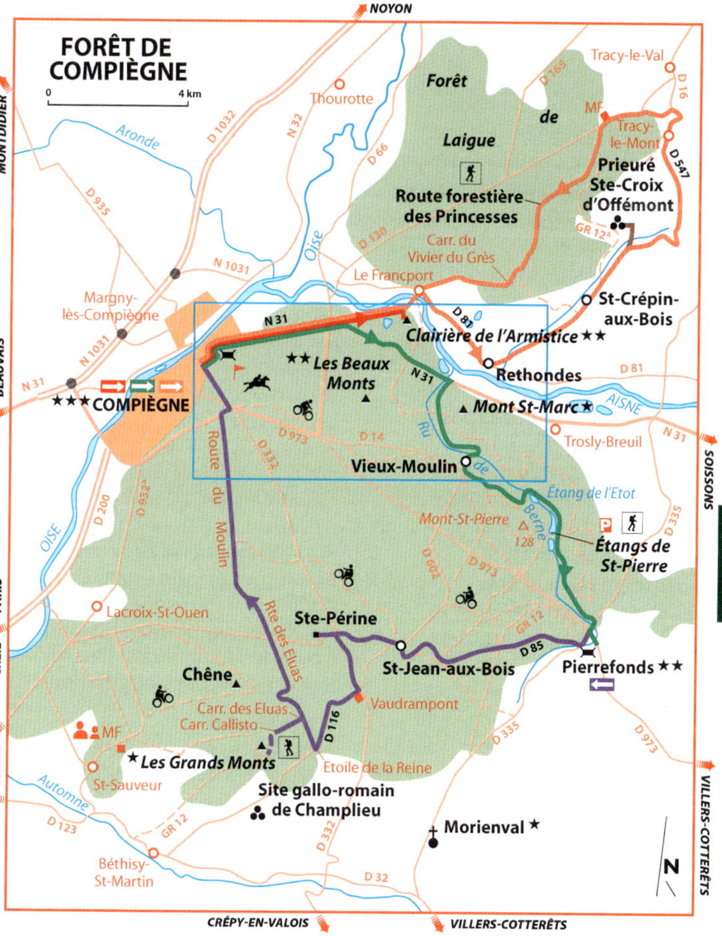

5

Route forestière des Princesses
C'est l'axe touristique du massif de Laigue : départ de circuits pédestres dans la « zone de silence du mont des Singes ».
Retour à Compiègne par le carrefour du Vivier-du-Grès (tournez à droite), l'étang du même nom et Le Francport.

NOS ADRESSES À COMPIÈGNE

HÉBERGEMENT

BUDGET MOYEN

À proximité

Auberge de la Vieille Ferme – *58 r. de la République - 60880 Le Meux - ✆ 03 44 41 58 54 - www.hotel-restaurant-oise. com - fermé 1er-21 août, 25 déc. et 1er janv - Wifi - 14 ch. 70 € - ☕ 8 €, demi-pension possible.* Ancienne ferme en briques rouges de la vallée de l'Oise. Les chambres, simples, pratiques et bien tenues, sont aménagées de part et d'autre des deux cours intérieures.

POUR SE FAIRE PLAISIR

Hôtel de Flandre – *16 quai de la République - ✆ 03 44 83 24 40 - www.hoteldeflandre.com - fermé 23 déc.-2 janv. - Wifi - 42 ch. 70/75 € - ☕ 9€.* À deux pas de la gare, sur la rive droite de l'Oise. Chambres d'esprit rustique, progressivement rafraîchies. Une bonne insonorisation atténue les bruits du carrefour.

Hôtel Les Beaux Arts – *33 cours Guynemer - ✆ 03 44 92 26 26 - www.bw-lesbeauxarts.com - ♿ - 50 ch. 79/129 € - ☕ 12 €.* Sur les quais de l'Oise, hôtel de construction récente dont les chambres, modernes, sont meublées en teck et agrémentées de couleurs ensoleillées. Quelques-unes, plus spacieuses, disposent d'une cuisinette. Bons petits-déjeuners servis sous forme de buffets.

RESTAURATION

PREMIER PRIX

Le Palais Gourmand – *8 r. du Dahomey - ✆ 03 44 40 13 13 - fermé 2 sem. en août, dim. soir et lun. - formule déj. 14 € - 18/48 €.* Cette jolie maison (1890) abrite une enfilade de salons et une véranda où tons chauds, gravures du vieux Compiègne et mosaïques créent un cadre agréable. Plats traditionnels.

Le Bistrot des Arts – *35 cours Guynemer - ✆ 03 44 20 10 10 - fermé sam. midi et dim. - formule déj. 14 € - 18/28 €.* Affiches anciennes, objets chinés et vieilles plaques publicitaires composent le décor de ce plaisant bistrot. Cuisine actuelle rythmée par les saisons et le marché.

Le Bouchon – *4 r. d'Austerlitz - ✆ 03 44 20 02 03 - http://le-bouchon.com - fermé 1er janv., 25 déc., dim. soir - ♿ - formule déj. 13 € - 24/36 €.* Établissement incontournable à Compiègne, ce restaurant (et bar à vins) au cadre rustique est installé dans une pittoresque maison à pans de bois du 15e s. Cuisine oscillant entre tradition et terroir, mais toujours à base de produits frais. Plats du jour copieux et desserts maison.

À proximité

Auberge du Buissonnet – *825 r. des Vineux - 60750 Choisy-au-Bac - ✆ 03 44 40 17 41 - www.aubergedubuissonnet.fr - fermé dim. soir et lun. - 16/20 €.* Quiétude et confort sont les maîtres mots de cette adresse. Jardin au bord d'un étang où l'on dresse une terrasse l'été, confortable cadre rustique et plats traditionnels.

BUDGET MOYEN

Hôtel du Nord – *Pl. de la Gare - ✆ 03 44 83 22 30 - http://hoteldunordcompiegne.com - fermé 1er-15 août, sam. midi et dim. soir - formule du j. 25 € - 37/50 € bc - 20 ch. 55 € - ☕ 7 €, demi-pension possible.* Adresse devenue une institution locale pour ses produits de la mer. Salle à manger vaste et claire, d'où l'on peut observer le spectacle des cuisines. Chambres rafraîchies.

POUR SE FAIRE PLAISIR

À proximité

Auberge À la Bonne Idée – *3 r. des Meuniers - 60350 St-Jean-aux-Bois - ✆ 03 44 42 84 09 - www.a-la-bonne-idee.fr - fermé 2 janv.-2 fév., dim. soir et lun. (oct.-avr.) - P - 33/78 € - 21 ch. 95/165 € - ☕ 14 €, demi-pension possible.* Restaurant situé dans un charmant village. Intérieur campagnard (poutres, vieilles pierres, cheminée), terrasse tournée vers le jardin fleuri et cuisine au goût du jour.

PETITE PAUSE

Les Picantins – *15 r. Jean-Legendre - ✆ 03 44 40 05 43 - fermé 24 juin-19 juil., 2 sem. en janv., mar. mat. et lun.* Ce chocolatier-pâtissier a associé son nom à celui de la célèbre confiserie compiégnoise composée de noisettes grillées, nougatines et chocolat.

EN SOIRÉE

Les Accordailles – *24 r. d'Ulm - pl. du Château - ✆ 03 44 40 03 45 - www.les-accordailles-restaurant.fr - fermé dim. soir, 1er janv., 25 déc.* À deux pas du château, ce bar à vins complété d'une cave est spécialisé dans les crus naturels et bio.

ACTIVITÉS

Location de vélos - Picardie Forêts Vertes – *1 sq. du Cdt-Gabriel-Fournaise - ✆ 06 07 54 99 26 - www.picardieforetsvertes.com - 15 mars-25 oct. : sam. 14h-19h, dim. 10h-19h ; reste de l'année : 12h-19h sur réserv. (1 j. av.) - 7 € (-12 ans 6 €) 1h de location.* Une piste cyclable s'étire entre Compiègne et Pierrefonds. Départ du carrefour Royal, sur la route Tournante, à l'est de la ville : on y trouve un stand de location de vélos.

Grimp'à l'arb – *Étangs Saint-Pierre - ✆ 03 44 86 45 98 - www.grimpalarb.fr - juil.-août : 9h30-17h30 ; juin : sam. 13h30-17h, dim. et j. fériés 10h-17h ; vac. de Pâques (zone B) : 13h-17h ; avr.-mai et sept. : sam. 13h30-16h ou 17h, dim. et j. fériés 9h30-16h ou 17h ; mars et oct. : w.-end 13h30-16h - fermé de déb. nov. à mi-mars - 20/25 € (enf. 10/14 €).* Parcours acrobatique en forêt, pour petits et grands.

AGENDA

Paris-Roubaix – La grande classique cycliste part, comme son nom ne l'indique pas, de Compiègne, chaque année, le 2e dim. d'avr. Arrivée à Roubaix.

Festival des forêts – *✆ 03 44 40 28 99 - www.festivaldesforets.fr.* Fin juin-déb. juil., les forêts de Laigue et de Compiègne sont mises à l'honneur : concerts, randonnées, théâtre, feux d'artifice, pique-nique…

Longueil-Annel

2 340 Longueillois – Oise (60)

NOS ADRESSES PAGE CI-CONTRE

SE REPÉRER
Carte de microrégion D2 (p. 245) – *Carte Michelin Départements 305 I4.*
À 6 km au nord-est de Compiègne, le bourg s'étend le long de l'Oise et de son canal latéral. Accès par l'A 1, sortie 10, puis la D 1032 vers Noyon.

ORGANISER SON TEMPS
Comptez une demi-journée pour le patrimoine des mariniers.

Sur le canal de l'Oise, les péniches défilent encore devant les petites maisons de briques rouges et, à l'écluse, nul n'ignore la devise des mariniers : « Se hâter lentement ». La cité des Bateliers est à découvrir à ce rythme paisible, lors d'un parcours très vivant dédié aux « gens de l'eau ».

Découvrir

★ CITÉ DES BATELIERS

59 av. de la Canonnière - ✆ 03 44 96 05 55 - www.citedesbateliers.com - ♿ - de mi-avr. à mi-oct. : 10h-19h ; reste de l'année : 13h-18h, w.-end et j. fériés 10h-18h - fermé 24, 25 et 30 déc. - 5,30 € (-12 ans 3,10 €) - gratuit J. du patrimoine - visite sur demande préalable.
La Cité des bateliers forme un « parcours scénographique » varié, d'un petit musée à la cale d'une péniche, des berges du canal jusqu'à l'écluse.

Maison des bateliers
Un café, où se retrouvaient les mariniers, a été transformé en musée. Il retrace l'histoire de Longueil-Annel, les inventions de la batellerie pour s'affranchir du relief, la lente disparition du halage, puis du remorquage, au profit de la péniche automotrice. Voyez le harnais que les haleurs passaient autour de leur

LA RUÉE VERS L'EAU

En 1826, le canal de l'Oise est construit entre Janville et Chauny (34 km) pour se substituer au parcours sinueux de la rivière. Doté de quatre écluses, il relie l'Oise aux régions du nord de la France et de l'Europe. Les péniches y sont remorquées en file indienne par des chevaux, puis des machines à vapeur… C'est l'âge d'or de Longueil-Annel, avec sa forêt de mâts, ses chantiers de réparation et ses Bourses d'affrètement où les mariniers attendent les commandes.

Le temps du déclin – Après la Seconde Guerre mondiale, la batellerie est concurrencée par le chemin de fer et la route. Dans les années 1960, quelque 140 péniches franchissent chaque jour l'écluse de Janville. Aujourd'hui, seulement une quarantaine y passent, dans le calme décor du canal.

Retraite à terre – De nombreux bateliers retraités vivent au bord du canal. Après d'incessants voyages, ils ont « débarqué », comme on dit ici.

poitrine, pour tirer les bateaux « à col d'homme », depuis la rive. Avançant arc-boutés, d'où leur surnom de « mangeurs de persil », ils parcouraient 900 m à l'heure. Cette activité subsistait encore, de façon marginale, dans les années 1970. Un film évoque les luttes des bateliers : partage solidaire du travail, scolarisation des enfants, survie du métier. Des familles racontent leur vie itinérante au moyen de « livres sonores ».

Péniche Freycinet

Amarrée en face de la maison, elle porte le nom de Charles Louis de Freycinet, ministre des Travaux publics de 1877 à 1879. Il imposa le même gabarit à toutes les voies d'eau, fixant par conséquence la taille maximale des péniches : 38,50 m de longueur pour 5,05 m de large. On y découvre la timonerie et, grâce un film et une exposition, ce « mariage à trois » qui lie un homme, une femme et leur péniche.

Se promener

AU BORD DU CANAL

De la péniche, prenez la direction de l'écluse.

Sur la rive, des **kiosques sonores** évoquent les rendez-vous entre bateliers et « gens d'à terre » : café des mariniers, jours de fête, chantier naval où l'on répare toujours les péniches.

L'**écluse de Janville** possède deux sas où peuvent se croiser une péniche « montante » et une péniche « avalante ». On observe l'éclusier, qui déclenche l'ouverture des portes depuis sa cabine de pilotage, et la **vue** sur les berges, où s'alignent les petites maisons de brique.

La balade se poursuit sur l'ancien chemin de halage (1,6 km), où des bornes rappellent les dix commandements du marinier.

NOS ADRESSES À LONGUEIL-ANNEL

HÉBERGEMENT

BUDGET MOYEN

Chambre d'hôte de M. et Mme Benattar – *3 r. de la Mairie - ✆ 03 44 76 16 28 -* P - *3 ch. 70 €* . Gare au coup de foudre si vous passez devant cette ancienne ferme du 18e s. entièrement restaurée. Même les canards, pataugeant dans le cours d'eau qui traverse le superbe jardin paysager, semblent conquis. Aménagées à l'étage ou au RdC, 3 chambres et une suite avec un petit salon qui domine la magnifique salle à manger.

AGENDA

Le 1er dim. de juil., le **pardon des bateliers** attire la foule à Longueil-Annel : messe sur le bateau-chapelle, fanfare, feu d'artifice, guinguette, animation de rue, marché du terroir et de l'artisanat…

L'Oise en guinguette – À la mi-mai, les bords du canal de l'Oise sont en fête, entre Longueil-Annel, Pont-l'Évêque et Noyon. Animations le long des berges, concerts et spectacles de rue *(se renseigner auprès de la Cité des bateliers au 03 44 96 05 55 - www.citedesbateliers.com).*

Noyon

★

13 896 Noyonnais – Oise (60)

NOS ADRESSES PAGE 269

S'INFORMER

Office de tourisme – *Pl. Bertrand-Labarre - 60400 Noyon - ✆ 03 44 44 21 88 - www.noyon-tourisme.com - de mi-juin à mi-sept. : 10h-12h30, 13h30-18h, sam. 10h-12h30, 14h-18h, dim. 10h30-12h30, lun. 14h-18h ; reste de l'année : tlj sf dim. et j. fériés 10h-12h, 14h-17h, lun. 14h-17h.*

Visite guidée – *✆ 03 44 44 21 88 - www.noyon-tourisme.com - 5 € (enf. 2,50 €) - se rens. à l'office de tourisme. Noyon, qui porte le label Ville d'art et d'histoire, propose des visites-découvertes (1h30) animées par des guides-conférenciers agréés par le ministère de la Culture et de la Communication. Des visites à thème mai-sept. : vend. 21h30, dim. 15h.*

SE REPÉRER

Carte de microrégion D1 (p. 245) – *Carte Michelin Départements 305 J3.*
À 24 km au nord-est de Compiègne par la D 1032. D'Amiens, prendre la D 934 ; de Saint-Quentin, la D 1 puis la D 1032.

À NE PAS MANQUER

L'intérieur de la cathédrale Notre-Dame ; le musée Jean-Calvin.

ORGANISER SON TEMPS

Venez le 1er w.-end de juil. (marché aux fruits rouges).

Cité de Calvin, Ville d'art et d'histoire, Noyon est dominée par son imposante cathédrale, l'une des premières grandes églises gothiques de France. Bien conservés, les bâtiments canoniaux restituent l'atmosphère de l'époque. En plein cœur de la Picardie, le Noyonnais offre un paysage riant et doucement vallonné qui lui vaut le surnom de « petite Suisse ». C'est aujourd'hui la capitale française des fruits rouges.

Se promener

★★ Cathédrale Notre-Dame

Pl. du Parvis - ✆ 03 44 44 21 88 - www.noyon-tourisme.com - mai-sept. : 9h-12h30, 13h30-19h, dim. 13h30-19h ; reste de l'année : 9h-12h, 14h-18h, dim. 14h-18h - gratuit - visite en dehors des offices.

Les évêques de Noyon, comtes et pairs de France, ont fait bâtir l'une des premières grandes églises gothiques de France – quatre édifices l'avaient

VIVE LES FRAISES !

L'activité industrielle est variée (alimentation, imprimerie, fonderie). L'agriculture, favorisée par le climat et la présence d'entreprises de conserverie et de stockage, accorde une place importante à la culture des fruits rouges, dont 90 % sont destinés à la fabrication de sorbets.

DE SAINT MÉDARD À HUGUES CAPET
D'origine gallo-romaine, Noyon fut érigée par saint Médard en un évêché uni à Tournai en 581. Au 7e s., saint Éloi en fut un des titulaires. La ville a vu les fastes du couronnement de Charlemagne en 768, et d'Hugues Capet en 987. Noyon fut l'une des premières cités françaises à obtenir une charte des libertés communales, dès 1108.

précédée. La construction débuta en 1145 par le chœur et s'acheva en 1235 par la façade. La cathédrale conserve la sobre robustesse du style roman, mais atteint la mesure et l'harmonie caractéristiques des grands maîtres d'œuvre de l'âge d'or. Sa restauration a été entreprise après 1918.

Extérieur – La façade comprend un porche à trois travées (13e s.) épaulé par deux arcs-boutants ornés de gâbles (14e s.). Une grande baie centrale, surmontée d'une galerie à hautes colonnettes, est encadrée par deux clochers aux contreforts d'angle saillants. La tour sud, plus ancienne (1220), est aussi plus austère. La tour nord, un des plus beaux clochers septentrional de la France élevé au 14e s., est finement décorée : moulures, cordons de feuillage aux arcatures de la galerie, bandeaux de feuillage soulignant les glacis supérieurs des contreforts. Dans les deux tours, la disposition du couronnement indique que le projet initial comportait des flèches, qui ne furent jamais réalisées.

La **place du Parvis** est bordée en demi-cercle de maisons canoniales aux portails surmontés de chapeaux de chanoine. Elle garde son charme vieillot. En contournant la cathédrale par le sud, observez l'hémicycle qui clôt le transept. Laissant à droite les ruines de la chapelle de l'évêché, on atteint le chevet, entouré de jardins. L'étagement des chapelles rayonnantes, du déambulatoire et des fenêtres hautes est d'un bel effet, malgré quelques adjonctions du 18e s. À droite, l'ancienne **bibliothèque du chapitre** *(ne se visite pas, sauf lors de visites thématiques en été)* est un beau bâtiment à pans de bois du 16e s. « L'enfer » désignait la pièce de la bibliothèque dans laquelle on archivait les ouvrages mis à l'index.

On distingue difficilement le transept nord, englobé en partie dans les bâtiments canoniaux.

★★ **Intérieur** – Les proportions de la nef et du chœur sont harmonieuses. La nef compte cinq travées doubles et s'élève sur quatre étages : grandes arcades, tribunes à double arcature impressionnantes, surtout depuis la croisée du transept, triforium et fenêtres hautes. Parmi les chapelles des bas-côtés, celle de N.-D.-de-Bon-Secours, richement décorée, possède une voûte en étoile à clefs pendantes où sont représentées les sibylles. Les voûtes du chœur sont aussi élevées que celles de la nef. Les huit nervures de l'abside rayonnent autour d'une clef centrale et retombent sur des faisceaux de colonnettes. Neuf chapelles s'ouvrent sur le déambulatoire.

L'absence de vitraux accentue la sévérité du transept. Les croisillons, de même ordonnance que le **chœur**, sont arrondis à leur extrémité. Cette particularité, que l'on retrouve à Soissons et à Tournai, serait due à l'influence rhénane. Voyez le maître-autel Louis XVI en forme de temple ; des grilles de fer forgé (18e s.) ferment le chœur et les chapelles de la nef.

Dans le bas-côté gauche, l'**ancien cloître** ne conserve qu'une galerie, ouvrant sur le jardin par de grandes baies au remplage rayonnant. Le mur opposé est percé de fenêtres en tiers-point et d'une porte qui donne accès à la **salle capitulaire** (13e s.). Une rangée de colonnes reçoit les retombées des voûtes d'ogives.

Musée du Noyonnais

7 r. de l'Évêché - 03 44 09 43 41 - www.ville-noyon.fr/Le-Musee-du-Noyonnais.html - avr.-oct. : 10h-12h, 14h-18h ; reste de l'année : 10h-12h, 14h-17h - fermé lun., 25 déc.-2 janv., 1er Mai, 11 Nov. - 3,30 € (-18 ans 2,20 €) - billet combiné avec le musée Jean-Calvin.

Les collections trouvent place dans un pavillon Renaissance de l'ancien palais épiscopal et dans une aile du 17e s. reconstruite après 1918. Les objets sont issus des fouilles menées à Noyon et dans la région (Cuts, Béhéricourt) : trésor monétaire gallo-romain, pièces de jeu d'échecs (12e s.), mobilier funéraire, céramiques. Les **coffres** en chêne (12e-13e s.) contenaient les vases sacrés et les vêtements liturgiques de la cathédrale. Voyez aussi les nombreuses peintures orientalistes de J.-F. Bouchor (1856-1937) et les plâtres – modèles de la fontaine monumentale construite en 1770 par François Masson, sur la place de l'Hôtel-de-Ville, pour célébrer le mariage de Louis XVI et de Marie-Antoinette.

Musée Jean-Calvin

6 pl. Aristide-Briand - 03 44 44 03 59 - www.ville-noyon.fr/Le-Musee-Jean-Calvin.html - avr.-oct. : 10h-12h, 14h-18h ; reste de l'année : 10h-12h, 14h-17h - fermé lun., 1er janv., 1er Mai, 11 Nov., 25 déc. - 3,30 € (-18 ans 2,20 €) - billet combiné avec le musée du Noyonnais.

Construite en 1927, cette maison occupe l'emplacement de celle où est né Calvin en 1509. Les collections illustrent l'histoire du protestantisme au 16e s. autour de la personnalité de Jean Calvin, depuis son enfance en pays catholique jusqu'à la dimension politique du bras de fer religieux entre pouvoir royal, protestants et catholiques. Portraits, gravures et lettres manuscrites. Bibliothèque de 1 200 volumes (16e au 20e s.). Le musée conserve la Bible de Lefèvre d'Étaples ainsi qu'un exemplaire de la Bible traduite en 1535 par le Picard Pierre Olivétan, avec une préface de Calvin, son cousin. À l'époque, la Bible ne se lisait qu'en latin.

Hôtel de ville

Souvent remaniée, la façade conserve un décor Renaissance : les niches aux dais ouvragés abritaient des statues. Le fronton aux lions fut ajouté au 17e s. L'intérieur présente des bas-reliefs sculptés par le Noyonnais Émile Pinchon – frère de l'auteur de *Bécassine* – pour l'Exposition coloniale de 1931.

L'hôtel de ville conserve le précieux **évangéliaire de Morienval** *(visible uniquement dans le cadre de visites guidées)*. L'évangéliaire (9e s.) est exceptionnellement transféré à la bibliothèque du chapitre à l'occasion des visites thématiques d'été autour du livre.

À proximité Carte de microrégion

★ Abbaye d'Ourscamp D2

6 km au sud par la D 165 puis la D 48, entre un bras de l'Oise et la forêt d'Ourscamp.

03 44 75 72 00 - www.serviteurs.org - 9h-12h, 14h-18h, dim. et j. fériés 14h-18h - fermé lun. - 3 € (-17 ans gratuit) - possibilité de visite guidée sur demande préalable juil.-août : 10h30 et 15h, dim. 15h, 16h45.

Une jolie légende entoure cette abbaye fondée en 1129 par les cisterciens entre l'Oise et la forêt. La vie monastique s'y développa surtout aux 17e et 18e s., et se perpétue encore aujourd'hui.

En entrant par l'ancienne porterie, à gauche de la **grille d'honneur** (1784), on ne voit que les constructions du 18e s. de part et d'autre d'un avant-corps à

LÉGENDE

On dit que **saint Éloi** se rendait souvent sur le site de l'abbaye. Un jour qu'un char à bœufs transportait des pierres pour la construction de l'édifice, un ours dévora l'une des deux bêtes. Le saint demanda à l'animal de s'atteler à la place du bœuf afin de terminer la besogne. L'ours s'exécuta, et le site conserva le nom d'Ourscamp, « champ de l'ours ». L'abbaye est de nouveau occupée, depuis 1941, par des religieux, les Serviteurs de Jésus et Marie.

colonnade dorique, ouvrant maintenant sur le vide. Ce pavillon central masquait intentionnellement la façade gothique de l'église abbatiale, devenue démodée. À gauche, le logis abbatial du 18e s. abrite des moines ; à droite, le bâtiment, dévasté en 1915, n'a pas été restauré. *Passez la voûte.*

Ruines de l'église – Au bout d'une allée qui occupe l'emplacement de la nef – démolie au 19e s. – se dresse le squelette du chœur gothique (13e s.). Son déambulatoire, double dans la partie droite, simple au chevet, desservait cinq absidioles. Ce chœur décharné révèle le dessin initial de l'architecte.

Chapelle – Ex-infirmerie, cette salle du 13e s. conserve sa distinction monastique. De fins piliers, alignés sur deux rangs, supportent les nervures des ogives. Des fenêtres à oculus dispensent une grande clarté. La perspective est, hélas, rompue par l'adjonction de hautes stalles du 17e s. formant un chœur.

NOS ADRESSES À NOYON

HÉBERGEMENT

POUR SE FAIRE PLAISIR

Hôtel Le Cèdre – *8 r. de l'Évêché - ☏ 03 44 44 23 24 - www.hotel-lecedre.com - ♿ - Wifi - 35 ch. 80 € - ☕ 8,50 €.* Construction récente en briques rouges en parfaite harmonie avec la cité. Les chambres sont chaleureuses et bien rénovées ; la plupart offrent une vue sur la cathédrale.

RESTAURATION

BUDGET MOYEN

Dame Journe – *2 bd Mony - ☏ 03 44 44 01 33 - www.damejourne.fr - fermé 5-12 janv., 7-20 sept., dim. soir, mar. soir, merc. soir, jeu. soir et lun. - 22/39 €.* Fréquenté par des habitués, ce restaurant dispose d'un cadre chaleureux et soigné : fauteuils de style Louis XVI et boiseries. Bon choix de menus ; cuisine traditionnelle.

POUR SE FAIRE PLAISIR

Saint Éloi – *81 bd Carnot - ☏ 03 44 44 01 49 - www.hotelsainteloi.fr - fermé 1re quinz. d'août, sam. midi et dim. soir - 38/110 € bc - 8 ch. 77/92 € - ☕ 9 €.* Restaurant aménagé avec élégance dans une belle demeure du 19e s. En salle : moulures, luminosité et confortables sièges de style Louis XV. Chambres logées dans une annexe.

AGENDA

Marché aux fruits rouges – Le 1er dimanche de juillet. À cette occasion, le parvis et le pourtour de la cathédrale se tapissent de barquettes alléchantes de fraises, groseilles, cerises, cassis et framboises. Au programme, producteurs, artisans, produits de bouche et animations, de quoi réjouir petits et grands.

Château de Pierrefonds

★★

1 969 Pétrifontains – Oise (60)

NOS ADRESSES PAGE 274

S'INFORMER

Office de tourisme – *Pl. de l'Hôtel-de-Ville - 60350 Pierrefonds - ✆ 03 44 42 81 44 - www.pierrefonds-tourisme.net - été : 10h-18h, dim. 11h-16h ; reste de l'année : tlj sf dim. 10h-13h, 14h-17h - fermé 1er janv., 1er Mai, 11 Nov.*

SE REPÉRER

Carte de microrégion D2 (p. 245) – *Carte Michelin Départements 305 I4.* De Compiègne, accès par la D 973. De l'A 1, sortie 9, suivre la D 123 vers l'est jusqu'à Fresnoy-la-Rivière et prendre à gauche la D 335.

À NE PAS MANQUER

Le tour des murailles ; la salle des Gardes.

ORGANISER SON TEMPS

Comptez 2h pour la visite.

En entrant dans la cour de ce château féodal, qui domine le bourg, on se trouve transporté dans un roman ou un film de cape et d'épée. Depuis 1924, ce monument médiéval occupe, en raison de sa photogénie, une place privilégiée dans l'histoire du septième art.

Découvrir Plan du château

★★ LE CHÂTEAU

Garez-vous place de l'Hôtel-de-Ville et gagnez l'entrée principale du château, au pied de la tour Arthus. Contournez le château par la route charretière.
✆ 03 44 42 72 72 - www.monuments-nationaux.fr - 2 mai-4 sept. : 9h30-18h ; reste de l'année : tlj sf lun. 10h-13h, 14h-17h30 - fermé 1er janv., 1er Mai, 25 déc. - 7,50 € (-18 ans gratuit).

Extérieur

De forme quadrangulaire, long de 103 m, large de 88 m, le château présente une tour défensive aux angles et au milieu de chaque face. Sur trois côtés, il domine à pic le village. Au sud, un profond fossé le sépare du plateau.

Les murailles ont deux chemins de ronde superposés : celui du dessous, couvert, comporte des mâchicoulis ; celui du dessus, seulement des merlons. Les murs des **tours** sont épais de 5 à 6 m et hauts de 38 m ; un double étage de défense les couronne. Elles sont ornées de huit statues de preux, dont elles portent leur nom : Arthus, Alexandre, Godefroy, Josué, Hector, Judas Macchabée, Charlemagne et César. De la route charretière, elles produisent une impression écrasante. Une statue de saint Michel domine le toit de la chapelle.

On arrive sur une esplanade puis, après le premier fossé, dans l'avant-cour dite « les Grandes Lices ». Un double pont-levis (**1**) (pour les piétons et les

Le château de Pierrefonds.
José Antonio Moreno / age fotostock

Une forteresse médiévale revisitée

PLACE FORTE DU VALOIS

Un château s'élève ici dès le 12e s. La châtellenie forme, avec celles de Béthisy, Crépy et La Ferté-Milon, le comté de Valois, érigé en duché quand Charles VI le donne à son frère **Louis d'Orléans**. Ce prince assure la régence pendant la folie du roi et périt en 1407, assassiné par son cousin Jean sans Peur. Avant de mourir, il a mis en place sur ses terres du Valois un réseau de forteresses dont Pierrefonds est le pivot : vers le sud, à peine espacées de 10 km, Verberie, Béthisy, Crépy, Vez, Villers-Cotterêts et La Ferté-Milon forment une barrière de l'Oise à l'Ourcq.

PREMIÈRE RECONSTRUCTION

Louis d'Orléans fait reconstruire le château féodal par l'architecte Jean le Noir. Pierrefonds résiste aux sièges des Anglais, des bourguignons et des troupes royales. Fin 16e s., il revient à Antoine d'Estrées, marquis de Cœuvres et père de la belle Gabrielle. À la mort d'Henri IV, le marquis de Cœuvres prend le parti du prince de Condé, opposé à Louis XIII. Assiégé une dernière fois par les forces royales, le château est pris et démantelé.

RENAISSANCE DU CHÂTEAU MÉDIÉVAL

En 1813, Napoléon Ier achète les ruines pour moins de 3 000 francs-or. Napoléon III, féru d'archéologie, en confie la restauration en 1857 à **Viollet-le-Duc**. Il ne prévoit qu'une réfection de la partie habitable, les « ruines pittoresques » des courtines et des tours, consolidées, subsistant pour le décor.

Grands travaux

Cependant, fin 1861, le chantier prend une ampleur nouvelle : Pierrefonds doit devenir résidence impériale. Passionné de civilisation médiévale et d'art gothique, Viollet-le-Duc entreprend une réfection complète, suggérée par les vestiges de murs qui subsistaient. Les travaux durent jusqu'en 1884. Désireux d'« approprier l'architecture médiévale aux nécessités d'aujourd'hui », il ne s'interdit pas d'imaginer certaines parties de l'édifice – suscitant la critique des spécialistes de l'architecture militaire – et de céder à son inspiration pour l'ornementation sculptée et peinte.

VIOLLET-LE-DUC, UN ARCHITECTE CONTROVERSE

Eugène Emmanuel Viollet-le-Duc (1814-1879) est l'un des plus célèbres architectes français du 19e s. En 1840, Prosper Mérimée, inspecteur des monuments historiques, lui confie la rénovation de la basilique de Vézelay. S'ensuit pour l'architecte une longue série de restaurations : la Sainte-Chapelle et Notre-Dame de Paris, la cité de Carcassonne, les basiliques de Toulouse et de Saint-Denis… Plutôt que de laisser visibles les marques du temps et les modifications successives de l'édifice, Viollet-le-Duc choisit de reconstruire certaines parties du monument, quitte à prendre quelques libertés vis-à-vis de l'histoire de l'art. Selon lui, « restaurer un édifice, ce n'est pas l'entretenir, le réparer ou le refaire, c'est le rétablir dans un état complet qui peut n'avoir jamais existé à un moment donné ». Ce parti pris lui vaudra des critiques parfois virulentes. Mais les controverses ne sauraient faire oublier l'imagination créative de ce passionné de civilisation médiévale et d'art gothique, et l'influence durable de son œuvre et de ses écrits sur l'architecture.

DE BELLES EAUX

Au 19e s., la découverte d'eaux de qualité fit connaître à Pierrefonds un destin insoupçonné : celui de ville thermale, sous le nom de Pierrefonds-les-Bains. Témoins de ce succès éphémère, l'hôtel des Thermes et la gare ferroviaire, aujourd'hui désaffectée.

voitures) mène à la porte du château, ouvrant sur la **cour d'honneur**. Jetez un coup d'œil aux fenêtres hautes : 32 statues de chats y sont perchées, dans des postures naturelles.

Intérieur

Les casernements abritent deux expositions. L'une illustre les travaux de Viollet-le-Duc. L'autre, consacrée aux **ateliers Monduit**, présente des trésors de plomberie d'art, dont le lion-girouette du beffroi d'Arras, le Cupidon de la cathédrale d'Amiens et des gargouilles de Notre-Dame de Paris. Les pièces réalisées sont d'« authentiques doubles ». Fabriquées parallèlement à l'exécution des commandes, elles illustraient le savoir-faire des ateliers Monduit auprès du public, lors d'expositions universelles. Le talent des frères Monduit fut mis à contribution par l'architecte pour la réalisation des ouvrages de couverture du château. Ils œuvrèrent aux côtés de Garnier, Bartholdi et Petitgrand.
La **façade** principale présente des arcades en anse de panier formant un préau, surmonté d'une galerie. Ni l'un ni l'autre n'existaient dans le château primitif, mais ils furent imaginés par Viollet-le-Duc, qui s'inspira du château de Blois. La statue équestre de Louis d'Orléans (**2**), due à Frémiet (1868), se dresse devant l'escalier monumental.
L'intérieur de la **chapelle**, surhaussée au 19e s., se distingue par une élévation audacieuse, avec sa tribune voûtée jetée au-dessus de l'abside, pure invention

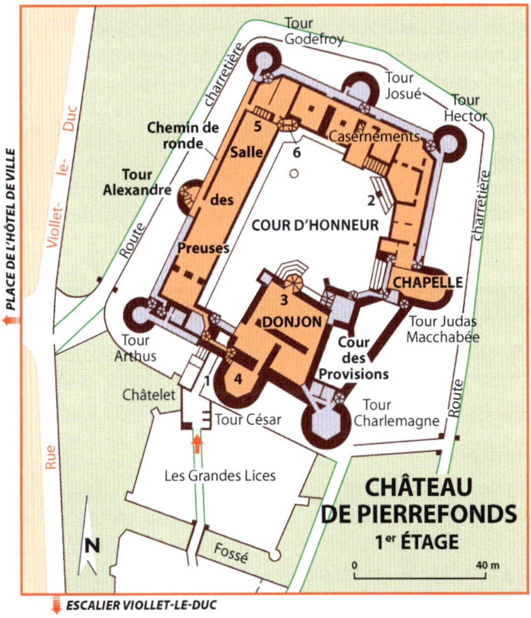

du maître d'œuvre. Au trumeau du portail, saint Jacques le Majeur a d'ailleurs les traits de Viollet-le-Duc.

Entre la chapelle et l'entrée s'élève le **donjon**, logis du seigneur. Viollet-le-Duc a mis l'accent sur son rôle résidentiel en le dotant d'un élégant escalier à jour. Résidence du seigneur, le donjon est flanqué de trois tours : deux rondes *(extérieur)* et une carrée *(intérieur)*.

La **cour des Provisions**, ménagée entre la chapelle et le donjon, communique avec la cour d'honneur par une poterne, et avec l'extérieur par une autre poterne dominant de 10 m le pied de la muraille. Pour introduire les vivres dans la forteresse, un tablier de bois en forte pente était abaissé. On hissait les provisions sur ce plan incliné.

Logis au donjon

Au 1er étage du donjon, on parcourt les salles du couple impérial : **salle des Blasons**, ou Grande Salle (**3**), dont les boiseries et les meubles, rares, furent dessinés par Viollet-le-Duc. Remarquez l'aigle napoléonien sous les poutres maîtresses, le chardon de l'impératrice Eugénie en haut des murs, le blason de Louis d'Orléans (armes de France « brisées ») sur la cheminée et le bâton noueux, autre attribut de la famille, de chaque côté des poutres maîtresses. De la chambre de l'Empereur (**4**) (vue plongeante sur l'entrée fortifiée), passez dans la salle des Preuses, en quittant le donjon.

Salle des Preuses – Vaisseau (52 m sur 9) créé par Viollet-le-Duc, couvert d'un plafond en carène renversée. Sur le manteau de la cheminée (**5**), les statues de neuf preuses, héroïnes des romans de chevalerie. Sémiramis *(au centre)* est représentée sous les traits de l'impératrice ; les autres sont les portraits des dames de la cour.

Tour Alexandre et chemin de ronde nord – Sur cette face, les murailles de la ruine s'élevaient encore à 22 m (remarquez la teinte des pierres). Viollet-le-Duc a utilisé, le long de ce chemin de ronde, les derniers progrès des systèmes de défense avant l'ère du canon : les cheminements à niveau, sans marches ni portes étroites, permettaient aux défenseurs d'affluer aux points critiques, sans se heurter à des chicanes. Vue dégagée sur le vallon de Pierrefonds.

Salle des Gardes ou des Mercenaires – Accès par un escalier à double vis (**6**) dans cette salle où sont regroupés des fragments lapidaires, dont les vestiges des statues originales (15e s.) des preux qui ornaient les tours. Une maquette en pierre du château conclut la visite.

Retour au parking par l'escalier direct.

Avant de quitter la ville, faites un petit détour par la belle **église Saint-Sulpice** *(sortie sud-ouest de la ville)*, dont la crypte et certaines parties datent du 11e s. À l'entrée, petite avancée crénelée et tourelle.

NOS ADRESSES À PIERREFONDS

HÉBERGEMENT

PREMIER PRIX

À proximité

Camping La Croix du Vieux Pont – *R. de la Fabrique - 02290 Berny-Rivière - 18 km au nord-est par D 335 et N 31, à l'entrée de Vic-sur-Aisne, au bord de l'Aisne - ✆ 03 23 55 50 02 - www.la-croix-du-vieux-pont.com - permanent - ♿ - 520 empl. 25 €.* Une canne à pêche à la main, vous profiterez ici de l'étang et de la rivière. Le camping, plutôt bien aménagé, propose aussi d'autres activités comme le poney, le pédalo ou la natation dans une de ses piscines, dont une couverte…

BUDGET MOYEN

Chambre d'hôte L'Ermitage – *74 r. de l'Impératrice-Eugénie - sortie nord-est par D 335, rte de Soissons et 1 km par r. à gauche - ✆ 03 44 42 85 64 - www.ermitage-pierrefonds.fr - P - 5 ch. 65/85 €* . Entièrement rénovée, cette demeure de 1860 n'a pas pour autant perdu son cachet d'origine, mélange de sobriété et de raffinement. Du hall de réception, avec son sol en ardoise d'époque, jusqu'aux belles chambres, toutes à l'étage, on retrouve cette atmosphère particulière. Grand parc aux arbres centenaires. Pension gratuite pour les chevaux et prêt de vélos.

POUR SE FAIRE PLAISIR

Hôtel du Domaine du Bois d'Aucourt – *1,1 km à l'ouest de Pierrefonds par D 85, dir. St-Jean-aux-Bois - ✆ 03 44 42 80 34 - www.boisdaucourt.com - P - 12 ch. 90/138 € - 12 €.* Les chambres de ce calme manoir du 19e s. érigé au cœur de la forêt de Compiègne bénéficient toutes d'une décoration thématique : l'écossaise, la sévillane, la toscane, la Colette, la Montgolfier, ou encore la Santos-Dumont évoquant l'histoire de l'aïeul des propriétaires de cette maison, constructeur automobile.

À proximité

Chambre d'hôte Le Manoir de Rochefort – *60350 Berneuil-sur-Aisne - ✆ 03 44 85 81 78 - fermé 1er janv.-15 mars - - 4 ch. 85 €* . L'ancienne chapelle (17e s.) de ce manoir abrite des chambres sobres et élégantes, toutes prolongées d'un salon de jardin installé sur la terrasse. Petits « plus » : la forêt voisine et le calme.

RESTAURATION

BUDGET MOYEN

Ouradon – *8 r. du Beaudon - ✆ 03 44 42 86 62 - 15 €.* Face au lac, cette crêperie entièrement rénovée affiche un look contemporain. Murs jaune citron, devanture bleu marine pourvue d'une baie vitrée. Et au menu, un choix de galettes au sarrasin, de crêpes au beurre demi-sel et de bonnes salades composées, le tout préparé à partir de produits frais.

Aux Blés d'Or – *8 r. Jules-Michelet - ✆ 03 44 42 85 91 - www.auxblesdor.net - fermé 1 sem. à la Toussaint, dim. soir (sf juil.-août) et merc. - formule déj. 18 € - 27/33 € - 6 ch. 59 € - 7,50 €.* Cette auberge est une halte familiale sympathique. Chambres récentes offrant un confort simple et une bonne tenue. De la terrasse du restaurant, vous pourrez admirer la silhouette imposante du château médiéval. Bon choix de menus de cuisine traditionnelle.

ACTIVITÉS

Promenade en Pédalo sur le lac de Pierrefonds – *✆ 06 66 69 44 49 - de Pâques à la Toussaint : 10h-18h - 14 € 4 pl. pour 30mn.* Location de Pédalo pour un tour de lac.

Crépy-en-Valois

13 839 Crépynois – Oise (60)

NOS ADRESSES PAGE 281

S'INFORMER

Office du tourisme de Crépy-en-Valois et de la vallée de l'Automne – *7 r. de Soissons - ✆ 03 44 59 03 97 - www.valois-tourisme.com - 9h30-12h, 13h30-18h, w.-end 9h30-12h - fermé 1er janv., 1er Mai, 1er Nov., 25 déc.*

S'Y RENDRE

Carte de microrégion D3 (p. 245) – *Carte Michelin Départements 305.* Crépy-en-Valois se situe à 72 km de Paris par l'A 1 puis la D 1324 à Senlis.

À NE PAS MANQUER

La vieille ville de Crépy-en-Valois ; l'église Notre-Dame de Morienval et la statue éponyme ; le château de Vez rebâti au 14e s.

AVEC LES ENFANTS

Le musée de l'Archerie et du Valois à Crépy-en-Valois.

Bâtie sur un éperon rocheux, l'ancienne capitale du duché de Valois conserve des maisons pittoresques du 14e au 18e s. Entre les massifs forestiers de Compiègne et de Retz, la vallée de l'Automne concentre de superbes vestiges de la grandeur du Valois : villages médiévaux, châteaux forts, églises gothiques, abbayes en ruine, autant de trésors architecturaux sublimés par le cadre verdoyant.

Se promener

Bâtie sur un éperon rocheux, l'ancienne capitale du duché de Valois conserve de vieilles rues pavées et des maisons du 14e au 18e s. dotées de pittoresques façades. La ville appartient au très vieux pays de Valois, riche terroir, situé entre les forêts de Compiègne et de Retz, qui donna son nom à la dynastie royale qui allait régner sur la France de 1328 à 1589.

★ **La ville ancienne** – Rectangle régulier, la place Gambetta a gardé de son origine médiévale une certaine distinction. Parmi les demeures du 18e s., la **maison des Quatre-Saisons** *(n° 15)* présente quatre mascarons rocaille : les quatre saisons de l'année. Belles façades de demeures des 13e, 16e et 17e s.
Suivez la rue des Ursulines, puis la rue du Lion à droite. Au n° 5, **hôtel du Lion** (14e s.), au pignon à redans « à la soissonnaise ».

Église St-Denis – Le majestueux transept du 16e s. forme une halle à deux travées. La nef fut construite au 12e s., les bas-côtés au 15e s. Dans le bas-côté droit ont été relevées des petites dalles funéraires de religieuses ursulines. Quant au clocher et à la façade dotée d'une rosace, ils datent tous deux du 19e s.

Abbaye de St-Arnoul – *Mars-nov. : w.-end sur RV - ✆ 03 44 59 12 20/09 74.* Cette abbaye en ruine abritait la nécropole des comtes de Valois. Au pied des vestiges de l'église gothique, apparaît une rangée de colonnettes à chapiteaux du 11e s., partie exhumée de la crypte de l'église abbatiale.

Contiguë à la crypte, une salle recèle un trésor insolite : une collection de 300 **bouquets de mariage** sous globe (1850-1950) témoignant d'un art populaire aujourd'hui disparu, mais émouvant pour la symbolique qui s'y rattache

LA CAPITALE DES VALOIS

L'histoire des premiers Valois est avant tout une affaire de succession. À la mort du troisième et dernier fils de Philippe le Bel, Charles IV (qui, avec Louis X et Philippe V, est l'un des « Rois maudits » ressuscités par Maurice Druon), la lignée des Capétiens directs est éteinte. Barons et prélats préfèrent comme successeur son cousin **Philippe VI de Valois**, natif du royaume et dont les droits ne passent pas par les femmes, à Édouard III, petit-fils de Philippe le Bel par sa mère. Le souverain anglais accepte son éviction, puis il se ravise et débarque en 1340 sur le continent : la **guerre de Cent Ans** commence. Elle est doublée de troubles civils, car les fils de Jean II le Bon (lui-même fils de Philippe VI de Valois) reçoivent des provinces en apanage. La dynastie de Valois donne ainsi naissance à la lignée des ducs de Bourgogne. Le fils aîné, **Charles V**, peut être considéré comme le véritable fondateur de la dynastie. Restaurateur de l'armée et des finances, ce monarque cultivé remporte d'importants succès contre les Anglais et recouvre presque tous les territoires perdus grâce à son connétable, Du Guesclin.

Les comtes puis ducs de Valois firent de Crépy leur capitale. Un château érigé dès le 10e s., ainsi que plusieurs monastères et églises attestent la puissance de Crépy du 11e au 14e s. Ce n'est qu'à partir d'Henri II que les faveurs des princes se tournèrent vers Villers-Cotterêts. En 1790, la réforme départementale partagea entre l'Oise et l'Aisne le vieux terroir du Valois, précipitant la chute de Crépy.

et qui traduit les espoirs des jeunes mariés : ainsi, ils comportent par exemple autant de petits miroirs que d'enfants espérés. Plus rares sont les bouquets sous cloches célébrant les 50 ans de mariage, constitués non plus de fleurs d'oranger en pétales de cire mais de fruits en papier mâché ou pâte de verre.

Longez l'abbaye par le parking et empruntez la rue pavée qui s'ouvre par un portail.

Sur la droite, la séduisante **maison de l'intendant des Ursulines** (18e s.) forme un bel ensemble architectural de pierres et briques. En face, contiguë à l'abbaye, la **maison La Corandon** *(ne se visite pas)* était la résidence du prieur de St-Arnoul et, plus anciennement, le lieu où les seigneurs de Crépy rassemblaient leurs vassaux.

En continuant la rue, vous ne pouvez manquer le grand portail de l'enclos des Ursulines, religieuses enseignantes installées à Crépy de 1623 à 1791.

La rue des Ursulines ramène à la place Gambetta.

Musée de l'Archerie et du Valois – *R. Gustave-Chopinet - ☏ 03 44 59 21 97 - www.musee-archerie-valois.fr - de fin mars au 11 Nov. : tlj sf mar. 14h30-18h30 - 4 € (-26 ans 3 €) - possibilité de visite guidée sur demande préalable.*

Au Moyen Âge, les compagnies d'archers, issues de groupements mi-civils, mi-militaires, se chargeaient de l'entraînement des milices en temps de paix. Très marquées d'esprit religieux et loyaliste, elles parurent suspectes aux Constituants de 1789, et les archers furent incorporés d'office dans la Garde nationale. Mais la coutume fut la plus forte, et les compagnies reprirent vie au 19e s., en se caractérisant plutôt comme associations amicales et sportives. L'archerie demeure une tradition active en Valois, il était logique qu'un tel musée voie le jour à Crépy.

Dans l'ancien château seigneurial, les collections présentées illustrent l'histoire et le folklore des pratiques liées au tir à l'arc. Au rez-de-chaussée, deux salles

LES COCHONS DE CRÉPY

Au Moyen Âge, Crépy tenait un important marché de cochons qui entraient dans la ville par la porte de Compiègne appelée « Porte aux Pourceaux ». La compagnie d'arquebuse, puis les compagnies d'arc prirent ainsi le cochon pour emblème. Quand ils défilaient en portant un cochon dans une cage, les gens disaient : « Voilà les cochons de Crépy. » Lors des guerres de Religion, les troupes d'Henri de Navarre entrèrent de nuit dans la ville assiégée, mais les cochons gardés là en réserve de nourriture donnèrent l'alarme à la garnison qui repoussa à temps l'assaillant.

présentent les arcs de chasse et leur évolution depuis les armes préhistoriques, ainsi que les arcs utilisés dans le monde. Dans les étages, on découvre les arcs de jeux et de sports, les changements dans les techniques de fabrication et les accessoires liés à la pratique. Une salle est consacrée aux symboles et traditions des compagnies d'archers, une autre à l'iconographie de saint Sébastien, patron des archers depuis le Moyen Âge.

La chapelle haute et la grande salle des gardes, remarquable par sa charpente du 16e s., abritent une très belle **collection d'art sacré★** rassemblant principalement des statues d'églises rurales du Valois (Vierges des 14e-16e s., saint Sébastien du 15e s. et autres saints en bois polychrome).

De l'autre côté de la place Gambetta, empruntez la rue Jeanne-d'Arc puis tournez à droite. Sur la place du Paon, suivez la rue St-Lazare.

Église St-Thomas – Ruine majestueuse d'une église gothique construite hors les murs, elle fut dédiée à Thomas de Canterbury (Thomas Becket) en 1182, douze ans seulement après le « meurtre dans la cathédrale ». Il en subsiste la façade, la première travée de la nef, la tour (raccourcie) et sa flèche du 15e s. Un jardin a été aménagé à l'emplacement des bâtiments disparus.

Sortez de Crépy par le nord en prenant tout de suite à gauche la D 116. Arrivé à la D 123, tournez à droite puis tout de suite à gauche dans Orrouy. Une rue à gauche vous emmène jusqu'à Champlieu.

Circuit conseillé Carte de microrégion

VALLÉE DE L'AUTOMNE

Le circuit traverse du nord au sud et d'est en ouest le canton de Crépy-en-Valois. Le paysage verdoyant et préservé forme un écrin pour des monuments remarquables.

Circuit de 56 km au départ de Crépy-en-Valois, tracé en bleu sur la carte (p. 245) – comptez une journée.

Champlieu D2

Les vestiges d'une église romane rappellent l'importance passée de ce hameau, proche de la forêt de Compiègne. Dégagées au siècle dernier, les **ruines gallo-romaines** sont traversées par l'ancienne voie romaine de Senlis à Soissons : la « chaussée Brunehaut ».

Avec ses 70 m de diamètre, le **théâtre** pouvait contenir 3 000 places. Seuls subsistent les trois premiers rangs de gradins. Au-dessus, l'hémicycle est gazonné. En bas, on reconnaît les soubassements de la scène et des coulisses ; au-dessus, les six entrées du public sont encore visibles.

Le château de Vez.
Nicolas Thibaut / Photononstop

Les **thermes** sont de dimensions restreintes pour un bâtiment public (53 m sur 23). On reconnaît l'emplacement de l'*atrium*, cour d'entrée carrée autrefois entourée de colonnes, du *frigidarium*, du *tepidarium* et du *caldarium*, au centre duquel l'eau jaillissait d'une vasque calcaire. Le **temple** *(de l'autre côté de la route)* est composé d'un premier sanctuaire (1er s.) de type *fanum*, auquel se superpose un second temple plus grand, de forme carrée (20 m de côté). Son plan est dessiné par un caniveau de pierre.
Revenez sur la D 123 que vous reprenez à gauche, puis poursuivez sur la D 32 jusqu'à Fresnoy-la-Rivière où vous suivez la D 335 à gauche.

Morienval D2

★ **Église Notre-Dame** – *✆ 03 44 88 66 36 - ♿ - 9h30-18h, dim. et j .fériés 9h30-13h) - 4 € (-12 ans gratuit). Vous pouvez obtenir la clé au 12 r. des Trois-Couronnes, sur demande préalable et en échange d'une pièce d'identité.*

L'église Notre-Dame dépendait d'une abbaye de femmes fondée par Dagobert au 7e s., pourvue richement par Charles le Chauve au 9e s., détruite par les Normands en 885. À partir du 11e s. commence la reconstruction de l'église et du monastère. L'abbesse Anne II de Foucault opéra au 17e s. de nombreux remaniements, marqués de son chiffre (sur les clés de voûte de la nef). 5

L'abbatiale, qui doit être vue du nord-est (arrière de l'édifice), n'a pas changé depuis le 12e s., sauf la partie haute du **chœur** : les étroites baies actuelles datent de la restauration de la fin du 19e s. Sa silhouette est caractéristique, avec la tour nord légèrement plus courte que celle du sud. La base du clocher-porche est la partie la plus ancienne (11e s.), avec le **transept**, la travée droite du chœur et les deux tours est. Il faut se représenter le **clocher-porche** non point empâté dans le prolongement des bas-côtés (disposition du 17e s.), mais se détachant en avancée sur une façade romane. Au chevet, le déambulatoire est plaqué contre l'hémicycle du chœur (12e s.) pour en assurer la stabilité.

À l'intérieur, le **déambulatoire** constitue la partie la plus originale. Ses **arcs**, montés vers 1125, comptent parmi les plus anciens de France. Pour la première

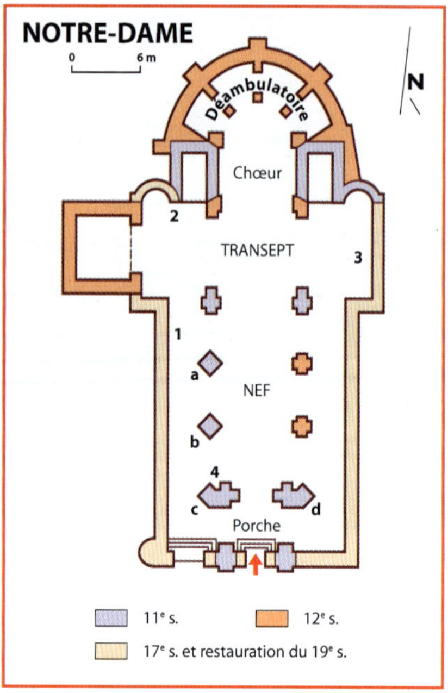

fois, les ogives ont été employées pour couvrir la partie tournante d'un édifice. Cependant, elles sont solidaires des quartiers de voûtes qu'elles supportent. On assiste ici à la transition entre voûtes d'arêtes et voûtes sur croisée d'ogives. Au 17e s., la nef et le transept ont été également voûtés d'ogives. Les chapiteaux de la nef (a, b, c, d) sont du 11e s. : spirales, étoiles, masques et animaux sont les seuls témoins sûrs de l'église romane, tandis que les chapiteaux du chœur, également intéressants, sont un peu plus récents. Dans le bas-côté gauche, série de dalles funéraires, dont celle (**1**) de l'abbesse Anne II Foucault (1596-1635). Sur le mur du bas-côté opposé, des gravures du 19e s. montrent l'état ancien de l'abbatiale. Les statues les plus remarquables sont la statue (**2**) de **Notre-Dame de Morienval** (16e s.), un groupe (**3**) de la Crucifixion (16e s.) provenant d'une poutre de gloire déposée ; une Vierge de l'Annonciation (**4**) en pierre, exemplaire de l'art populaire du milieu du 16e s. N'oubliez pas de jeter un œil aux « drôleries » sculptées sur les stalles des abbesses (16e s.).
Quittez Morienval au sud par la D 335 en direction de Crépy-en-Valois. À Fresnoy, tournez à gauche sur la D 32 que vous suivez sur 5 km.

Abbaye de Lieu-Restauré D3

✆ 03 44 88 55 31 - avr.-oct. : w.-end 10h-12h, 14h-18h - 3 € (-15 ans gratuit) - possibilité de visite guidée sur demande.

Érigée au 12e s. pour succéder à une chapelle plus exiguë – d'où son nom – cette abbaye de prémontrés fut rebâtie au 16e s., après la guerre de Cent Ans. Depuis 1964, des travaux tentent de restaurer ce site, préservant les constructions d'une ruine définitive. On découvre ici les méthodes de restauration des édifices anciens.

Descendez à l'église, parée d'une **rose★** au remplage flamboyant ; on entre dans la nef par le côté gauche. Au sud, les fouilles ont dégagé le cloître et

le réfectoire avec les bases de ses colonnes et de sa cheminée. Hôtellerie et cellier (18e s.) sont restaurés. Un musée expose le résultat des fouilles (poteries, chapiteaux, etc.).
Poursuivez sur la D 32.

Vez D3

Vez viendrait du latin *vadum*, « le gué ». Ce tout petit village, à flanc de coteau, a donné son nom au Valois, dont il représente le cœur initial. En 1918, il accueillit le général Mangin et son état-major, avant l'offensive de l'armée française qui, en juillet, assura la victoire des Alliés.
★ **Château** – *✆ 03 44 88 50 18 - fin juin-déb. sept. : 14h-18h ; avr.-juin : dim. et j. fériés - 6 € (-12 ans gratuit).* D'origine très ancienne, il fut rebâti au 14e s. L'enceinte carrée est dominée par le **donjon**, haut de 27 m ; cinq cylindres en maçonnerie pleine le flanquent, montant depuis les douves jusqu'à la terrasse et ses mâchicoulis. Les remparts (13 m de haut) et leurs courtines entourent la cour ; ils composaient le système de défense avec les tourelles et le pont-levis de la porte, des tourelles d'angle et la **tour Jeanne d'Arc**, dont le nom rappelle que la Pucelle est passée ici en 1430, lors de son voyage vers Compiègne. Au milieu de la cour, la chapelle abrite des antiquités gallo-romaines, ainsi que les gisants en marbre sculptés des époux Dru, anciens propriétaires, par Emmanuel **Frémiet** (1824-1910). Les vitraux des verrières sont l'œuvre de Daniel **Buren** (2006). Du haut de la chapelle, **vue** sur la vallée de l'Automne. Au-dessus de la salle des gardes, une pièce étonnante doit son armature métallique en forme de berceau à Gustave **Eiffel**.
Sol **LeWitt**, artiste américain courtisé par les musées les plus prestigieux, réalisa en 1995 un **Wall Drawing** sur les murs de la pièce principale du rez-de-chaussée du donjon.
Derrière la chapelle subsistent les ruines du logis du châtelain (13e s.). Le jardin paysager, minimaliste, a été conçu par Pascal **Cribier** (1989). Le miroir d'eau, au pied de la chapelle, reflète un pot doré de J.P. **Raynaud**. À proximité, neuf sculptures de bronze d'Antoine **Bourdelle** agrémentent un autre jardin. Des œuvres de Tadashi Kawamata et François Morellet sont aussi à découvrir.
Revenez à Crépy par la D 32 puis à gauche la D 50.

NOS ADRESSES À CRÉPY-EN-VALOIS

RESTAURATION

BUDGET MOYEN

Le Jasmin – *21 r. Jeanne-d'Arc - ✆ 03 44 39 70 12 - www.restaurantlejasmin.fr - fermé merc. soir, dim. soir et lun. - 23/32 €.* La devanture rétro de ce restaurant dissimule une salle à manger chaleureuse et élégante, agrémentée d'expositions de peintures contemporaines. La carte, quant à elle, mêle à la fois les petits plats traditionnels et des recettes plus créatives ; on y trouve également un menu végétarien. En saison, choisissez la terrasse.

À proximité

Aux menus plaisirs – *63 r. du Gén.-Leclerc - 02600 Villers-Cotterêts - ✆ 03 23 96 30 84 - fermé mar. soir, merc. et dim. - pdt l'été, téléphoner av. - déj. 15,50/21 € - 26,50/36,50 €.* Cuisine traditionnelle, à base de produits frais et qui met le poisson à l'honneur. 3 ou 4 cartes se succèdent en saison. S'il fait beau, vous pourrez déjeuner en terrasse, dans le jardin.

Forêt d'Halatte

★

Oise (60)

NOS ADRESSES PAGE 284

NOS ADRESSES PAGE 284

S'INFORMER

Office du tourisme de Creil – *41 pl. du Gén.-de-Gaulle - 60100 Creil - ✆ 03 44 55 16 07 - lun. 14h-17h, mar.-sam. 9h-12h, 14h-17h, dim. 9h-12h, 14h-16h - fermé j. fériés.*

Office du tourisme de Verneuil-en-Halatte – *4 r. Victor-Hugo - 60550 Verneuil-en-Halatte - ✆ 03 44 25 21 00 - www.verneuilenhalatte-tourisme.com - lun.-vend. 9h30-12h, 14h30-18h30, w.-end 10h-12h - fermé j. fériés.*

SE REPÉRER

Carte de microrégion C3 (p. 245) – *Carte Michelin Région 514.* La forêt d'Halatte (4 300 ha) se trouve au nord de Senlis, entre les vallées de l'Oise et de l'Aunette.

ORGANISER SON TEMPS

Comptez une bonne journée pour combiner marche en forêt et visite. Attention, les musées et l'abbaye du Moncel ferment entre 17h et 18h.

À NE PAS MANQUER

Le panorama depuis le sommet de la butte d'Aumont ; l'abbaye du Moncel ; le musée Serge Ramond « les Pierres Gravées », à Verneuil-en-Halatte.

Cette forêt domaniale, trouée par la clairière cultivée de Fleurines, s'étend sur un plateau ondulé de 100 m d'altitude en moyenne. Le point culminant est le mont Pagnotte, l'un des « sommets » de la région parisienne. Aux alentours s'étend une belle futaie de hêtres, domaine que les Capétiens n'aliénèrent jamais. Le sud du massif abrite des espèces plus hétérogènes tels chênes, charmes et pins.

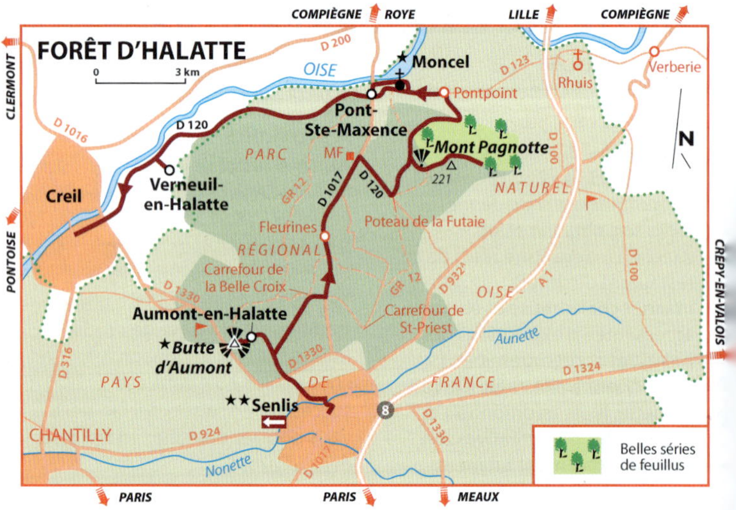

Circuit conseillé Carte Forêt d'Halatte

Circuit au départ de Senlis (voir p. 282). Quittez Senlis au nord par la rue du Moulin-Saint-Rieul et l'allée des Marronniers à gauche.

Aumont-en-Halatte

Séduisant village, noyé dans la verdure et les fleurs qui courent sur les vieilles maisons aux murs de pierre.

★ Butte d'Aumont

30mn à pied AR. Partant de l'église d'Aumont, suivez la route d'Apremont. Quittez-la pour le premier chemin public à gauche, chemin sableux entre deux clôtures grillagées. Gravissez la butte.

Étonnant dans sa continuité forestière, un superbe **panorama★** s'offre à vous sur la forêt d'Halatte, Senlis, Chantilly et sa forêt, les lumières de Roissy dès la tombée de la nuit.

Ralliez le mont Pagnotte en empruntant la D 1330 puis la D 1017.

Mont Pagnotte

Alt. 221 m. La route, s'élevant dans une zone de coupes, atteint le sommet boisé et plat du mont où s'élève un relais de télévision.

Deux GR (GR 12 et GR 655) ainsi qu'un circuit pédestre passent par le mont. Le circuit « Promenade du mont Pagnotte » en fait le tour en 30 mn. Un peu avant le relais de télévision, ne manquez pas le belvédère offrant un panorama dégagé sur la région.

La route descend à Pontpoint. Prenez à droite la D 123 en direction de Verberie. Quittez-la après le passage sous l'autoroute pour la 2e route à droite.

★ Abbaye du Moncel

03 44 72 33 98 - www.abbayedumoncel.fr - mars-nov. : merc.-sam. 14h30-16h30, dim. 11h30-12h30, 14h-17h - fermé lun., mar., j. fériés - 6 € (-12 ans gratuit) - possibilité de visite guidée le w.-end.

Fondée en 1309 par Philippe le Bel à côté d'un château royal *(en cours de restauration)* dont subsistent deux tours, cette ancienne abbaye de clarisses fut particulièrement en faveur auprès de Philippe VI, le premier des Valois (1328-1350). Le Moncel reçut en 1347 les entrailles de Jeanne de Bourgogne, épouse du souverain. Sa seconde femme, Blanche de Navarre, s'y retira après son veuvage.

L'église a disparu ; son plan au sol a été mis au jour. La façade d'arrivée, encore médiévale d'allure, montre deux cheminées monumentales. La **cour★** est entourée de trois ailes dont la haute toiture de tuiles brunes a été restaurée, tout comme les décors d'une des façades, avec son cadran solaire. On voit notamment une galerie du cloître du 16e s., le réfectoire du 14e s. orné de fresques, le cellier voûté d'ogives, le chartrier de style gothique (qui a retrouvé ses vitraux armoriés) et les impressionnantes **charpentes★** (14e s.) des anciens dortoirs des clarisses, en chêne de la forêt d'Halatte.

Gagnez Pont-Ste-Maxence.

Pont-Ste-Maxence

Dans le passé, la ville dut son importance à son ancien pont sur l'Oise, qui en faisait une ville-étape pour les rois et les marchands sur la route des Flandres *(actuelle D 1017)*. Son nom évoque une sainte irlandaise, martyrisée ici au 5e s.

Prenez la D 120 en direction de Creil pour gagner Verneuil-en-Halatte.

Verneuil-en-Halatte

Sur la rive gauche de l'Oise, ce bourg est le lieu de naissance de Salomon de Brosse (17ᵉ s.) qui participa aux plans du château, aujourd'hui en ruine.
Musée Serge Ramond « les Pierres Gravées » – *Pl. de Piegaro - ✆ 03 44 24 54 81 - www.memoiredesmurs.com - 14h-18h - fermé mar., j. fériés - 4,60 € (-16 ans 2,30 €) - possibilité de visite guidée.* Ce musée rassemble plus de 3 000 moulages de graffitis gravés ou sculptés, de l'âge du bronze à la Seconde Guerre mondiale. Ces témoignages insolites, relevés dans toute la France par un passionné, Serge Ramond, expriment souvent la détresse de prisonniers, de soldats… Vous remarquez notamment des gravures rupestres de Suède (environ 1 500 ans av. J.-C.) ; un ensemble dit « de la Vie du Christ », composé par un prisonnier qui fut enfermé plus de dix ans dans une tour du château de Gisors, au 16ᵉ s. ; des inscriptions anciennes des églises de Picardie ; la mémoire murale des soldats de 1914-1918 ; une belle série de graffitis (16ᵉ-18ᵉ s.) des gens de la mer et du fleuve provenant de Normandie et de Charente ; des pierres sculptées et céramiques de l'ancien château de Verneuil (16ᵉ s.).
Prolongez la D 120 jusqu'à Creil.

Creil

La ville, marquée par les réussites industrielles du 19ᵉ s., a pour noyau une île de l'Oise, qui fut jadis le site d'un château royal (8ᵉ s.), fortifié au 14ᵉ s. par Charles V. La **faïencerie de Creil** fut fondée en 1797. Elle fusionna avec celle de Montereau en 1840, produisant alors des pièces similaires. Creil fermera en 1895 et Montereau en 1955 (la faïencerie est rachetée par celle de Choisy-le-Roi).
Musée Gallé-Juillet – *Au fond de la cour de l'hôtel de ville - 5 allée du Musée - ✆ 03 44 29 51 50 - www.creil.fr - visite guidée merc.-sam. 14h, 15h, 16h, dim. 14h30, 15h30, 16h30 - fermé lun., mar. et j. fériés - 5,70 € (-18 ans gratuit) - gratuit 1ᵉʳ dim. du mois.* Sur quelques voûtes de l'ancien château, une maison de maître de 19 pièces fut bâtie en 1788. Acquise au 19ᵉ s. par l'Anglais Jacques Bagnall, directeur de la faïencerie de Chantilly, puis de celle de Creil, elle appartint ensuite à la famille Gallé-Juillet et abrite aujourd'hui ce musée. Elle a néanmoins conservé le décor et le charme d'une demeure de notable à cette époque : vaste cuisine où brillent les casseroles de cuivre, grand salon au mobilier Empire, tableaux, objets d'art, salle des jouets avec ses poupées et son théâtre pour enfants, etc. Parmi les nombreux meubles, remarquez une table Art nouveau, fabriquée par Émile Gallé, un cousin de la famille. Plus de 300 faïences fines – grès noirs et porcelaines opaques sortis au 19ᵉ s. des manufactures de Creil et de Montereau – sont présentées au cours de la visite. Le décor par impression a caractérisé ces fabrications, en particulier sur les assiettes populaires à charades, rébus, scènes humoristiques, etc.

NOS ADRESSES EN FORÊT D'HALATTE

HÉBERGEMENT

BUDGET MOYEN

La Ferme de Vaux – *À Vaux - 60100 Creil - ✆ 03 44 64 77 00 - www.lafermedevaux.com - fermé 2 sem. en août, sam. midi et dim. soir - P - Wifi - 28 ch. 82 € - ☕ 9 € - ✕ 19/38 €.* Ancienne ferme entourant une cour intérieure. Confort moderne dans les chambres, plus spacieuses au rdc. Murs en pierres apparentes et mobilier rajeuni servent de décor à la salle à manger. Carte classique ; service attentionné.

La cathédrale de Senlis.
MyLoupe / UIG / Universal Images Group / age fotostock

Senlis

★★

16 250 Senlisiens – Oise (60)

NOS ADRESSES PAGE 292

S'INFORMER

Office de tourisme – *Pl. du Parvis-Notre-Dame - 60300 Senlis - ✆ 03 44 53 06 40 - www.senlis-tourisme.fr - mars-oct. : 10h-12h30, 14h-18h15, dim. et j. fériés 10h30-13h, 14h-18h15 ; reste de l'année : 10h-12h30, 14h-17h, dim. et j. fériés 10h30-12h30, 14h-17h - fermé 1er janv., 1er Mai, 25 déc. (13 oct. pour inventaire).*

Visites guidées – Calendrier des visites à thème sur le site Internet. Le 1er dimanche de chaque mois toute l'année, visite des arènes et du patrimoine gallo-romain à 15h, au départ de l'office de tourisme. *✆ 03 44 53 06 40 - www.senlis-tourisme.fr - 8 € (-16 ans 5 €).*

SE REPÉRER

Carte de microrégion C3 (p. 245) – *Carte Michelin Départements 305.* À 50 km de Paris par l'A 1. Liaison SNCF de Paris-Nord.

À NE PAS MANQUER

La cathédrale Notre-Dame ; la vue depuis le Jardin du Roy ; le musée d'Art et d'Archéologie ; la chapelle royale St-Frambourg.

Ville royale au Moyen Âge, Senlis voit son histoire remonter à l'époque gallo-romaine. Ses rues conservent de nombreuses traces du passé médiéval de la cité, de l'activité des évêques bâtisseurs et de l'intérêt

des rois de France. Comme pour nombre de villes de la région, le nom de Senlis est aussi attaché à l'activité de la chasse, ainsi qu'en témoigne le musée de la Vénerie.

Se promener Plan de ville

Église St-Pierre

En restauration - ouv. pdt les manifestations.

Élevée au début du 12e s., elle fut très remaniée au 17e s. La petite tour de gauche est romane avec une flèche de pierre; l'autre tour, très lourde, date de la Renaissance (1596). La façade, en médiocre état, offre un répertoire du style gothique flamboyant. Désaffectée à la Révolution, l'église est maintenant utilisée pour diverses activités culturelles.

Longez ensuite le rempart par la rue aux Flageards. Elle est bordée de maisons anciennes; vous aurez une belle vue sur le chevet de la cathédrale. Au passage, admirez le portail nord.

Jardin du Roy

Il est aménagé dans l'ancien fossé de l'enceinte gallo-romaine, qui mesurait 312 m au grand diamètre et 242 m au petit. Des 28 tours qui garnissaient les murs, hauts de 7 m et épais de 4 m, 16 subsistent, plus ou moins bien conservées. Très belle **vue★** sur la muraille et les tours, la cathédrale et les bâtiments épars du château.

Vous pénétrez ensuite dans le chœur de la ville en traversant l'enceinte gallo-romaine.

Ancien château royal

Le site fortifié du château fut occupé au moins depuis le règne de l'empereur Claude (41-54). Son histoire reste encore marquée d'incertitudes, mais il semble dater du Haut Moyen Âge. Une pittoresque confusion de ruines en jalonne l'histoire, jusqu'au règne d'Henri II. Plus à l'ouest, compris dans l'enceinte du château, le prieuré St-Maurice abrite le musée de la Vénerie.

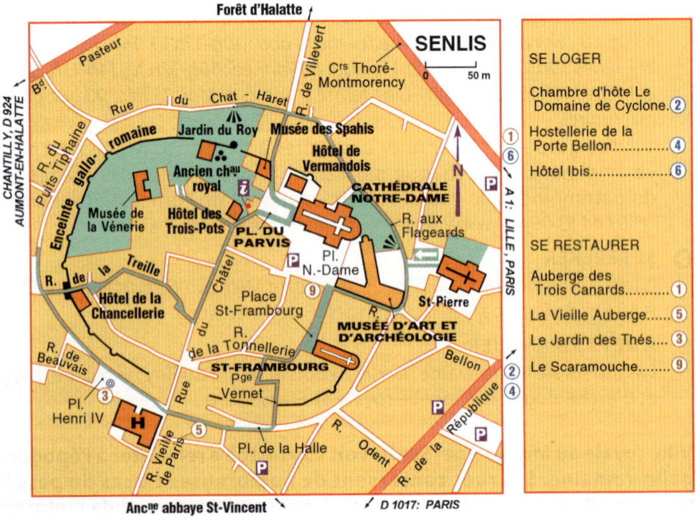

LE BERCEAU DE LA DYNASTIE CAPÉTIENNE
Sur la première enceinte gallo-romaine, les conquérants ont dressé un château fort où les rois des deux premières dynasties franques résident volontiers, attirés par le gibier des forêts voisines. En 987, Louis V succombe à un accident de chasse. Cette mort met fin à la dynastie carolingienne. C'est à Senlis, en 987, dans le château, que l'archevêque de Reims propose aux barons assemblés de choisir pour roi le « duc de France », Hugues Capet. Le dernier souverain qui séjourne au château de Senlis est Henri IV. Plus tard, le château, délabré, n'est plus apte à recevoir les rois qui abandonnent peu à peu la ville au profit de Compiègne et de Fontainebleau.

Musée des Spahis

Dans l'ancien château royal - pl. du Parvis-Notre-Dame - ✆ 03 44 26 15 50 - www.musees-senlis.fr - 10h-12h, 14h-18h, w.-end et j. fériés 11h-13h, 14h-18h, merc. 14h-18h - fermé mar., 1er janv., 1er Mai, 25 déc. - 4 € (-18 ans gratuit) - billet combiné avec le musée d'Art et d'Archéologie et le musée de la Vénerie.

Créé en 1977, il retrace 150 ans d'histoire de la cavalerie d'Afrique du Nord qui a occupé une place toute particulière dans l'armée française. Il est plus spécialement consacré aux anciens spahis (soldats d'un corps de cavalerie ottoman), goumiers (cavaliers ou fantassins indigènes), méharistes (cavaliers montant des dromadaires) et sahariens qui ont tenu garnison à Senlis pendant trente ans.

Musée de la Vénerie

Dans l'ancien château royal - pl. du Parvis-Notre-Dame - ✆ 03 44 26 15 50 - www.musees-senlis.fr - 10h-12h, 14h-18h, w.-end et j. fériés 11h-13h, 14h-18h, merc. 14h-18h - fermé mar., 1er janv., 1er Mai, 25 déc. - 4 € (-18 ans gratuit) - billet combiné avec le musée des Spahis et le musée d'Art et d'Archéologie.

Au 13e s., Saint Louis fonde le prieuré St-Maurice à côté du palais royal. Les reliques de saint Maurice d'Agaune y sont précieusement conservées par les moines jusqu'à la Révolution, et ce n'est qu'au début du 18e s. que le prieur se fait édifier un nouveau logis qui héberge aujourd'hui le musée de la Vénerie. La sélection d'œuvres présentées a été opérée dans l'immense iconographie de la **chasse à courre**, illustrée sous l'Ancien Régime par les tableaux de Desportes (1661-1743) et d'Oudry (1688-1755), puis par d'innombrables maîtres animaliers, tels Carle Vernet, Rosa Bonheur et Charles Hallo, fondateur du musée… Des trophées et des massacres décorent les murs, tandis que des salles thématiques évoquent Diane, saint Hubert, les chiens, les loups, les forêts, les équipages de la région (on remarque la tenue d'équipage des Condés, ventre de biche et amarante, visible sur le mannequin d'un garde des forêts de Chantilly et sur le tableau représentant le jeune duc d'Enghien en 1787). Voir aussi une collection des fameux « boutons » de vénerie, insigne le plus envié d'un équipage, des couteaux de chasse ciselés, des trompes, etc.

Hôtel de Vermandois

Pl. du Parvis-Notre-Dame - fermé au public.

Cet hôtel du 12e s. témoigne de l'architecture civile romane. Il fut construit par Raoul de Vermandois, cousin et chancelier de Louis VI le Gros puis de Louis VII.

★ Place du Parvis

Petite place charmante, au pied de la cathédrale.

★★ Cathédrale Notre-Dame

8h30-19h - ne se visite pas pdt les offices le sam. à 19h et le dim. à 9h, 11h et 18h.

Sa construction commence en 1153 et se poursuit lentement, faute de fonds. La dédicace a lieu en 1191. Vers 1240, on ajoute un transept qui n'était pas prévu dans le plan primitif et on élève la flèche. La foudre incendie l'édifice en 1504. La reconstruction des parties hautes et des façades du transept, l'addition des seconds bas-côtés ont donné à la cathédrale son aspect actuel. Les deux tours étaient semblables à l'origine. C'est au milieu du 13e s. que celle de droite fut surmontée de la magnifique **flèche★★** qui a inspiré tant de clochers du Valois. Son sommet est à 78 m du sol. Le **Grand Portail★★** est consacré à l'Assomption de la Vierge. Les deux bas-reliefs de son linteau, figurant la Dormition de la Vierge et son Assomption, sont célèbres ; leur sculpture présente une vérité et une liberté d'attitude dont on trouve peu d'exemples au 12e s. : remarquez l'empressement des anges pour soulever et emporter leur souveraine. Les têtes des huit personnages de l'Ancien Testament qui garnissent les ébrasements, brisées pendant la Révolution, ont été refaites au 19e s. Contre la porte, à gauche, Abraham se prépare à sacrifier son fils Isaac : un ange retient le glaive. Sur les socles des statues des ébrasements, les petits panneaux qui constituent le Calendrier (les travaux des mois) sont sculptés avec beaucoup de verve. Janvier est le premier à droite près de la porte.

Flanc sud – La façade du **croisillon★★**, œuvre de Pierre Chambiges (16e s.), contraste avec la façade principale. On peut mesurer le chemin parcouru par l'art gothique depuis le 12e s., où la sobriété est encore de mise, jusqu'au 16e s., où la décoration flamboyante jette ses derniers feux, déjà influencée par l'art de la Renaissance que les guerres d'Italie viennent de révéler. Les parties hautes du vaisseau, percées de grandes fenêtres flamboyantes, sont également du 16e s.

Le chevet a conservé sa partie basse du 12e s., avec ses chapelles rayonnantes. Seule la chapelle axiale a été remplacée au 19e s. par une chapelle plus grande. Comme à Notre-Dame de Paris, les tribunes, héritage roman, étayent la nef et le chœur avec le renfort d'arcs-boutants gothiques.

Intérieur – *Entrez par la porte sud.* Le vaisseau est long de 70 m, large de 19,2 m et haut de 24 m. Au-dessus des orgues, la voûte du 12e s. a échappé à l'incendie de 1504 et reste comme un témoin de la hauteur primitive : 17 m. La nef et le chœur, étroits pour leur hauteur, donnent une impression d'envolée. Les tribunes qui surmontent les bas-côtés comptent parmi les plus belles de France. La 1re chapelle à droite de la porte sud possède une belle voûte à clés pendantes et des vitraux du 16e s., les seuls vitraux anciens de la cathédrale, ainsi qu'une Vierge en pierre du 14e s. Dans le déambulatoire, du côté droit, statue de Saint Louis, du 14e s. Dans la chapelle du croisillon nord, Christ du 15e s., en bois de mélèze. Dans le bas-côté, à gauche, élégante sainte Barbe datée de la fin du 16e ou du début du 17e s.

Sortez par le portail latéral nord.

Portail nord – La façade latérale nord est semblable à celle du sud, mais avec une décoration moins chargée. Sur le gâble qui couronne le portail apparaît la salamandre et le F de François Ier, rappel des grands travaux de reconstruction du 16e s.

Flanc nord – Le cadre qui entoure la cathédrale est ici tout différent de celui de l'autre face : moins monumental, égayé de verdure, il est très pittoresque. Longez le jardin qui borde la façade est de l'ancien évêché. L'édifice s'appuie sur l'enceinte gallo-romaine dont subsiste, ici, la base d'une tour. Belle **vue** sur le chevet de Notre-Dame.

Gagnez la place Notre-Dame et prenez la rue Bellon.

On passe devant l'ancien palais épiscopal qui forme un ensemble architectural datant du 13e au 18e s. et prête son cadre au musée d'Art et d'Archéologie.

VESTIGES GALLO-ROMAINS

Fondée au 1er s. av. J.-C. par les Romains, **Augustomagus** (le marché d'Auguste) était doté d'**arènes** pouvant accueillir 6 000 spectateurs. Abandonnées au cours du 3e s., peu à peu comblées, elles tombent dans l'oubli jusqu'à leur redécouverte en 1865 par un Senlisien érudit, **Félix Vernois**. Les fouilles permirent notamment de reconstituer le **socle de bronze** d'une statue de l'empereur Claude, qui avait demandé aux sénateurs d'admettre parmi eux les notables gaulois.

Au 3e s., la Cité se protège des grandes invasions en s'entourant d'une **muraille** de 840 m de circonférence et de 4 m d'épaisseur, flanquée de 30 tours dont 15 sont encore visibles, autour de la cathédrale, des ruines de l'ancien palais royal ou dans des propriétés privées. Pendant tout le Haut Moyen Âge, elle restera une forteresse inviolée.

Une collection d'**ex-voto** provenant d'un sanctuaire de guérison en forêt d'Halatte constitue un autre souvenir de cette période antérieure à la christianisation de Senlis (fin 4e s.). Ces statuettes, exposées au musée d'Art et d'Archéologie, ont des formes d'animaux ou de parties du corps dont le pèlerin souhaitait la guérison.

★ Musée d'Art et d'Archéologie

2 pl. Notre-Dame - ✆ 03 44 24 86 72 - www.musees-senlis.fr - ♿ - lun., jeu. 10h-12h, 14h-18h, merc. 14h-18h, w.-end et j. fériés 11h-13h, 14h-18h - fermé 1er janv., 1er Mai, 25 déc. - 4 € (-18 ans gratuit) - billet combiné avec le musée de la Vénerie et le musée des Spahis.

Aménagé dans l'ancien palais épiscopal, il conserve les vestiges d'un habitat gallo-romain adossé au rempart édifié au 3e s. Plus de 200 ex-voto gallo-romains sont exposés au sous-sol. Au rez-de-chaussée sont présentées les collections archéologiques (**socle de bronze★** dédicacé à l'empereur Claude, statues). La salle voûtée d'ogives du 14e s. abrite une belle statuaire médiévale dont une **tête d'homme barbu★** (début 13e s.) et des éléments lapidaires provenant de la cathédrale (gargouilles, chapiteaux). Les peintures du 17e au 20e s. sont de Philippe de Champaigne, Luca Giordano, Francesco Solimena, Boilly, Corot, Boudin, Sérusier et **Thomas Couture** (1815-1879), natif de Senlis, dont les œuvres sont exposées dans la chapelle récemment restaurée qui lui servait autrefois d'atelier. Autour de Séraphine Louis, surnommée **Séraphine de Senlis**, sont réunis un ensemble d'artistes dits « Primitifs modernes ».

★ Vieilles rues

Faites quelques pas dans la rue du Petit-Chaalis pour voir l'**hôtel des Trois-Pots** (16e s.), qui comporte une vieille enseigne sculptée.

Empruntez ensuite la rue du Châtel qui fut l'artère de traversée de Senlis jusqu'à l'ouverture de la rue Neuve-de-Paris (rue de la République) en 1753. Vous y verrez l'**ancienne entrée du château royal**, fortifiée et condamnée. La rue qui prolonge la rue du Châtel, au sud, se nomme rue « Vieille-de-Paris » en référence à l'ancienne route de Paris jusqu'aux Flandres. Par la charmante **rue de la Treille** (belle maison à pans de bois sur la gauche), gagnez la « Fausse Porte » (poterne de l'ancienne enceinte gallo-romaine). À gauche se dresse l'hôtel de la Chancellerie, flanqué de deux tours. En sortant de l'enceinte, faites un détour à droite dans la rue du Puits-Tiphaine où une plaque signale la maison où vécut Séraphine de Senlis. Revenez et empruntez la rue Léon-Fautrat qui vous conduit à la place Henri-IV sur laquelle s'élève l'**hôtel de ville**, reconstruit en 1495. Au centre de la façade, le buste d'Henri IV et l'inscription

rappelant les sentiments très bienveillants du Béarnais pour Senlis datent du passage de Charles X, au retour du sacre de Reims (1825).
Poursuivez votre chemin et, sur la gauche, le passage Vernet et son escalier vous ramènent à l'intérieur de l'enceinte.

★ Chapelle royale St-Frambourg

1 pl. Saint-Frambourg - ✆ 03 44 53 39 99 - www.fondation-cziffra.com - mars-juin, sept.-nov. : dernier sam. du mois 14h-18h - 6 € (-12 ans 5 €).

C'est la pieuse Adélaïde, femme d'Hugues Capet, qui fonda cette chapelle avant 990 pour conserver les reliques d'un solitaire du Bas-Maine, saint Fraimbault ou Frambourg. Elle est reconstruite à partir de 1177 par Louis VII. Désaffectée à la Révolution, la chapelle fut restaurée en 1977 comme « auditorium Franz-Liszt », grâce au pianiste Georges Cziffra. La fondation Cziffra y organise dès lors des concerts et des expositions.
L'**église haute**, à nef gothique unique, a retrouvé sa pureté. On peut y admirer une exceptionnelle série de **vitraux★** dessinés par **Joan Miró**.
Descendez à la crypte archéologique.
Les fouilles y ont exhumé le sol d'un sanctuaire remontant à l'an mille environ et des fragments de colonnes. Deux vestiges de pilastres appartenant au chevet plat de cette église montrent encore les peintures murales d'évêques. Cette crypte bute sur une tour ronde arasée, en petit appareil, puis sur l'enceinte intérieure de la ville, suivant le tracé gallo-romain.

Ancienne abbaye St-Vincent

30 r. de Meaux - ✆ 03 44 53 06 40 - www.senlis-tourisme.fr - w.-end et vac. scol. (zone B).

Un lycée privé occupe aujourd'hui cette abbaye fondée en 1060 par Anne de Kiev, femme d'Henri Ier, roi de France, peut-être en exécution d'un vœu, à la suite de la naissance de son fils Philippe, héritier du trône. Du baptême de celui-ci date l'introduction en France du prénom Philippe, d'origine byzantine.
Le **clocher** de l'abbaye (12e s.), l'un des plus fins et des plus ajourés de l'Île-de-France, domine l'église rendue plus massive par des surélévations et remaniements ultérieurs. Les anciens bâtiments abbatiaux, reconstruits au 17e s., comprennent un cloître classique ennobli par ses colonnades doriques et ses voûtes en pierre ornées de simples caissons.

À proximité Carte de microrégion

Château de Raray C3

À 13 km au nord-est de Senlis par la D 932A, puis par la D 26E à droite vers Brasseuse et enfin par la D 26.

Bâti au début du 17e s. pour Nicolas de Lancy, chambellan du duc d'Orléans, ce château fut agrandi au 18e s. pour la marquise des Barres. Il abrite aujourd'hui un hôtel.
La magie du domaine saisit le visiteur dans la cour d'honneur, entourée de célèbres **portiques★**. Les niches abritent des bustes à l'antique : empereurs romains, dieux de l'Olympe, personnages du 17e s. Au faîte des murs surgissent deux scènes sculptées de chasse à courre, l'une au cerf, l'autre au sanglier.
C'est à Raray, en 1945, que Jean Cocteau tourna *La Belle et la Bête*, adaptation du conte de Perrault : Jean Marais et Josette Day se fuient ou se cherchent dans un domaine envahi par le brouillard où des candélabres sortent des murs, mystérieusement tenus par des bras nus.

St-Vaast-de-Longmont C2

À 16 km au nord-est de Senlis par la D 932^A^.

Vu du cimetière, le clocher roman à flèche de pierre montre un décor particulièrement abondant : corniches à billettes, arcatures reposant sur des colonnettes torsadées, à décor de lignes brisées, en « piles d'assiettes », etc.

Circuit conseillé

CLOCHERS DU VALOIS Carte de microrégion C3

Circuit de 48 km au départ de Senlis, tracé en gris sur la carte (voir p. 245). Environ 2h30. Quittez Senlis au sud-est par l'abbaye St-Vincent – premier clocher du parcours – et la porte de Meaux. Tournez à gauche aussitôt et reprenez à droite la D 330, route de Nanteuil-le-Haudouin vers Mont-l'Évêque. Après le passage sur l'autoroute, tournez à droite.

Ce circuit à travers des plaines de grande culture, toujours proches de la forêt, relie des villages dont les fermes ont souvent gardé le caractère du 19e s. Il est jalonné de clochers « en pointes d'ossements » – suivant l'expression locale notée par Gérard de Nerval. Leur flèche aiguë se hérisse de moellons sculptés.

Villemétrie C3

Du pont sur un bras vif de la Nonette, jolie **vue** sur le moulin, une vieille croix de pierre et les ombrages d'un parc.

Faites demi-tour et poursuivez le parcours de la D 330^A^.

Baron C3

Le clocher senlisien (45 m) de l'**église** montre dans l'ossature de la nef reconstruite au 16e s. de nombreux raffinements : rampants de pierre cloisonnant la toiture, contreforts du chevet arrondis et galbés. À l'intérieur, une Vierge de pierre du 14e s. et l'ensemble de **boiseries★** du 18e s. proviennent de l'abbaye de Chaalis. *✆ 03 44 54 20 55 - clé disponible à la mairie, sur demande (1 sem. av.).*

Versigny C3

Clocher senlisien typique. Du côté opposé de la route, le curieux **château**, construction en U, longue et basse, à l'italienne, a pour souche un édifice du 17e s. remanié sous Louis-Philippe : les balustrades, frontons arrondis, marches et colonnes datent de cette époque. *www.versigny.com - juil. et sept. : 14h-18h - gratuit.*

Poursuivez vers Nanteuil-le-Haudouin, mais, à l'extrémité du parc du château, dans un croisement, tournez à droite dans la petite route de Montagny-Ste-Félicité. Gagnez l'église isolée.

Montagny-Ste-Félicité C3

Magnifique **clocher★** ajouré, pointant à 65 m de hauteur.

Faites demi-tour ; à la fourche nord de Montagny, prenez à gauche vers Baron où vous reprendrez la route de Senlis. Ne revenez pas directement mais, au carrefour d'accès de Fontaine-Chaalis, tournez à droite vers Montépilloy.

Fourcheret C3

D'une annexe de l'abbaye de Chaalis, subsiste depuis le 13e s. une **grange monastique** de 65 m sur 18 m, supportée par 18 piliers. Impressionnante charpente.

Montépilloy C3

Les ruines du château fort, occupées par une ferme, couronnent le plateau formant un promontoire entre les dépressions à peine esquissées de la Nonette et de l'Aunette. En 1429, Jeanne d'Arc passa ici la nuit du 15 au 16 août, après avoir affronté l'armée anglaise de Bedford qui couvrait Senlis *(plaque commémorative sur la petite église)*. Du châtelet d'entrée (13e s.), on découvre une partie de la **ferme** *(ne se visite pas)* avec, au fond, la ruine du donjon (14e s.), pan de tour dressé à 40 m de hauteur.

NOS ADRESSES À SENLIS

HÉBERGEMENT

POUR SE FAIRE PLAISIR

Hôtel Ibis – *2 km sur D 1324 - ✆ 03 44 53 70 50 - www.ibishotel.com - 95 ch. 69/99 € - ☕ 9 € - 12,90/23,90 €.* Hôtel situé juste à la sortie de l'autoroute. Les chambres ont été rénovées selon le dernier concept de la chaîne. Restaurant d'allure campagnarde (poutres apparentes, cheminée) où l'on prépare des grillades.

Hostellerie de la Porte Bellon – *51 r. Bellon - ✆ 03 44 53 03 05 - www.portebellon.fr - fermé dim. soir et 2 janv.-18 janv. - 16 ch. 80/93 €, 1 appart. 245 € - rest. 25/55 €.* À quelques pas du centre-ville, belle demeure, ex-relais de poste, accueillant ses hôtes dans des chambres agréables et bien équipées. Sa ravissante cour pavée et ombragée donne sur le jardin. On y déjeune dès que le temps le permet. Joli cellier voûté.

À proximité

Chambre d'hôte Le Domaine de Cyclone – *2 r. de la Gonesse - 60305 Baron - 9 km au nord-est d'Ermenonville par D 922 et D 100 - ✆ 06 08 98 05 50 - http://domaine.cyclone.pagesperso-orange.fr - ⊭ - 5 ch. 80/90 € ☕.* Belle demeure recouverte de vigne vierge et de glycine. Sa tour, dans laquelle Jeanne d'Arc aurait dormi, date du 15e s., mais la majeure partie de la demeure a été ajoutée au 17e s. Les hôtes d'aujourd'hui occupent des chambres très soignées, donnant pour la plupart sur le parc. Promenades à cheval.

RESTAURATION

PREMIER PRIX

Le Jardin des Thés – *9 pl. Henri-IV - ✆ 03 44 28 11 95 - 9h-19h - 7,50/12,50 €, brunch w.-end et j. fériés 17,90 €.* Épicerie fine et salon de thé sur la rue avec une large sélection de thés Hédiard. Restaurant dans la belle pièce de maître avec cheminée de marbre et jardin d'été.

BUDGET MOYEN

La Vieille Auberge – *8 r. du Long-Filet - ✆ 03 44 60 95 50 - www.lavieilleauberge-senlis.com - fermé dim. soir, mar., 31 déc.-17 janv. et 5 juil.-19 juil. - formule déj. 14 € - 22,90 €/34,50 €.* L'enseigne n'est point trompeuse : les murs de cette sympathique auberge datent de 1588 ! En salle, tons chauds et mobilier de style anglais. Dans l'assiette, cuisine au goût du jour et viandes rôties. Et pour les beaux jours (avr.-oct.), 2 terrasses : l'une aménagée sur l'arrière, l'autre sur la rue.

À proximité

Auberge des Trois Canards – *3 pl. de l'Église - 60810 Ognon - 6 km au nord-est de Senlis par D 932 - ✆ 03 44 54 41 21 - www.troiscanards.fr - fermé 2 sem. en fév.-mars, 3 sem. en août, merc. midi, lun. et mar. - réserv. conseillée* *le w.-end - 21/43 €.* Cette vieille auberge du début du 20e s. a fait peau neuve, mais a conservé son caractère rustique. Belle terrasse prolongée d'un jardin clos. La carte privilégie les plats maison.

POUR SE FAIRE PLAISIR

Le Scaramouche – *4 pl. Notre-Dame - ✆ 03 44 53 01 26 - www.le-scaramouche.fr - fermé 17 août-2 sept., mar. et merc. - 32/42 €.* Chaleureuse maison à la belle devanture en bois peint. Intérieur feutré agrémenté de tableaux et tapisseries ; jolie terrasse tournée vers la cathédrale Notre-Dame (12e s.).

PETITE PAUSE

Le Comptoir – *2 imp. de la Chaufferie - ✆ 03 44 60 62 02 - www.lecomptoir-senlis.fr - mar. 8h30-18h30, merc.-sam. 9h30-18h30 (19h vend. et sam.), dim. 10h-18h30 - déj. 13 €, brunch le dim. 20 €.* Un havre de sérénité un peu en retrait de la rue commerçante. En fonction de la saison, installez-vous en terrasse (adossée au rempart) ou dans la cave voûtée. Pâtisseries maison alléchantes (cakes, brioches aux pralines, tartes, etc.). Vous pouvez aussi vous arrêter pour prendre un verre. Grand choix de thés, cafés, infusions, chocolats. Vins au verre.

À proximité

Sorbenoy – *7 r. de la Tannerie - 8 km au nord-est de Senlis par la D 582 et la D 134 - 60810 Rully - ✆ 03 44 54 71 80 - fév.-mai : tlj sf dim. et lun. 10h-12h, 15h-19h ; mai-juil. : tlj sf lun. 10h-12h, 15h-19h ; août-déc. : tlj sf dim., lun. et mar. 10h-12h, 14h-17h - fermé janv. et j. fériés sf de mai à juil., possibilité de fermeture 1 sem. en août.* Cette ferme valoisienne s'est spécialisée dans la culture des fruits (notamment des fraises) qu'elle transforme ensuite en sorbets. Les secrets de fabrication sont fournis lors d'une courte visite et chacun repart avec la glace de son choix bien protégée dans un sac isotherme. Vente de confitures maison, chutneys et soupes de légumes.

ACTIVITÉS

Parc naturel régional Oise-Pays de France – *Maison du Parc - Château de la Borne Blanche - 48 r. d'Hérivaux - 60560 Orry-La-Ville - ✆ 03 44 63 65 65 - www.parc-oise-paysdefrance.fr - lun.-jeu. 8h30-12h30, 13h30-18h, vend. 8h30-12h30, 13h30-17h - fermé w.-end et j. fériés.* Le parc, créé en 2004, constitue au nord de Paris un véritable poumon vert puisque le tiers de son territoire est occupé par trois importantes forêts, celles d'Ermenonville, de Chantilly et d'Halatte. La randonnée pédestre est l'activité principale du parc.

Le marché du terroir - *Rens. à l'office de tourisme ou au ✆ 06 30 44 00 42.* Le 1er dimanche matin de chaque mois, le marché du terroir – produits de la ferme – s'installe dans un quartier différent de la ville.

Abbaye de Chaalis

★★

Oise (60)

S'INFORMER

03 44 54 04 02 - www.chaalis.fr - parc ouvert tte l'année 10h-18h ; musée : de déb. mars à mi-nov. : 11h-18h ; reste de l'année : dim. 10h30-12h30, 13h30-17h30 - fermé 1er janv., 25 déc. - parc et roseraie 3 € (enf. 2 €) ; parc, roseraie et musée 7 € (enf. 5 €) ; billet combiné avec ateliers des parfums 9 €.

SE REPÉRER

Carte de microrégion C3 (p. 245) – *Carte Michelin Départements 305.* Sur la N 330 au sud-est de Senlis, en bordure de la forêt d'Ermenonville, en face du parc d'attractions de la Mer de sable *(voir p. 298)*.

À NE PAS MANQUER

La chapelle Ste-Marie-de-l'Abbé ; le château-musée et ses panneaux de Giotto.

Le domaine de Chaalis avait gardé longtemps, au 19e s., l'empreinte d'un recueillement monastique nuancé de romantisme. Il a suscité, jusqu'en 1912, la ferveur de ses dernières propriétaires, qui y ont rassemblé des collections d'art de qualité remarquable.

Se promener

★ Vestiges de l'église

Consacrée en 1219, l'église est le premier édifice cistercien où ont été appliqués les procédés gothiques. Du bâtiment d'origine, il reste une tourelle d'escalier, le croisillon nord du transept entouré – disposition exceptionnelle – de chapelles rayonnantes, une partie du chœur et la table de l'autel. En hauteur, des pans de bois cachent une citerne qui alimentait le château en eau.

★ Chapelle Ste-Marie-de-l'Abbé

Édifiée vers 1255-1260, elle s'élève derrière l'abside de l'abbatiale. Avec la Ste-Chapelle de Paris, elle est l'une des plus belles productions de l'art gothique en Île-de-France. Les hautes baies de son vaisseau sont garnies de vitraux en grisaille. Son décor intérieur, réalisé vers 1543-1545 d'après les dessins du peintre bolonais **Primatice**, appelé par François Ier pour transformer la chapelle de Fontainebleau, a fait l'objet d'une minutieuse restauration. Les fresques, peintes par l'équipe de Primatice, représentent au revers de la façade la scène de l'Annonciation : au-dessus de l'archange Gabriel et de la Vierge Marie, remarquez le Père éternel dans sa gloire, entouré d'anges, dans un esprit très michelangelesque. Sur la voûte, vous pourrez admirer les figures des apôtres, des évangélistes et des pères de l'Église ainsi que des angelots

PETITE PAUSE

Cafétéria de l'abbaye de Chaalis – *03 44 54 04 02 - de déb. avr. au 11 Nov. : 12h-17h - plat chaud 10 €, 13,50/17 €.* Pour déjeuner ou faire une pause, profitez du cadre de l'abbaye pour déguster salades ou bons petits plats chauds en fonction de la saison.

Les ruines de l'abbaye cistercienne de Chaalis.
Arnaud Chicurel / hemis.fr

portant des instruments de la Passion. Les fausses draperies au bas des murs datent du 19e s. Devant elles se détache le tombeau de Nélie Jacquemart-André et sa statue de bronze par Denis Puech (1927). À l'extérieur, les gargouilles font l'originalité de l'édifice.

Roseraie et parc

À côté de la chapelle, derrière un curieux mur crénelé dont le fronton porte les armes du cardinal Louis d'Este, neveu du cardinal de Ferrare, se trouve l'ancien cimetière des moines transformé en jardin italien, puis au début du 20e s., en roseraie par Nélie Jacquemart-André. Les variétés ont été selectionnées par thème de couleur. Avant la visite du musée, découvrez la perspective du parc, reconstituée au 19e s., avec ses parterres à la française et son miroir d'eau.

★★ Château-musée

Les goûts de Nélie Jacquemart-André apparaissent dès l'entrée dans la **salle des Moines** où s'accumulent des meubles italiens au décor gothique, des peintures de petit format, les volets d'un retable de Jean de Bellegambe, une *Vierge aux Cerises* de Joos Van Cleve (16e s.), des statues religieuses (France, 14e au 16e s.) et les **panneaux peints de Giotto★★** représentant saint Jean l'Évangéliste et saint Laurent. On retrouve cette juxtaposition de styles dans la galerie du rez-de-chaussée, rythmée de bustes, de coffres et de vitrines, qui ouvre sur la **salle à manger** (scènes de chasse d'Oudry et de Desportes, scène mythologique de Boucher), la **bibliothèque** (gaines et bureau-console Boulle), le **vestibule Médicis** (tapisseries et mobilier Renaissance aux armes des Médicis), la **salle de billard** (cinq toiles dont les *Prise de Namur* et *Prise de Valenciennes*, par Martin des Batailles), le **Grand Salon** (portraits par Nicolas de Largillière et Van Loo) et l'étonnant **salon Indien** (coffres, autels, armes…). L'escalier d'honneur conduit aux **appartements privés de Mme André** *(visites de groupe uniquement ; mais si l'affluence est faible, vous pouvez demander à les voir, occasionnellement les gardiens y emmènent des visiteurs)*. La « chambre des Aigles », à décoration Empire, précède la chambre à coucher, formée

UNE ABBAYE ROYALE ET DES COLLECTIONNEURS DE RENOM

Abbaye de l'ordre de Cîteaux, Chaalis est fondée en 1136 par le roi Louis VI le Gros à l'emplacement d'un ancien prieuré. Au 16e s., l'abbaye tombe en commende : c'est désormais le roi qui nomme l'abbé. Le premier est le cardinal Hippolyte d'Este, fils d'Alphonse d'Este et de Lucrèce Borgia. Plus connu sous le nom de cardinal de Ferrare, ce grand amateur d'art fait orner sa chapelle privée de peintures murales et tracer des jardins.
Au 18e s., le neuvième abbé commendataire, petit-fils du Grand Condé, entreprend une reconstruction ambitieuse, sur les plans de Jean Aubert, l'architecte des Grandes Écuries de Chantilly. L'abbaye s'y ruine et, alors qu'un côté seulement du quadrilatère prévu (l'actuel château-musée) est bâti en 1739, les chantiers s'arrêtent. Devant la débâcle financière, Louis XVI prend la décision de fermer l'abbaye en 1785. Survient la tourmente révolutionnaire : Chaalis est pillée et détruite en grande partie.
Le domaine passe de main en main. En 1850, une femme distinguée, Mme de Vatry, acquiert les ruines. Elle transforme en château la construction du 18e s., fait remettre le parc en état et donne des fêtes brillantes. Son œuvre, continuée par ses héritiers, est parachevée par la dernière propriétaire, Nélie Jacquemart-André *(voir encadré ci-contre)*, qui lègue, à sa mort en 1912, les collections et le palais abbatial à l'Institut de France, selon le vœu de son mari.

de deux pièces entre lesquelles se dressent deux colonnes (lit à baldaquin Louis XV en bois doré, pastel de Boucher représentant une jeune fille endormie); suivent le « salon de bain » vert d'eau et or. L'escalier mène, à gauche, au boudoir qui termine les appartements privés.
Au premier étage, une galerie est consacrée à la peinture et au mobilier du 15e s. au 18e s. : coffres et bahuts sont surmontés de peintures italiennes. Les cellules transformées en chambres sont meublées dans différents styles et équipées de cabinets de bain. La première cellule, accompagnée d'un cabinet d'art islamique, est dédiée au souvenir d'Émile Mâle, historien et conservateur de l'abbaye de 1945 à 1954. Une seconde galerie présente la **collection Jean-Jacques Rousseau**. Cédée à l'Institut par le dernier marquis de Girardin en 1923, elle se compose de pièces rares permettant de mieux comprendre le culte qui se développa autour de la personnalité du philosophe. Les **salles Henri Amic** contiennent une belle collection de boîtes et coffrets (dont une paire signée Boulle). Buste en plâtre de Jules Bastien-Lepage par Rodin.

LE MÉCÉNAT DES ÉPOUX ANDRÉ

D'origine modeste, **Nélie Jacquemart** (1841-1912) fait de longs séjours durant son enfance dans le domaine de Mme de Vatry qui la considère un peu comme sa fille. Elle y noue des relations parmi l'aristocratie et la haute bourgeoisie qui lui sont utiles dans sa carrière de portraitiste à la mode. En 1872, **Édouard André**, héritier d'une des plus grandes fortunes de la banque protestante, lui commande un portrait. Ils se marient en 1881. Le couple, très uni mais sans enfant, se consacre à rassembler des merveilles, principalement d'Italie, dans leur somptueux hôtel du boulevard Haussmann. Nélie complète cette collection à la mort de son mari et consacrera au domaine de Chaalis les dernières années de sa vie.

Ermenonville et la Mer de sable

949 Ermenonvillois – Oise (60)

NOS ADRESSES PAGE 299

S'INFORMER

Office de tourisme – *2 bis r. René-de-Girardin - 60950 Ermenonville - ✆ 03 44 54 01 58 - hiver : merc.-vend. 14h-17h30, sam. 14h- 17h30, dim. 10h-17h30 ; reste de l'année : se rens.*

SE REPÉRER

Carte de microrégion C3 (p. 245) – *Carte Michelin Départements 311.* À 52 km de Paris par l'A 1, sortie 7, puis la D 126 et à droite la D 922. Liaison SNCF depuis Paris-Nord (arrêt Plessis-Belleville) puis prenez un taxi (environ 2 km). La route est dangereuse, mieux vaut éviter de finir le trajet à pied. Au départ de Senlis, sur la N 330 au sud-est.

AVEC LES ENFANTS

La Mer de sable, des promenades en forêt d'Ermenonville.

Ermenonville, à la lisière de la forêt qui porte son nom, doit sa célébrité à son parc et au souvenir de Jean-Jacques Rousseau, qui retrouve ici avec un enthousiasme exalté la nature et « des arbres frais ». Dans un tout autre registre, le parc d'attractions de la Mer de sable dépaysera les enfants autour des thèmes du sahara, du far-west américain et de la jungle tropicale.

Se promener

Parc Jean-Jacques-Rousseau

✆ 03 44 10 45 15 - ♿ - oise.fr - avr.-sept. : 10h-18h30, w.-end 10h-19h ; reste de l'année : 13h-17h30, dim. 10h-17h30 - 2 € (-18 ans 1 €), billet combiné avec l'abbaye de Chaalis 7 €.

Séparé de son château et partiellement morcelé en 1874, ce parc de 50 ha est devenu, en 1985, propriété du département de l'Oise qui en assure l'entretien. Le **marquis René-Louis de Girardin** appliqua ici les théories qu'il avait exposées dans un livre fameux : *De la composition des paysages sur le terrain ou des moyens d'embellir la nature près des habitations en y joignant l'agréable à l'utile*. La terre d'Ermenonville n'était jadis qu'un désert et un marécage. Entre 1765 et 1775, le marquis, aidé par le peintre **Hubert Robert** (1733-1808) et l'architecte paysagiste **Jean-Marie Morel** (1728-1810), en fit un superbe

5

LE TOMBEAU DU PHILOSOPHE

Le 28 mai 1778, **Jean-Jacques Rousseau** arrive au château d'Ermenonville, qui appartenait au marquis de Girardin depuis 1763. Rousseau se promène et rêve dans le parc, donne des leçons de musique aux enfants du château. Le 2 juillet, un accident vasculaire cérébral met fin à son existence. Il a 66 ans. Le 4, à minuit, il est enterré dans l'île des Peupliers (on aperçoit toujours son tombeau) qui, dès ce jour, devient un but de pèlerinage. En 1794, son corps est exhumé et conduit au Panthéon.

jardin paysager, aux gracieux points de vue et aux élégants effets de ruisseaux offerts par la Launette qui se divise en bras formant des étangs. De nombreuses **fabriques** furent élevées : temple de la philosophie, banc des vieillards, jeu d'arc, grotte des naïades… Le parc devint un lieu de culte du romantisme et de mémoire au philosophe, visité par l'empereur Joseph II d'Autriche, le roi Gustave III de Suède, Marie-Antoinette, Benjamin Franklin, Thomas Jefferson, Bonaparte, Chateaubriand…
Au-delà des abords immédiats de l'étang, vous pourrez découvrir sur les coteaux ouest, les fabriques, sous couvert de végétation, qui ont résisté au temps.

★ La Mer de sable Carte de microrégion C3

À 3 km au nord d'Ermenonville par la N 330. En face de l'abbaye de Chaalis (p. 294). 08 25 25 20 60 - www.merdesable.fr - ♿ - avr.-sept. : 10h-18h - 23,50 € (-3 ans gratuit).

Dans la forêt d'Ermenonville, le sable, déposé à l'ère tertiaire, affleure en couche épaisse. Le site était probablement recouvert de lande à la fin de l'époque glaciaire, mais le réchauffement du climat au néolithique ouvrit dans ce tapis végétal des vides qui, sous l'effet de l'érosion par les vents, s'agrandirent. En 1963, l'homme de cirque et de cinéma **Jean Richard** (1921-2001) aménagea ce site de 20 ha en parc d'attractions, séparé en trois univers différents.
Attractions – À l'entrée du parc, **Aux portes du désert**, l'univers saharien, invite les enfants à monter à bord d'un 4x4 pour franchir la grande dune. Ils pourront aussi s'accrocher à des lianes pour parcourir le désert, descendre un toboggan version Sahara, sauter des dunes, s'envoler à bord d'une petite montgolfière ou embarquer dans une locomotive jusqu'au village du Trappeur, avant de rejoindre les singes pour des glissades le long d'un palmier !
Situé dans la partie arborée du parc, l'univers **Aventures dans la jungle** a pour thème la mystérieuse forêt tropicale. Les plus téméraires se déplaceront dans la jungle, franchiront le pont suspendu dans un paysage asiatique, lutteront contre le tournis parmi des oiseaux multicolores, achemineront le courrier à bord d'un avion *Dakota*, prendront les commandes d'un ULM biplace, oscilleront au cœur d'une plante carnivore ou traverseront la jungle en bateau à la recherche de la tribu des singes animés. Les plus petits ne manqueront pas de se faire aider par les castors pour traverser la rivière. Les aventuriers utiliseront leurs dernières forces pour éteindre une maison en flammes, ou photographieront les hippopotames et les éléphants à bord d'un 4x4, lors du safari Rigolo.
Au temps des pionniers reconstitue l'univers de la conquête de l'Ouest. À travers les dunes, la Ruée vers l'or entraîne les familles dans des nacelles ; mais pour suivre la Rivière sauvage, il faut monter dans un tonneau ballotté par le courant. Les pionniers volontaires enfourcheront un mustang pour aller vers de nouveaux horizons. Mais M. Tiger Lee, commerçant ambitieux, a besoin d'aide pour transporter ses marchandises aux quatre coins du pays ; ses chariots livrent les produits à vive allure à plus de 15 m de hauteur. Après toutes ces émotions, le train conduit les trappeurs à un repos temporaire dans leur camp au milieu des chèvres et des moutons.
Spectacles – *Durée 15-20mn.* Dans *L'attaque du Pacifique Express*, les frères Garcia, célèbres bandits mexicains, s'en prennent aux passagers du train pour les dévaliser ; mais le convoi s'est arrêté en territoire indien et les voyageurs se retrouvent au cœur d'un combat entre les brigands et la tribu des

Omaha. La *Rencontre à Carlston City* est une compétition entre les cavaliers de l'Ouest qui rivalisent dans des épreuves de voltige équestre pour le titre de meilleur ranch.

À proximité Carte de microrégion

Forêt d'Ermenonville C3

Un circuit jalonné par le Parc naturel de l'Oise part du parking d'Ermenonville.
La forêt domaniale d'Ermenonville (3 319 ha) constitue, avec les forêts contiguës de Chantilly et d'Halatte, l'un des plus beaux fleurons de la seconde ceinture verte de Paris. Elle couvre principalement des sols sableux et pauvres. Les nombreux vides, où régnait il y a 150 ans encore la lande à bruyères, ont été plantés à partir de 1840 en pins sylvestres et maritimes (1 700 ha) dont les troncs, rougissant au couchant, donnent l'illusion d'une forêt landaise.
L'ONF a jalonné plusieurs circuits à pied, en particulier dans le secteur du carrefour de la Baraque de Chaalis, centre de promenades le mieux situé de la forêt. En dehors de la « Longue Route » donnant accès à ce carrefour, les routes forestières du massif sont interdites aux voitures. La circulation est toutefois autorisée sur le chemin reliant la Baraque de Chaalis au monument commémoratif de la catastrophe aérienne du 3 mars 1974.

Mortefontaine C3

À 7,5 km à l'ouest d'Ermenonville par la D 922 et la D 126.
Au sud-ouest, la forêt est en continuité avec les bois et les étangs du domaine de Mortefontaine. Ces sites, qui enchantèrent Corot et Gérard de Nerval, sont inaccessibles, mais il est possible de suivre la **route de Mortefontaine à Thiers-sur-Thève** (D 607) : à la vue sur l'étang de Vallière succède la découverte d'un paysage plus sauvage fait de collines rocailleuses, de landes et de petits bois.

NOS ADRESSES À ERMENONVILLE

HÉBERGEMENT

UNE FOLIE

À proximité
Hôtel des Trois Hiboux – *Parc Astérix - 60128 Plailly - ✆ 0826 30 10 40 (0,15 €/mn) ou 03 44 62 68 00 - P - 100 ch. 165 € - 14 € (enf. 8 €) - par la centrale de réserv. ✆ 0826 30 10 40 (0,15 €/mn), possibilité de forfaits plus avantageux incluant petit-déj. et entrée au parc - rest. 22,90 € (enf. 11,90 € bc).* Voir p. 304.

RESTAURATION

POUR SE FAIRE PLAISIR

Le Relais de la Croix d'Or – *2 r. du Prince-Radziwill - ✆ 03 44 54 00 04 - www.lacroixdor.net - fermé 26 juil.-9 août, dim. soir et lun. - P - formule déj. 20 € - 35/72 € - 8 ch. 79/98 €.* Cuisine traditionnelle servie dans une salle aux poutres apparentes, une cave voûtée ou, l'été, sur une terrasse au bord de l'eau. Chambres fonctionnelles.

5

Parc Astérix

★★

Oise (60)

NOS ADRESSES PAGE 304

NOS ADRESSES PAGE 304

S'INFORMER

Bon à savoir – De nombreuses offres sur la billetterie ou les séjours sont à découvrir chaque mercredi sur le site www.parcasterix.fr.

Le **pass Paradiloisirs** propose pour un an un accès illimité aux parcs Astérix, France Miniature, Mer de sable et au musée Grévin (à Paris), ainsi que des tarifs réduits à l'hôtel des Trois Hiboux et dans 17 autres parcs de loisirs en France et en Europe - www.paradiloisirs.com.

SE REPÉRER

Carte de microrégion C3 (p. 245) – *Carte Michelin Départements 305.* À 30 km de Paris par l'A 1 dir. Lille : sortie directe Parc Astérix entre les sorties 7 et 8 (parking : 8 €/j.). RER B Roissy-CDG 1, puis bus Parc Astérix à la gare routière. En bus : navette directe depuis Paris au départ du parking de bus du Louvre à 8h45 *(rens. sur le site Internet du parc ou ✆ 0 826 301 040 - 0,15 €/mn).*

Héros de la fameuse bande dessinée de Goscinny et Uderzo, Astérix le Gaulois et sa bande servent de thème à ce parc de 50 ha. Un petit monde imaginaire, truffé de références pleines d'humour à l'univers de la BD accueille les visiteurs. Une large gamme d'attractions, de spectacles, le tout dans une ambiance très bon enfant feront vivre à toute la famille des aventures pleines de sensations fortes et de bonne humeur…

Se promener Plan du parc

✆ 08 26 30 10 40 - www.parcasterix.fr - 10h-18h (19h en fonction de l'affluence) - fermé mars, 11 Nov., 25 déc. - 44 € (-12 ans 33 €).

Via Antiqua

Située à l'entrée du parc, elle est bordée de maisons qui symbolisent, par leur architecture, les différents voyages d'Astérix en Europe (Germanie, Helvétie, Hispanie…). Elle conduit à un immense rocher d'où le héros salue les visiteurs. Six univers thématiques s'offrent à vous dont le dernier né, celui de l'Égypte, avec sa nouvelle attraction : Oziris.

L'empire romain

Sorti de la Via Antiqua, vous découvrez une zone décorée sur le thème de l'Empire romain. Les arènes vous convient au spectacle **Le défi de César★★**. Si vous voulez savoir ce qui se trame dans le mystérieux village gaulois voisin, joignez-vous aux **Espions de César★** qui ont mis au point un système de surveillance *(à 5 m du sol)* des plus efficaces.

Vous pourrez ensuite braver, si le cœur vous en dit, les flots tumultueux de **Romus et Rapidus** *(de début avr. à début nov.).*

L'attraction Oziris au Parc Astérix.
Parc Astérix 2012

La Gaule

★ **Le village gaulois** – Au cœur même du parc, entouré des traditionnelles huttes gauloises, on rencontre les **personnages familiers** d'Astérix qui, plusieurs fois dans la journée, jouent des sketchs *(45mn)* faisant revivre l'univers de la fameuse BD.

Ne manquez pas de visiter la **forêt des Druides**, où des toboggans dans des troncs d'arbres, des champignons géants à escalader, une grotte à échos et un parcours acrobatique pour arroser les espions de César amuseront tous les « petitbonums » !

La zone d'activités gauloises (ZAG) – Non loin de là, dans le village sur pilotis, qui doit sa prospérité à sa fabrique de menhirs, un système de livraison ingénieux, **Menhir Express**★★ *(début avr. à début nov.)*, emmène les audacieux sur un réseau de canaux qui réserve bien des surprises !

Les plus téméraires préféreront la **Trace du Hourra**★★, petit train lancé à 60 km/h sur une piste de bobsleigh.

Quant au **Grand Splatch**★★ *(de début avr. à début nov.)*, il assure à ceux qui ne craignent pas les éclaboussures une promenade truffée d'effets aquatiques !

La Grèce antique

L'entrée dans ce secteur est signalée par la colonnade du temple de Zeus. Le **Vol d'Icare**★ permet d'échapper au labyrinthe de Dédale, mais il faut encore braver la terrible **Hydre de Lerne**★ et ses tentacules pour assurer son salut.

Les plus grands affronteront les montagnes russes du **tonnerre de Zeus**★★★ grand favori du parc Astérix *(pointes de vitesse à 80 km/h)*.

Les sages préféreront naviguer sur la **Rivière d'Élis** ou se détendre devant le **spectacle de dauphins et d'otaries**★★ au théâtre de Poséidon *(2 enfants sont choisis parmi les spectateurs pour faire évoluer les artistes marins)*.

Les Vikings

Les téméraires se lanceront à bord de **Goudurix**★★★ : ce grand 8 vous emporte à une vitesse effrénée dans une succession de descentes vertigineuses, virages, vrilles et loopings. Coeurs sensibles s'abstenir car l'émotion est garantie.

PARC ASTÉRIX
0
100 m
N
GOUDURIX ★★★
LA ZONE VIKING
Halte
Cheval
Escadrille des As
Mini Carrousel
Petites Chaises Volantes
★★ TRANSDEMONIUM
Pl. du Moyen-Âge
Petits Drakkars
★ Galère
GRAND LAC
TONNERRE DE ZEUS ★★★
Menhir
Arcimbold
★ SPECTAC
D'ILLUSIO
Rivière d'Élis
LA ZONE GRECQUE
★★ SPECTACLE DE DAUPHINS ET D'OTARIES
Hydre de Lerne
Colonnade d
Temple de Ze
Labyrinthe de Dédale
VOL D'ICARE
Palais de Minos
Cheval de Troie
Arcades d'Olympie
LA ZON
ROMUS ET RAPIDU
Entrée des attractions
Spectacle
Jeux
Boutique
Restaurant
Aire de pique-nique
Bar, sandwich
Glaces, confiseries
Toilettes
Information
Change
Centre médical
Téléphone
Poste
P 2

PARC ASTÉRIX

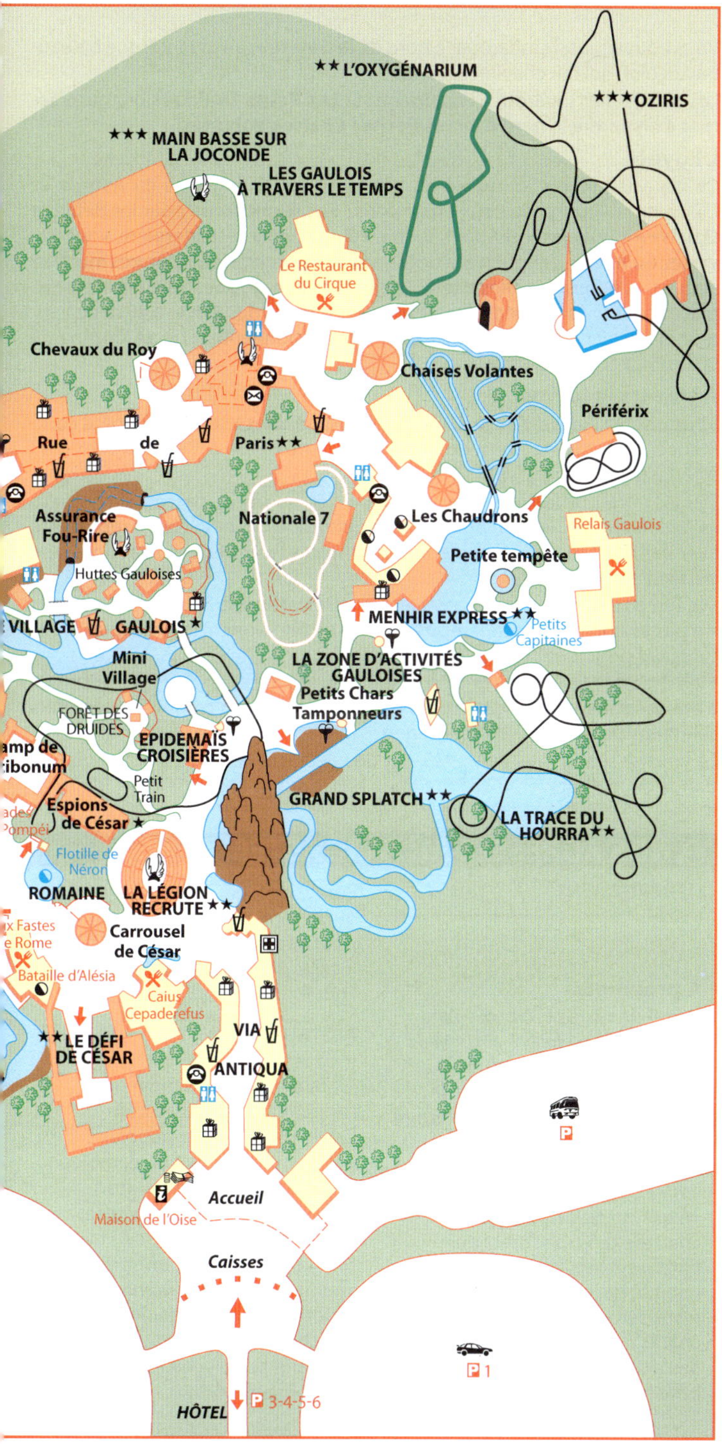

Vous pouvez aussi embarquer à bord de **la Galère★**, un gigantesque bateau-balançoire, qui fait chavirer les têtes !
Les plus jeunes joueront à l'abordage sur **Les Petits Drakkars** ou tournoieront à en perdre le nord dans les **Petites Chaises Volantes**.

L'Égypte

Ce nouvel univers inauguré au printemps 2012 s'inspire d'« Astérix et Cléopâtre ». Il propose deux attractions : **Sos Numérobis** pour les petits et **Oziris★★★** pour les « plus de 1,30 m ». Pour arriver à cette dernière, vous traversez un temple égyptien à la Uderzo, avec hiéroglyphes, peintures murales, statues, et nombreux clins d'œil à la bande dessinée. Une fois arrivés, prenez place : assis mais les pieds dans le vide, vous allez vous élever à 40 m de hauteur et dévaler les descentes dans une impressionnante série de loopings, à 90 km/h. Vertige possible…

À travers le temps

Vous quittez l'univers de la BD pour un voyage dans le temps qui peut commencer par le train fantôme du **Transdemonium★★** *(déconseillé aux personnes sujettes à la claustrophobie)*.
Dès les portes de la **Rue de Paris★★** franchies, les siècles passent si vite qu'ils se mélangent. Du Moyen Âge à la Belle Époque, chaque siècle est représenté avec ses habitants en costume, ses commerces typiques et son atmosphère particulière.
Les Temps modernes vous accueillent avec la **Nationale 7** : partir en vacances n'a pas toujours été de tout repos, comme en témoignent les multiples aventures qui ponctuent ce trajet.
Mais il n'est peut-être pas besoin de partir en province, car l'**Oxygénarium★★** a été spécialement conçu pour « aérer » les citadins en combinant les effets salutaires de l'eau et de la montagne : sensations garanties !
Le voyage se termine, vers 1930, par un spectacle historico-policier où une bande de malfrats tente de faire **Main basse sur la Joconde★★★** *(30mn)*.

NOS ADRESSES AU PARC ASTÉRIX

HÉBERGEMENT

UNE FOLIE

À proximité

Hôtel des Trois Hiboux – *Parc Astérix - 60128 Plailly - ✆ 03 44 62 68 00 - P - 100 ch. 165 € - 14 € ☕ (enf. 8 € ☕) - par la centrale de réserv. ✆ 0826 30 10 40 (0,15 €/mn), possibilité de forfaits plus avantageux incluant petit-déj. et entrée au parc - rest. 22,90 € (enf. 11,90 € bc)*. Selon la légende, chacune des trois forêts qui entourent le parc était autrefois habitée par des hiboux. Vos rêves seront-ils bercés par leurs chants nocturnes, dans l'une des douillettes chambres de cet hôtel où ils se sont retrouvés ? Bonne nuit, par Toutatis ! Notez qu'un sentier pédagogique (2 km) pour découvrir la faune et la flore locales débute juste derrière l'hôtel.

RESTAURATION

Tant d'émotions ouvrent l'appétit : vous n'aurez que l'embarras du choix pour faire une pause-déjeuner ou combler un petit creux grâce aux trois restaurants et aux nombreuses petites tavernes réparties à travers tout le parc. Vous pourrez même choisir votre décor : Rome antique, pittoresque village gaulois, halte des chevaliers ? Le Cirque propose un grand buffet, chaud et froid *(16,20 € ; enf. 8 €)*.

Chantilly

★★

10 952 Cantiliens – Oise (60)

NOS ADRESSES PAGE 318

S'INFORMER

Office de tourisme – *60 av. du Mar.-Joffre - 60500 Chantilly - ✆ 03 44 67 37 37 - www.chantilly-tourisme.com - 9h30-12h30, 13h30-17h30 - fermé dim., j. fériés, 1er janv., 25 déc. - gratuit.*

Visites guidées : visites thématiques (histoire et patrimoine) organisées par la ville de Chantilly. Se renseigner auprès de l'office de tourisme.

Bon à savoir – Chantilly est la capitale du cheval ; une quarantaine de courses sont organisées par an, ainsi que des compétitions de jumping ou des matchs de polo à Apremont. Voir sur le site www.chantilly-cheval.com et le blog www.espritdechantilly.fr.

SE REPÉRER

Carte de microrégion C3 (p. 245) – *Carte Michelin Départements 305.* À 40 km de Paris par l'A 1, sortie 7, puis D 1017 et D 924A. Liaison SNCF depuis Paris-Nord.

À NE PAS MANQUER

Les manuscrits du cabinet des Livres et les œuvres du *santuario* du château ; le jardin anglais ; les Grandes Écuries.

AVEC LES ENFANTS

Le musée vivant du Cheval et du Poney et ses spectacles équestres ; l'enclos aux kangourous et l'aire de jeux au Hameau, dans le parc du château ; le Potager des Princes, le petit train touristique dans le parc *(voir « Nos adresses »).*

Chantilly, cité du cheval, est connue pour son champ de courses et sa forêt. La ville abrite également le château des Montmorency qui recèle un trésor : la deuxième collection de peintures anciennes en France, après celle du musée du Louvre. Ville au patrimoine particulièrement riche, le nom de Chantilly évoque aussi la crème, la porcelaine tendre ou encore la dentelle noire.

5

Visiter

★★★ LE CHÂTEAU Plan du château

✆ 03 44 27 31 80 - www.domainedechantilly.com - ♿ - avr.-oct. : tlj sf mar. 10h-18h ; nov.-mars ; tlj sf mar. 10h30-17h - 14 € (-18 ans 5,50 €) - château, musée Condé et parc 14 € (enf. 5,50 €) ; parc et jardins 7 € (enf. 3 €) ; Grandes Écuries et présentation équestre 11 € (enf. 4,50 €) ; passeport incluant le château, le musée Condé, les Grands Appartements, le parc et ses jardins, les Grandes Écuries et la présentation équestre 18 € (7,50 €) - visite guidée 5 € (enf. 3 €), audioguide 3 € (enf. 2 €). La salle d'accueil forme le carrefour d'où partent les visites guidées des Grands Appartements et les visites non accompagnées des collections. Même si

vous avez commencé par les collections, nous vous conseillons d'en interrompre la visite lorsque le prochain départ d'une visite des appartements est annoncé par les gardiens ; cependant, mieux vaut réserver votre visite au rdc à votre arrivée.
Il faut se représenter le château de Chantilly au temps des Condés, avec ses deux corps de bâtiment encore séparés par un bras d'eau : le Petit Château ou châtelet (16e s.) d'une part, et, d'autre part, le socle de l'ancienne forteresse sur lequel l'architecte Daumet a érigé le Grand Château (19e s.). Traversez la terrasse du Connétable où se dresse la statue équestre d'Anne de Montmorency et pénétrez dans la cour d'honneur par la grille flanquée de copies des *Esclaves* de Michel-Ange. Moins soucieux de composer un **musée★★** éducatif que de réunir une belle collection, le duc d'Aumale groupait les œuvres au hasard de ses acquisitions ou rassemblait dans une salle celles qu'il préférait. Les conservateurs ont respecté cette présentation. Suivant les termes du legs fait par le duc, l'Institut a l'obligation « de n'apporter aucun changement dans l'architecture extérieure et intérieure du château », et n'a pas le droit de prêter les objets conservés.

Antichambre (1)
À la suite du vestibule en marbre, l'antichambre dessert le cabinet des Livres et les Appartements des Princes *(visite guidée)*. L'œuvre la plus importante de cette pièce est sans conteste le cabinet minéralogique offert par le roi de Suède Gustave III au prince Louis-Joseph de Condé en 1774 pour le remercier de son accueil. Le meuble se trouvait dans le cabinet d'Histoire naturelle des princes de Condé (aujourd'hui Salon de musique, dans les Appartements des Princes).

★ Cabinet des Livres (2)
Visite libre. Splendide collection de manuscrits dont celui des **Très Riches Heures du duc de Berry**, enluminé par les frères de Limbourg au 15e s. Ce manuscrit, très fragile, n'est pas exposé ; on peut cependant en voir un fac-similé. On s'arrêtera également sur le fac-similé du psautier de la reine Ingeburge de Danemark. On y observe, parmi les motifs décoratifs, le chiffre du duc d'Aumale : H O (Henri d'Orléans) et les armes des Condés (armes de France « brisées » – la barre oblique symbolise une branche cadette).

★ Appartements des Princes (Petit Château)
✆ 03 44 27 31 80 - www.domainedechantilly.com - ♿ - visite guidée avr.-oct. : 10h-17h15 ; nov.-mars : 10h30-16h15 - fermé mar. Il s'agit de l'appartement du Grand Condé et de ses descendants, embelli, surtout au 18e s., par le duc de Bourbon, de **boiseries★★** Régence et rocaille. Le duc d'Aumale, se réservant les pièces du rez-de-chaussée, ne l'a pas occupé. L'antichambre et partiellement le cabinet des Livres, création du duc d'Aumale, occupent l'emplacement de l'ancien fossé.
Salle des Gardes (**3**) – Cette pièce de transition, construite par le duc d'Aumale pour relier le Grand et le Petit Châteaux, contient des souvenirs des exploits militaires des propriétaires de Chantilly, notamment du haut fait du duc d'Aumale, la prise de la smala d'Abd el-Kader. Sur le manteau de la cheminée, remarquez la mosaïque, pièce intacte et jamais restaurée du 1er s. apr. J.-C. découverte au milieu du 19e s. en Campanie, qui représente l'*Enlèvement d'Europe par Zeus*.
Chambre de Monsieur le Prince (**4**) – Le seul titre de Monsieur le Prince suffisait pour désigner à la Cour le prince de Condé régnant. Il s'agit du duc de Bourbon (1692-1740) qui fit placer les boiseries encastrant, au fond de la pièce, les peintures animalières peintes par C. Huet (en 1735). On admire la grande commode en marqueterie de Riesener, avec des bronzes d'Hervieu, qui avait été réalisée pour la chambre du roi Louis XVI à Versailles. Les chaises

Vue aérienne du château de Chantilly.
Lionel Lourdel / Photononstop

en bois doré ont été commandées au 19e s. pour être décorées de pièces de tapisseries de Beauvais (18e s.) représentant des jeux d'enfants.

Grand Cabinet du Prince (**5**) – Dans ce cabinet formant pièce d'angle, le mobilier (chaises, fauteuils), réalisé par J.-B. Sené dans les années 1780, porte les marques du style néoclassique (pieds décorés à la manière de colonnes cannelées). Le lustre en cristal de Baccarat fumé de la fin du 18e s. provient du Palais Bourbon à Paris.

Grande Singerie (**6**) – Ensemble de « singeries » du début du 18e s. (1737), chef-d'œuvre de C. Huet. Au milieu des lambris blancs et ors, des saynètes montrent des singes imitant les activités humaines : singe géographe, singe sculpteur, singe tambour, etc., complétées par l'écran de cheminée : *La Leçon de lecture des singes*. Réalisé pour le duc de Condé, fondateur de la manufacture de porcelaine de Chantilly, le décor de cette pièce veut sans doute rappeler sa propre collection de porcelaine de Chine et du Japon.

Galerie des Actions du Grand Condé (**7**) – Le Grand Condé avait commandé à S. Le Conte sa propre galerie des batailles dont il ne devait pas voir l'achèvement (1692). De 1652 à 1659, période de sa rébellion, la série s'interrompt. Le *Repentir du Grand Condé*, peinture imaginée par le fils du héros, le représente empêchant une Renommée de publier ses actions, entachées d'infidélité, et invitant une autre Renommée à publier son repentir.

Salon de Musique (**8**) – Ce salon a remplacé le cabinet d'Histoire naturelle, démantelé à la Révolution.

L'escalier conduit au rez-de-chaussée à la galerie construite par F. Duban en 1846 pour desservir les appartements du duc d'Aumale. Dans la galerie Daumet, ne manquez pas le bureau à coulisse réalisé en 1873 pour le duc d'Aumale.

Chapelle

Visite libre. Le duc d'Aumale y a fait transporter un **autel★** attribué à Jean Goujon, des panneaux d'ébénisterie (représentant les 12 apôtres) et des vitraux

Le château de Chantilly ou l'éclat des Montmorency

D'UN CHÂTEAU FORT…

Cinq châteaux se sont succédé, depuis deux mille ans, en ce point de la vallée de la Nonette. Au Moyen Âge, la première maison fortifiée devient un château fort appartenant aux **Bouteiller**, patronyme venu des fonctions héréditaires qu'ils exercent à la cour des Capétiens. Le « bouteiller de France », primitivement chargé des caves du roi, était l'un des grands conseillers de la Couronne. La terre passe ensuite en 1386 au **chancelier d'Orgemont** qui reconstruit le château. Le soubassement féodal a supporté les trois édifices postérieurs. De la forteresse des Orgemont, il ne reste aujourd'hui que la base des sept tours.
En 1450, un **baron de Montmorency** épouse la dernière des Orgemont : Chantilly entre dans l'illustre famille qui le conserve, en ligne directe, pendant deux siècles.
Anne de Montmorency (1492-1567) qui a été le fidèle serviteur de cinq rois, de Louis XII à Charles IX ainsi qu'un homme de guerre, diplomate, ministre et amateur d'art, modifie la physionomie du château qui perd ses allures de forteresse pour ressembler davantage à un palais Renaissance.

… À UN PALAIS RENAISSANCE

En 1528, le château féodal des Orgemont est démoli. L'architecte **Pierre Chambiges** élève à sa place un palais dans le style de la Renaissance française. Sur l'île voisine du château, **Jean Bullant** (architecte du château d'Écouen) bâtit le charmant castel qui est encore debout : le Petit Château. Il aménage la terrasse et édifie sept chapelles dont trois subsistent encore. Il était séparé du Grand Château par un large fossé, aujourd'hui comblé, que franchissaient deux ponts superposés. De nouveaux jardins sont dessinés. Les meilleurs artistes du temps décorent les deux palais. Chantilly compte parmi les plus célèbres domaines de France. Charles Quint ne peut cacher son admiration lorsqu'il le visite.
En 1567, à 75 ans, Anne de Montmorency entre en campagne contre les protestants et trouve la mort à la bataille de St-Denis.
Poussé par l'intrigant Gaston d'Orléans, frère de Louis XIII, **Henri II de Montmorency** se révolte contre Richelieu. Il est vaincu à Castelnaudary et fait prisonnier. Le dernier des Montmorency est décapité à Toulouse en 1632. En signe de pardon, il lègue au cardinal les deux statues d'esclaves réalisées par Michel-Ange, aujourd'hui au Louvre. Celles de Chantilly et d'Écouen sont des copies. Le château est alors confisqué par Louis XIII.

L'ÂGE D'OR DE CHANTILLY

Avec sa femme, Charlotte de Montmorency, **Henri II de Bourbon-Condé** hérite de Chantilly en 1643 et profite des victoires de son fils, le futur Grand Condé, pour accroître une fortune déjà considérable, qui sera un trait dominant de la famille jusqu'à la Révolution.
Le Grand Condé (1621-1686) se consacre à l'embellissement du château avec la fougue et la maîtrise qu'il apporte aux opérations militaires. En 1662, **Le Nôtre** est chargé de la transformation du parc et de la forêt. Les jeux d'eau de Chantilly sont les plus admirés de France et Louis XIV à Versailles se fera un point d'honneur d'en posséder de plus beaux, quelles que soient les difficultés techniques. Les travaux durent une vingtaine d'années. Il en sort une

œuvre splendide dont le cadre enchanteur donne lieu à des fêtes et des bals. Une bonne partie subsiste encore.
Condé meurt à Fontainebleau en 1686. Artiste, ayant le goût du faste, « Monsieur le Duc », **Louis Henri de Bourbon**, arrière-petit-fils du Grand Condé et Premier ministre de Louis XV de 1723 à 1726, donne à Chantilly un très vif éclat. Il fait construire par Jean Aubert les Grandes Écuries, chef-d'œuvre du 18e s., et crée une manufacture de porcelaine, disparue en 1870. Son fils, Louis Joseph (1736-1818), fait construire le château d'Enghien (à droite de la grille d'honneur) ainsi que le Hameau et le Jeu de Paume. Il s'exile en 1789 pour fuir la Révolution.

LES RÉVOLUTIONS DE 1789 ET 1830

Pendant la Révolution, les étages du Grand Château sont rasés jusqu'à hauteur du rez-de-chaussée ; le Petit Château échappe à la destruction. À son retour d'exil, Louis Joseph a 78 ans. Il revient à Chantilly avec son fils. Leur douleur est vive ; le château qu'ils avaient tant aimé est ruiné, le parc dépecé. Ils décident de remettre leur domaine en état. Ils rachètent les parcelles de leur ancienne propriété, restaurent le Petit Château, replantent et réaménagent les jardins. Le prince meurt en 1818. Le duc de Bourbon poursuit les travaux. La révolution de 1830 qui donne le trône à son cousin Louis-Philippe l'inquiète. Il envisage de repartir pour l'Angleterre. Quelques jours plus tard, on le trouve pendu dans son château de St-Leu. Avec lui s'éteint la lignée des Condés.
Le duc de Bourbon a légué Chantilly à son petit-neveu et filleul, le **duc d'Aumale**, quatrième fils de Louis-Philippe. Ce prince s'est illustré en Afrique par la prise de la smala d'Abd el-Kader. La révolution de 1848 le fait partir en exil. Il ne rentre qu'en 1870 et préside le conseil de guerre.
De 1875 à 1881, le duc fait édifier par **Daumet**, dans le style Renaissance, le Grand Château actuel, le cinquième. Un nouvel exil l'éloigne de 1886 à 1889. Il meurt en 1897, léguant à l'Institut son domaine de Chantilly avec les magnifiques collections qui forment le musée Condé.

Le parc du château de Chantilly.
Nicolas Thibaut / Photononstop

du 16e s. provenant de la chapelle d'Écouen. Dans l'abside se trouvent le **mausolée** d'Henri II de Condé (bronzes de J. Sarrazin, ramenés de l'église des Jésuites – St-Paul-St-Louis – de Paris) et le monument funéraire contenant les cœurs des Condés.

★★ Les collections du musée Condé (Grand Château)

Visite libre. Traversez la **galerie des Cerfs** (**A**), consacrée au thème de la chasse : tapisseries des Gobelins du 17e s. Utilisée comme salle à manger par le duc d'Aumale, remarquez la tribune au-dessus de la porte d'entrée, taillée d'un seul bloc de pierre, qui pouvait accueillir des musiciens.

Galerie de Peinture (**B**) – La variété des peintures révèle les goûts éclectiques du duc d'Aumale : le sujet militaire est illustré par de grandes peintures (*Combat sur la voie ferrée* de Neuville, *Les Cuirassiers de 1805* de Meissonier). L'orientalisme figure en bonne place avec *Les Pestiférés de Jaffa* de Gros, *Les Chefs arabes en conseil* d'H. Vernet et la *Chasse au faucon* de Fromentin… Remarquez aussi le *Gabrielle d'Estrées au bain* (école française du 16e s.), les portraits de Mazarin et de Richelieu par Philippe de Champaigne, *Le Massacre des Innocents* de Poussin. L'accrochage des tableaux témoigne des usages en cours au 19e s. avec une présentation des peintures sur plusieurs niveaux.

Rotonde (**C**) – De **Raphaël**, *La Vierge de Lorette* ; de **Piero di Cosimo**, portrait de la belle Simonetta Vespucci, qui aurait aussi servi de modèle à Botticelli pour *La Naissance de Vénus* ; de Chapu, statue agenouillée de Jeanne d'Arc aux voix.

Salle Caroline (**D**) – La peinture du 18e s. est à l'honneur, avec des portraits de Largillière et de Greuze, celui de la marquise de Pompadour par Drouais, *Jeune femme jouant avec des enfants* de J. Van Loo, *L'Amante*

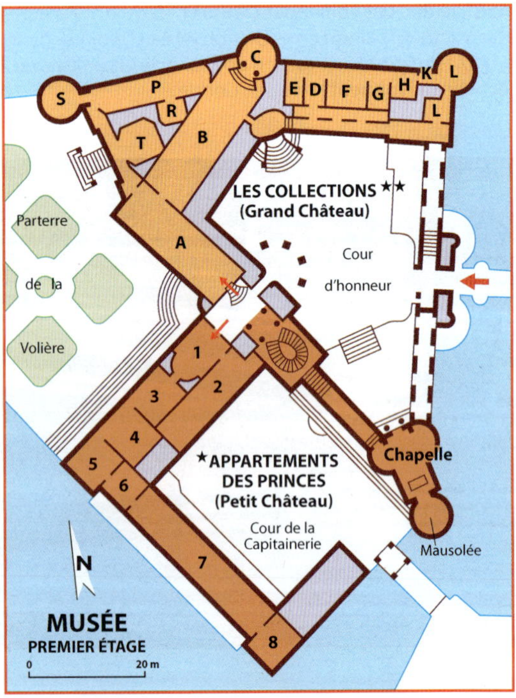

inquiète et *Le Donneur de sérénades* de Watteau, ou *Tempête par temps de neige* d'Everdingen.

Cabinet des Clouet (**E**) – Précieuse collection de **tableaux★★** des Clouet, de Corneille de Lyon, etc., œuvres de petit format, très rares et, pour certaines, célèbres : *François Ier*, *Marguerite de Navarre* (caressant un petit chien), *Henri II enfant*. Petits portraits de l'école française des 16e et 17e s. (donation Biencourt) : entre autres, *Le Connétable Anne de Montmorency*.

Salon d'Orléans (**F**) – Dans les vitrines, collection de **porcelaines tendres de Chantilly**, sorties de la manufacture fondée par le duc de Bourbon en 1725 (pièces de service aux armes des Condés, pièces au chiffre du duc d'Orléans).

Salle Isabelle (**G**) – Nombreuses peintures du 19e s. dont *Corps de garde marocain* par Delacroix, *Cheval sortant de l'écurie* de Géricault et *Françoise de Rimini* d'Ingres.

Cabinet du Giotto (**H**) – Cette salle est consacrée aux peintres primitifs italiens, avec *Anges dansant devant le soleil* (école italienne du 15e s.), *Sainte Marie-Madeleine* de L'Albane (16e s.), *Saint Benoît en extase au désert* de Fra Angelico (15e s.), et présente aussi l'une des rares œuvres subsistant du grand peintre avignonais E. Quarton, réalisée en collaboration avec P. Villatte, la *Vierge de miséricorde* (1453). *La Dormition de la Vierge*, œuvre longtemps attribuée à Giotto et qui valut son nom au cabinet, est due à son élève Maso di Banco.

Cabinet des Antiques (**K**) – Plusieurs pièces de la collection d'antiques constituée par le duc d'Aumale à partir de 1843, dont trois urnes cinéraires grecques du 4e s. av. J.-C., figurant des couples mythologiques (Dionysos et Ariane, Éros et Psyché, Dionysos et un satyre).

Rotonde de la Minerve et salle de la Smala (**L**) – La vitrine au centre de la rotonde présente d'autres antiques, dont le Vase dit de Nola, amphore à figures rouges représentant le combat de Thésée contre deux Amazones. Elle est entourée de portraits de famille des Orléans (17e, 18e et 19e s.), de la famille de Louis-Philippe en particulier. La salle de la Smala évoque aussi la victoire du duc d'Aumale sur Abd el-Kader ; de Bonnat, portrait du duc d'Aumale à 68 ans.

Galerie de Psyché (**P**) – Les 44 **vitraux** (16e s.) illustrant l'histoire de Psyché et de Cupidon proviennent du château d'Écouen.

★★★ **Santuario** (**R**) – Ce « saint des saints » abrite les perles du musée : la Vierge de Raphaël, dite la *Vierge de la maison d'Orléans* ; les Trois Âges de la femme, dits encore les **Trois Grâces**, du même peintre ; *Esther et Assuérus*, panneau de coffre de mariage peint par Filippino Lippi, et enfin 40 miniatures de Jean Fouquet, découpées dans le livre d'heures d'Estienne Chevalier, œuvre capitale de l'école française du 15e s.

Cabinet des Gemmes (**S**) – Il contient de très beaux joyaux. L'un d'eux, le diamant rose, dit le *Grand Condé (copie exposée)*, fut dérobé en 1926 et retrouvé quelques mois plus tard dans une pomme où les voleurs l'avaient caché. On voit aussi de remarquables émaux et miniatures.

Tribune (**T**) – Salle à pans coupés dont chaque panneau est désigné par une peinture de la coupole. Ces peintures documentaires ont trait aux épisodes de la vie du duc d'Aumale et aux souvenirs de la maison d'Orléans. Parmi les tableaux rassemblés, on remarque notamment : *L'Automne* de **Botticelli**, *L'Amour désarmé* et *Le Plaisir pastoral* de **Watteau**, et un portrait de Molière par **Mignard** ; sur le *« mur d'Écouen »*, trois superbes **Ingres** : *Autoportrait*, *Mme Devaucay* et *Vénus Anadyomène* (qui sort de l'eau).

En sortant de la tribune, passez par la galerie d'office, transition entre les cuisines et la salle à manger, où vous verrez de la vaisselle de table (services de porcelaine, services de verrerie, orfèvrerie) du duc d'Aumale dans leur disposition d'origine.

★ Petits Appartements

03 44 27 31 80 - www.domainedechantilly.com - visite guidée avr.-oct. : 10h-17h15 ; nov.-mars : 10h30-16h15 - fermé mar. - 5 € (-18 ans 3 €) - descendez l'escalier d'honneur.

À l'occasion de son mariage en 1844, le duc d'Aumale fit aménager et décorer ces appartements par le peintre Eugène Lami. Ils se composent de neuf pièces : le salon de Guise, la chambre de la duchesse (marqueterie de Grohé, plafond de Diaz), le boudoir et la Petite Singerie, située juste en dessous de la Grande, la salle de bains et la chambre du duc d'Aumale, le salon de Condé avec ses 42 médaillons de J.M. Ribou (18e s.), la salle à manger au sol de marbre et enfin le salon du Roi.

★★ LE PARC Plan du parc

Voir le circuit sur le plan ci-dessous : env. 1h. 03 44 27 31 80 - www.domainedechantilly.com - ♿ - avr.-oct. : 10h-20h ; nov.-mars : 10h30-18h - fermé mar. - 7 € (-17 ans 3 €).

La structure originale du jardin a été élaborée par Le Nôtre en 1662 à la demande du Grand Condé. Le Nôtre tira le meilleur parti possible des accidents du terrain et de la présence abondante de l'eau. Il dériva et canalisa la Nonette pour former le Grand Canal et la « Manche ». De cette entreprise subsiste aujourd'hui le parterre Nord et le Grand Canal. Depuis la terrasse, on gagne le parterre nord par le Grand Degré. De manière tout à fait originale, le château est décalé par rapport à cet axe.

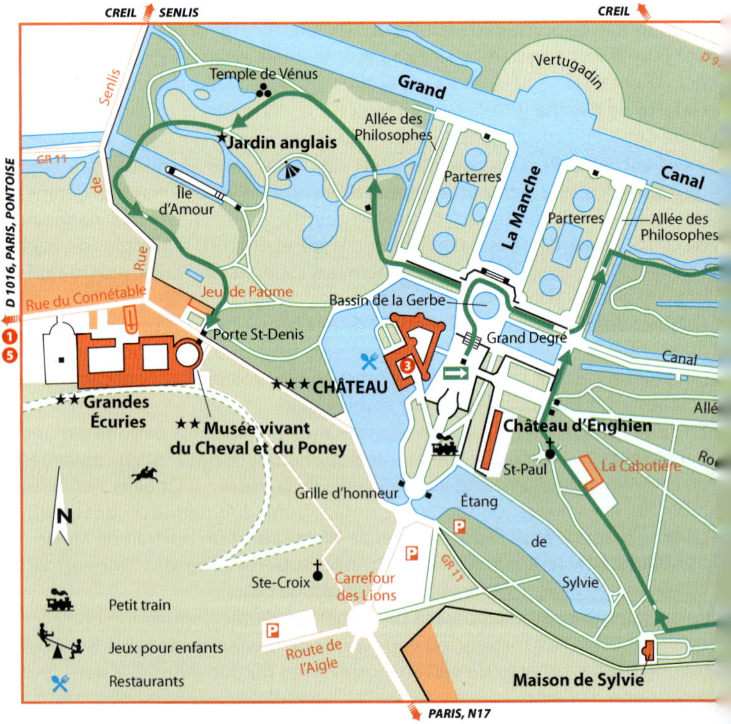

Grand Degré

Les soubassements du degré sont creusés de « grottes », qui accueillent des groupes sculptés représentant des fleuves et des statues de personnages mythologiques liés à l'eau (Acis et Galatée à gauche, Alphée et Aréthuse à droite). Contournez le bassin de la Gerbe pour atteindre le parterre Nord.

Parterre Nord ou parterre de Le Nôtre et Grand Canal

Dans l'axe de la Manche apparaît la pelouse en amphithéâtre du Vertugadin. Des miroirs d'eau sont disposés à droite et à gauche. Un système d'acheminement de l'eau permettait aux jets d'eau de fonctionner jour et nuit. Le parterre est encadré par deux allées de jeunes tilleuls, dites « allées des Philosophes » parce que les grands écrivains qui rendaient visite à Condé aimaient se promener en devisant sous leurs ombrages.

Entre la « Manche » et le bassin circulaire de la Gerbe ont été placées, de part et d'autre de la statue du Grand Condé, par Coysevox, les effigies de La Bruyère et de Bossuet (en retrait, statues de Molière et de Le Nôtre, assis).

Longez la « rivière » du Hameau.

Le Hameau

Il date de 1775 et a précédé celui du Trianon, plus célèbre. Il était alors de bon ton pour les princes de rechercher le dépaysement dans des villages en miniature. On verra le moulin et quelques constructions à colombage ; elles contenaient la cuisine, la salle à manger et la salle de billard. La grange offrait un salon qui fut restauré par le duc d'Aumale. À chaque fête, on servait le souper dans ce joli coin du parc.

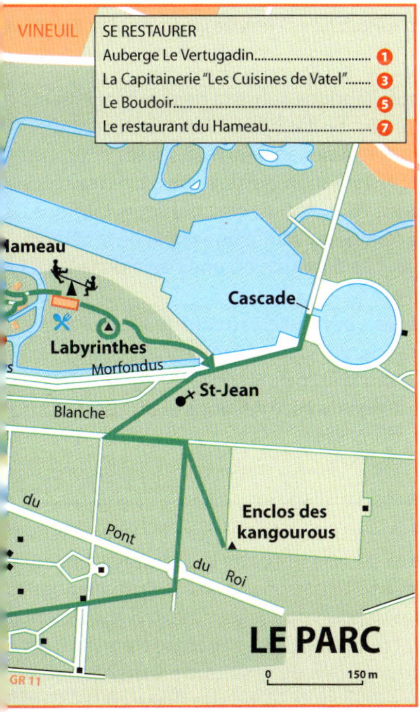

En continuant vers la Grande Cascade qui clôt le Grand Canal à l'est, sur la prairie de Candie, les enfants pourront partir à la quête du diamant rose dans le labyrinthe des Princes *(mai-nov.)*, et mieux connaître l'histoire des fondateurs de Chantilly. Un labyrinthe de fleurs moins difficile ravira les plus petits. Enfin, on arrive devant une belle **cascade** en éventail marquant l'origine du Grand Canal.
Revenez sur vos pas vers le canal des Morfondus.

Chapelle St-Jean

Elle fut élevée en 1538, en même temps que six autres réparties sur le domaine, par le connétable Anne de Montmorency, en souvenir des sept églises de Rome qu'il avait visitées pour gagner les indulgences attachées à ce pèlerinage. Il obtint du pape les mêmes privilèges pour les chapelles de Chantilly. Outre St-Jean, deux chapelles subsistent dans le domaine : St-Paul, derrière le **château d'Enghien**, et Ste-Croix, sur la pelouse de l'hippodrome.

Enclos des kangourous

L'introduction de kangourous dans le parc de Chantilly marque la première étape du projet de réhabilitation de la ménagerie des princes de Condé. Les enfants s'amuseront à voir les marsupiaux sauter !
En longeant le Petit Parc, vous passez par le **pas de tir**, aménagé pour les chasses à tir du duc d'Aumale, comprenant l'édifice où étaient stockées les armes et la cible.

Maison de Sylvie

Petite maison du parc où Marie-Félicie Orsini aimait rencontrer ses amis. Le duc d'Aumale y adjoignit une rotonde.
Rejoignez le château. À gauche de la « Manche » s'étend le jardin anglais.

★ Jardin anglais

De l'autre côté du château, une seule fabrique subsiste des aménagements de Le Nôtre : les Cascades de Beauvais, buffet d'eau d'un type courant au 17e s. Dans le jardin anglais du château, aménagé en 1820 sur les débris du parc de Le Nôtre saccagé pendant la Révolution, perdez-vous dans les allées sinueuses en contemplant les arbres. Vous découvrirez plusieurs fabriques récemment restaurées : temple de Vénus, qui abrite une copie de la célèbre statue antique de la *Vénus callipyge* ; l'île d'Amour, où une copie de la *Vénus Médicis* fait face à l'*Eros* de Jonchery.
En remontant vers les **Grandes Écuries**, vous passerez à côté du Jeu de Paume, l'un des derniers construits en France, qui vient de rouvrir après travaux. Transformé en salle de musée par le duc d'Aumale, il conserve en partie cette fonction aujourd'hui (peintures de la Renaissance italienne et du 19e s.). Vous y trouverez aussi une maquette du domaine.

LA CAPITALE DU CHEVAL

Les premières courses – La première réunion de courses officielles a lieu à Chantilly le 15 mai 1834, à l'initiative des membres de la « Société d'encouragement », fondée l'année précédente. Le patronage des ducs de Nemours et d'Orléans, la mode, lancée par les dandies du Jockey-Club qui apprécient la souplesse de la pelouse (avant l'ouverture de Longchamp en 1857, les courses avaient lieu à Paris sur le dur terrain du Champ-de-Mars) donnent bientôt aux réunions (prix du Jockey-Club en 1836, prix de Diane en 1843) un éclat mondain. Des chasses à courre, concerts, fêtes sur l'eau et feux d'artifice enchantent les turfistes et les élégantes. À la fin du 19e s., les courses déplacent les foules. La Compagnie des chemins de fer du Nord met au point, pour les deux grandes réunions, une organisation de transport dont la puissance est restée inégalée : en 1908, le trafic nécessite la formation de 40 à 50 trains spéciaux de 16 voitures. Entorse rarissime au règlement, un contingent de trains de retour (départs toutes les 3mn) circule à contre-voie de Chantilly à St-Denis.

La capitale du pur-sang – Quelque 2 500 chevaux de course à l'entraînement sur les pistes de Chantilly et des communes environnantes font de la cité des Condés la capitale française du pur-sang. Les activités liées à l'entraînement de ces chevaux procurent plus de 2 000 emplois au niveau local.

Les terrains – *Accès interdit.* Une centaine d'entraîneurs de chevaux de course répartissent leurs « lots » entre le lever du jour et midi sur les pistes de sable ou de gazon des quatre terrains, ou encore sur les allées mises en sable de la forêt (notamment la route du Connétable dite « piste des Lions »).

★★ Grandes Écuries

Chef-d'œuvre de **Jean Aubert**, les Grandes Écuries sont le plus noble monument de Chantilly hérité du 18e s. On y accède en passant par la porte St-Denis qui enjambe la route menant à la ville. Les Écuries se composent de deux nefs (abritant les chevaux) de part et d'autre du dôme central et de deux cours – la cour des chenils pour les meutes et la cour des remises pour les carrosses – ainsi que d'un manège. La meilleure place est réservée au cheval et à la chasse, qui constituent les thèmes principaux du décor. Remarquez les trois chevaux sculptés qui semblent jaillir du cadre surmontant la porte d'entrée au musée. La plus belle façade des écuries est celle de la pelouse, d'où vous pourrez apprécier pleinement l'aspect grandiose, l'équilibre dans l'ordonnance du bâtiment rythmée par les arcades, et aussi son ampleur (186 m de long). À la gloire des maîtres du lieu, la *Renommée* de Coysevox (original au Louvre) trône au-dessus du dôme des Grandes Écuries. Du temps des princes de Condé, cet ensemble de bâtiments réunissait 240 chevaux, 500 chiens et un personnel de près de 100 palefreniers, cochers, piqueurs, etc.

★★ **Musée vivant du Cheval et du Poney** – *✆ 03 44 57 40 40 - www.musee-vivant-du-cheval.fr - les deux nefs se visitent et les spectacles ont lieu dans un espace entièrement rénové ; réouverture complète prévue en 2014.* Le musée du Cheval « vit » d'abord par la présentation dans les stalles, datant du duc d'Aumale, de chevaux et poneys de selle ou de trait français et ibériques. Dans la rotonde centrale, haute de 28 m, se déroulent les démonstrations et spectacles. Admirez la richesse du décor – par opposition à la sobriété des nefs – composé de trophées de chasse sculptés, de rocailles, de guirlandes de fleurs et, en face de la porte d'honneur, la vasque de la jolie **fontaine** qui servait d'abreuvoir. La seconde nef illustre 30 disciplines équestres mondiales (chasse ou sport) sur le triple thème du harnachement, du costume du cavalier et de l'ambiance de l'épreuve (rendue par des mannequins et des peintures).

Tous les jours, une **présentation pédagogique**★ de dressage suivie d'un spectacle équestre *(45mn)* a lieu à 11h. Les enfants apprécient aussi les cabrioles des **poneys**. C'est dans cet espace que se déroulent les **spectacles** de Noël et de la saison *(se renseigner pour connaître les horaires et le calendrier des spectacles - www.grandesecuries.com.*

5

LE SAVIEZ-VOUS ?

Tous les grands écrivains du 17e s. sont venus à Chantilly : Molière, qui obtint du Grand Condé l'autorisation de représenter le *Tartuffe*, suivi par La Fontaine, Boileau, Racine, Mme de La Fayette et Mme de Sévigné, Bossuet, Fénelon et La Bruyère, qui fut précepteur du petit-fils du prince.

À la suite d'une somptueuse réception donnée par le Grand Condé en l'honneur de Louis XIV, **Vatel**, maître d'hôtel du prince, se trouve à court de provisions et ne peut satisfaire tous les hôtes. S'estimant déshonoré, et devant faire face le lendemain à de nouvelles pénuries, il se donne la mort en se transperçant de son épée.

Créée en 2005, à l'initiative de l'Aga Khan, la Fondation pour la sauvegarde et le développement du domaine de Chantilly s'est vu confier par l'Institut de France la gestion du domaine pour une durée de vingt ans. Une vaste campagne de travaux d'infrastructure et de restaurations patrimoniales a ainsi été engagée dans le château et dans le parc, parmi lesquelles la rénovation des Grandes Écuries, du Jardin anglais, ou, récemment, du Jeu de Paume et du salon de Musique.

LA VILLE

Le Potager des Princes

17 r. de la Faisanderie - 60500 Chantilly - 03 44 57 39 66 - www.potagerdesprinces.com - - visite guidée sur demande préalable fév.-nov. : 14h-19h - fermé 1er janv., 11 Nov., 25 déc. - animations pour les enfants de 15h30 à 16h30 les merc. sam., dim. et pdt les vac. scol. sf mar. - 8,50 € (-12 ans 7,50 €) - billet combiné avec le musée Panafieu 11 €.

C'est en 1682, sur ordre du Grand Condé, que fut construite la faisanderie de Chantilly dont les jardins dessinés par André Le Nôtre et Jean-Baptiste de La Quintinie sont aujourd'hui le théâtre de verdure du Potager des Princes. Réhabilité selon des plans des 17e, 18e et 19e s., ce jardin de 3 ha, composé de multiples espaces, réserve bien des surprises. À l'entrée, un long mur de céramique illustre les légumes cultivés et les animaux de basse-cour. Traversez la forêt miniature où les arbres ont la taille des humains, passez au village des lapins, avec le lapinodrome où les rongeurs agiles font la course à 15h30, puis à la basse-cour (chèvres, moutons, ânes, faisans…), flânez au jardin d'Éden, au jardin persan agrémenté de jets d'eau, à la bambouseraie ou au cabinet de treillage décoré de plantes grimpantes (vignes, houblon, kiwis) ; au jardin des cascades, un festival de roses vous attend à la belle saison…

Plus loin, découvrez des nains de jardin dans leurs maisons, un jardin tropical, un autre japonais, un verger… puis un potager associant à la perfection les plantes médicinales et condimentaires aux légumes traditionnels et aux fleurs.

Musée J.S. de Panafieu – *Accès par le Potager des Princes - 14h30-16h30 - fermé mar. - http://panafieu.net - 6 €, 11 € avec les jardins du potager.* Ce musée est consacré à l'œuvre du peintre **Jacqueline Suzor de Panafieu** (1903-1981) : portraits à la sanguine, série d'animaux au fusain, passage à l'abstraction sous l'influence de B. Buffet…

Pavillon de Manse ou « le Moulin des princes »

34 r. des Cascades - 03 44 62 01 33 - www.pavillondemanse.com - mars-oct. : tlj sf lun. 14h30-17h30 ; nov.-fév. : tlj sf w.-end et lun. 14h30-17h30 - 6 € (-12 ans gratuit).

Potager des Princes.
Potager des Princes

Au bord de la Nonette, le pavillon de Manse abritait, au 17e s., une roue à aubes reliée à un ensemble de pompes. On pouvait ainsi élever l'eau à 20 m de hauteur pour remplir le grand réservoir du parc du château, à 400 m de distance et, de là, alimenter les fontaines et jets d'eau qui ornaient le jardin du Grand Condé. En 1875, le duc d'Aumale remplaça la roue par une turbine à eau qui alimentait le château et la ville en eau potable et qui resta en service jusqu'en 1978. Il installa aussi une blanchisserie ultramoderne pour l'époque. L'Association Jacques de Manse dégrippa les machines du duc d'Aumale en 2000 et reconstruisit l'ancienne roue en chêne à l'identique : tout fonctionne à nouveau, mais en circuit fermé… De l'étage supérieur, garni de lignes d'étendage pour le linge, jusqu'au niveau inférieur abritant la roue en chêne, en passant par la salle de pompage du 19e s. et la blanchisserie, la visite illustre l'histoire de la transmission de l'énergie hydraulique.

Musée du Patrimoine et de la Dentelle

34 r. d'Aumale - ✆ 03 44 58 28 44 - ♿ - merc. et sam. 10h-11h30, 15h-17h30 - fermé août et j. fériés - 2 € (enf. gratuit).

Dans ce petit musée installé dans des bâtiments historiques, vous découvrirez la blonde d'origine : il s'agit de la dentelle réalisée en soie naturelle, directement issue du cocon et « façon Malines », portée par la noblesse. Ce n'est que vers le milieu du 19e s. que la mode imposa la dentelle noire, appelée **dentelle de Chantilly**, utilisée pour les ombrelles, les éventails, les châles et les tenues des élégantes. Ici, l'histoire de la dentelle remonte à 1694, quand Anne de Bavière, princesse de Condé, créa une école de dentellières pour les filles sans ressources de la région. Un centimètre carré de dentelle, réalisé selon des patrons compliqués de fleurs champêtres imaginés par les mêmes dessinateurs que ceux de la manufacture de porcelaine, représentait le travail… d'une journée ! Durant votre visite, vous verrez notamment des tenues à la mode sous Napoléon III, et les fuseaux et tambours des dernières dentellières.

Circuit conseillé Carte de microrégion

FORÊT DE CHANTILLY

Ce vaste massif forestier couvre environ 6 300 ha, patiemment remembrés pendant cinq siècles par des seigneurs passionnés de chasse. Le peuplement actuel est fait de chênes, charmes, tilleuls et pins sylvestres traités en futaies et taillis sous futaie. Domaine de l'Institut de France, la forêt de Chantilly présente un réseau très dense de routes forestières propices aux promenades. La randonnée reprend tous ses droits en forêt de Coye, d'Orry et de Pontarmé. Les sols de la forêt, légers et filtrants, ont favorisé le développement des activités hippiques ; au carrefour du Petit-Couvert, on peut assister tous les matins à l'entraînement des chevaux.

Circuit en vert clair sur la carte (p. 245) de 7,5 km. Environ 30mn. Déconseillé en fin de semaine. Partez de Coye-la-Forêt (à 8 km de Chantilly par la D 1016 puis la D 118) par la route des Étangs, au nord, le long de la Thève.

La route atteint le premier plan d'eau des étangs de Commelles, l'étang de la Loge, au château de la Reine Blanche.

Château de la Dame Blanche C3

On appelle ainsi un ancien moulin rhabillé à la mode « troubadour » par le duc de Bourbon (le dernier Condé) en 1825 pour servir de rendez-vous de chasse. Il occupe l'emplacement d'un castel légendaire qui aurait été bâti par la reine Blanche de Navarre, épouse de Philippe VI de Valois, à la mort du roi vers 1350. Une crêperie occupe partiellement les locaux.

Le **site★** est embelli par les hêtres centenaires formant avenue sur la levée.

Étangs de Commelles C3

Ils furent aménagés comme viviers par les moines de Chaalis. La route de la rive nord ne longe pas les étangs, mais des antennes s'en détachent vers les parkings de la rive et les chaussées qui divisent le plan d'eau. Il est ainsi possible de faire divers petits circuits à pied d'une rive à l'autre.

Regagnez Coye.

NOS ADRESSES À CHANTILLY

HÉBERGEMENT

BUDGET MOYEN

À proximité

Hostellerie du Pavillon St-Hubert – *Av. de Toutevoie - 60270 Gouvieux - ☏ 03 44 57 07 04 - www.pavillon-saint-hubert.com - fermé 2-20 janv. - P - Wifi - 18 ch. 68/90 € - ☕ 9 €, demi-pension possible - ✕ 25/55 €.* Maison de caractère et joli jardin situé au bord de l'Oise. Confortables petites chambres. Restaurant meublé dans le style Louis XIII ; l'été, la terrasse dressée à l'ombre des tilleuls profite d'une vue sur le trafic des péniches. Plats traditionnels.

UNE FOLIE

À proximité

Hôtel Château de la Tour – *Chemin de la Chaussée - 60270 Gouvieux - ☏ 03 44 62 38 38 - www.lechateaudelatour.fr - Wifi - 41 ch. 150/265 € ☕, demi-pension possible - ✕ 39/95 € bc.* Belle demeure du début du 20e s. et son extension contemporaine dans un joli parc de 5 ha. À l'intérieur, raffinement et atmosphère bourgeoise. Hauts plafonds ouvragés et cheminées dans les salles de restaurant, rénovées en 2009 ; superbe terrasse. Carte classique.

RESTAURATION

PREMIER PRIX

Le Boudoir – *100 r. du Connétable - ✆ 03 44 55 44 49 - www.leboudoir-chantilly.fr - lun. 11h-18h, mar.-sam. 10h-19h, dim. 11h-19h - fermé 1er janv. et 25 déc. - 7,50/26 €.* Dans une ambiance calme et cosy aux teintes beige et framboise, vous pourrez choisir entre tartes salées, salades et plats chauds. À l'heure du goûter, ce salon de thé propose une large sélection de thés, cafés et chocolats que vous dégusterez avec des pâtisseries. Terrasse derrière la boutique par beau temps.

POUR SE FAIRE PLAISIR

Auberge Le Vertugadin – *44 r. du Connétable - ✆ 03 44 57 03 19 - www.restaurantlevertugadin.fr - fermé dim. soir et lun. - menu 28 €, carte 45/84 €.* Il suffit de suivre la route menant au château de Chantilly pour trouver cette demeure du 19e s. aux huisseries et volets verts. Pour les repas, deux salles au choix, rustique ou bourgeoise, et une terrasse gravillonnée. Jardin arboré. La carte et le menu évoluent au gré des saisons ; spécialités de truffes, foie gras et poissons.

BUDGET MOYEN

Au château

La Capitainerie « Les Cuisines de Vatel » – *✆ 03 44 57 15 89 - www.chateaudechantilly.com - fermé mar. et soir - réserv. conseillée - 25/31 €.* Difficile de trouver lieu plus prestigieux que ce restaurant installé sous les voûtes ancestrales des cuisines de Vatel. C'est dans un cadre plaisant (cuivres, porcelaines, vieux fourneaux, cheminée d'origine) que l'on vous dévoilera les secrets de la crème chantilly *(démonstration de mai à août : 16h sf w.-end)*... Plats du jour à l'ardoise, salon de thé l'après-midi.

Dans le parc

Le restaurant du Hameau – *Au Hameau - ✆ 03 44 57 46 21 - tlj sf mar. 12h-18h - fermé de mi-nov. à déb. mars - 20,50/43,30 €.* Toits de chaume, colombages et verdure composeront le décor champêtre de votre « goûter » estampillé terroir : confit de canard, foie gras, terrine de cerf, cidre, confitures ou miel de la région, pain d'épice à l'orange, délicieuses tartes garnies de pommes ou de fraises...

À proximité

La Renardière – *2 r. des Frères-Segard - 60270 Gouvieux - ✆ 03 44 57 08 23 - fermé dim. soir et lun. - 15/51 €.* Cette sympathique auberge vous accueille dans un plaisant cadre rustique. Cuisine traditionnelle et carte des vins composée par la patronne, sommelière de la maison.

PETITE PAUSE

The English Shop – *96 r. du Connétable - ✆ 03 44 57 22 20 - www.theenglishshop.info - 10h-19h, brunch w.-end - fermé lun., dernière sem. juil. et 1er-15 août.* Tout en dégustant des scones ou des *shortbreads*, ce salon de thé vous rappelle l'importance de la communauté anglaise de Chantilly.

ACHATS

Porcelaine

Parmi les grandes manufactures qui, en France, firent les beaux jours de la porcelaine tendre (sans emploi de kaolin), Chantilly figure au premier plan. Ses porcelaines étaient surtout connues pour leur camaïeu bleu, peint à la main, dont les motifs fétiches étaient l'œillet et la tulipe. Voici deux adresses pour les admirer, puis faire des achats. Ces boutiques sont dirigées par Mme Bouquet, spécialiste en matière de porcelaine. N'hésitez pas à vous renseigner auprès d'elle.

Maison de la porcelaine – *1 r. de Creil - ✆ 03 44 57 54 19 - www.maisonporcelaine.com - tlj sf dim. et lun. 9h45-12h15, 14h30-19h - fermé j. fériés.* Décor des porcelaines sérigraphié.

Porcelaine de Chantilly – *Pl. Omer-Vallon - ✆ 03 44 67 16 16 - www.maisonporcelaine.com - tlj sf dim. et lun. 9h45-12h15, 14h30-19h - fermé août et j. fériés.* Décor des porcelaines peint à la main.

ACTIVITÉS

Petit train touristique dans le parc du château – *Château de Chantilly - ✆ 03 44 27 31 80 - avr.-oct. - parcours de 40mn - 5 € (enf. 3 €).*

À proximité

Orry-Évasion – *29 r. des Acacias - 60270 Orry-la-Ville - ✆ 06 82 24 37 22 - www.orryevasion.fr - sur RV - 6 €/h, 20 €/j - caution de 150 € avec une pièce d'identité par vélo.* Le spécialiste du VTT en forêt. Conseils de parcours selon votre niveau.

AGENDA

L'hippodrome de Chantilly – Situé face aux Grandes Écuries, dans un superbe cadre de verdure, il accueille de prestigieuses manifestations hippiques dont le fameux **prix du Jockey-Club** *(1er dim. de juin)*, qui sacre le meilleur poulain de 3 ans, et l'élégant **prix de Diane** *(2e dim. de juin)*, qui consacre la meilleure pouliche de 3 ans. Ce prix est réputé pour être aussi un concours d'élégance. Le spectacle a lieu autant dans les tribunes que sur la piste.

Saint-Leu-d'Esserent

★

4 708 Lupoviciens – Oise (60)

NOS ADRESSES PAGE 322

S'INFORMER

Office de tourisme Pierre Sud Oise – *7 av. de la Gare - 60340 Saint-Leu-d'Esserent - ✆ 03 44 56 38 10 - www.pierresudoisetourisme.fr - juin-sept. : lun.-vend. 9h-12h30, 13h30-18h, sam. et j. fériés 10h-13h30, 14h30-18h ; reste de l'année : tlj sf w.-end et j. fériés 9h-12h30, 13h30-17h.*

SE REPÉRER

Carte de microrégion B3 (p. 244) – *Carte Michelin Départements 305.* À 50 km de Paris par l'A 1. Liaison SNCF de Paris-Nord, avec une correspondance en gare de Creil.

AVEC LES ENFANTS

La base de loisirs *(voir « Nos adresses »).*

L'église de Saint-Leu-d'Esserent.
Paulo Domingues / Michelin

Calme petite cité médiévale des bords de l'Oise, St-Leu-d'Esserent est dominée par la magnifique et majestueuse église du prieuré de St-Leu, le plus important prieuré clunisien de l'Oise : « Modèle aussi pur, aussi frappant d'unité que le plus beau temple grec. » (E. Renan)

Visiter

La « pierre de St-Leu » a servi à la construction de nombreuses églises et cathédrales, du château de Versailles, etc. Les carrières de Leu ayant été aménagées par les Allemands en ateliers de mise au point de « V 1 », la ville fut systématiquement bombardée et ravagée en 1944.

★ Église

L'édifice est bâti avec une belle pierre tirée des carrières avoisinantes.

Extérieur – La façade, très restaurée dès le 19e s. (dans son décor sculpté en particulier), ne fait pas corps avec la nef. Elle forme un bloc, encore roman (1re moitié du 12e s.), abritant un porche et, à l'étage, une tribune, l'un et l'autre de trois travées.

Longez l'église sur la droite, puis passez l'ancienne porte du prieuré.

Le chœur est dominé par deux tours carrées à toit en bâtière. Un déambulatoire et cinq chapelles l'entourent. Ces constructions datant de la 2de moitié du 12e s. prennent assise sur un imposant massif de maçonnerie.

LE SAVIEZ-VOUS ?

Leu est une vieille forme picarde de « loup », qui survit toujours dans l'expression « à la queue leu leu ». Par suite d'un calembour sur son nom, saint Loup était invoqué contre les loups. Il était aussi patron des bergers et protecteur des moutons ; non seulement on le priait pour préserver de la peur (du loup en particulier), mais aussi pour guérir des convulsions et des accès de fièvre. Archevêque de Sens en 609, il mourut en 623 et donna son nom à plusieurs localités.

★ **Intérieur** – Le vaisseau, baigné d'une lumière blonde, dominante des vitraux contemporains (1960), offre une belle perspective. Le chœur et les deux premières travées de la nef appartiennent encore au 12e s., le reste de la nef au 13e s. Ce chœur devait être doté de tribunes, selon la tradition romane. Au 13e s., quand les arcs-boutants sont venus épauler le chevet, la contrebutée qu'apportaient les tribunes étant devenue moins nécessaire, on leur a substitué un simple triforium. Les maîtres d'œuvre adoptèrent finalement cette structure pour le vaisseau tout entier.
Avant de partir, montez jusqu'au cimetière tout proche.
Vue sur les parties hautes de l'église.

À proximité

Chambly

À 36 km au sud de Beauvais par l'autoroute A 16, sortie n°12.
Construite au 13e s. et complétée au 14e s. par la massive tour-clocher et les trois portails, l'**église** est remarquable par ses proportions et son unité. Inondé de lumière par de hautes fenêtres au remplage rayonnant, le chœur est caractéristique de l'épanouissement du gothique en Île-de-France à la fin du 13e s. Au milieu du chœur, quatre panneaux peints, partie d'un **retable★** de l'école flamande (17e s.), sont consacrés à saint Grégoire le Grand (la messe miraculeuse de saint Grégoire est traitée sur les deux panneaux centraux), ainsi qu'aux scènes de la Passion, de la Résurrection, de l'Ascension et de la Pentecôte.

Musée de la Nacre et de la Tabletterie, à Méru

À 26 km au sud de Beauvais par l'autoroute A 16, sortie n°13.
03 44 22 61 74 - www.musee-nacre.com - apr.-midi - fermé mar. et 1 sem. en janv. - 7 € (-16 ans 3,50 €).
Dès le 17e s., les artisans de Méru fabriquaient dans leurs ateliers des objets de luxe destinés à une clientèle parisienne. Ils créèrent ainsi boutons, éventails, jeux de dominos, bijoux et objets de tabletterie divers dans les matières naturelles les plus variées : coquillage, ivoire, écaille, os, ébène… Installé dans une ancienne usine de boutonnerie, ce musée rend hommage à cette activité artisanale autrefois majeure dans la région et, grâce à la reconstitution d'ateliers de fabrication, vous fait découvrir ces savoir-faire et techniques d'une autre époque. Le musée organise régulièrement des expositions temporaires autour de la nacre. *Une boutique vend de nombreux objets fabriqués sur place et la cafétéria vous permettra une pause gourmande.*
En marchant sur les trottoirs de Méru, ne soyez pas surpris si vous voyez des éclats scintiller au soleil : ce sont les restes des coquilles de nacre inutilisables pour la fabrication des boutons !

NOS ADRESSES À SAINT-LEU-D'ESSERENT

HÉBERGEMENT

BUDGET MOYEN

Hôtel de l'Oise – *25 quai d'Amont - 03 44 56 60 24 - www.hoteldeloise.com - fermé 1 sem. en fév. et 3 premières sem. d'août, rest. fermé vend. soir, sam. midi et dim. soir - P - réserv. conseillée pour le rest. - 17 ch. 65 € - 7,50 €.*
Avenante bâtisse en brique des années 1930 posée sur les bords de l'Oise. Un bel escalier d'origine mène aux chambres sobrement personnalisées et parfaitement tenues. Agréable salle de

restaurant de style contemporain où l'on déguste une cuisine traditionnelle soignée composée de bons produits frais.

RESTAURATION

BUDGET MOYEN

Hôtel de l'Oise – *25 quai d'Amont - ✆ 03 44 56 60 24 - www.hoteldeloise.com - fermé dernière sem. de juil. et 3 sem. en août - déj. 15 €, 29,90/49 € - plateau de fruits de mer pour 2 pers. sur réserv. 3 j. av. : 98 €. Voir descriptif ci-dessus, rubrique « Hébergement ».*

À proximité

Les Trois Toques – *21 r. Pierre-Curie - 60110 Méru - ✆ 03 44 52 01 15 - www.lestroistoques.fr - fermé 2 sem. fin juil.-déb. août, dim. soir, mar. soir et merc. - formule déj. 15 € - 18/48 €.* Cuisine au goût du jour servie dans une salle à manger au cadre rajeuni, rehaussé d'une touche rustique. Un agréable moment en perspective.

POUR SE FAIRE PLAISIR

À proximité

Ô Relais de la Côte – *9 r. de Chantilly - 60270 Gouvieux - ✆ 03 44 57 01 19 - fermé de fin juil. à déb. août, 24 déc.-2 janv., dim. soir, lun. soir et mar. - 29/55 €.* À la sortie de la ville, restaurant au style actuel (murs blancs, tableaux modernes, mobilier contemporain), jouissant d'une belle terrasse arborée. Cuisine au goût du jour.

ACHATS

À proximité

Ercuis – *142 r. des Tilleuls - 60530 Ercuis, 12 km au nord-ouest par D 92, D 44 et D 929 - ✆ 03 44 26 54 92 - www.ercuis.fr - lun. et merc. 13h-15h45 - fermé août, 1 sem. pdt les vac. de printemps et j. fériés.* Créée en 1867 par le curé d'Ercuis, cette entreprise d'orfèvrerie est devenue une institution des arts de la table. Créateurs et artisans perpétuent ce savoir-faire avec passion, exigence et inventivité et réalisent services à thé, à café, seaux à champagne et couverts en argent, en vermeil, en métal argenté, doré, émaillé, etc. Magasin d'usine : 20 à 50 % de remise par rapport aux prix boutique.

ACTIVITÉS

Base de loisirs – *R. de la Garenne - ✆ 03 44 56 77 88 - www.basestleu.com - mai-août : 10h-18h30 (de fin avr. à mi-juin : j. d'ouv. en fonction de l'ouv. de la baignade) ; 1re quinzaine de sept. : merc. et sam. 10h-18h30 ; oct.-nov. et fév.-avr. : merc. et sam. 13h30-17h30 - fermé vac. de Noël, janv.-mars - accès 2,40/6,90 € (enf. 1,90/3,80 €).* 50 ha de nature apprivoisée pour petits et grands. Côté détente : baignade surveillée, pique-nique et parc animalier. Activités nautiques (pédalos, canoës, kayak), minigolf. Patinoire permanente. Une petite faim ? Profitez de la vaste aire de pique-nique ou de l'espace de restauration rapide.

Beauvais

★★

54 461 Beauvaisiens – Oise (60)
100 733 habitants (agglomération)

NOS ADRESSES PAGE 333

S'INFORMER

Office de tourisme – *1 r. Beauregard - 60000 Beauvais - ✆ 03 44 15 30 30 - www.beauvaistourisme.fr - de mi-avr. à fin sept. : 9h30-12h30, 13h30-18h, dim. 10h-17h ; reste de l'année : tlj sf dim. 9h30-12h30, 13h30-18h - fermé j. fériés.*
Audioguide de la cathédrale – *Parcours adultes ou enfants comportant 18 stations (intérieur et extérieur). Location dans la cathédrale (3 à 6 €).*

SE REPÉRER

Carte de microrégion B2 (p. 244) – *Carte Michelin Départements 305 D4.*
À mi-chemin entre Amiens et Paris. Accès par l'A 16 ou la N 31-E 46. Une ceinture de boulevards longe le cours du Thérain, affluent de l'Oise, au sud et à l'ouest.

SE GARER

Sur le parking de la cathédrale, très central, ou sur les places Clemenceau, Jeanne-Hachette ou des Halles.

À NE PAS MANQUER

Les vitraux de la cathédrale et ceux de l'église Saint-Étienne ; les maisons à pans de bois et les céramiques architecturales dans le centre-ville ; la Galerie nationale de la tapisserie ; l'abbatiale de Saint-Germer-de-Fly.

ORGANISER SON TEMPS

Comptez 45mn pour vous promener autour de la cathédrale et 1h30 pour la visiter. Consacrez une demi-journée à la découverte des musées et une journée complète aux alentours et au pays de Bray.

AVEC LES ENFANTS

Le son et lumière de l'horloge astronomique de la cathédrale ; le parc Saint-Paul.

Lorsque vous arrivez par le pont de Paris, la masse puissante de la cathédrale, épaulée par sa forêt d'arcs-boutants, surgit des toits. Ce chef-d'œuvre de l'art gothique est resté inachevé, mais son chœur (48 m de hauteur sous voûte) est vertigineux. Bien que proche de Paris, la capitale de l'Oise et de la tapisserie demeure authentiquement picarde.

Se promener Plan de ville

L'ENSEMBLE ÉPISCOPAL ET SES ALENTOURS

Circuit tracé en vert sur le plan de ville ci-contre.

Place Jeanne-Hachette

Jolie statue de l'illustre Beauvaisienne en face de l'hôtel de ville, dont la façade (18e s.) restaurée est mise en valeur, la nuit tombée, par un bel éclairage.

Prenez la rue de la Frette, puis à droite la rue Beauregard, et à gauche la rue St-Pierre.

Vestiges

Au coin subsistent des vestiges de la **collégiale Saint-Barthélemy** et, en face, derrière la Galerie nationale de la tapisserie, les ruines de **remparts gallo-romains**.

Prenez à droite la rue du Musée, puis celle de l'Abbé-Gelée.

Ancien palais épiscopal

R. St-Pierre. Autour de la cathédrale et adossé à l'ancien rempart gallo-romain, le palais épiscopal formait, avec les bâtiments administratifs de l'évêché,

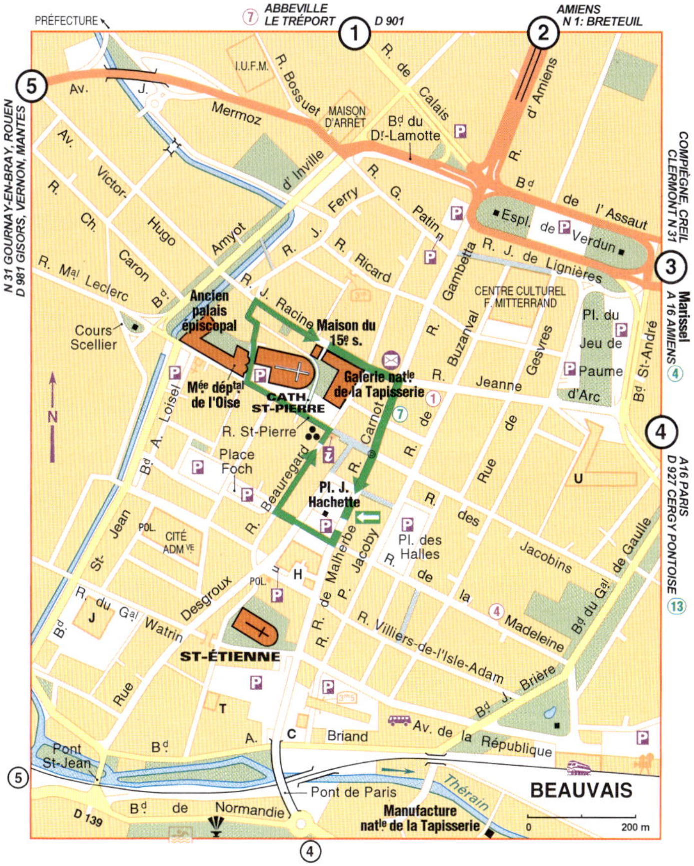

SE LOGER		SE RESTAURER	
Hostellerie St-Vincent	4	Bistrot du Boucher	1
Hôtel du Cygne	7	La Baie d'Halong	4
Hôtel Mercure	13	La Petite France	7

une ville dans la ville qui nous permet d'appréhender ce que fut Beauvais au Moyen-Âge. La porte fortifiée (14e s.) est flanquée de deux grosses tours à toits en poivrière ; elle est ornée, à l'intérieur, d'une fresque représentant des sirènes musiciennes. Au fond de la cour, derrière un petit jardin à la française, se dresse le corps central du palais, doté d'une élégante façade Renaissance. Incendié en 1472 par les bourguignons, le palais fut reconstruit vers 1500. Saisi sous la Révolution, il manque de disparaître avant d'accueillir un centre administratif, puis la préfecture sous le Premier Empire. À la Restauration, il est restitué à l'évêque, puis devient le siège de la justice sous Louis-Philippe, le restant jusqu'en 1940. Pendant la Seconde Guerre mondiale, le palais, épargné par les bombardements, protège quelques collections sauvées des musées de la ville. Il a conservé cette fonction grâce à l'ouverture, en 1981, du Musée départemental de l'Oise.

★ Musée départemental de l'Oise

Dans l'ancien palais épiscopal - 1 r. du Musée - ✆ 03 44 10 40 50 - www.oise.fr - 10h-12h, 14h-18h - fermé mar., 1er janv., lun. de Pâques, 1er Mai, lun. de Pentecôte, 1er nov., 25 déc. - gratuit.

Les travaux débutés en 2006 devraient, à terme, permettre au musée d'occuper l'ensemble du palais épiscopal. En attendant, plusieurs niveaux restent ouverts. Les tours d'entrée sont consacrées au Moyen Âge (sculptures sur bois provenant d'églises et d'abbayes, fragments sculptés de maisons à pans de bois, fresques et retables du 14e s. à nos jours). Après avoir traversé la petite cour intérieure, on trouve, dans les étages, essentiellement des peintures du 16e au 20e s. École française du 16e s., écoles française et italienne des 17e et 18e s. Paysagistes français du 19e s., dont **Corot** (*Paris, le vieux pont Saint-Michel* et *La Vasque de l'Académie de France à Rome*) et **Huet**. Tapisseries de Beauvais et mobilier Art nouveau, notamment une salle à manger signée de l'artiste liégois Gustave Serrurier-Bovy. Importante collection de céramiques, en particulier des œuvres du Beauvaisien Delaherche, présentée partiellement.

Maison du 15e s.

16 r. de l'Abbé-Gellée - ✆ 03 44 45 77 74 - www.maisonspaysannesoise.fr - ♿ - 10h-18h - fermé w.-end, j. fériés et lun. - gratuit - possibilité de visite guidée.

La plus vieille maison de Beauvais (15e s.) a été démontée de la rue Oudry et reconstruite rue de l'Abbé-Gelée. Les « Maisons paysannes de l'Oise » y organisent des expositions temporaires sur des thèmes liés à la sauvegarde de l'habitat rural traditionnel.

Galerie nationale de la tapisserie

22 r. St-Pierre - ✆ 03 44 15 39 10 - www.mobiliernational.culture.gouv.fr - 10h30-17h - fermé lun., 1er janv., 1er Mai, 25 déc. - gratuit - visite sur demande préalable - pour les expositions du mobilier national sur réserv. à l'office de tourisme, pour les expositions du Frac sur réserv. au ✆ 03 22 91 66 00.

Dans un bâtiment au chevet de la cathédrale, la galerie présente des expositions temporaires, à partir des collections de meubles et de tapisseries du Mobilier national.

Découvrir

★★★ Cathédrale Saint-Pierre

✆ 03 44 48 11 60 - www.cathedrale-beauvais.fr - ♿ - mai-oct. : 9h-12h30, 14h-18h30 ; reste de l'année : 9h-12h30, 14h-17h30 - fermé 1er janv. - gratuit.

Pas si sages…

La peuplade des Bellovaques s'installa dans un oppidum celtique, Caesaromagus. Au 3e s., la capitale gallo-romaine fut entourée d'une enceinte de 1 370 m.

REBELLES…

Évêques et bourgeois

Très tôt, la cité devient un important siège épiscopal. Dès le 11e s., elle a pour seigneur un évêque souvent en conflit avec les bourgeois, jaloux de leurs franchises. Un des évêques beauvaisiens, Pierre Cauchon, se rallie aux Anglais alors que la ville veut se donner à Charles VII. Chassé de Beauvais en 1429 par les bourgeois, il se réfugie à Rouen où il envoie Jeanne d'Arc au bûcher le 30 mai 1431.

Jeanne Hachette

Le 27 juin 1472, durant le siège de Beauvais par Charles le Téméraire, la petite **Jeanne Laisné** voit surgir un assaillant. Elle lui arrache sa bannière, lui assène un coup de hachette, puis le pousse dans le vide. Son exemple exalte le courage des habitants. La résistance s'organise alors jusqu'à l'arrivée des renforts. Le duc de Bourgogne lève le siège le 22 juillet. Aujourd'hui, fin juin, Beauvais célèbre son héroïne.

… ET ARTISTES

Les tapisseries de Beauvais

Louis XIV fonde la Manufacture royale de tapisserie en 1664, sur le conseil de **Colbert**. On y produit, sur des métiers horizontaux, dits « de basse lisse », des œuvres très fines en laine et soie. Elle devient manufacture d'État en 1804. Les ateliers, transférés à Aubusson en 1939, ne peuvent rejoindre Beauvais à cause de la destruction des bâtiments en 1940. Regroupés à Paris dans l'enclos des Gobelins, ils ont repris le chemin de Beauvais en… 1989.

Céramiques et vitraux

La poterie est présente au pays de Bray depuis l'époque gallo-romaine. D'abord utilitaire (récipients), elle devient un produit de qualité. Les terres vernissées et les grès fabriqués dès le 15e s. font de la région l'un des grands centres français de céramique. Tout au long de la vallée du Thérain, environ 90 km, des dizaines de moulins sont installés pour alimenter les ateliers en énergie et en eau. Vers 1850, les potiers de Lhéraule, Lachapelle-aux-Pots et Savignies disparaissent au profit des faïenceries, puis des tuileries. Des potiers d'art s'installent près de ces usines. Beauvais fut également célèbre pour ses vitraux au 16e s.
Des exemples de céramiques architecturales sont encore visibles dans le centre-ville : la maison Greber, au 63 r. de Calais, l'avenue Victor-Hugo ou la rue de la Banque.

Durant la Seconde Guerre mondiale, Beauvais a été, avec Le Havre, la ville française la plus endommagée par les bombardements. À la fin de la guerre, il ne restait au milieu des ruines que la cathédrale et l'ancien palais épiscopal intacts.

De la cathédrale originelle, dite la **Basse-Œuvre**, bâtie à l'époque carolingienne, ne subsistent que trois travées de la nef. En 949, une autre cathédrale est édifiée, qui sera détruite par deux incendies. L'évêque et le chapitre décident alors, en 1225, d'ériger la plus vaste église de l'époque, un **Nouvel-Œuvre** dédié à saint Pierre. Les travaux du chœur, qui débutent en 1238, sont un défi pour les architectes. La hauteur sous clef de voûte est de 48 m, ce qui donne aux combles une élévation de 68 m – celle des tours de N.-D. de Paris… à un mètre près. Mais les piliers sont trop espacés, les culées des contreforts trop légères. Un éboulement se produit en 1284. Le chœur est sauvé au prix de 40 ans de labeur. On renforce les culées et les grandes arcades des travées droites du chœur, on multiplie les arcs-boutants. Interrompu par la guerre de Cent Ans, le chantier reprend en 1500 sous la direction de Martin Chambiges. Les fonds proviennent en grande partie du commerce des indulgences.

Le transept est achevé en 1550. Au lieu d'ériger la nef, on élève une tour à la croisée du transept, surmontée d'une flèche. Sa croix, posée en 1569, se trouve à 153 m au-dessus du sol. Mais la nef fait défaut pour contrebuter les poussées, et les piliers cèdent en 1573, le jour de l'Ascension, alors qu'une procession vient de quitter l'église. Les efforts et les sacrifices du clergé et des habitants ne permettent de restaurer que le chœur et le transept. La cathédrale inachevée fait une croix sur sa flèche et sa nef !

★ **Chevet** – Le chœur (13e s.) est contrebuté, comme les croisillons flamboyants, par des arcs-boutants portant sur de hautes culées qui s'élèvent jusqu'aux combles (*Illustration p. 43*).

Façade du croisillon sud – Riche décor. Le **portail Saint-Pierre**, flanqué de deux hautes tourelles et surmonté d'une belle rose, est orné de niches aux dais ajourés.

★★★ **Intérieur** – Le vertige gagne en pénétrant sous ces voûtes d'une hauteur prodigieuse (48 m). Le transept mesure 58 m de long. Chœur très élégant, lumineux et dépouillé. Le triforium est à claire-voie, et les fenêtres font 18 m de haut. Sept chapelles s'ouvrent sur le déambulatoire. La première, en entrant à droite, abrite une statue en bois polychrome du 16e s., celle de sainte Angadrème, très bien conservée. Les **vitraux**★★ éclairent magnifiquement le transept. Le Père éternel préside le médaillon central de la rose sud (1551).

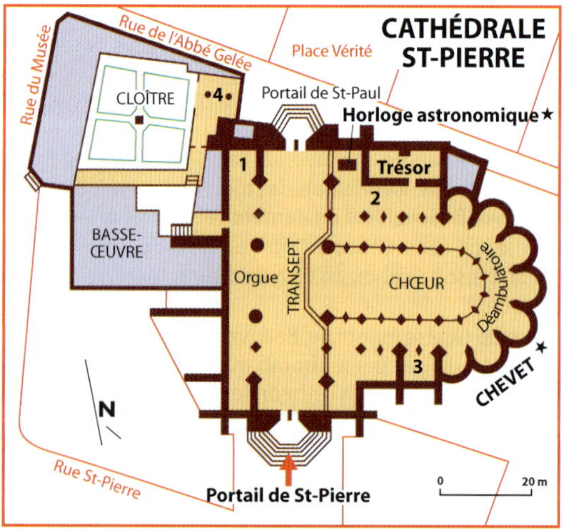

Hauteurs vertigineuses des vitraux de la cathédrale de Beauvais.
Jonathan / Fotolia.com

En dessous et sur deux registres, dix prophètes et dix apôtres. En face *(croisillon nord)*, dix sibylles répondent aux prophètes (1537). Dans la chapelle du Sacré-Cœur, le vitrail « de Roncherolles » (1522) permet d'étudier de plus près la technique du vitrail Renaissance (**1**).
Dans une chapelle latérale, intéressant retable polychrome du 16e s. (**3**).
★ **Horloge astronomique** – ♿ *- été : 10h40, 11h40, 14h40, 15h40, 16h40 - fermé 1er janv. - 4 € (-17 ans 1 €) - visite audioguidée son et lumière en dehors des offices.*
Réalisée entre 1865 et 1868 par l'ingénieur Louis-Auguste Vérité, elle comporte 68 statues, 90 000 pièces et est animée par 50 automates. La partie inférieure ressemble à une forteresse aux multiples fenêtres : 52 cadrans indiquent la longueur des jours et des nuits, les saisons, l'heure du méridien de Paris… La scène du Jugement dernier se déroule cinq fois par jour dans la partie supérieure de l'horloge.
À droite de l'horloge astronomique, une ancienne horloge du 14e s. (**2**) carillonne des cantiques correspondant aux différentes époques de l'année. L'une des galeries du **cloître** est surmontée de la salle du chapitre (**4**).
Basse-Œuvre – Vestige de la cathédrale du 10e s., elle a été bâtie en mœllons gallo-romains de récupération. Elle servit d'église paroissiale jusqu'en 1789.

À voir aussi Plan de ville

★ Église Saint-Étienne

Pl. St-Étienne - ✆ 03 44 45 29 21 - www.cathedrale-beauvais.fr - ♿ - mai-oct. : 9h-12h, 14h-17h ; reste de l'année : 9h-12h, 14h-16h - fermé 1er janv. - gratuit - visite en dehors des offices - possibilité de visite guidée sur demande à l'office de tourisme.
La tour qui flanque la façade fut érigée de 1583 à 1674 : elle servait de beffroi municipal et en même temps de symbole de l'attachement des Beauvaisiens à leur église. Nef et transept romans, dont la sobriété est atténuée par les corniches à modillons dites « beauvaisiennes ». Le chœur (début du 16e s.) est

de style gothique flamboyant épuré. Sur le bas-côté gauche, voyez le portail roman au tympan et aux voussures finement ciselés. Une roue de fortune dans la rose symbolise l'instabilité des choses humaines *(façade croisillon nord)*. Au fond à gauche, admirez le **retable** polychrome du 16e s. représentant le Christ, entouré de Marthe et Marguerite, ainsi que les beaux rinceaux de bois de la petite chapelle. Magnifiques **vitraux★★** Renaissance dans le chœur (certains provenant d'autres églises de Beauvais), dont on admire le dessin et les coloris, notamment dans l'**arbre de Jessé★★★**, chef-d'œuvre d'Engrand.

Manufacture nationale de la tapisserie

24 r. Henri-Brispot - ✆ 03 44 14 41 90 - www.mobilier-national.culture.gouv.fr - ♿ - mar.-jeu. 14h-19h - fermé j. fériés - 9 € (-12 ans 8,50 €) - visite sur demande préalable à l'office de tourisme - possibilité de visite guidée.

Installée dans les anciens abattoirs, elle abrite une dizaine de métiers horizontaux. Les lissiers œuvrent à la lumière naturelle d'après le carton de l'artiste, sur l'envers de la tapisserie, surveillant leur ouvrage au moyen d'un miroir. Toute la production actuelle est destinée aux grandes institutions de la République.

À proximité Carte de microrégion

Église de Marissel

1,5 km à l'est.

R. Aimé-Besnard - ✆ 03 44 48 61 37 - ♿ - dim. pdt l'office et J. du patrimoine.

L'église de ce village, devenu faubourg de Beauvais, s'élève sur un terre-plein d'où la cathédrale apparaît à 2 km. La façade du 16e s. possède un portail de style gothique flamboyant, tandis que le chevet comporte une absidiole romane, placée entre le chœur et le transept gothiques. Cette église fut immortalisée par Corot en 1866. La toile est aujourd'hui exposée au Louvre.

Château de Troissereux A2

8 km au nord-ouest par la D 901.

✆ 03 44 79 00 00 - http://chateau-troissereux.com - visite guidée 1er avr.-11 Nov. : 14h-17h ; reste de l'année : w.-end et j. fériés 14h-17h - fermé déc.-janv. - 5 € (-7 ans gratuit) - parc, 11 € (-7 ans gratuit) parc et château, 15 € (-7 ans gratuit) billet combiné avec la visite-conférence - visite-conférence de l'horloge médiévale, « La mesure du temps au Moyen-Âge » à 14h15 tlj de visite.

Paré de briques rouges, de pierres et d'ardoises, ce château Renaissance (15e-16e s.) fut construit sur les ruines d'un premier édifice, bâti sur pilotis et dévasté lors de la guerre de Cent ans. Il appartint notamment au protestant Jean de L'Isle Marivaux, gouverneur de Paris, proche de Charles IX et de François Ier, et fut longtemps toléré comme lieu de prêche huguenot, fait rare dans le nord de la France. Remanié au 18e s., l'élégant décor intérieur recèle un mobilier néoclassique. Dans le pavillon de la cour d'honneur, la tour dédiée au temps comporte une girouette astrale Renaissance ainsi que l'une des plus anciennes **horloges mécaniques** de France, sans doute antérieure au 15e s. Toutes les pièces sont d'époque et le mécanisme, à poids, reste très ingénieux. Elle fait aujourd'hui partie du très select club des « deux cents plus vieilles horloges du monde ».

Dans le parc français paysager ancien d'une douzaines d'hectares, attribué à Bernard Palissy, évoluent des oiseaux sauvages au milieu des canaux : canards, oies, hérons, paons… L'arboretum recèle quelques essences rares et des arbres séculaires, comme des platanes d'Orient du 16e s. ou deux cyprès chauve du 18e s.

★★ Gerberoy A1
(p. 335)

Forêt de Hez-Froidmont B2

16 km à l'est par la N 31.
Ce massif accidenté retombe au nord sur la plaine de Picardie, au sud sur la vallée du Thérain. Essences variées et belles futaies de hêtres et de chênes.

Agnetz B2

20 km à l'est, à droite, avant Clermont.
Église – *Visite sur demande à la mairie 03 44 68 23 00.* Elle dépendait d'un prieuré de l'abbaye Saint-Germer-de-Fly, d'où ses dimensions. Le puissant clocher (14e s.) est allégé sur chaque face par trois baies gothiques géminées, de style rayonnant. L'abside flamboyante est un ajout du 16e s.

Clermont B2

22 km à l'est par la N 31, après Agnetz. Laissez votre voiture rue du Châtellier et descendez en ville par la rue de la Porte-de-Nointel en passant sous un arc.
19 pl. de l'Hôtel-de-Ville - 60600 Clermont-de-l'Oise - 03 44 50 40 25 - 9h-12h, 14h-18h - fermé dim., lun et j. fériés.
Ce comté fut rattaché à la couronne de France par Philippe Auguste en 1218. Le sixième fils de saint Louis, Robert, le reçut en apanage et épousa Béatrice de Bourbon, héritière de cette ancienne famille. Leur descendance prit alors le nom de Bourbon. Leur lignée s'interrompt lorsque Suzanne de Bourbon et Charles III meurent sans héritiers. Une branche cadette de la dynastie se perpétue cependant, avec Charles de Bourbon. Son fils Antoine, marié à Jeanne d'Albret, reçoit la couronne de Navarre, qu'il transmet à son fils Henri, futur Henri IV.
Un beffroi fluet surmonte le pignon de l'**ancien hôtel de ville**. Trois statues (Saint Louis, Robert de Clermont, Charles IV le Bel) évoquent les attaches royales de la ville.

Circuit conseillé Carte de microrégion

LE PAYS DE BRAY

Circuit de 58 km tracé en rose sur la carte (p. 244) – Comptez env. 2h.
Incisés comme une boutonnière dans la craie du Bassin parisien, le pays de Bray et ses hautes côtes séduisent par leurs larges panoramas très proches des paysages normands : bocages plantés de pommiers, vallons aux courbes légères. De tradition laitière, le pays de Bray est également connu pour avoir vu naître le célèbre « petit-suisse » de Charles Gervais.
Quittez Beauvais par l'avenue J.-Mermoz, tournez à gauche vers Gisors (D 981).

BERNARD PALISSY (1510-1589)

À la fois artiste et savant, Bernard Palissy est connu notamment pour avoir percé le secret des émaux. Jouissant, malgré son protestantisme non dissimulé, de la protection de Catherine de Médicis, il travailla à l'élaboration du jardin des Tuileries. Selon Franck Rolland, chercheur strasbourgeois passionné par Troissereux, « le jardin dessiné par Palissy à Troissereux est une œuvre symbolique qui renvoie à la Genèse et aux préoccupations de ses commanditaires calvinistes ».

5 km au-delà d'Auneuil, tournez à droite (D 129). Traversez Le Vauroux. À Lalandelle, suivez les panneaux « Table d'orientation ».

De la **table d'orientation des Neuf-Frênes**, panorama sur la dépression du Bray.

Prenez à droite la D 22 au début de la descente.

Dans le premier tournant à droite, vue à gauche sur une coupe géologique où la stratification de la craie est bien visible.

Revenez sur vos pas et poursuivez tout droit au croisement avec la D 574.

On traverse le long village-rue du Coudray-Saint-Germer, puis on descend vers le fond du Bray. **Vue★** étendue sur Gournay : l'abbatiale de Saint-Germer-de-Fly se dresse au premier plan.

Saint-Germer-de-Fly A2

Pl. Verdun - 60850 St-Germer-de-Fly - ✆ 03 44 82 62 74 - www.ot-paysdebray.fr - avr.-sept. : 9h30-12h30, 14h-18h ; reste de l'année : tlj sf dim. et j. fériés 9h-12h30, 14h-17h30 - fermé 25 déc.-1er janv., 1er Mai.

Saint Germer fonda ici une abbaye au 7e s.

L'immense **abbatiale★**, construite entre 1150 et 1175, est un remarquable exemple de style gothique primitif. Elle écrase de sa masse les demeures groupées à ses pieds. Le **chœur**, entouré de grilles en fer forgé, rappelle la facture des 12e s. et 13e s. Très court comparativement à la nef (44 m), c'est la partie la plus intéressante, avec ses tribunes à baies en plein cintre et son triforium à baies rectangulaires. Les stalles, de style corinthien, datent du 18e s. Dans une chapelle rayonnante, autel roman orné d'arcatures. Un couloir voûté, l'atrium, conduit à une élégante Sainte-Chapelle (13e s.), sur le modèle du célèbre sanctuaire parisien. Remarquez la rosace, à l'entrée de la chapelle, contribuant à en faire un édifice gracieux et équilibré.

Musée des Arts et Traditions populaires – *✆ 03 44 82 62 74 - www.ot-paysdebray.fr - avr.-sept. : 10h-12h30, 14h30-18h - fermé 1er Mai - 1,60 € (-10 ans gratuit).* Il se situe au pied de l'abbatiale. Il vous replonge dans l'ambiance des petits villages du pays de Bray d'antan. Reconstitution d'une salle de classe, de l'épicerie villageoise et du fournil ; évocation des outils et métiers d'autrefois : savatier, bourrelier, potier…

Faites demi-tour. À la bifurcation de Fla, prenez la D 109 vers Cuigy-en-Bray et Espaubourg.

La petite route longe le pied de l'abrupt du Bray.

À Saint-Aubin-en-Bray, tournez à gauche. Traversez la nationale aux Fontainettes.

Les Fontainettes A2

Fabrication de poteries de jardin et de tuyaux de grès. Cette région très accidentée et boisée est le berceau de la céramique et de la poterie de Beauvais.

Lachapelle-aux-Pots A2

Musée de la Poterie – *✆ 03 44 04 50 72 - ♿ - avr.-oct. : 14h-18h, w.-end et j. fériés 14h30-18h30 - fermé lun. - 2 € (-12 ans 1 €) - gratuit J. du patrimoine.*

MUSÉES DES PAYS DE L'OISE

Le musée de la Poterie appartient au réseau des Musées des pays de l'Oise. En font également partie, le conservatoire de la Vie agricole et rurale à Hétomesnil (*p. 336*), le musée de la Nacre et de la Tabletterie à Méru, le musée de l'Archerie et du Valois à Crépy-en-Valois (*p. 276*). Chacun s'attache à promouvoir le patrimoine régional en faisant revivre les activités rurales.

Il évoque la spécialité du village : exposition de grès, œuvres de potiers locaux, Delaherche et Klingsor.

Savignies A2
Ce charmant village, fief de la poterie, fut supplanté au 19e s. par Lachapelle, favorisé par sa ligne ferroviaire. L'habitat porte encore les traces de cette activité (cheminées en grès, murs à pots), et quelques artistes perpétuent la tradition.

Forêt du Parc-Saint-Quentin A2
Belles futaies de chênes. À la sortie de la forêt apparaît la masse de la cathédrale de Beauvais.

NOS ADRESSES À BEAUVAIS

HÉBERGEMENT

BUDGET MOYEN

Hôtel du Cygne – *24 r. Carnot - ✆ 03 44 48 68 40 - www.hotelducygne-beauvais.com - 23 ch. 57/62 € - ☕ 10 €.* Bien situé dans la rue principale du centre-ville, cet établissement reste dans la tradition de l'hôtellerie à visage humain, garantissant bonne tenue et accueil aimable. Parmi les chambres, toutes très correctes, on préférera celles situées au dessus de la salle des petits-déjeuners, plus spacieuses. Prix convenables.

POUR SE FAIRE PLAISIR

Hostellerie St-Vincent – *241 r. de Clermont - ✆ 03 44 05 49 99 - www.stvincent-beauvais.com - ♿ 🅿 - Wifi - 79 ch. 70/98 € - ☕ 11 € - ✕ formule déj. 13 € - 18/32 €.* Près d'axes routiers et de la bretelle de l'autoroute, bâtiment récent offrant des chambres rajeunies, fonctionnelles et insonorisées. Salle à manger spacieuse et claire ; menus traditionnels complétés de suggestions sur ardoise.

UNE FOLIE

Hôtel Mercure – *21 av. Montaigne - ✆ 03 44 02 80 80 - www.accorhotels.com - Wifi - 60 ch. 117 € - ☕ 14 € - ✕ 25/48 € bc.* Construction des années 1970 aux chambres de bonne ampleur, rénovées et dotées d'une insonorisation efficace. Salle à manger agrémentée d'une cheminée, terrasse dressée l'été au bord de la piscine et attrayante carte traditionnelle.

RESTAURATION

PREMIER PRIX

Bistrot du Boucher – *6 r. Jeanne-d'Arc - ✆ 03 44 06 20 30 - www.bistrotduboucher.fr - fermé 24-25 déc., dim. soir (en hiver) - ♿ - formule déj. 13 € - 27 /28 € bc.* Chaque restaurant estampillé « bistrot du boucher » dispose d'une certaine liberté de touche personnelle. Celui-ci se distingue par sa terrasse sous pergola et surtout par sa cuisine à base de produits frais, soigneusement mitonnés. Une petite gastronomie traditionnelle, recommandée aussi pour ses prix doux.

BUDGET MOYEN

À proximité

La Petite France – *7 r. du Moulin - 60112 Crillon - ✆ 03 44 81 01 13 - fermé dim. soir, lun. et mar. - formule déj. 15 € - 23/41 € bc.* Cette accueillante auberge située dans un village du Beauvaisis abrite deux salles à manger rustiques. Carte traditionnelle, dont la tête de veau ravigote, spécialité maison.

POUR SE FAIRE PLAISIR

La Baie d'Halong – *49-51 r. de la Madeleine - ✆ 03 44 45 39 83 - fermé 24 avr.-2 mai, 14 juil.-15 août, 20 déc.-2 janv., merc. midi, sam. midi, dim. et lun. - ♿ - 29/35 €.* Hoang vous fera découvrir les traditions culinaires de son pays au travers de délicieuses recettes traditionnelles vietnamiennes : soupes parfumées, poulet grillé aux cinq parfums, roulé de filet de boeuf, croustillant de légumes ou encore lamelles de Saint-Jacques marinées (en saison).

EN SOIRÉE

Théâtre du Beauvaisis – *Pl. Georges-Brassens - ✆ 03 44 06 08 20 - www.theatredubeauvaisis.com - billeterie : tlj sf dim. et lun. 12h30-18h30, sam. 16h-19h - fermé de mi-juil. à mi-août, j. fériés - 15€ un spectacle.* Pièces de théâtre classiques et modernes, danse, cirque, one-man-show, musique, humour, expositions... Programmation disponible à l'office de tourisme.

ACTIVITÉS

Plan d'eau du Canada - Base nautique municipale – *R. de la Mie-au-Roy - ✆ 03 44 45 33 93 - www.beauvais.fr - 27 mars-15 mai : 8h-20h30 ; 16 mai-15 sept. : 8h-22h ; 16 sept.-30 oct. : 8h-20h30 ; 31 oct.-26 mars : 8h-18h30 - pas de baignade sept.-juin ; location bateaux : 15 mai-1er oct.* Ce site de 45 ha comprenant un plan d'eau de 36 ha et de nombreux espaces verts est très apprécié des Beauvaisiens. Location d'Optimist, dériveur, canoë, kayak, pédalo, planche à voile... On peut également y pratiquer la marche, la course à pied ou le VTT.

À proximité

Parc Saint-Paul – *60650 Saint-Paul - 8 km à l'ouest de Beauvais par N 31 - ✆ 03 44 82 20 16 - www.parcsaintpaul.fr - juil.-août : 10h-19h ; avr.-juin et sept. : 10h-18h - fermé oct.-mars - 15 € (- 11 ans 13 €) accès à volonté aux 37 attractions et aux 2 spectacles.* Parc d'attractions installé sur 15 ha de verdure et de plan d'eau. Toute la famille pourra s'amuser avec les 37 attractions (les plus téméraires choisiront la Tour Descente Extrême ou le Wild Train) et les 2 spectacles proposés. Plusieurs points de restauration sur place.

AGENDA

Blues autour du zinc – Au mois de mars, festival de musique blues, dans les salles de concerts ou dans les bars.

Fête Jeanne Hachette – Le dernier week-end du mois de juin. Défilé costumé, processions, son et lumière.

Festival international du film de Beauvais – *✆ 03 44 45 90 00 - www.beauvaisfilmfest.com.* Durant le mois d'octobre, grand festival de cinéma dans la « capitale » de l'Oise. Rétrospectives, concours de courts métrages avec remise de prix, thématiques variées.

Festival de Violoncelle – *www.festivaldevioloncelledebeauvais.com.* Début juin, il accueille chaque année des artistes de renommée internationale.

Le vieux puits de Gerberoy.
Nicolas Thibaut / Photononstop

Gerberoy

★★

90 Gerboréens – Oise (60)

NOS ADRESSES PAGE 337

S'INFORMER

Point tourisme – *20 r. du Logis-du-Roy - 60380 Gerberoy - ✆ 03 44 82 54 86 - mai-juin : 10h-12h30, 14h30-17h30 ; avr. et juil.-sept. : tlj sf lun. 10h-12h30, 14h30-17h30.*

Office du tourisme de la Picardie Verte et ses Vallées – *49 r. du Gén.-Leclerc - 60690 Marseille-en-Beauvaisis - ✆ 03 44 46 32 20 - www.ot-picardie-verte-vallees.com - avr.-sept. : tlj sf sam. 9h30-12h30, 13h30-17h ; reste de l'année : 9h30-12h30, 13h30-17h - fermé dim. et j. fériés.*

5

SE REPÉRER

Carte de microrégion A2 (p. 244) – *Carte Michelin Départements 305 C3.*
Village fortifié sur une motte naturelle à 20 km au nord-ouest de Beauvais, d'où l'on a une belle vue sur le val d'Arondel et le bois de Caumont. Accès par la D 901 puis la D 133 après Troissereux.

SE GARER

Il est préférable de se garer à l'entrée du village *(parking côté rte de Gournay-en-Bray)*, les rues étroites du centre rendent la circulation difficile.

À NE PAS MANQUER

Le musée municipal ; la Fête des roses, chaque 3e dimanche de juin.

ORGANISER SON TEMPS
Arrivez à Gerberoy en fin de matinée pour commencer par le tour du village *(musée fermé le matin)* avant de pique-niquer sur les remparts.

Cette minuscule place forte médiévale, à l'histoire millénaire, est l'un des « plus beaux villages de France ». Des centaines de rosiers, dont les douces fragrances parfument le parcours, s'accrochent à ses demeures à colombages des 17e s. et 18e s. Le torchis se mêle à la brique rouge et aux poutres peintes de couleurs pastel, dans des ruelles escarpées aux pavés irréguliers. Mais loin du musée à ciel ouvert, Gerberoy reste animé et aussi vivant que lorsqu'il inspirait le peintre Le Sidaner.

Se promener

Sillonnez les rues étroites, « perdez-vous » dans ce petit village ravissant, aux odeurs enchanteresses. Ici, les fleurs sont reines : roses, jonquilles, hortensias se succèdent sans agencement, mais avec un indéniable charme. Les maisons restent entretenues, le cadre est soigné sans être stéréotypé. Il laisse parfois place à la fantaisie, aux couleurs chatoyantes des boiseries et colombages. En grimpant, vous arrivez jusqu'au remparts.

Remparts

De ce point de vue, à la hauteur du château d'eau, admirez les **jardins Henri Le Sidaner** *(www.lesjardinshenrilesidaner.fr.)* aménagés par le peintre sur les ruines de la forteresse. Par la porte qui desservait le château, montez à la collégiale en longeant d'anciennes maisons de chanoines.

Collégiale Saint-Pierre

Cette église du 15e s. possède des stalles ornées de miséricordes sculptées (1460) et des tapisseries d'Aubusson (17e s.).
Derrière l'édifice, dans la rue du Château, jolie vue sur la Maison bleue, au coin (1691) : une poterne surplombe des murs envahis par la verdure. Agréable promenade bordée d'arbres aménagée sur les anciens fossés.

Musée municipal

03 44 82 33 63 - de fin avr. à déb. sept. : w.-end et j. fériés 14h-18h - gratuit.
Situé au 1er étage de l'hôtel de ville (18e s.), il retrace le passé de la commune : céramiques, livres anciens, statuettes, gravures, toiles d'**Henri Le Sidaner**. Expositions temporaires d'artistes locaux souvent contemporains (RdC).

À proximité Carte de microrégion

Conservatoire de la Vie agricole et rurale à Hétomesnil A1

25 km au nord de Beauvais par la D 149 puis, à gauche, la D 151.

PEINDRE SUR LE MOTIF
Le village fut redécouvert par le peintre **Henri Le Sidaner** (1862-1939). En 1903, il y acquiert une maison de campagne dans laquelle il passera tous les étés, en famille, jusqu'à la fin de sa vie. Les décors du village lui inspirent quelque 200 toiles, parmi lesquelles *La Tonnelle* ou *La Table au soleil*. Elles ont souvent pour cadre le merveilleux jardin à l'italienne qu'il créa pour en peindre les détails.

☏ 03 44 46 92 98 - www.musee-hetomesnil.fr - 7 juil.-2 sept. : 14h30-18h30 ; de déb. juin au 6 juil. et 3-30 sept. : dim. 14h30-18h30 - 6 € (-12 ans 3 €) - gratuit J. du patrimoine.

Dans le cadre d'une imposante ferme (1852) qui servit de ferme-école au 19e s., découverte du monde agricole : machines-outils, cabane mobile de berger, anciens métiers du bois…

NOS ADRESSES À GERBEROY

RESTAURATION

BUDGET MOYEN

Hostellerie du Vieux Logis – *25 r. du Logis-du-Roy - ☏ 03 44 82 71 66 - www.hostellerieduvieuxlogis.com - fermé vac. de fév., vac. de Noël, le soir (sf sam. nov.-mars), mar. soir, dim. soir et merc. - formule déj. 25 € - 25/45 €.* Maison à l'entrée du vieux village fortifié pris d'assaut par les fleurs, les peintres et les touristes. Cheminée et charpente découverte égayent la salle.

AGENDA

Les Moments musicaux de Gerberoy – 2e w.-end de juin, concerts classiques et musique du monde dans la collégiale *(www.momentsmusicauxdegerberoy.org).*

Fête des roses – S'il y a bien une manifestation annuelle à ne pas manquer, c'est la fête qui honore chaque année la reine des fleurs, la rose, le 3e dimanche de juin (sf élections).

VOUS CONNAISSEZ LE GUIDE VERT,
DÉCOUVREZ LE GROUPE MICHELIN
MICHELIN

L'Aventure Michelin

Tout commence avec des balles en caoutchouc ! C'est ce que produit, vers 1880, la petite entreprise clermontoise dont héritent André et Édouard Michelin. Les deux frères saisissent vite le potentiel des nouveaux moyens de transport.

L'invention du pneumatique démontable pour la bicyclette est leur première réussite. Mais c'est avec l'automobile qu'ils donnent la pleine mesure de leur créativité. Tout au long du 20e s., Michelin n'a cessé d'innover pour créer des pneumatiques plus fiables et plus performants, du poids lourd à la F 1, en passant par le métro et l'avion.

Très tôt, Michelin propose à ses clients des outils et des services destinés à faciliter leurs déplacements, à les rendre plus agréables... et plus fréquents. Dès 1900, le Guide Michelin fournit aux chauffeurs tous les renseignements utiles pour entretenir leur automobile, trouver où se loger et se restaurer. Il deviendra la référence en matière de gastronomie. Parallèlement, le Bureau des itinéraires offre aux voyageurs conseils et itinéraires personnalisés.

En 1910, la première collection de cartes routières remporte un succès immédiat ! En 1926, un premier guide régional invite à découvrir les plus beaux sites de Bretagne. Bientôt, chaque région de France a son Guide Vert. La collection s'ouvre ensuite à des destinations plus lointaines de New York en 1968... à Taïwan en 2011.

Au 21e s., avec l'essor du numérique, le défi se poursuit pour les cartes et guides Michelin qui continuent d'accompagner le pneumatique. Aujourd'hui comme hier, la mission de Michelin reste l'aide à la mobilité, au service des voyageurs.

MICHELIN AUJOURD'HUI

N°1 MONDIAL DES PNEUMATIQUES

- 69 sites de production dans 18 pays
- 115 000 employés de toutes cultures, sur tous les continents
- 6 000 personnes dans les centres de Recherche & Développement

Avancer monde où la

Mieux avancer, c'est d'abord innover pour mettre au point des pneus qui freinent plus court et offrent une meilleure adhérence, quel que soit l'état de la route.

LA JUSTE PRESSION

- Sécurité
- Longévité
- Consommation de carburant optimale

- Durée de vie des pneus réduite de 20% (- 8 000 km)

- Risque d'éclatement
- Hausse de la consommation de carburant
- Distance de freinage augmentée sur sol mouillé

ensemble vers un mobilité est plus sûre

C'est aussi aider les automobilistes à prendre soin de leur sécurité et de leurs pneus. Pour cela, Michelin organise partout dans le monde des opérations **"Faites le plein d'air"** pour rappeler à tous que la juste pression est vitale.

L'USURE

COMMENT DETECTER L'USURE ?

Vos pneus MICHELIN sont munis d'indicateurs d'usure : ce sont de petits pains de gomme moulés au fond des sculptures et d'une hauteur de 1,6mm.
Lorsque la profondeur des sculptures est au même niveau que les indicateurs, les pneus sont usés et doivent être remplacés.

Les pneus constituent le seul point de contact entre le véhicule et la route, un pneu usé peut être dangereux sur chaussée mouillée.

PNEU NEUF

PNEU USÉ
(1,6 mm de sculpture)

Ci-contre, la zone de contact réelle photographiée sur chaussée mouillée.

Mieux avancer,
c'est développer une mobilité durable.

INNOVATION ET ENVIRONNEMENT

Chaque jour, Michelin innove pour réduire la quantité de matières premières utilisée dans la fabrication des pneumatiques, et développe dans ses usines les énergies renouvelables. La conception des pneus MICHELIN permet déjà d'économiser des milliards de litres de carburant, et donc des milliards de tonnes de CO2.

De même, Michelin choisit d'imprimer ses cartes et guides sur des « papiers issus de forêts gérées durablement ». L'obtention de la certification ISO14001 atteste de son plein engagement dans une éco-conception au quotidien.

Un engagement que Michelin confirme en diversifiant ses supports de publication et en proposant des solutions numériques pour trouver plus facilement son chemin, dépenser moins de carburant.... et profiter de ses voyages !

Comme vous, Michelin s'engage dans la préservation de notre planète.

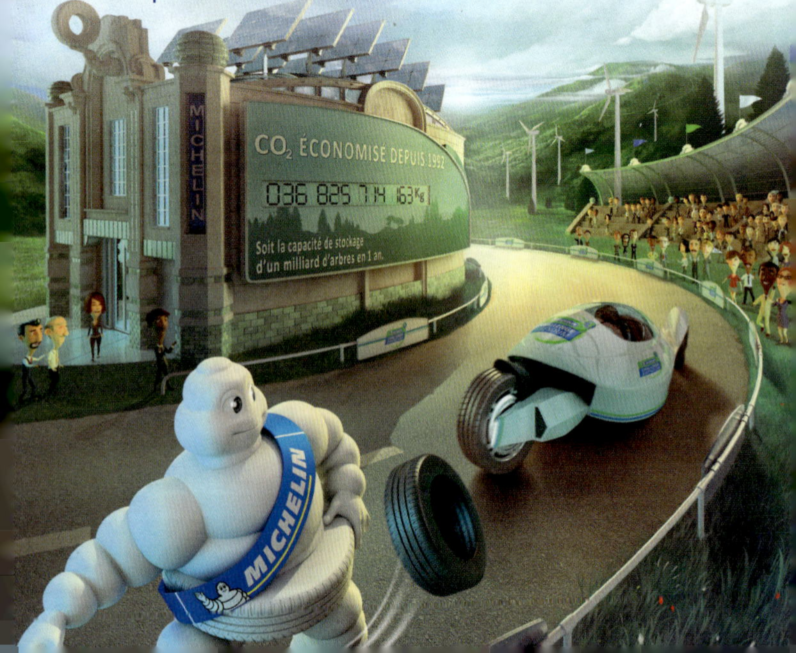

Chattez avec Bibendum

Rendez-vous sur:
www.michelin.com/corporate/fr
Découvrez l'actualité et
l'histoire de Michelin.

QUIZZ

Michelin développe des pneumatiques pour tous les types de véhicules. Amusez-vous à identifier le bon pneu...

Résultat : A-6 / B-4 / C-2 / D-1 / E-3 / F-7 / G-5

Notes

Notes

Notes

Notes

Notes

Notes

INDEX GÉNÉRAL

Amiens : villes, curiosités et régions touristiques.
Dumas, Alexandre : noms historiques ou termes faisant l'objet d'une explication.
Les sites isolés (châteaux, abbayes, grottes…) sont répertoriés à leur propre nom.
Nous indiquons par son numéro, entre parenthèses, le département auquel appartient chaque ville ou site. Pour rappel :

02 : Aisne
60 : Oise
80 : Somme

A

B

INDEX GÉNÉRAL

W

INDEX CARTOGRAPHIQUE

CARTE GÉNÉRALE

CARTES DES RÉGIONS

PLANS DE VILLES

PLANS DE SITES

CARTE THÉMATIQUE

CARTES DES CIRCUITS

LÉGENDE DES CARTES ET PLANS

Curiosités et repères

- Itinéraire décrit, départ de la visite
- Église
- Mosquée
- Synagogue
- Monastère - Phare
- Fontaine
- Point de vue
- Château - Ruine ou site archéologique
- Barrage - Grotte
- Monument mégalithique
- Tour génoise - Moulin
- Temple - Vestiges gréco - romains
- Temple : bouddhique - hindou
- Autre lieu d'intérêt, sommet
- Distillerie
- Palais, villa, habitation
- Cimetière : chrétien - musulman - israélite
- Oliveraie - Orangeraie
- Mangrove
- Auberge de jeunesse
- Gravure rupestre
- Pierre runique
- Église en bois
- Église en bois debout
- Parc ou réserve national
- Bastide

Sports et loisirs

- Piscine : de plein air - couverte
- Plage - Stade
- Port de plaisance - Voile
- Plongée - Surf
- Refuge - Promenade à pied
- Randonnée équestre
- Golf - Base de loisirs
- Parc d'attractions
- Parc animalier, zoo
- Parc floral, arboretum
- Parc ornithologique, réserve d'oiseaux
- Planche à voile, kitesurf
- Pêche en mer ou sportive
- Canyoning, rafting
- Aire de camping - Auberge
- Arènes
- Base de loisirs, base nautique ou canoë-kayak
- Canoë-kayak
- Promenade en bateau

Informations pratiques

- i Information touristique
- P Parking - Parking - relais
- Gare : ferroviaire - routière
- Voie ferrée
- 1 Ligne de tramway
- Départ de fiacre
- M RER Métro - RER
- Station de métro (Calgary, ...) (Montréal)
- Téléphérique, télécabine
- Funiculaire, voie à crémaillère
- Chemin de fer touristique
- Transport de voitures et passagers
- Transport de passagers
- File d'attente
- Observatoire
- D Station service - Magasin
- Poste - Téléphone
- @ Internet
- H H B Hôtel de ville - Banque, bureau de change
- J J ⊗ × POL Palais de justice - Police
- GNR Gendarmerie
- T T U U M Théâtre - Université - Musée
- Musée de plein air
- Hôpital
- Marché couvert
- Aéroport
- Parador, Pousada (Établissement hôtelier géré par l'État)
- A Chambre d'agriculture
- D Conseil provincial
- G Gouvernement du district, Délégation du Gouvernement Police cantonale
- L Gouvernement provincial (Landhaus)
- P Chef lieu de province
- Station thermale
- Source thermale

Axes routiers, voirie

- Autoroute ou assimilée
- 1 1 Échangeur : complet - partiel
- Route
- Rue piétonne
- Escalier - Sentier, piste

Topographie, limites

- Volcan actif - Récif corallien
- Marais - Désert
- Frontière - Parc naturel

Comprendre les symboles utilisés dans le guide

LES ÉTOILES

★★★ **Vaut le voyage** ★★ **Mérite un détour** ★ **Intéressant**

HÔTELS ET RESTAURANTS

9 ch.	Nombre de chambres
☕ 7,5 €	Prix du petit-déjeuner en sus
50 € ☕	Prix de la chambre double, petit-déjeuner compris
bc	Menu boisson comprise
▤	Air conditionné dans les chambres
✕	Restaurant dans l'hôte
🍷	Établissement servant de l'alcool (à l'étranger)
🏊	Piscine
CC	Paiement par cartes de crédit
~~CC~~	Carte de crédit non acceptée
P	Parking réservé à la clientèle
Tram	Station de tramway la plus proche
M	Station de métro la plus proche

SYMBOLES DANS LE TEXTE

👪	À faire en famille
↻	Pour aller au-delà
👣	Promenade à pied
🚲	Randonnée à vélo
♿	Facilité d'accès pour les handicapés
A2 B	Repère sur le plan

Note au lecteur

Michelin a apporté le plus grand soin à la rédaction de ce guide et à sa vérification. Toutefois les informations pratiques (formalités administratives, prix, adresses, numéros de téléphone, adresses Internet...) doivent être considérées comme des indications du fait de l'évolution constante de ces données.

Il n'est pas totalement exclu que certaines d'entre elles ne soient plus, à la date de parution du guide, tout à fait exactes ou exhaustives. N'hésitez pas à nous signaler toute omission ou inexactitude que vous pourriez constater ainsi qu'à nous faire part de vos avis et suggestions sur les adresses contenues dans ce guide.

Avant d'entamer toute démarche et formalités administratives ou douanières notamment, vous êtes invité à vous renseigner auprès des organismes officiels. Ces informations ne sauraient, de ce fait, engager notre responsabilité.

Collection Le Guide Vert sous la responsabilité d'Anne Teffo

Édition
Amaury de Valroger, Natacha Brumard, Sandrine Favre, Camille Bouvet, éditions Tournez la page

Rédaction
Martin Balédent, Mélanie Cornière, Grace Coston, Sophie Fréret, Denis Girette

Cartographie
Stéphane Anton, Mirela Bunea, Michèle Cana, Cristina Ferecatu

Relecture
Agnès Jeanjean, Christel Durantin

Remerciements
Philippe Orain, Maria Gaspar, Bertrande de la Doucette, Didier Broussard, Marie Thomas et Sybil Terrier

Conception graphique
Christelle Le Déan

Régie publicitaire et partenariats
business-solutions@tp.michelin.com
Le contenu des pages de publicité insérées dans ce guide n'engage que la responsabilité des annonceurs.

Contacts
Michelin
Guides Touristiques
27 cours de l'Ile Seguin, 92100 Boulogne Billancourt
Service consommateurs : tourisme@tp.michelin.com
Boutique en ligne : www.michelin -boutique.com

Écrivez-nous

Parution 2013

Michelin Travel Partner
Société par actions simplifiées au capital de 11 629 590 EUR
27 Cours de l'Ile Seguin - 92100 Boulogne Billancourt (France)
R.C.S. Nanterre 433 677 721

Dépôt légal : 01-2013 – ISSN 0293-9436
Compograveur : Mage, Clermont-Ferrand
Imprimeur : Deux-Ponts, France
Imprimé en France : 12-2012

Usine certifiée 14001
Sur du papier issu de forêts gérées durablement (100% PEFC)